Kartellrechtscompliance in Wirtschaftsverbänden

Göttinger Schriften zum Wirtschaftsrecht

Herausgegeben von Olaf Deinert, Torsten Körber, Rüdiger Krause, Gerald Spindler und Andreas Wiebe

Band 10

PL ACADEMIC RESEARCH

Christian Kiel

Kartellrechtscompliance in Wirtschaftsverbänden

PL ACADEMIC RESEARCH

Bibliografische Information der Deutschen Nationalbibliothek
Die Deutsche Nationalbibliothek verzeichnet diese Publikation in der Deutschen Nationalbibliografie; detaillierte bibliografische Daten sind im Internet über http://dnb.d-nb.de abrufbar.

Zugl.: Göttingen, Univ., Diss., 2016

D 7
ISSN 2192-2438
ISBN 978-3-631-67292-1 (Print)
E-ISBN 978-3-653-06910-5 (E-Book)
DOI 10.3726/978-3-653-06910-5

PL Academic Research ist ein Imprint der Peter Lang GmbH.
Peter Lang – Frankfurt am Main · Bern · Bruxelles · New York · Oxford · Warszawa · Wien

Diese Publikation wurde begutachtet.

www.peterlang.com

Inhaltsübersicht

Inhaltsverzeichnis

Abkürzungsverzeichnis

a. A.	anderer Ansicht
aaO.	am angegebenen Ort
a.E.	am Ende
a. F.	alte Fassung
ABl.	Amtsblatt
ABl. EG	Amtsblatt der Europäischen Gemeinschaften
ABl. EU	Amtsblatt der Europäischen Union
Abs.	Absatz
AEUV	Vertrag über die Arbeitsweise der Europäischen Union
AG	Aktiengesellschaft; Die Aktiengesellschaft (Zeitschrift)
AktG	Aktiengesetz
Art., Artt.	Artikel
AVB	Allgemeine Versicherungsbedingungen
Az.	Aktenzeichen
BayOLG	Bayerisches Oberstes Landesgericht
BB	Der Betriebs-Berater (Zeitschrift)
BDI	Bundesverband der Deutschen Industrie e.V.
BDSG	Bundesdatenschutzgesetz
Beschl.	Beschluss
BGB	Bürgerliches Gesetzbuch
BGBl.	Bundesgesetzblatt
BGH	Bundesgerichtshof
BGHSt.	Amtliche Sammlung der Entscheidung des Bundesgerichtshofs in Strafsachen
BGHZ	Amtliche Sammlung der Entscheidung des Bundesgerichtshofs in Zivilsachen
BImSchG	Bundesimmissionsschutzgesetz
BKartA	Bundeskartellamt
BPI	Bundesverband der pharmazeutischen Industrie e.V.
BT-Drucks.	Drucksache des Deutschen Bundestages
BUJ	Bundesverband der Unternehmensjuristen e.V.
BVE	Bundesvereinigung der Deutschen Ernährungsindustrie e.V.
BVerfG	Bundesverfassungsgericht
BVerwG	Bundesverwaltungsgericht
bzw.	beziehungsweise
ca.	circa
CB	Compliance-Berater (Zeitschrift)
CCZ	Corporate Compliance Zeitschrift
CMS	Compliance-Management-System
d. h.	das heißt

DB	Der Betrieb (Zeitschrift)
DCGK	Deutscher Corporate Governance Kodex
ders.	derselbe
DStR	Deutsches Steuerrecht (Zeitschrift)
ECN	European Competition Network
EG	Europäische Gemeinschaften; Vertrag zur Gründung der Europäischen Gemeinschaft
Einl.	Einleitung
EL.	Ergänzungslieferung
EMRK	Europäische Menschenrechtskonvention
Entsch.	Entscheidung
etc.	et cetera
EU	Europäische Union
EuG	Europäisches Gericht erster Instanz
EuGH	Europäischer Gerichtshof
EuZW	Europäische Zeitschrift für Wirtschaftsrecht
e.V.	eingetragener Verein
EWR	Europäischer Wirtschaftsraum
f., ff.	folgend (e)(r)
FIW	Forschungsinstitut für Wirtschaftsverfassung und Wettbewerb e.V.
Fn.	Fußnote
GA	Zeitschrift Goltdammer's Archiv für Strafrecht
GG	Grundgesetz
ggf.	gegebenenfalls
GmbH	Gesellschaft mit beschränkter Haftung
GmbHG	GmbH-Gesetz
GmbHR	GmbH-Rundschau
GRUR	Gewerblicher Rechtsschutz und Urheberrecht (Zeitschrift)
GVO	Gruppenfreistellungsverordnung
GWB	Gesetz gegen Wettbewerbsbeschränkungen
GwG	Geldwäschegesetz
Hrsg.	Herausgeber
i. S. d.	im Sinne des/der/dieser
i. S. v.	im Sinne von
i. V. m.	in Verbindung mit
IDW	Institut der Wirtschaftsprüfer
IDW PS	Prüfungsstandards des Instituts der Wirtschaftsprüfer
Kap.	Kapitel
KG	Kammergericht
KonTraG	Gesetz zur Kontrolle und Transparenz im Unternehmensbereich
KrW-/AbfG	Kreislaufwirtschafts- und Abfallgesetz
KWG	Kreditwesengesetz
LG	Landgericht

m. Anm.	mit Anmerkung
m. w. N.	mit weiteren Nachweisen
n.F.	neue Fassung
NJOZ	Neue Juristische Online-Zeitschrift
NJW	Neue Juristische Wochenschrift
Nr.	Nummer
NStZ	Neue Zeitschrift für Strafrecht
NZG	Neue Zeitschrift für Gesellschaftsrecht
NZKart	Neue Zeitschrift für Kartellrecht
OECD	Organisation für wirtschaftliche Zusammenarbeit und Entwicklung
OFT	Office of Fair Trading (England)
OLG	Oberlandesgericht
OLGR	OLG Report
OWiG	Gesetz über Ordnungswidrigkeiten
RGZ	Entscheidungen des Reichsgerichts in Zivilsachen (Sammlung)
Rn.	Randnummer
Rs.	Rechtssache
Rspr.	Rechtsprechung
S.	Seite; siehe; Satz
SEC	Securities Exchange Commission
Sec.	Section
SKK	Sonderkommission
Slg.	Sammlung
SOA	Sarbanes-Oxley-Act
sog.	so genannte(r/s)
StGB	Strafgesetzbuch
StPO	Strafprozessordnung
TB	Tätigkeitsbericht
u. a.	unter anderem
u.U.	unter Umständen
UK	United Kingdom of England and Wales
UMAG	Gesetz zur Unternehmensintegrität und Verbesserung des Anfechtungsrechts
Unterabs.	Unterabsatz
US	United States
Urt.	Urteil
USSG	United States Sentencing Guidelines (USA)
UWG	Gesetz gegen den unlauteren Wettbewerb
v.	von, vom
VAG	Gesetz über die Beaufsichtigung von Versicherungsunternehmen
Var.	Variante
VCI	Verband der Chemischen Industrie e.V.
VDH	Verband für das Deutsche Hundewesen e. V.

VerbStrG-E	Gesetzesentwurf zu einem Verbandsstrafgesetzbuch
VersR	Zeitschrift für Versicherungsrecht
vgl.	vergleiche
VO	Verordnung
Vorb.	Vorbemerkung
VW	Versicherungswirtschaft (Zeitschrift)
VwVfG	Verwaltungsverfahrensgesetz
wistra	Zeitschrift für Wirtschafts- und Steuerstrafrecht
WM	Wertpapier-Mitteilungen (Zeitschrift)
WpDVerOV	Verordnung zur Konkretisierung der Verhaltensregeln und Organisationsanforderungen für Wertpapierdienstleistungsunternehmen
WpHG	Wertpapierhandelsgesetz
WRP	Wettbewerb in Recht und Praxis (Zeitschrift)
WuW	Wirtschaft und Wettbewerb – Zeitschrift für deutsches und europäisches Wettbewerbs-, Kartell- und Fusionsrecht
WuW/E	Wirtschaft und Wettbewerb/Entscheidungen
z.B.	zum Beispiel
ZGR	Zeitschrift für Unternehmens- und Gesellschaftsrecht
ZHR	Zeitschrift für das gesamte Handels- und Wirtschaftsrecht
Ziff.	Ziffer
ZIP	Zeitschrift für Wirtschaftsrecht und Insolvenzpraxis
ZIS	Zeitschrift für Internationale Strafrechtsdogmatik
ZögU	Zeitschrift für öffentliche und gemeinwirtschaftliche Unternehmen
ZWeR	Zeitschrift für Wettbewerbsrecht

1. Kapitel: Einführung

A. Problemaufriss

Verbänden im Allgemeinen und Wirtschaftsverbänden im Besonderen kommt als Bindeglied zwischen Gesellschaft und politisch-administrativen System seit jeher eine herausragende Bedeutung zu[1]. Wirtschaftsverbände *„stehen im Zentrum vielseitiger Interessen“*[2] und zeichnen sich dadurch aus, dass sie die wirtschaftspolitischen Interessen ihrer Mitglieder gegenüber der Öffentlichkeit, Politik und Verwaltung hinreichend vertreten, was ihnen häufig den Vorwurf des „Lobbyismus“[3] einbringt.[4] Darüber hinaus erbringen sie für ihre Mitglieder Dienstleistungen[5], z.B. in Form von Marktinformationsverfahren[6], als Ausrichter von Messen[7] oder durch die Koordination von Marktgesprächen[8] zwischen Wettbewerbern im Rahmen von Ausschusssitzungen, Arbeitskreisen oder Arbeitsessen[9]. Dadurch können sie – so legitim und notwendig die Arbeit von Wirtschaftsverbänden auch ist – schnell in das Visier der Kartellbehörden geraten.[10] Wie Unternehmen unterfallen auch Verbände dem Kartellrecht und werden kartellrechtlich unter den Begriff der „Unternehmensvereinigung“[11] subsumiert (vgl. Art. 101 Abs. 1 AEUV/§ 1 GWB, §§ 20 Abs. 1, 2 und 5, 21 Abs. 1 bis 3 GWB)[12].

---

1 *Witt/Seufert/Engberger*, ZögU 1996, 414, 427; *Zwicker*, Kartellrechtliche Beschränkungen der Verbandsautonomie der Wirtschaftsverbände in Deutschland und in den Vereinigten Staaten von Amerika, S. 27.

2 *Witt/Seufert/Engberger*, ZögU 1996, 414, 415.

3 Der Verbandsbegriff steht häufig auch als Synonym für den Begriff „pressure group“, d.h. Druck ausübende Gruppe (*Rauh*, Versicherungsverbände und Kartellrecht, S. 12).

4 *Breitling*, in: Blümle/Schwarz, Wirtschaftsverbände und ihre Funktion, S. 32; *Rauh*, Versicherungsverbände und Kartellrecht, S. 1; vgl. auch *Leßmann*, Die öffentlichen Aufgaben und Funktionen privater Wirtschaftsverbände, S. 3, 52 ff.; *Zwicker*, Kartellrechtliche Beschränkungen der Verbandsautonomie der Wirtschaftsverbände in Deutschland und in den Vereinigten Staaten von Amerika, S. 27.

5 *Zwicker*, Kartellrechtliche Beschränkungen der Verbandsautonomie der Wirtschaftsverbände in Deutschland und in den Vereinigten Staaten von Amerika, S. 27.

6 Zu Marktinformationsverfahren siehe S. 146.

7 Zu Messen siehe S. 227 ff.

8 Zur Koordination von Marktgesprächen siehe S. 170 ff.

9 *Kapp/Hummel*, CCZ 2013, 240, 241.

10 *Kapp/Hummel*, CCZ 2013, 240.

11 Teilweise wird auch der Begriff „Vereinigungen von Unternehmen“ verwendet.

12 *Kapp/Hummel*, CCZ 2013, 240; *Lotze*, Kartellrechtliche Restriktionen der Verbandstätigkeit, FIW-Schriftenreihe, Heft 201, 2005, S. 121.

Damit haben sie bei ihrer Tätigkeit uneingeschränkt die Vorschriften des deutschen und des europäischen Kartellrechts zu beachten.[13]

Wurden in früheren – längst vergangenen Zeiten – Kartelle in Deutschland als Ausfluss der Gewerbefreiheit zumindest gebilligt, so sind sie seit Inkrafttreten des GWB am 1.1.1958 verboten. Seither verfolgen die Kartellbehörden auf nationaler sowie internationaler Ebene kartellrechtliche Zuwiderhandlungen rigoros. Dies wird durch eine Vielzahl deutscher und europäischer Bußgeldverfahren belegt, die nicht selten (auch) mit Verbänden im Zusammenhang stehen. So verhängte die Europäische Kommission in der Vergangenheit Geldbußen beispielsweise gegen den amerikanischen und finnischen Zellstoffverband[14], gegen eine Großhandelsvereinigung[15] oder gegen eine nationale Eurocheque-Gemeinschaft[16,17] Diese und andere Fälle verdeutlichen, dass die Arbeit von Verbänden rechtliche, insbesondere kartellrechtliche Gefahren birgt. Dabei gilt, dass Verbände nicht als Deckmantel für Kartelle und damit für eine Umgehung kartellrechtlicher Vorschriften benutzt werden dürfen, um Wettbewerbsbeschränkungen herbeizuführen.[18] Dazu kommt es vor allem bei Verbandstreffen, auf denen es des Öfteren zu einem kartellrechtswidrigen Meinungs- und Informationsaustausch der Mitglieder kommt.

Die legitime Zusammenarbeit zwischen Wirtschaftsverbänden und deren Mitgliedern wird durch Art. 101 Abs. 3 AEUV/§§ 2 f. GWB erleichtert. Darin ist geregelt, dass wettbewerbswidrige Absprachen i.S.d. Art. 101 Abs. 1 AEUV bzw. § 1 GWB, soweit die tatbestandlichen Voraussetzungen im Einzelnen vorliegen, von Gesetzes wegen nicht verboten sind. An die Stelle einer von der Europäischen Kommission grundsätzlich in jedem Einzelfall einzuholenden Freistellung vom Kartellverbot ist durch die Reform des europäischen Kartellverfahrensrechts und der damit einhergegangenen Einführung der VO Nr. 1/2003 eine Behandlung der tatbestandlichen Voraussetzungen des Art. 101 Abs. 3 AEUV als Legalausnahme (vgl. Art. 1 Abs. 2 VO Nr. 1/2003), folglich als eine unmittelbar aus der Normgeltung abzuleitende gesetzlich fixierte Ausnahme vom Kartellverbot, getreten.[19] Den Adressaten des Kartellverbots – und damit auch Wirtschaftsverbänden – obliegt es nunmehr selbst,

---

13 *Kapp/Hummel*, CCZ 2013, 240 f.

14 EuGH, Urt. v. 27.9.1988, verb. Rss. C-89/85 u.a., Slg. 1988, 5193 – *A. Ahlström Osakeyhtiö u.a./Kommission.*

15 Europäische Kommission, Entsch. v. 26.10.1999, ABl. 2000, L 39/1 – *FEG und TU.*

16 Europäische Kommission, Entsch. v. 25.3.1992, ABl. 1992, L 95/50 – *Eurocheque.*

17 *Dieckmann*, in: Wiedemann, Handbuch des Kartellrechts, § 46 Rn. 25; *Lotze*, Kartellrechtliche Restriktionen der Verbandstätigkeit, FIW-Schriftenreihe, Heft 201, 2005, S. 123.

18 *Partikel*, in: Hauschka, Corporate Compliance, § 45 Rn. 75; *Möhlenkamp*, WuW 2008, 428, 432; vgl. auch *Leßmann*, Die öffentlichen Aufgaben und Funktionen privater Wirtschaftsverbände, S. 84 f.; *Zwicker*, Kartellrechtliche Beschränkungen der Verbandsautonomie der Wirtschaftsverbände in Deutschland und in den Vereinigten Staaten von Amerika, S. 29 f.

19 *Weiß*, in: Loewenheim/Meessen/Riesenkampff, Kartellrecht, Art. 1 VO 1/2003 Rn. 6.

ihre Handlungen regelmäßig auf die Vereinbarkeit mit dem Kartellrecht zu prüfen.[20] Des Weiteren wurde mit der angesprochenen Reformierung Art. 23 Abs. 4 VO Nr. 1/2003 eingeführt. Dieser ist vor allem für Verbandsmitglieder von besonderer Bedeutung, da er eine Ausfallhaftung dahingehend kodifiziert, dass diese zur Zahlung einer der Unternehmensvereinigung auferlegten Geldbuße verpflichtet sind, wenn die Unternehmensvereinigung selbst nicht zahlungsfähig ist. Mit anderen Worten: Nach Maßgabe des Art. 23 VO Nr. 1/2003 haften nicht nur Verbände für Kartellrechtsverstöße im Verband, sondern – im Wege der Ausfallhaftung nach Art. 23 Abs. 4 VO Nr. 1/2003 – auch ihre Mitglieder.[21] Darüber hinaus hat die Frage der Schadensersatzpflicht durch die jüngst auf europäischer Ebene beschlossene EU-Richtlinie für Schadensersatzklagen nach nationalem Recht wegen Zuwiderhandlungen gegen wettbewerbsrechtliche Bestimmungen der Mitgliedstaaten und der Europäischen Union[22] sowohl für Unternehmen als auch für Verbände nochmals an Bedeutung gewonnen. So ist in Art. 1 Abs. 1 dieser Richtlinie festgelegt, dass jeder, der einen durch eine Zuwiderhandlung eines Unternehmens oder einer Unternehmensvereinigung gegen das Wettwerbsrecht verursachten Schaden erlitten hat, das Recht, den vollständigen Ersatz dieses Schadens von diesem Unternehmen oder dieser Unternehmensvereinigung zu verlangen, wirksam geltend machen kann. Der Anwendungsbereich der Richtlinie erfasst damit explizit auch Verbände und stellt diese vor zusätzliche Haftungsgefahren.[23]

Um kartellrechtliche Risiken zu minimieren und damit Verstöße gegen kartellrechtliche Regelungen zu vermeiden, wird mittlerweile auch im Vereinsrecht, *„vor allem bei Wirtschaftsverbänden, der aus dem Bereich wirtschaftlicher Unternehmen schon länger bekannte Begriff der Compliance thematisiert“*.[24] Auslöser hierfür sind neben dem Verbandskartellrecht *„auch andere Verbandsbereiche wie das Arbeitsrecht, das Datenschutzrecht, das Steuerrecht, der Umgang mit Geschenken und Einladungen, Interessenskonflikte und der Schutz von Unternehmensgeheimnissen usw., die nicht zu unterschätzende Haftungsrisiken für den Verband und dessen Mitgliedsunternehmen in sich bergen“*.[25] Bei Compliance geht es im Kern darum, durch geeignete Maßnahmen die Einhaltung von Gesetzen und anderer, z.B. selbst gegebener Verhaltensregeln

20 *Rauh*, Versicherungsverbände und Kartellrecht, S. 2.

21 *Möhlenkamp*, WuW 2008, 428, 430.

22 Richtlinie 2014/104/EU des Europäischen Parlaments und des Rates vom 26. November 2014 über bestimmte Vorschriften für Schadensersatzklagen nach nationalem Recht wegen Zuwiderhandlungen gegen wettbewerbsrechtliche Bestimmungen der Mitgliedstaaten und der Europäischen Union, ABl. 2014, L 349/1. Die Richtlinie ist abrufbar unter http://www.eur-lex.europa.eu/legal-content/DE/TXT/PDF/?uri=CELEX:32014L0104&from=EN.

23 Zur neuen EU-Schadensersatzrichtlinie siehe S. 103 ff.

24 *Waldner/Wörle-Himmel*, in Sauter/Schweyer/Waldner, Der eingetragene Verein, Rn. 292 c.

25 *Brouwer*, CCZ 2009, 161.

sicherzustellen.[26] Das gestiegene Interesse an (Kartellrechts-)Compliance hat mittlerweile auch Wirtschaftsverbände dazu bewogen, ihren Mitarbeitern Richtlinien an die Hand zu geben, um sie insbesondere für den Umgang mit dem Kartellrecht zu sensibilisieren. So haben beispielsweise der Verband der Automobilindustrie e.V.[27] und der Verband der Chemischen Industrie e.V.[28] (kartellrechtliche) Leitfäden veröffentlicht und sich ausdrücklich zu Compliance bekannt. Compliance-Leitfäden sollen helfen, (Kartell-)Rechtsverstößen präventiv entgegenzuwirken, um drohende Haftungsrisiken wie Bußgelder oder Schadensersatzansprüche für Verbände selbst als auch deren Leitungsorgane und Mitarbeiter sowie für ihre Mitgliedsunternehmen zu vermeiden.

In der Literatur finden sich zum Thema kartellrechtlicher Compliance mittlerweile zwar eine Vielzahl von Handbüchern, Aufsätzen und Dissertationen, jedoch beschäftigen sich diese – wenn überhaupt – meist nur am Rande mit der speziellen Situation in Wirtschaftsverbänden. Ausgehend davon befasst sich die vorliegende Untersuchung konkret mit der Kartellrechtscompliance in Wirtschaftsverbänden[29] und stellt dabei vor allem die Notwendigkeit kartellrechtlicher Compliance in der Verbandsarbeit, aber auch deren Grenzen in den Mittelpunkt. Des Weiteren werden als weitere, zentrale Punkte untersucht, ob die Leitung eines Wirtschaftsverbandes zur Einrichtung einer (umfassenden) Kartellrechtscompliance-Organisation im Verband verpflichtet ist, und ob eine Compliance-Verantwortung von Wirtschaftsverbänden gegenüber ihren Untergliederungen und ihren Mitgliedern besteht.

B. Gang der Untersuchung

Im Einzelnen wird im Verlauf der Darstellung zunächst dem Begriff, den Erscheinungsformen, den Aufgaben sowie den rechtlichen Grundlagen von Wirtschaftsverbänden nachgegangen (2. Kapitel). Damit sollen die allgemeinen Grundlagen gelegt werden, die für das Verständnis der weiteren Kapitel notwendig sind.

Das dritte Kapitel widmet sich dem Begriff und den Grundlagen der Compliance. Neben der Darstellung der verschiedenen Definitionsansätze von Compliance werden sowohl ihre historische als auch ihre aktuelle Entwicklung sowie die Compliance-Funktionen in gebotener Kürze aufgezeigt.

Darauffolgend werden im 4. Kapitel neben einer Erklärung des Begriffs „Kartellrechtscompliance“ auch die allgemeinen Grundlagen des Kartellrechts dargestellt. Dabei wird auf die mit der Verbandsarbeit im Zusammenhang stehenden Vorschriften

26 *Karbaum*, Kartellrechtliche Compliance – Rechtsgrundlagen und Umsetzung, S. 2.
27 Der Leitfaden des VDA ist abrufbar unter http://www.vda.de/files/abt_recht/VDA_Leitfaden_Kartellrecht_2009.pdf (6.2.2016).
28 Der Leitfaden des VCI ist abrufbar unter https://www.vci.de/Downloads/Publikation/VCI%20Compliance-Leitfaden.pdf (6.2.2016).
29 Die Arbeit bezieht sich ausschließlich auf Wirtschaftsverbände, die in der Form des nichtwirtschaftlichen Vereins organisiert sind.

eingegangen werden, namentlich das Kartellverbot, das Missbrauchsverbot, das Boykottverbot sowie das Kartellverfahrensrecht.

Das 5. Kapitel bildet einen ersten Schwerpunkt der Arbeit und geht auf die Notwendigkeit kartellrechtlicher Compliance in der Verbandsarbeit ein. Dabei stehen die verbandstypischen kartellrechtlichen Probleme wie etwa Marktinformationsverfahren, die Koordination von Marktgesprächen, Verbandsempfehlungen, der Aufnahmezwang oder die (Rechts-)Beratung von Verbandsmitgliedern im Mittelpunkt. Zuvor werden die zunehmenden Gefahren dargestellt, die vom Kartellrecht für Wirtschaftsverbände ausgehen. Insoweit werden die Veränderungen der Reform des Kartellverfahrensrechts durch die VO Nr. 1/2003 sowie die damit einhergehenden Veränderungen in Ermittlungstätigkeit und Bebußung durch die Kartellbehörden aufgezeigt. Ferner werden ausführlich die Haftungsrisiken für Wirtschaftsverbände auf der einen Seite sowie für Verbandsleitung und Verbandsmitarbeiter auf der anderen Seite untersucht.

Das 6. Kapitel widmet sich der Verantwortung zu Kartellrechtscompliance in Wirtschaftsverbänden und stellt den zweiten Schwerpunkt der Arbeit dar. Dort wird zunächst die Frage aufgeworfen, ob und ggf. auf welcher rechtlichen Grundlage die Organe eines Verbandes (intern) zur Implementierung eines Kartellrechtscompliance-Programms verpflichtet sein können und anschließend dessen Reichweite bestimmt. Zudem wird die praktische Umsetzung von Kartellrechtscompliance-Programmen in Verbänden beschrieben. Dabei werden die rechtlichen Mindestanforderungen an solche Programme sowie deren wesentliche Elemente skizziert. Darauffolgend soll der Frage nachgegangen werden, ob Wirtschaftsverbände eine (externe) Compliance-Verantwortung gegenüber ihren Untergliederungen und Mitgliedern trifft und wie sie dieser Verantwortung ggf. nachkommen können. Dazu wird ein Vergleich mit der Rechtslage im Aktienrecht angestrengt, insbesondere zur Konzern-Compliance bei faktischer Konzernierung.

Den Abschluss der Bearbeitung bildet das 7. Kapitel, dem eine Zusammenfassung der wichtigsten Ergebnisse in Thesenform und ein kurzer Ausblick vorbehalten sind.

2. Kapitel: Der Wirtschaftsverband – Begriff, Erscheinungsformen, Aufgaben, rechtliche Grundlagen

Zunächst soll ein Überblick über den heutigen Verbandsbegriff gegeben werden, insbesondere über den Begriff des Wirtschaftsverbandes. Die Kenntnis dieser Begriffe, die damit in Verbindungen stehenden rechtlichen Grundlagen sowie die Aufgaben von Verbänden sind für das Verständnis der weiteren Ausführungen von zentraler Bedeutung.

A. Begriff, Erscheinungsformen und Aufgaben

Der Begriff „Verband"[30] ist vielschichtig und wird in der Literatur unterschiedlich definiert; es existiert keine einheitliche „Linie".[31] So liegt dem Verbandsbegriff im gesellschaftspolitischen Bereich eine andere Definition zu Grunde als im soziologischen oder rechtlichen Bereich.[32] Aus gesellschaftspolitischer Sicht wird unter einem Verband eine Vereinigung von natürlichen und juristischen Personen verstanden, die Einfluss im politischen Bereich, am Markt oder in sonstigen ökonomischen, sozialen oder kulturellen Bereichen erzielen will, ohne dass die Verbandsmitglieder willens sind, eine unmittelbare Verantwortung im politischen Willensbildungsprozess zu übernehmen.[33] Hingegen wird ein Verband aus soziologischer Sicht und in Anlehnung an *Weber* definiert als *„eine nach außen regulierend beschränkte oder geschlossene soziale Beziehung (...), wenn die Innehaltung ihrer Ordnung garantiert wird durch das eigens auf deren Durchführung eingestellte Verhalten bestimmter Menschen: eines Leiters und, eventuell eines Verwaltungsstabes, der gegebenenfalls normalerweise zugleich Vertretungsgewalt hat"*.[34] Diese Definition zielt auf die Organisation als soziale Tatsache ab und rückt die Verbandsleitung in den Mittelpunkt ihrer Betrachtung.[35]

---

30 Für einen Überblick über die Verbandsforschung siehe *Rauh*, Versicherungsverbände und Kartellrecht, S. 11 ff.

31 *Leßmann*, Die öffentlichen Aufgaben und Funktionen privater Wirtschaftsverbände, S. 15.

32 Dazu vertiefend *Leßmann*, Die öffentlichen Aufgaben und Funktionen privater Wirtschaftsverbände, S. 15 f.

33 *Reichert*, Vereins- und Verbandsrecht, 9. Auflage, Rn. 2757.

34 *Weber*, Wirtschaft und Gesellschaft, S. 26.

35 *Breitling*, in: Blümle/Schwarz, Wirtschaftsverbände und ihre Funktion, S. 32, 67 f.; *Rauh*, Versicherungsverbände und Kartellrecht, S. 12.

Verbände sind nach der jüngeren sozialwissenschaftlichen Forschung Teil des sog. „Dritten Sektors".[36] Dieser Ansatz teilt die Gesamtheit aller Organisationen in drei Sektoren ein: Sog. „Erster Sektor" ist der Staat, d.h. alle staatlichen Institutionen, wenn sie hoheitliche Aufgaben erfüllen.[37] Zum sog. „Zweiten Sektor", der als Markt bezeichnet wird, gehören alle Organisationsformen, die wirtschaftlichen oder Erwerbszwecken dienen, z.B. Konzerne oder Unternehmen.[38] Der Dritte Sektor, das ist der Bereich zwischen Markt und Staat, ist weder hauptsächlich von Gewinn und Konkurrenz noch von hoheitlicher Verwaltung geprägt, sondern von Vereinigungen, Gesellschaften, Vereinen und Verbänden.[39] So sind die meisten Vereinigungen des Dritten Sektors sog. „Non-Profit-Organisationen" (NPOs), die im Gegensatz zu den am Markt agierenden Unternehmen nicht gewinnorientiert handeln.[40]

Für die nachfolgende Darstellung ist einzig die rechtliche Definition des Verbandsbegriffs relevant. Aus rechtlicher Sicht ist der heutige Verbandsbegriff zu begreifen als größerer Zusammenschluss von Personen, privat- oder öffentlich-rechtlicher Körperschaften zur Erreichung eines gemeinsamen Zwecks.[41] Die Abgrenzung zum Begriff des „Vereins" gestaltet sich wie folgt: Sprachgeschichtlich haben die Worte „Verein" und „Verband" die gleiche Bedeutung.[42] Sie bezeichnen eine Vereinigung bzw. Verbindung von Personen zur Erreichung eines gemeinsamen Zwecks.[43] Rein sprachlich bedeuten somit die Begriffe „Verein" und „Verband" dasselbe.[44] Sie unterscheiden sich lediglich dadurch, dass der Begriff „Verein" die Rechtsform bezeichnet, während der Namensbestandteil „Verband" bei einem Verein häufig auf die Zwecksetzung dieser Vereine schließen lässt.[45] Wenn Vereine der Vertretung gemeinsamer Interessen dienen, bezeichnen sie sich meist als Verband.[46]

Nicht nur die Auffassungen zum Verbandsbegriff, sondern auch die Erscheinungsformen der Verbände sind mannigfaltig. Sie können nach ihrer Zwecksetzung bzw. anhand der von ihnen vertretenen Interessen in verschiedene Kategorien

---

36 *von Alemann*, Interessenverbände in Deutschland, Rubrik: Was sind Verbände? Das Dokument ist abrufbar unter http://www.verbaende.com/hintergruende/verbaende-forschung.php (6.2.2016). Vgl. dazu auch *Leßmann*, Die öffentlichen Aufgaben und Funktionen privater Wirtschaftsverbände, S. 81.

37 *von Alemann* aaO.

38 *von Alemann* aaO.

39 *von Alemann* aaO.

40 *von Alemann* aaO.

41 *Reichert*, Vereins- und Verbandsrecht, Rn. 5669.

42 *Reichert*, Vereins- und Verbandsrecht, Rn. 15.

43 *Reichert*, Vereins- und Verbandsrecht, Rn. 15.

44 *Reichert*, Vereins- und Verbandsrecht, Rn. 5668.

45 Deutsche Gesellschaft für Verbandsmanagement e.V., Kleines ABC der Verbände, S.1. Das Dokument ist abrufbar unter http://www.verbaende.com/media/dvf/ABC derVerbaende.pdf (6.2.2016).

46 Deutsche Gesellschaft für Verbandsmanagement e.V., Kleines ABC der Verbände, S. 1. Das Dokument ist abrufbar unter http://www.verbaende.com/media/dvf/ABC derVerbaende.pdf (6.2.2016).

eingeteilt werden.[47] Zu diesen Kategorien zählen die Bereiche Arbeit und Wirtschaft, Gesellschaft und Politik, Freizeit und Kultur, Bildung und Wissenschaft sowie Gesundheit und Soziales.[48] Eine Aufgabe von Verbänden besteht also in der Interessenvertretung ihrer Mitglieder. Damit einhergehend treten Unternehmen zahlreich in Industrie-, Fach- und Branchenverbände ein – auch weil in diesen regelmäßig Interessenüberschneidungen zwischen den Mitgliedern vorliegen.[49] Neben diesen gibt es Industrie- und Handelskammern, Mittelstandsvereinigungen, konfessionelle Unternehmerverbände oder lokale Unternehmergruppen.[50] Darüber hinaus existieren Großverbände, die eine Vielzahl von Mitgliedern haben und auch sog. „Spitzenverbände“[51]. Die Grenzen zwischen den Verbandstypen sind fließend, so dass sich eine allzu starre Kategorisierung verbietet.[52]

Keine Verbände, und deshalb von ihnen abzugrenzen, sind die Kammern für Gewerbe und der freien Berufe. Bei diesen existiert eine gesetzliche Pflichtmitgliedschaft, wohingegen der Zusammenschluss bei Verbänden freiwilliger Natur ist.[53] Im Folgenden sollen indes nur die hier allein relevanten Wirtschaftsverbände interessieren.

Charakteristisch für einen Wirtschaftsverband ist der organisierte Zusammenschluss von Wirtschaftssubjekten, der bestrebt ist, die Einkommenslage seiner Mitglieder zu verbessern[54] und seine Leistungen fast ausschließlich für diese zur Verfügung stellt[55]. Mitglieder von Wirtschaftsverbänden sind neben Unternehmen vorwiegend Unternehmensvereinigungen des gleichen wirtschaftlichen Faches, die ihren Mitgliedern insbesondere in beratender Funktion zur Seite stehen und diese nach außen gegenüber der Öffentlichkeit, dem Staat und anderen Wirtschaftszweigen vertreten.[56] Durch Wirtschaftsverbände, die in Deutschland eine lange Tradition haben[57], findet

---

47 *Rauh*, Versicherungsverbände und Kartellrecht, S. 12.

48 *Witt/Seufert/Engberger*, ZögU 1996, 414, 420 f.; *Lietzau/Zitzmann*, Was sind Verbände?, http://www.verbaende.com/media/dvf/WassindVerbaende.pdf (6.2.2016).

49 *Möhlenkamp*, WuW 2008, 428, 429.

50 *Möhlenkamp*, WuW 2008, 428, 429.

51 Spitzenverbände lassen sich als die oberste Vereinigungsform von Körperschaften, die regelmäßig ihr Tätigkeitsgebiet im gesamten Bundesgebiet haben, definieren (*Reichert*, Vereins- und Verbandsrecht, Rn. 5718). Beispiele dafür sind z.B. der Bundesverband des Deutschen Groß- und Außenhandels e.V., der Zentralverband des Deutschen Handwerks oder der Bundesverband deutscher Banken e.V. (*Reichert*, Vereins- und Verbandsrecht, Rn. 5719).

52 *Rauh*, Versicherungsverbände und Kartellrecht, S. 12.

53 Deutsche Gesellschaft für Verbandsmanagement e.V., Kleines ABC der Verbände, S. 1. Das Dokument ist abrufbar unter http://www.verbaende.com/media/dvf/ABC-derVerbaende.pdf (6.2.2016).

54 *Rauh*, Versicherungsverbände und Kartellrecht, S. 13.

55 *Witt/Seufert/Engberger*, ZögU 1996, 414, 421.

56 *Lotze*, Kartellrechtliche Restriktionen der Verbandstätigkeit, FIW-Schriftenreihe, Heft 201, 2005, S. 118.

57 *Lotze*, Kartellrechtliche Restriktionen der Verbandstätigkeit, FIW-Schriftenreihe, Heft 201, 2005, S. 119.

eine Interessenbündelung der ihnen angehörigen Mitglieder statt, um gemeinsame Ziel- und Wertvorgaben zu erreichen. Insoweit besteht die Hauptaufgabe eines (Wirtschafts-)Verbandes in der Interessenförderung der unmittelbaren und mittelbaren Mitglieder in beruflicher, wirtschaftlicher, kultureller, sozialer, wissenschaftlich/technischer Hinsicht oder auf dem (wirtschafts-)politischen Sektor.[58] So hat etwa der Bundesverband der Deutschen Industrie (BDI) laut § 2 seiner Satzung[59] die Aufgabe, *„alle gemeinsamen Belange der in ihm zusammengeschlossenen Industriezweige zu wahren und zu fördern (...)"*.[60] Nach außen gerichtete Verbandsarbeit geschieht in erster Linie durch intensive Öffentlichkeitsarbeit, z.B. durch den Versand von Rundschreiben oder Broschüren, und insbesondere dann, wenn die Themen für die Mitglieder von allgemeinem Interesse sind.[61] Nach innen fungieren Wirtschaftsverbände als Dienstleister für ihre Mitglieder von denen sie im Gegenzug Mitgliedsbeiträge erheben, die der eigenen Finanzierung dienen.[62] Das Bereitstellen von Dienstleistungen ist für Verbandsmitglieder ein ausschlaggebender Grund für eine Mitgliedschaft, da sie selbst meist nicht die notwendigen Ressourcen zur Durchführung der von Verbänden erbrachten Dienstleistungen freisetzen können. Dienstleistungen in diesem Sinne sind z.B. die Beratung der Mitglieder[63], die Ausrichtung von Messen oder Lobbyarbeit[64]. Darüber hinaus sind Wirtschaftsverbände Repräsentationsplattformen einzelner Wirtschaftszweige und bieten ein Forum der Meinungsbildung über gesetzgeberische und administrative Maßnahmen.[65] Dabei stehen sie für neue Mitglieder nach demokratischen Prinzipien offen.[66]

B. Rechtliche Grundlagen

Im Rahmen dieser Arbeit ist es notwendig, den rechtlichen Rahmen aufzuzeigen, in dem sich Wirtschaftsverbände[67] bewegen. Dabei bietet es sich an, zwischen öffentlich-rechtlichen und vereinsrechtlichen Grundlagen zu unterscheiden.

---

58 *Reichert*, Vereins- und Verbandsrecht, Rn. 5720.
59 Die Satzung des BDI ist abrufbar unter http://www.bdi.eu/download_content/Satzung_BDI.pdf (20.8.2014).
60 *Lotze*, Kartellrechtliche Restriktionen der Verbandstätigkeit, FIW-Schriftenreihe, Heft 201, 2005, S. 119.
61 *Lotze*, Kartellrechtliche Restriktionen der Verbandstätigkeit, FIW-Schriftenreihe, Heft 201, 2005, S. 119.
62 *Rauh*, Versicherungsverbände und Kartellrecht, S. 13.
63 Zur Beratung von Mitgliedsunternehmen siehe S. 231 ff.
64 Zur Lobbyarbeit von Verbänden siehe S. 233.
65 *Möhlenkamp*, WuW 2008, 428, 431.
66 *Rauh*, Versicherungsverbände und Kartellrecht, S. 13.
67 Im Folgenden steht der Begriff „Verband" mit Ausnahme von wörtlichen Zitaten ausschließlich für Wirtschaftsverbände, wenn nicht ausdrücklich der Begriff „Wirtschaftsverband" verwendet wird.

I. Öffentlich-rechtliche Grundlagen

Ausgangspunkt für die rechtliche Einordnung von Verbänden und gleichsam deren garantierender Faktor ist Art. 9 Abs. 1 GG[68], der das Grundrecht der allgemeinen Vereinigungsfreiheit enthält und *„alleinige Existenzgrundlage der zahlreichen Interessenverbände in der Bundesrepublik Deutschland“*[69] ist. Nach dieser Norm haben alle Deutschen das Recht, sich ohne staatliche Behinderung zur Erreichung gemeinsamer Zwecke zu freier gemeinsamer Tätigkeit in Vereinen und Gesellschaften zusammenzuschließen.[70] Die Vereinigungsfreiheit wird materiell näher durch das Vereinsgesetz, konkret § 2 Abs. 1 VereinsG, ausgestaltet.[71] Ein Verein ist danach ohne Rücksicht auf die Rechtsform jede Vereinigung, zu der sich eine Mehrheit natürlicher oder juristischer Personen für längere Zeit zu einem gemeinsamen Zweck freiwillig zusammengeschlossen und einer organisierten Willensbildung unterworfen hat. Diese Definition wird mehrheitlich als mit dem verfassungsrechtlichen Vereinigungsbegriff kongruent angesehen.[72] Da Wirtschaftsverbände alle Tatbestandsmerkmale vorgenannter Definition erfüllen, sind sie vom Schutzbereich des Art. 9 Abs. 1 GG umfasst.[73] Ohnehin fällt die ganz überwiegende Zahl von Wirtschaftsverbänden bereits aufgrund ihrer Rechtsform – sie sind mehrheitlich als eingetragene Vereine organisiert[74] – in den Anwendungsbereich des Art. 9 GG, auch wenn die Rechtsform des Vereins nicht für die Vereinigungsfreiheit konstitutiv ist.[75] Die allgemeine Vereinigungsfreiheit umfasst letztlich *„das gesamte Spektrum gesellschaftlicher Selbstorganisation – angefangen von kleinen Ideal-Vereinen (z.B. Sportvereine, Kegelvereine etc.) über die Handels- und Kapitalgesellschaften des Gesellschafts- bzw. Wirtschaftsrechts, die Gewerkschaften und Arbeitgeberverbände bis hin zu allen anderen Verbänden im Sinne einer insgesamt pluralistisch gegliederten Gesellschaft“*.[76]

Die Schutzreichweite des Art. 9 GG erstreckt sich auf die Bildung einer Vereinigung, die zeitliche, lokale und modale Gründungsaspekte einschließt, sowie den Beitritt, das Verbleiben und die Betätigung in einer Vereinigung (sog. „positive Vereinigungsfreiheit“).[77] Im Gegensatz dazu besteht aber auch das individuelle

---

68 *Rauh*, Versicherungsverbände und Kartellrecht, S. 15.

69 *Scholz*, in: Maunz/Dürig, Grundgesetz-Kommentar, Art. 9 GG Rn. 13.

70 *Scholz*, in: Maunz/Dürig, Grundgesetz-Kommentar, Art. 9 GG Rn. 1.

71 *Cornils*, in: Beck'scher Online-Kommentar GG, Hrsg: Epping/Hillgruber, Art. 9 GG Rn. 5; *Rauh*, Versicherungsverbände und Kartellrecht, S. 15.

72 *Cornils*, in: Beck'scher Online-Kommentar GG, Hrsg: Epping/Hillgruber, Art. 9 GG Rn. 5; siehe auch BVerwG, Urteil v. 12.2.1998, 3 C 55/96 = NJW 1998, 2545 f.

73 *Rauh*, Versicherungsverbände und Kartellrecht, S. 15 f.

74 *Brouwer*, CCZ 2009, 161; *Lotze*, Kartellrechtliche Restriktionen der Verbandstätigkeit, FIW-Schriftenreihe, Heft 201, 2005, S. 118.

75 *Rauh*, Versicherungsverbände und Kartellrecht, S. 16.

76 *Scholz*, in: Maunz/Dürig, Grundgesetz-Kommentar, Art. 9 GG Rn. 13.

77 *Cornils*, in: Beck'scher Online-Kommentar GG, Hrsg: Epping/Hillgruber, Art. 9 GG Rn. 9; *Bauer*, in: Dreier, GG, Band I, Art. 9 Rn. 44; *Rauh*, Versicherungsverbände und

Recht, einer Vereinigung fernzubleiben bzw. aus einer solchen auszutreten (sog. „negative Vereinigungsfreiheit“).[78] Des Weiteren werden die Tätigkeiten der Vereinigungen zur Sicherung der Existenz- und Funktionsfähigkeit sowie ihre *„Selbstbestimmung über die eigene Organisation, das Verfahren ihrer Willensbildung und die Führung der Geschäfte“*[79] geschützt.[80] Dazu zählen insbesondere die Aufnahme und der Ausschluss von Mitgliedern[81], die Namensführung[82], die Mitgliederwerbung, die Selbstdarstellung nach außen[83] und die Selbstauflösung.[84]

Die allgemeine Vereinigungsfreiheit ist nach herrschender Meinung[85] ein sog. „Gruppengrundrecht“, *„das auch dem gebildeten Kollektiv (Vereinigung, Koalition) eigene Grundrechtssubjektivität in unmittelbarer Anwendung des Art. 9 [GG] zuerkennt: Vereinigung und Koalition verfügen hiernach über eigenen Grundrechtsschutz aus Art. 9 [GG], gerichtet auf freien Verbandsbestand und freie Vereinigungsbetätigung“*[86]. Das bedeutet, dass die Grundrechtsberechtigung der Vereinigung selbst nicht erst aus Art. 19 Abs. 3 GG folgt.[87]

Ein Eingriff in das Grundrecht der Vereinigungsfreiheit ist durch jede belastende staatliche Maßnahme gegeben, die das geschützte Verhalten beschränkt. Dazu zählen beispielsweise das Verbot einer Vereinigung oder die Untersagung des Beitritts zu einer solchen.[88] Auch faktische Behinderungen von erheblichem Gewicht, etwa eine nachrichtendienstliche Unterwanderung[89], können einen Eingriff in Art. 9 Abs. 1 GG darstellen.[90]

Beschränkungen der Vereinigungsfreiheit können auf das in Art. 9 Abs. 2 GG als Schranke ausgestaltete Vereinsverbot einerseits und verfassungsimmanente

---

Kartellrecht, S. 16; zur Rechtsform siehe bspw. BVerfG, Beschl. v. 13.12.2006, 1 BvR 2084/05 = NVwZ 2007, 808.

78 *Bauer*, in: Dreier, GG, Band I, Art. 9 Rn. 46; *Cornils*, in: Beck'scher Online-Kommentar GG, Hrsg: Epping/Hillgruber, Art. 9 GG Rn. 10; *Scholz*, in: Maunz/Dürig, Grundgesetz-Kommentar, Art. 9 GG Rn. 88.

79 BVerfG, Beschl. v. 15.6.1989, 2 BvL 4/87= BVerfGE 80, 244, 253.

80 *Jarass*, in: Jarass/Pieroth, GG, Art. 9 Rn. 8.

81 BVerfG, Beschl. v. 10.6.2009, 1 BvR 825, 831/08 = BVerfGE 124, 25, 42.

82 BVerfG, Beschl. v. 24.2.1971, 1 BvL 40/69 = BVerfGE 30, 227, 241.

83 BVerfG, Beschl. v. 9.10.1991, 1 BvR 397/87 = BVerfGE 84, 372, 378.

84 *Jarass*, in: Jarass/Pieroth, GG, Art. 9 Rn. 8.

85 BVerfG, Urt. v. 18.11.1954, 1 BvR 629/52 = BVerfGE 4, 96, 101 f.; Beschl. v. 14.4.1964, 2 BvR 69/62 = BVerfGE 17, 319, 333; Beschl. v. 30.11.1965, 2 BvR 54/62 = BVerfGE 19, 303, 319; *Cornils*, in: Beck'scher Online-Kommentar GG, Hrsg: Epping/Hillgruber, Art. 9 GG Rn. 3; *Scholz*, in: Maunz/Dürig, Grundgesetz-Kommentar, Art. 9 GG Rn. 23; a.A. u.a. *Höfling*, in: Sachs, Kommentar zum Grundgesetz, Art. 9 Rn 26 f.

86 *Scholz*, in: Maunz/Dürig, Grundgesetz-Kommentar, Art. 9 GG Rn. 23.

87 *Bauer*, in: Dreier, GG, Band I, Art. 9 Rn. 34; *Cornils*, in: Beck'scher Online-Kommentar GG, Hrsg: Epping/Hillgruber, Art. 9 GG Rn. 3.

88 *Jarass*, in: Jarass/Pieroth, GG, Art. 9 Rn. 12.

89 *Jarass*, in: Jarass/Pieroth, GG, Art. 9 Rn. 12.

90 *Rauh*, Versicherungsverbände und Kartellrecht, S. 16 f.

Schranken andererseits gestützt werden (sog. „Eingriffsrechtfertigung“). Während das Vereinsverbot nur im Hinblick auf Vereinigungen zulässig ist, deren Zwecke oder deren Tätigkeit den Strafgesetzen zuwiderlaufen oder die sich gegen die verfassungsmäßige Ordnung oder gegen den Gedanken der Völkerverständigung richten, muss bei der Prüfung verfassungsimmanenter Schranken eine Abwägung zwischen anderen mit der Vereinigungsfreiheit kollidierenden Verfassungsrechten dahingehend stattfinden, dass ein möglichst schonender Ausgleich zwischen den widerstreitenden Verfassungssätzen hergestellt wird.[91]

Grundrechtliche Kollisionslagen ergeben sich u.a. für den hier allein relevanten wirtschaftlichen Ordnungsbereich[92], speziell bei Kartellen und Fusionen, sofern diese monopolistische Stellungen erlangen oder marktbeherrschende Stellungen einnehmen.[93] In diesen Fällen konfligiert das Grundrecht des Art. 9 GG als Mittel zur Begründung solcher wirtschaftlichen Machtpositionen mit den Garantien freien wirtschaftlichen Wettbewerbs (Art. 2 Abs. 1 GG, Art. 12 GG, Art. 14 GG).[94] Die Kartellgesetzgebung des GWB *„ist in diesem Sinne als kollisionslösende Ordnung zu erkennen, die ihr Ziel, den Schutz des freien Wettbewerbs, dennoch mit möglichst verhältnismäßigen Mitteln erreichen muß“.*[95] Eine Beschränkung durch allgemeine Gesetze, wie z.B. die Kartellgesetzgebung, ist folglich zwar zulässig.[96] Allein der Fakt, *„daß das GWB den Schutz des verfassungsrechtlich seinerseits garantierten Wettbewerbs bezweckt, erlaubt aber noch nicht jede beliebige Einschränkung der allgemeinen Vereinigungsfreiheit“.*[97] Hierfür sei beispielhaft die Problematik bei Mitteilungen von Verbänden an ihre Mitglieder genannt. Dabei ist mit Blick auf § 21 Abs. 1 GWB regelmäßig zu prüfen, ob das Tatbestandsmerkmal der „Aufforderung“ zu einer Liefer- oder Bezugssperre erfüllt ist.[98] Allerdings muss hierbei Berücksichtigung finden, dass den Verbänden die grundgesetzlich geschützte (Art. 5 I, Art. 9 GG) Möglichkeit zusteht, ihre satzungsmäßige Aufgabe zu erfüllen.[99] Aus diesem Grund stellt sich die Frage, ob der Begriff des „Aufforderns“ in § 21 Abs. 1 GWB auch beratende Äußerungen eines Verbandes erfasst.[100] Wie *Köhler* bereits zutreffend festgestellt hat, ist es *„legitim, wenn der Verband versucht, seine Mitglieder vor Risiken aus einer bestimmten Geschäftsbeziehung zu bewahren, sofern nur die entsprechenden Risiken*

91 *Scholz*, in: Maunz/Dürig, Grundgesetz-Kommentar, Art. 9 GG Rn. 150; *Rauh*, Versicherungsverbände und Kartellrecht, S. 17.
92 *Scholz*, in: Maunz/Dürig, Grundgesetz-Kommentar, Art. 9 GG Rn. 151.
93 *Scholz*, in: Maunz/Dürig, Grundgesetz-Kommentar, Art. 9 GG Rn. 152.
94 *Scholz*, in: Maunz/Dürig, Grundgesetz-Kommentar, Art. 9 GG Rn. 152.
95 *Scholz*, in: Maunz/Dürig, Grundgesetz-Kommentar, Art. 9 GG Rn. 152.
96 *Scholz*, in: Maunz/Dürig, Grundgesetz-Kommentar, Art. 9 GG Rn. 152; *Rauh*, Versicherungsverbände und Kartellrecht, S. 17.
97 *Scholz*, in: Maunz/Dürig, Grundgesetz-Kommentar, Art. 9 GG Rn. 152.
98 *Köhler*, WuW 2009, 258, 263.
99 *Köhler*, WuW 2009, 258, 263.
100 *Köhler*, WuW 2009, 258, 263.

so objektiv wie den Umständen nach möglich dargestellt werden".[101] Es müsse einem Verband folglich erlaubt sein, auf eine drohende Insolvenz oder auf die Unzuverlässigkeit eines (potentiellen) Vertragspartners seiner Mitglieder hinzuweisen.[102] Ob im Einzelfall schon ein „Auffordern" oder bereits ein „Beraten" vorliegt, ist letztlich anhand der gesamten Umstände und der Interessenlage zu prüfen.[103]

Auch auf europäischer Ebene wird die Vereinigungsfreiheit geschützt. Zum einen ist in Art. 11 EMRK die Versammlungsfreiheit kodifiziert, die allen Menschen das Recht zugesteht, sich frei mit anderen zusammenzuschließen. Dies umfasst u.a. auch das Recht, Gewerkschaften zu bilden und diesen beizutreten.[104] Zum anderen ist über den Verweis in Art. 6 Abs. 1 EUV bestimmt, dass die in Art. 12 Abs. 1 Charta der Grundrechte der Europäischen Union festgeschriebene Versammlungs- und Vereinigungsfreiheit anwendbar ist.[105] Darüber hinaus sind nach Maßgabe des Art. 6 Abs. 3 EUV die Grundrechte, wie sie in der Europäischen Konvention zum Schutz der Menschenrechte und Grundfreiheiten gewährleistet sind und wie sie sich aus den gemeinsamen Verfassungsüberlieferungen der Mitgliedstaaten ergeben, als allgemeine Grundsätze Teil des Unionsrechts.[106] Damit wird davon auch die in Art. 9 GG kodifizierte Vereinigungsfreiheit erfasst.[107]

II. Vereinsrechtliche Grundlagen

Da – wie bereits erwähnt – viele Wirtschaftsverbände in Form des eingetragenen Vereins organisiert sind, spielen für diese neben Art. 9 GG auch die vereinsrechtlichen Vorschriften der §§ 21 ff. BGB ein wichtige Rolle. Dabei ist der bürgerlichrechtliche Vereinsbegriff nicht immer deckungsgleich mit dem Vereinsbegriff, der für den Bereich des öffentlichen Rechts maßgebend ist.[108] Ein Verein i.S.d. §§ 21 ff. BGB hat folgende Merkmale: es muss (1.) ein freiwilliger Zusammenschluss mehrerer Personen auf unbestimmte Zeit oder doch für eine gewisse Zeit gegeben sein (2.) mit dem Ziel, einen gemeinsamen nichtwirtschaftlichen oder einen wirtschaftlichen Zweck oder beide Zwecke zu verfolgen (3.) wobei die Personenvereinigung eine körperschaftliche Verfassung haben, (4.) einen Gesamtnamen führen und (5.) in ihrer Existenz vom Wechsel der Mitglieder unabhängig sein muss.[109] Die §§ 21 ff. BGB geben dabei aber lediglich den rechtlichen Rahmen für die Struktur von Vereinen vor. Folglich sind Abweichungen aufgrund der Gestaltungsfreiheit möglich und

101 *Köhler*, WuW 2009, 258, 264.
102 *Köhler*, WuW 2009, 258, 264.
103 *Köhler*, WuW 2009, 258, 264.
104 *Bauer*, in: Dreier, GG, Band I, Art. 9 Rn. 13.
105 *Rauh*, Versicherungsverbände und Kartellrecht, S. 17.
106 *Rauh*, Versicherungsverbände und Kartellrecht, S. 17 f.
107 *Rauh*, Versicherungsverbände und Kartellrecht, S. 17 f.
108 *Reichert*, Vereins- und Verbandsrecht, Rn. 1.
109 RG, Urt. v. 29.10.1940, VII 44/40 = 165, 140, 143; *Reichert*, Vereins- und Verbandsrecht, Rn. 2; *Stöber/Otto*, Handbuch zum Vereinsrecht, Rn. 7.

nicht unüblich. So ist nach Maßgabe des § 40 BGB ein Abweichen von bestimmten (vereinsrechtlichen) Vorschriften ausdrücklich zulässig, wenn die Verbandssatzung etwas anderes bestimmt. Das Recht der Vereine enthält aber auch zwingende Vorschriften, von denen nicht abgewichen werden kann, z.B. §§ 25, 26 BGB. Danach müssen Vereine über eine Satzung mit dem Inhalt verfügen, wie ihn § 57 BGB vorschreibt – die Satzung muss Zweck, Namen und Sitz des Vereins enthalten – und einen (gesetzlichen) Vorstand haben (§ 26 BGB).[110]

Der Verein handelt als körperschaftliche Organisation durch seine Organe. Notwendige Vereinsorgane sind der Vorstand und die Mitgliederversammlung. Darüber hinaus kann die Satzung weitere Organe vorsehen, z.B. ein Präsidium oder besondere Vertreter i.S.d. § 30 BGB.[111] Ihnen können Aufgaben der Vereinsführung, der internen Gestaltung des Vereinslebens, Aufsichts- oder Kontrollfunktionen oder repräsentative Aufgaben übertragen werden.[112]

Das Bürgerliche Gesetzbuch enthält keine gesonderten Bestimmungen über das Verbandsrecht. Als Verband gilt eine in Vereinsform organisierte Vereinigung dann, wenn sie entweder eine größere Zahl von Mitgliedern hat (Gesamtverein oder Massenorganisation) oder wenn sich in ihr mehrere Vereine, Handelsgesellschaften oder andere Körperschaften zusammengeschlossen haben (Vereinsverband).[113] Werden diese Anforderungen nicht erfüllt, darf sich ein Verein nicht als Verband bezeichnen.[114] Auf weitere Einzelheiten soll an den entsprechenden Stellen im Laufe der Bearbeitung eingegangen werden.

C. Zusammenfassung

Wirtschaftsverbände haben nach außen und nach innen gerichtete Aufgaben. Nach außen besteht die Hauptaufgabe von Wirtschaftsverbänden in der Interessenförderung der unmittelbaren und mittelbaren Mitglieder. Dies geschieht insbesondere durch intensive Öffentlichkeitsarbeit. Nach innen betätigen sich Wirtschaftsverbände als Dienstleister für ihre Mitglieder. Dabei bieten sie diesen vor allem Plattformen des Meinungsaustauschs und stehen ihnen in beratender Funktion zur Seite.

Der rechtliche Verbandsbegriff bezeichnet inhaltlich nach heutigem Verständnis einen größeren Zusammenschluss von Personen, privat- oder öffentlich-rechtlicher Körperschaften zur Erreichung eines gemeinsamen Zwecks. Die rechtlichen Grundlagen für Verbände sind in Art. 9 GG, § 2 Abs. 1 VereinsG und §§ 21 ff. BGB kodifiziert.

Verbände sind Adressaten kartellrechtlicher Normen und bewegen sich u.a. aufgrund der mit der Einführung der VO Nr. 1/2003 einhergehenden Änderungen

---

110 *K. Schmidt*, Gesellschaftsrecht, § 24 II 1.a.
111 *Reichert*, Vereins- und Verbandsrecht, Rn. 2833.
112 *Stöber/Otto*, Handbuch zum Vereinsrecht, Rn. 14.
113 *Stöber/Otto*, Handbuch zum Vereinsrecht, Rn. 15.
114 *Stöber/Otto*, Handbuch zum Vereinsrecht, Rn. 15.

„in einem zunehmend schwieriger werdenden kartellrechtlichen Fahrwasser“.[115] Auch wenn sie die gemeinsamen wirtschaftlichen und politischen Interessen ihrer Mitglieder umfassend wahrnehmen dürfen, ist eine Umgehung des Kartellrechts durch die Verbandsarbeit nicht erlaubt.[116]

115 *Lotze*, Kartellrechtliche Restriktionen der Verbandstätigkeit, FIW-Schriftenreihe, Heft 201, 2005, S. 146.

116 *Möhlenkamp*, WuW 2008, 428, 440.

3. Kapitel: Compliance – Begriff, Ursprung und Funktionen

In Zeiten konsequenter Verfolgung von Rechts- und Regelverstößen durch Behörden oder aufgrund von verbandsinternen Ermittlungsmaßnahmen sollte sich jeder Verbandsangehörige mit dem Thema „Compliance" auseinandersetzen. Insbesondere für Führungskräfte ist der Compliance-Bereich aktueller denn je, um eine ordnungsgemäße Leitung des Verbandes zu gewährleisten. Denn Verbandsvertreter sind durch die Zunahme der immer komplexer werdenden rechtlichen Fragestellungen – das gilt vor allem für den Bereich des Kartellrechts – in der Verantwortung, sich wiederkehrend mit den sie betreffenden einschlägigen Rechtsgebieten auseinanderzusetzen. Dies zeigt sich mit Blick auf das Kartellrecht schon vor dem Hintergrund der in der jüngeren Vergangenheit kontinuierlich gestiegenen Zahl von Bußgeldverfahren. Allein in den Jahren 2008 bis 2012 wurden durch die Europäische Kommission 29 Kartelle aufgedeckt und Bußgelder in Höhe von über 9 Mrd. € verhängt.[117] Dabei sind speziell Verbände in den vergangenen Jahren immer stärker in den Fokus der Kartellbehörden gerückt. Hinzu kommt, dass nicht nur die Zahl der durch die Kartellbehörden eingeleiteten Verfahren, sondern auch die Bußgeldhöhe der gegen Unternehmen und Verbände verhängten Bußgelder stetig gestiegen ist und eine Fortsetzung dieses Trends anhält. Daher ist die Implementierung eines auf Vermeidung von Haftungsrisiken und Imageschäden ausgerichteten (kartellrechtlichen) Compliance-Systems nicht nur in Unternehmen[118], sondern auch in Verbänden sowohl wirtschaftlich als auch rechtlich sinnvoll.

In diesem Kapitel ist zunächst zu eruieren, was sich hinter dem Begriff „Compliance" verbirgt. Dazu werden neben dem Ursprung und den rechtlichen Grundlagen auch die Funktionen von Compliance allgemein dargestellt.

A. Begriff und Ursprung der Compliance sowie aktuelle Entwicklungen

Die Rechtsfigur der Compliance ist verhältnismäßig neu im Vokabular deutscher Juristen und hat in den letzten Jahren eine *„bemerkenswerte juristische Karriere gemacht"*[119,120] Zu den Bereichen, in denen Compliance von zentraler Bedeutung ist, zählt, neben den klassischen Risikobereichen wie etwa dem Kapitalmarkt- und

117 Die Statistiken der Europäischen Kommission sind abrufbar unter http://www.ec.europa.eu/competition/cartels/statistics/statistics.pdf (20.8.2014).

118 Ca. 44 % aller deutschen Großunternehmen haben Compliance-Programme eingeführt (*Wrase/Fabritius*, CCZ 2011, 69, 70).

119 *Fleischer*, CCZ 2008, 1.

120 *Winter*, Vorstandsorganisation und Compliance, S. 10.

Korruptionsstrafrecht oder dem Bilanzrecht, insbesondere das Kartellrecht[121] – letzteres vor allem wegen der Höhe der in diesem Rechtsgebiet drohenden Bußgelder.[122]

I. Begriff der Compliance

Die Vokabel „Compliance", die ursprünglich aus dem anglo-amerikanischen Bankensektor stammt[123], bedeutet wortgetreu aus dem Englischen übersetzt die „Einhaltung", „Befolgung" oder „Übereinstimmung" bestimmter Gebote.[124] Daran anknüpfend lässt sich Compliance im rechtlichen Sinne – wenngleich dies nicht unumstritten ist[125] – zunächst verknappt als die Einhaltung bestimmter rechtlicher Anforderungen aus Gesetzen, aus Vollzugsakten aufgrund von Gesetzen oder aus Rechtsprechungsgrundsätzen sowie u.U. selbst gegebener Regeln oder Verhaltensweisen beschreiben[126]. Wie im Folgenden noch aufgezeigt werden wird, geht das heutige Verständnis von Compliance aber deutlich über diesen Grundsatz hinaus.[127] Erst einmal sollen aber mögliche rechtliche Anknüpfungspunkte für den Compliance-Gedanken herausgearbeitet werden.

Eine verbindliche Definition von Compliance existiert im deutschen Recht nicht.[128] Weder lässt sich eine solche in Bereichen finden, in denen Compliance von besonderer Bedeutung ist, z.B. im Aktienrecht, noch ist sie bislang durch die Rechtsprechung ausreichend konkretisiert worden. Jedoch können vor allem in sektorspezifischen Rechtsgrundlagen, insbesondere der Finanz- und Versicherungsbranche[129], und im Deutschen Corporate Governance Kodex (DCGK)[130] Ansatzpunkte für eine

---

121 *Dreher*, ZWeR 2004, 75; *Fleischer*, CCZ 2008, 1; *Hauschka*, NJW 2004, 257, 258 f.

122 *Hauschka*, NJW 2004, 257, 258; *Winter*, Vorstandsorganisation und Compliance, S. 10.

123 *Fleischer*, in: Spindler/Stilz, Aktiengesetz, Band 1, § 91 AktG Rn. 51; *Karbaum*, Kartellrechtliche Compliance – Rechtsgrundlagen und Umsetzung, S. 8.

124 *Huber*, Die Reichweite konzernbezogener Compliance-Pflichten des Mutter-Vorstands des AG-Konzerns, S. 17 f.; *Karbaum*, Kartellrechtliche Compliance – Rechtsgrundlagen und Umsetzung, S. 7; *C.H. Müller*, Kartellrechtscompliance in Deutschland, S. 7; *Strothmeyer*, Compliance – Risikobegrenzung und Imagevorteil, S. 15; vgl. auch *Dreher*, ZWeR 2004, 75, 78.

125 Wie noch aufzuzeigen sein wird, herrschen in der Rechtswissenschaft zum Begriff der Compliance verschiedene Begriffsverständnisse vor.

126 *Seeliger/Mross*, in: Frankfurter Kommentar, EG-Kartellrecht, Band II, Allg. Teil E, Rn. 1; vertiefend zum Begriff der Compliance *Strothmeyer*, Compliance – Risikobegrenzung und Imagevorteil, S. 15.

127 *Strothmeyer*, Compliance – Risikobegrenzung und Imagevorteil, S. 15.

128 *Huber*, Die Reichweite konzernbezogener Compliance-Pflichten des Mutter-Vorstands des AG-Konzerns, S. 17.

129 So z.B. in § 33 Abs. 1 S. 2 Nr. 1 WpHG, in dem die Forderung nach der Errichtung einer dauerhaften und wirksamen Compliance-Funktion kodifiziert ist.

130 Der DCGK in der Fassung vom 13.5.2013 ist abrufbar unter http://www.dcgk.de/de/kodex.html (20.8.2014).

Compliance-Definition ausfindig gemacht werden[131]. So lautet Ziffer 4.1.3 DCGK[132] wie folgt: *„Der Vorstand hat für die Einhaltung der gesetzlichen Bestimmungen und der unternehmensinternen Richtlinien zu sorgen und wirkt auf deren Beachtung durch die Konzernunternehmen hin (Compliance)"*. Weil die verbindliche Definierung von Rechtsbegriffen ausschließlich durch staatliche Gesetze möglich ist und der DCGK – trotz der in § 161 AktG statuierten Erklärungspflicht – nur sog. „soft law" und mithin kein Gesetz ist, erfüllt vorgenannte Definition jedoch nicht die Voraussetzungen einer Legaldefinition.[133]

In diesem Zusammenhang ist auch § 130 OWiG zu nennen, der Leitungsorganen Maßnahmen zur Verhinderung der Begehung von Straftaten und Ordnungswidrigkeiten durch Mitarbeiter vorschreibt. Bei Unterlassung der gebotenen Maßnahmen müssen Leitungsorgane bei vorgekommenen Rechtsverstößen nach Maßgabe der Vorschrift mit der Verhängung einer Geldbuße rechnen. Teilweise wird aus vorgenannter Norm eine allgemeine Compliance-Pflicht[134] oder die Notwendigkeit einer *„zumindest (...) rudimentäre[n] Compliance-Organisation"*[135] hergeleitet.

Es verwundert letztlich nicht, dass in der Rechtswissenschaft unterschiedliche Begriffsverständnisse zu Compliance vorherrschen. Allen ist zunächst gemein, dass sie die Einhaltung des geltenden Rechts durch Unternehmen oder Verbände sowie durch deren Leitungsorgane eigentlich als eine Selbstverständlichkeit begreifen (Legalitätspflicht).[136] Diese Selbstverständlichkeit bezeichnet *U.H. Schneider* auch als „Binsenweisheit".[137] Darüber hinaus beinhaltet Compliance die Pflicht zur Gewährleistung der allgemeinen Möglichkeit, sich norm- und regelgerecht zu verhalten (Organisationspflicht bzw. Legalitätskontrollpflicht).[138]

Ein erstes Begriffsverständnis sieht in Compliance eine Organisation für das Effektengeschäft (sog. „Wertpapier-Compliance" oder „Kapitalmarkt-Compliance"[139]) und schränkt sie qua Definition auf einzelne Rechtsgebiete oder Branchen ein.[140] Danach ist Compliance die *„Gesamtheit vorbeugender Maßnahmen in Unternehmen,*

131 *Bürkle*, BB 2007, 1797 f.; *Fleischer*, CCZ 2008, 1.

132 Fassung vom 24.6.2014.

133 *Huber*, Die Reichweite konzernbezogener Compliance-Pflichten des Mutter-Vorstands des AG-Konzerns, S. 17.

134 U.a. *U.H. Schneider*, ZIP 2003, 645 ff.

135 *Karbaum*, Kartellrechtliche Compliance – Rechtsgrundlagen und Umsetzung, S. 14.

136 Vgl. *Hauschka*, in: Hauschka, Corporate Compliance, § 1 Rn. 2; *Winter*, Vorstandsorganisation und Compliance, S. 12.

137 *U.H. Schneider*, ZIP 2003, 645, 646.

138 *Winter*, Vorstandsorganisation und Compliance, S. 12.

139 *Eisele/Faust*, in: Schimansky/Bunte/Lwowski, Bankrechts-Handbuch, Band II, § 109 Rn. 2 f.

140 *Eisele/Faust*, in: Schimansky/Bunte/Lwowski, Bankrechts-Handbuch, Band II, § 109 Rn. 1 ff.; vgl. *Lösler*, NZG 2005, 104; dazu näher *Huber*, Die Reichweite konzernbezogener Compliance-Pflichten des Mutter-Vorstands des AG-Konzerns, S. 18; *Strothmeyer*, Compliance – Risikobegrenzung und Imagevorteil, S. 18.

die sicherstellen, dass die geltenden Gesetze, Verhaltenspflichten, Regeln und Usancen eingehalten werden".[141] Nach dieser Auffassung erkläre sich vorstehender Definitionsansatz historisch und regulatorisch, weil die Einhaltung wertpapier- und kapitalmarktrechtlicher Regeln im Vordergrund der Entwicklung von Compliance-Konzepten gestanden habe und die aufsichtsrechtlichen Vorschriften des WpHG die Wertpapier-Compliance beträfen.[142]

Diverse andere Definitionsansätze definieren Compliance, unabhängig etwaiger Rechtsgebiete oder Branchen, als unternehmensweite Organisationsanforderung, die auf alle Arten von Rechtsverstößen anwendbar ist.[143] So versteht etwa *Moosmayer* unter Compliance *„die Einhaltung der straf- und bußgeldbewehrten Gesetze sowie deren innerbetrieblichen Ausführungsregelungen im Unternehmen".*[144] Auch das Begriffsverständnis von *U.H. Schneider* geht in diese Richtung. Für ihn ist Compliance *„die Gesamtheit aller Maßnahmen, um das rechtmäßige Verhalten aller Unternehmen, ihrer Organmitglieder, ihrer nahen Angehörigen und der Mitarbeiter im Blick auf alle gesetzlichen Gebote und Verbote zu gewährleisten".*[145] Compliance ist nach diesem Definitionsansatz die Aufgabe der Geschäftsleitung, *„die unter ihrer Verantwortung stehenden Geschäftsaktivitäten dergestalt zu organisieren und zu kontrollieren, dass sich die Mitarbeiter bei der Ausübung ihrer unternehmensbezogenen Tätigkeiten rechts- und regelkonform verhalten, so dass dem Unternehmen keine negativen Folgen aus Verstößen gegen (bußgeldbewehrte) Vorschriften drohen".*[146]

Compliance ist nach diesem heute allgemein vorherrschenden Verständnis Teil eines angemessenen Risikomanagements, das auf die Erkennung, Bewertung, Kontrolle und Steuerung von Risiken, die sich aus unternehmerischer Tätigkeit ergeben, abzielt[147] und umfasst somit sämtliche haftungsrelevanten Rechtsgebiete und Risikobereiche[148]. Compliance beschreibt also – wie eingangs erwähnt – nicht nur die bloße Einhaltung von Rechtsvorschriften (sog. „Legalitätsgrundsatz"), sondern

---

141 *Eisele/Faust*, in: Schimansky/Bunte/Lwowski, Bankrechts-Handbuch, Band II, § 109 Rn. 1.

142 *Eisele/Faust*, in: Schimansky/Bunte/Lwowski, Bankrechts-Handbuch, Band II, § 109 Rn. 3.

143 *Huber*, Die Reichweite konzernbezogener Compliance-Pflichten des Mutter-Vorstands des AG-Konzerns, S. 18; auch *Fleischer*, in: Spindler/Stilz, Aktiengesetz, Band 1, § 91 AktG Rn. 47; *Hauschka*, in: Hauschka, Corporate Compliance, § 1 Rn. 2; *Moosmayer*, Compliance, Rn. 1; *Campos Nave/Zeller*, BB 2012, 131; *Gößwein/Hohmann*, BB 2011, 963; *Schaefer/Baumann*, NJW 2011, 3601; *Bosch/Colbus/Harbusch*, WuW 2009, 740.

144 *Moosmayer*, Compliance, Rn. 1.

145 *U.H. Schneider*, ZIP 2003, 645, 646; siehe dazu auch *Huber*, Die Reichweite konzernbezogener Compliance-Pflichten des Mutter-Vorstands des AG-Konzerns, S. 18.

146 *Seeliger/Mross*, in: Frankfurter Kommentar, EG-Kartellrecht, Band II, Allg. Teil E, Rn. 2.

147 *Seeliger/Mross*, in: Frankfurter Kommentar, EG-Kartellrecht, Band II, Allg. Teil E, Rn. 3.

148 Vgl. *Winter*, Vorstandsorganisation und Compliance, S. 12.

verlangt darüber hinaus unternehmens- oder verbandsinterne Organisationsmaßnahmen, die auf dieses Ziel ausgerichtet sind.[149]

Diese Legalitäts- und Organisationsverantwortung soll die Pflicht für Vorstände auslösen[150], ein wirksames umfassendes Compliance-Management-System (CMS) im Unternehmen zu implementieren und nachhaltig zu unterhalten oder wenigstens bestimmte kartellrechtliche Compliance-Maßnahmen durchzuführen.[151] Ein CMS umfasst dabei alle Grundsätze, Prozesse, Regelungen und sonstigen Maßnahmen, die unternehmensweit ein regelkonformes Verhalten der Mitarbeiter sicherstellen.[152] Mittlerweile hat sich in der Praxis sogar ein Standard (IDW PS 980) für die Ausgestaltung eines CMS herausgebildet der durch das Institut der Wirtschaftsprüfer entwickelt worden ist.[153]

Compliance hat nach allgemeiner Auffassung auch eine „ethische Dimension".[154] Danach ist es auch *„Aufgabe der Unternehmensleitung (...), eine Compliance-Kultur im Unternehmen zu schaffen, die auf ein nachhaltiges Bewusstsein der Unternehmensleitung sowie aller Mitarbeiter für die Bedeutung von Compliance abzielt"*.[155] Daran anknüpfend muss eine erfolgreiche Compliance glaubhaft von der Unternehmensleitung gelebt und von allen Mitarbeitern gefördert werden.[156]

II. Ursprung der Compliance in den USA und Deutschland

Der Ursprung von Compliance liegt in der anglo-amerikanischen Bankenwelt. Gegen Ende der 1920er Jahre, vorangegangen war die Bankenkrise in den USA, wurde durch die Implementierung bankinterner Compliance-Programme versucht, Interessenkonflikten wirksam entgegenzuwirken.[157]

Auch zu Zeiten des kalten Krieges verbreiteten sich Compliance-Programme dort rasant.[158] Ihr Einsatz sollte der eigenen Industrie die Möglichkeit geben, mit der

149 *Kasten*, in: Mäger, Europäisches Kartellrecht, 2. Kapitel Rn. 2; *Pautke*, in: Schultze, Compliance-Handbuch Kartellrecht, Einl. Rn. 9.

150 Zur Compliance-Verpflichtung in nichtwirtschaftlichen Vereinigungen siehe *Pischel/Kopp*, CCZ 2014, 198, 203.

151 *Seeliger/Mross*, in: Frankfurter Kommentar, EG-Kartellrecht, Band II, Allg. Teil E, Rn. 4, 12; *Campos Nave/Bonenberger*, BB 2008, 734 f.

152 *Seeliger/Mross*, in: Frankfurter Kommentar, EG-Kartellrecht, Band II, Allg. Teil E, Rn. 4.

153 Siehe zur haftungsrechtlichen Bedeutung von CMS *Gelhausen/Wermelt*, CCZ 2010, 208 ff.

154 *Seeliger/Mross*, in: Frankfurter Kommentar, EG-Kartellrecht, Band II, Allg. Teil E, Rn. 5; *Runte/Eckert*, in: Bürgers/Körber, Aktiengesetz, § 161 AktG Rn. 96.

155 *Seeliger/Mross*, in: Frankfurter Kommentar, EG-Kartellrecht, Band II, Allg. Teil E, Rn. 5.

156 *Seeliger/Mross*, in: Frankfurter Kommentar, EG-Kartellrecht, Band II, Allg. Teil E, Rn. 5; vgl. auch *Schulz/Muth*, CB 2014, 265, 267.

157 *Karbaum*, Kartellrechtliche Compliance – Rechtsgrundlagen und Umsetzung, S. 8.

158 *Hauschka*, in: Hauschka, Corporate Compliance, § 1 Rn. 39.

schnell wechselnden und streng sanktionierten US-Exportkontrollgesetzgebung und deren Lieferbeschränkungen in die damaligen „Ostblockstaaten" Schritt zu halten.[159] Insoweit diente Compliance zunächst der Ermittlung des für das eigene Unternehmen geltenden Exportkontrollrechts und erst im nächsten Schritt der Anpassung des eigenen Exportverhaltens an das zuvor ermittelte geltende Recht.[160] Mit Hilfe von Compliance-Programmen wollten sich die Unternehmen folglich schon damals vor Verstößen und damit einhergehenden finanziellen Sanktionen schützen.[161] Letztlich sollte der US-amerikanischen Industrie so der legale Handel mit den Staaten des „Ostblocks" ermöglicht werden.[162]

Des Weiteren steht die Entwicklung von Compliance im Zusammenhang mit der Einführung allgemeiner Strafzumessungsregeln, den sog. „Federal Sentencing Guidelines" (USSG), die im Jahr 1991 in den USA in Kraft getreten sind.[163] Ziel der Guidelines war die Bekämpfung der Wirtschafts- und Unternehmenskriminalität. Mit ihrer Einführung haben Richter die Möglichkeit bekommen, bei Vorliegen bestimmter mildernder Umstände die Strafe bzw. das Urteil abzumildern.[164] Zu den mildernden Umständen zählt u.a. eine im Unternehmen eingeführte Compliance-Organisation. Damit werden Compliance-Programme, die die Verhinderung von Rechtsverstößen bezwecken, privilegiert.[165] Wie Unternehmen eine Compliance-Organisation zu errichten haben, steht ebenfalls in den Guidelines.[166] Dort sind die zentralen Punkte für eine effektive Compliance-Organisation geregelt, etwa die schriftliche Fixierung eines Verhaltenskodex oder die Anstellung eines Compliance-Officers.

Neben den in den Guidelines kodifizierten Compliance-Regelungen begünstigte auch die Einführung des Sarbanes-Oxley-Acts[167] (SOA) im Jahr 2002[168] in den USA die stetige Compliance-Entwicklung.[169] Im SOA sind in diversen Abschnitten

---

159 *Hauschka*, in: Hauschka, Corporate Compliance, § 1 Rn. 39.

160 *Huber*, Die Reichweite konzernbezogener Compliance-Pflichten des Mutter-Vorstands des AG-Konzerns, S. 19.

161 *Huber*, Die Reichweite konzernbezogener Compliance-Pflichten des Mutter-Vorstands des AG-Konzerns, S. 19.

162 *Huber*, Die Reichweite konzernbezogener Compliance-Pflichten des Mutter-Vorstands des AG-Konzerns, S. 20.

163 *Runte/Eckert*, in: Bürgers/Körber, Aktiengesetz, § 161 AktG Rn. 97 f.; *Hauschka*, in: Hauschka, Corporate Compliance, § 1 Rn. 40; *Bergmoser/Theusinger/Gushurst*, BB-Spezial 5/2008, 1, 2. Die USSG sind abrufbar unter http://www.ussc.gov/Guidelines/2012_Guidelines/index.cfm (20.8.2014).

164 *Bürkle*, BB 2005, 565.

165 § 8 C 2.5 (f) USSG.

166 *Hauschka*, in: Hauschka, Corporate Compliance, § 1 Rn. 42.

167 Im Folgendes SOA.

168 Der SOA trat am 30.7.2002 in Kraft.

169 Der SOA ist abrufbar unter http://www.sec.gov/about/laws/soa2002.pdf (20.8.2014).

Compliance-Regeln kodifiziert, beispielsweise in Sec. 404 SOA[170, 171] Der SOA findet für alle an der New York Stock Exchange gelisteten Unternehmen Anwendung und wurde nach den Leitern der Kommission benannt, die sich für das Gesetz verantwortlich zeichneten.[172] Er wurde eingeführt, um die Transparenz und Nachvollziehbarkeit in den Unternehmen bei Prüfungen durch die „SEC" (Securities und Exchange Commission)[173] zu steigern. Dabei liegt das Augenmerk insbesondere auf der Einrichtung unternehmensinterner Kontrollmechanismen für die Rechnungslegung. Der SOA bewirkte einen umfassenden Wandel der Corporate Governance[174] und rückte darüber hinaus Compliance in den Mittelpunkt des Interesses von Unternehmen.[175]

Compliance-Programme haben in den angelsächsischen Ländern (noch) einen höheren Stellenwert als in Deutschland[176], auch wenn die Entwicklung in den letzten Jahren deutlich fortgeschritten ist. Das kann daran liegen, dass hierzulande keine eindeutigen gesetzlichen Bestimmungen existieren, die die Anforderungen an ein solches Programm plastisch aufzeigen.[177] So hat die Entwicklung von Compliance in Deutschland auch erst Mitte der 1990er Jahre begonnen, hauptsächlich im Kreditgewerbe.[178] Es überrascht daher nicht, dass die Deutsche Bank AG als Kreditinstitut Vorreiterin in diesem Bereich war und im Jahr 1992 freiwillig ein Compliance-Programm einrichtete.[179]

Ziel der Einführung von Compliance-Programmen in Kreditinstituten war es, sicherzustellen, dass diese die Anforderungen und Standards auf dem US-amerikanischen

---

170 Die Regelung beinhaltet eine Verpflichtung des Vorstandes im Rahmen der jährlich einzureichenden Berichte bei der SEC einen Bericht über die Funktionsfähigkeit des internen Finanzkontrollsystems (IKS) abzugeben. Vertiefend dazu *Gruson/Kubicek*, AG 2003, 393, 396 ff.

171 *Huber*, Die Reichweite konzernbezogener Compliance-Pflichten des Mutter-Vorstands des AG-Konzerns, S. 21.

172 *Wolf*, DStR 2006, 1995.

173 Die SEC ist die US-Börsenaufsicht.

174 Unter „Corporate Governance" versteht man die Grundsätze verantwortungsvoller Leitung und Überwachung eines Unternehmens (*Grützner/Jakob*, Compliance von A-Z, Stichwort: Corporate Governance).

175 *C.H. Müller*, Kartellrechtscompliance in Deutschland, S. 16.

176 *Hauschka*, in: Hauschka, Corporate Compliance, § 1 Rn. 39.

177 Auch Ziff. 4.1.3 des DCGK lässt die Anforderungen an ein Compliance-System offen. Er gibt lediglich vor, dass der Vorstand einer Gesellschaft auf die Einhaltung gesetzlicher Bestimmungen und unternehmensinterner Richtlinien hinwirken soll. Konkrete Handlungsanweisungen lassen sich daraus aber nicht herleiten.

178 *Bottmann*, in: Park, Kapitalmarktstrafrecht, Teil 2, 2. Kapitel, Rn. 1; *Runte/Eckert*, in: Bürgers/Körber, Aktiengesetz, § 161 AktG Rn. 101; vgl. *Klindt*, NJW 2006, 3399; *Lösler*, NZG 2005, 104.

179 *Lösler*, Compliance im Wertpapierdienstleistungskonzern, 2003, S. 19; *Huber*, Die Reichweite konzernbezogener Compliance-Pflichten des Mutter-Vorstands des AG-Konzerns, S. 21.

Markt erfüllen, den sie im Zuge der Globalisierung für ihre unternehmerischen Zwecke erschließen wollten.[180] Mit fortschreitender Entwicklung implementierten die Unternehmen Compliance-Programme auch für ihre nationalen Tätigkeiten.[181]

Daneben wurde die Entwicklung von Compliance-Programmen in Deutschland ganz wesentlich durch die Änderung der rechtlichen Rahmenbedingungen beeinflusst, namentlich durch die Einführung des § 33 Abs. 1 WpHG. Dieser verlangt den Unternehmen eine interne Überwachungs- und Kontrollorganisation ab, die verbotenen Insidergeschäften und Marktmanipulationen frühzeitig entgegenwirkt und einen ordnungsgemäßen Wertpapierhandel sichert. Mittlerweile ist das Thema Compliance in weiteren verschiedenen Vorschriften (u.a. § 25a Abs. 1 KWG, § 80d Abs. 3 VAG) aufgegriffen worden. Außerhalb der dargestellten („regulierten") Bereiche finden sich aber – wie erwähnt – wenige gesetzliche Regelungen, die sich mit einer möglichen Pflicht zur Implementierung eines umfassenden Compliance-Systems oder zumindest einzelner Compliance-Maßnahmen befassen oder wenigstens andeuten.

Unabhängig von der Frage der gesetzlichen Kodifizierung sind Compliance-Programme – wie eingangs aufgezeigt – mittlerweile auch in der deutschen Unternehmens- und Verbandspraxis angekommen. Dies dürfte insbesondere auf haftungsrechtliche Aspekte sowie auf die kontinuierlich steigende Zahl nationaler und europäischer Ge- und Verbote zurückzuführen sein.[182] *Ringleb* sieht eine weitere Ursache darin, dass weltweit agierende Unternehmen einheitliche, global gültige und allgemein überzeugende Verfahrens- und Verhaltensweisen anstrebten, weil auf das jeweilige Land zugeschnittene Compliance-Programme bei der heute üblichen, grenzüberschreitenden Verzahnung von Produktion und Vertrieb zu praktischen Umsetzungsproblemen und kaum nachzuhaltendem Koordinationsaufwand führten.[183] Deshalb sei es verständlich, dass die Gesellschaften sich an den Anforderungen der strengsten, die umfassendsten Anforderungen stellenden Rechtsordnung ausrichteten.[184]

Compliance-relevant sind hierzulande folgende Rechtsgebiete: das Arbeitsrecht im Zusammenhang mit dem Arbeitnehmerschutz, das Datenschutzrecht, das Deliktsrecht, insbesondere im Hinblick auf produkthaftungsrechtliche Vorschriften, das Exportrecht, das Immaterialgüterrecht/Geistiges Eigentum, das Kapitalmarktecht, das Steuerrecht, das Umweltrecht im Hinblick auf straf- und zivilrechtliche

---

180 *Eisele/Faust*, in: Schimansky/Bunte/Lwowski, Bankrechts-Handbuch, Band II, § 109 Rn. 2; *C.H. Müller*, Kartellrechtscompliance in Deutschland, S. 16.

181 *C.H. Müller*, Kartellrechtscompliance in Deutschland, S. 17; *Bürkle*, BB 2005, 565.

182 *Huber*, Die Reichweite konzernbezogener Compliance-Pflichten des Mutter-Vorstands des AG-Konzerns, S. 22.

183 *Ringleb*, in: Ringleb/Kremer/Lutter/v.Werder, Deutscher Corporate Governance Kodex, Rn. 587.

184 *Ringleb*, in: Ringleb/Kremer/Lutter/v.Werder, Deutscher Corporate Governance Kodex, Rn. 587.

Haftung, das Vertragsrecht, insbesondere im Hinblick auf Gewährleistungsrechte und Allgemeine Geschäftsbedingungen, sowie das Wettbewerbs- und Kartellrecht.[185]

Wie schon erwähnt, setzt sich mittlerweile auch eine Vielzahl von Wirtschaftsverbänden mit dem Thema (Kartellrechts-)Compliance auseinander. So haben beispielsweise der Bundesverband der Deutschen Industrie e.V.[186] und die Bundesvereinigung der Deutschen Ernährungsindustrie e.V.[187] jeweils Leitfäden für kartellrechtskonformes Verhalten an ihre Mitarbeiter herausgegeben, um diese für kartellrechtsrelevante Sachverhalte zu sensibilisieren.

III. Aktuelle Entwicklungen

Aktuell gibt es Bestrebungen zur gesetzlichen Regelung der Compliance. So hat die Bundesregierung am 22.7.2014 mitgeteilt, dass sie derzeit die mögliche gesetzliche Förderung von Compliance-Systemen prüft.[188] Compliance ist aus ihrer Sicht ein *„wichtiges Mittel der eigenverantwortlichen Prävention und Aufklärung von unternehmensbezogenen Rechtsverstößen“*.[189] Dafür seien auch klare Verantwortungsstrukturen erforderlich. Wirksame Compliance-Systeme seien geeignet, derartige Strukturen zu schaffen.[190] Bei Konzeption und Einrichtung des Compliance-Systems könnten Größe, Struktur und sonstige Besonderheiten des Unternehmens Berücksichtigung finden.[191]

In einer Stellungnahme begrüßte die Fachgruppe Compliance des Bundesverbandes der Unternehmensjuristen die vorgenannten Aussagen der Bundesregierung und verweist gleichzeitig auf ihren Gesetzgebungsvorschlag, in dem sie *„für die gesetzliche Verankerung eines Compliance Anreizsystems zur Verbesserung der Prävention und Aufklärung von Wirtschaftsstraftaten und für die Einführung einer über das Kartellrecht hinausgehenden Kronzeugenregelung für Unternehmen plädiert“*.[192] Überdies schlägt die Fachgruppe Compliance des BUJ in § 130 Abs. 1 OWiG n.F.

---

185 *Wecker/Galla*, in: Wecker/Ohl, Compliance in der Unternehmerpraxis, S. 36 f.; *C.H. Müller*, Kartellrechtscompliance in Deutschland, S. 21.

186 *BDI:* Leitfaden Kartellrecht. Dieser ist abrufbar unter http://www.bdi.eu/download_content/KonjunkturStandortUndWettbewerb/Leitfaden_Kartellrecht.pdf (20.8.2014).

187 *BVE:* Hinweise für kartellrechtskonformes Verhalten in der BVE (Compliance Programm). Der Leitfaden ist abrufbar unter http://www.bve-online.de/presse/infothek/publikationen-jahresbericht/bve-compliance-broschuere (6.2.2016).

188 BT-Drucks. 18/2187, S. 3 – Antwort der Bundesregierung auf die Kleine Anfrage der Abgeordneten Katja Keul, Nicole Maisch, Luise Amtsberg, weiterer Abgeordneter und der Fraktion Bündnis 90/Die Grünen (BT-Drucks. 18/2056).

189 BT-Drucks. 18/2187, S. 3.

190 BT-Drucks. 18/2187, S. 3.

191 BT-Drucks. 18/2187, S. 3.

192 BUJ, Stellungnahme v. 22.8.2014. Diese ist abrufbar unter http://www.buj.net/index.php/de/stellungnahme-bundesregierung (Stand: 7.10.2014). Kritisch hierzu *Hoven*, ZIS 2014, 19; *Schünemann*, ZIS 2014, 1; *Zieschang*, GA 2014, 91.

vor, den Inhalt der Aufsichts- und Organisationspflichten im Unternehmen erstmals gesetzlich zu konkretisieren.[193] Dabei werden in § 130 Abs. 1 S. 3 Nr. 1–5 OWiG n.F. fünf Grundelemente eines effektiven Compliance-Systems vorgeschlagen (die sorgfältige Auswahl und Instruktion sowie Überwachung und Kontrolle von Mitarbeitern und Aufsichtspersonen; die regelmäßige Ermittlung und Bewertung der vom Betrieb oder Unternehmen ausgehenden Gefahren der Begehung von Straftaten und Ordnungswidrigkeiten; der Erlass von Weisungen und die Schulung der Mitarbeiter zwecks Verhinderung von Straftaten und Ordnungswidrigkeiten, die im Zusammenhang mit dem Geschäftsbetrieb stehen; ein Verfahren, das es den Mitarbeitern unter Wahrung der Vertraulichkeit ermöglicht, Hinweise auf mögliche Straftaten oder Ordnungswidrigkeiten, die im Zusammenhang mit dem Geschäftsbetrieb stehen, an eine geeignete Stelle zu geben; die Aufklärung von Verdachtsmomenten, welche auf Straftaten oder Ordnungswidrigkeiten im Zusammenhang mit dem Geschäftsbetrieb hindeuten sowie die Ahndung entsprechenden Fehlverhaltens). Diese Elemente orientierten sich an anerkannten internationalen und nationalen Standards, seien aber nicht als zwingend abschließender Maßnahmen-Katalog zu verstehen. Der Gesetzgebungsvorschlag sieht gem. § 130 Abs. 1 S. 2 OWiG n.F auch vor, dass die Maßnahmen in einem angemessenen Verhältnis zur Größe des Betriebs oder Unternehmens und den von ihm ausgehenden Gefahren stehen müssen.

Abschließend sei noch darauf hingewiesen, dass das nordrhein-westfälische Justizministerium am 19. September 2013 einen „Entwurf eines Gesetzes zur Einführung der strafrechtlichen Verantwortlichkeit von Unternehmen und sonstigen Verbänden“ (VerbStrG-E) veröffentlicht hat.[194] Nach dem Entwurf können Unternehmen und Verbände bestraft werden, wenn ihre „Entscheidungsträger“ Straftaten begehen und dabei Pflichten des Unternehmens oder des Verbandes („sog. betriebsbezogene Pflichten“) verletzen.[195] Gleiches soll gelten bei betriebsbezogenen Straftaten nachgeordneter Mitarbeiter, wenn diese durch unzureichende Aufsichtsmaßnahmen ermöglicht wurden.[196] Der Entwurf sieht aber auch bisher in Deutschland unbekannte Anreize zur Einrichtung von Compliance-Management-Systemen vor.[197] So kann gem. § 5 VerbStrG von Strafe abgesehen werden, *„wenn der Verband ausreichende organisatorische oder personelle Maßnahmen getroffen hat, um vergleichbare Verbandsstraftaten in Zukunft zu vermeiden“*. Danach werden

---

193 BUJ, Gesetzgebungsvorschlag für eine Änderung der §§ 30, 130 des Ordnungswidrigkeitengesetzes (OWiG), S. 18 ff. Der Gesetzgebungsvorschlag ist abrufbar unter http://www.buj.net/resources/Server/BUJ-Stellungnahmen/BUJ_Gesetzgebungsvorschlag_OWiG.pdf (Stand: 7.10.2014).

194 Entwurf eines Gesetzes zur Einführung der strafrechtlichen Verantwortlichkeit von Unternehmen und sonstigen Verbänden. Der Entwurf ist abrufbar unter http://www.justiz.nrw.de/JM/justizpolitik/jumiko/beschluesse/2013/herbstkonferenz13/zw3/TOP_II_5_Gesetzentwurf.pdf (Stand: 7.10.2014).

195 Vgl. *Hein*, CCZ 2014, 75.

196 *Hein*, CCZ 2014, 75.

197 *Hein*, CCZ 2014, 75.

Compliance-Bemühungen erstmals belohnt, auch wenn einschränkend in Abs. 1 gefordert wird, dass ein bedeutender Schaden nicht entstanden oder zum überwiegenden Teil wiedergutgemacht ist oder nach Abs. 2 der Verband zur Aufdeckung wesentlich beigetragen hat.

B. Compliance – Funktionen

Compliance hat mehrere Funktionen. Nach *Lösler* lassen sich diese in die Schutzfunktion, die Beratungs- und Informationsfunktion, die Qualitätssicherungs- und Innovationsfunktion, die Monitoringfunktion und die Marketingfunktion kategorisieren.[198]

Die Hauptfunktion von Compliance besteht danach in der Ausrichtung von Unternehmen und Verbänden dahingehend, dass Schadens- und Haftungsrisiken für diese selbst als auch für deren Leitungsorgane und Mitarbeiter sowie – speziell mit Blick auf Verbände – für ihre Mitgliedsunternehmen verringert werden (sog. „Schutzfunktion“).[199] Die Vermeidung von Rechtsverstößen ist deshalb so relevant, weil jeder Verstoß ein gewisses Schadenspotential, u.a. in Form von möglichen Bußgeldern, Schadensersatzklagen und Reputationsverlusten, beinhaltet.[200] Mit Blick auf den Bereich des Kartellrechts können durch wirksame Compliance-Programme risikobehaftete Sachverhalte oder Strukturen, die potentiell zu einem Kartellrechtsverstoß führen können, in der Regel frühzeitig entdeckt und unterbunden werden noch bevor es zu einem Einschreiten der Wettbewerbsbehörden kommt.[201] Für die von einem Kartellrechtsverstoß Betroffenen ist diese Situation insoweit von Vorteil, dass sie das Heft des Handelns dann (noch) selbst in der Hand haben.[202] Sind außen stehende Dritte erst einmal auf den Verstoß aufmerksam geworden oder haben die zuständigen Behörden bereits Untersuchungen, z.B. aufgrund eines gestellten Kronzeugenantrags, in die Wege geleitet, kommt es zu einer deutlichen Verschlechterung der eigenen Position.

Eine enge Verbindung besteht zwischen der Schutz- sowie der Beratungs- und Informationsfunktion von Compliance.[203] Letztere beinhaltet in erster Linie die Aufklärung der Mitarbeiter über Risiken, die sich aus geltendem Recht, insbesondere

---

198 *Lösler*, NZG 2005, 104.

199 *Hauschka*, NJW 2004, 257; *Lösler*, NZG 2005, 104 f.; *Schneider*, ZIP 2003, 645, 648; *Huber*, Die Reichweite konzernbezogener Compliance-Pflichten des Mutter-Vorstands des AG-Konzerns, S. 22 f. Diese Autoren beziehen sich freilich nur auf „Unternehmen“.

200 *Lösler*, NZG 2005, 104 f.; *Karbaum*, Kartellrechtliche Compliance – Rechtsgrundlagen und Umsetzung, S. 16.

201 *Lampert*, BB 2002, 2237, 2239.

202 *Lampert*, BB 2002, 2237, 2242.

203 Teile der Literatur sehen die Beratungs- und Informationsfunktion als Unterfall der Schutzfunktion. So z.B. *Karbaum*, Kartellrechtliche Compliance – Rechtsgrundlagen und Umsetzung, S. 17.

aus kartellrechtlichen Vorschriften, ergeben können und dient damit der Verhinderung von bewussten und unbewussten Regelverstößen.[204] Denn nur wenn sowohl Leitungsorgane als auch alle anderen Mitarbeiter in Unternehmen oder Verbänden über geltendes Recht informiert bzw. aufgeklärt worden sind, können sie für die einschlägigen Risikobereiche sensibilisiert werden.[205] Diese Sensibilisierung kann z.B. in Form von Beratungen und Informationsveranstaltungen durch die – wenn vorhandene – Compliance-Abteilung erfolgen. Die Angehörigen eines Unternehmens oder Verbandes sollten so in die Lage versetzt werden, bereits frühzeitig etwaige Risiken zu erkennen, um „compliance-adäquat" handeln zu können.[206]

Ferner beinhaltet Compliance eine Qualitätssicherungs- und Innovationsfunktion.[207] Mit Blick auf Verbände bedeutet dies, dass sie ihre Mitglieder bzw. deren Struktur und Betätigungsfelder genau kennen müssen, um deren Bedürfnissen gerecht werden zu können. Daran anknüpfend sind sie vor allem in der Verantwortung, die Bedürfnisse ihrer Mitglieder zu ermitteln. Nur auf Basis dieser Informationen sind Unternehmensvereinigungen in der Lage, Mitgliedern konkret weiterhelfen zu können und so letztlich ihrer Dienstleistungsfunktion zu genügen.

Aufgabe der Monitoring-Funktion ist es, die Überwachung der einzuhaltenden Pflichten sicherzustellen. Dementsprechend wird sie auch als Überwachungsfunktion bezeichnet. Monitoring-Systeme sollen gewährleisten, dass (Verbands-)Mitarbeiter die einschlägigen Gesetze sowie interne und externe rechtliche Vorgaben befolgen.[208] Alle Maßnahmen zur Überwachung der Mitarbeiter und zur Wirksamkeit der Compliance-Organisation sind vom Begriff des Monitoring umfasst.

Neben den genannten Funktionen hat Compliance auch eine Marketingfunktion.[209] Durch effektives Compliance-Management sollen Reputationsverluste vermieden[210] und die damit in Verbindungen stehenden Nachteile, bei Verbänden z.B. mögliche Verbandsaustritte, verhindert werden. Ein weiterer Vorteil besteht darin, dass – eine entsprechende Kommunikation durch den Verband nach außen vorausgesetzt – auch potentiell beitrittswillige Unternehmen erreicht werden, denn Rechtsverstöße im Allgemeinen und Kartellrechtsverstöße im Besonderen haben auf diese eine abschreckende Wirkung. Nicht zuletzt sind Verbände in den vergangenen Jahren zunehmend häufiger in den Mittelpunkt kartellrechtlicher Ermittlungen gerückt und haben so unfreiwillig Schlagzeilen „produziert".

---

204 *Lösler*, NZG 2005, 104; *Vetter*, in: Wecker/Ohl, Compliance in der Unternehmerpraxis, S. 14.

205 Vgl. *Lösler*, NZG 2005, 104, 105; *Winter*, Vorstandsorganisation und Compliance, S. 15; siehe auch *Rodewald/Unger*, BB 2007, 1629, 1633 f.

206 Vgl. *Lösler*, NZG 2005, 104, 105.

207 *Lösler*, NZG 2005, 104, 105.

208 *Lösler*, NZG 2005, 104, 105.

209 *Lösler*, NZG 2005, 104, 105.

210 *Lösler*, NZG 2005, 104, 105; *Winter*, Vorstandsorganisation und Compliance, S. 15.

C. Zusammenfassung

Zusammenfassend lässt sich sagen, dass der Begriff „Compliance“ von Verbandsangehörigen zunächst verlangt, sich im Einklang mit dem geltenden Recht zu bewegen.[211] Darüber hinaus umfasst Compliance nach dem heute vorherrschenden Verständnis die Gesamtheit aller Maßnahmen, die das rechtskonforme Verhalten von Verbänden und der für sie handelnden natürlichen Personen im Hinblick auf gesetzliche Ge- und Verbote sowie sonstige Verhaltensnormen sicherstellen sollen.[212] Wichtigste Funktion von Compliance ist die Verhinderung von Verstößen durch Organe und Mitarbeiter gegen gesetzliche Vorschriften oder selbst gegebene Regeln sowie der Schutz vor damit einhergehenden (Rechts-)Folgen.

211 *Waldner/Wörle-Himmel*, in: Sauter/Schweyer/Waldner, Der eingetragene Verein, Rn. 292c; vgl. *Hauschka*, in: Hauschka, Corporate Compliance, § 1 Rn. 2.

212 *Karbaum*, Kartellrechtliche Compliance – Rechtsgrundlagen und Umsetzung, S. 18. Dieser spricht freilich von „Unternehmen“ und „Konzernen“.

4. Kapitel: Begriff der Kartellrechtscompliance und allgemeine Grundlagen des Kartellrechts

Nach der im 3. Kapitel vorgenommenen allgemeinen Begriffsbestimmung von Compliance bleibt noch zu klären, was konkret unter „Kartellrechtscompliance" zu verstehen ist. Im Anschluss daran werden die allgemeinen Grundlagen des deutschen und europäischen Kartellrechts für ein Kartellrechtscompliance-Programm überblicksartig aufgezeigt.

A. Begriff der Kartellrechtscompliance

Die Kartellrechtscompliance (auch „competition compliance" genannt) ist ein Teilbereich der (allgemeinen) Compliance und ist speziell auf die Einhaltung kartellrechtlicher Vorschriften ausgerichtet. Sie beschreibt primär die Beachtung der Vorschriften des europäischen und deutschen Kartellrechts sowie die dazu gehörige Einbeziehung der Verwaltungspraxis und der Rechtsprechung durch die Adressaten.[213] Darüber hinaus müssen Unternehmen und Verbände angesichts der durch das Auswirkungsprinzip[214] markierten großen Reichweite außereuropäischer Kartellrechtsordnungen auch das Kartellrecht, etwa der USA oder anderer Staaten, im Blick haben. Während die allgemeine Compliance auf alle anzuwendenden Rechtsnormen gerichtet ist, trägt die speziellere Kartellrechtscompliance also letztlich den Besonderheiten des Kartellrechts Rechnung.[215] Diese Besonderheiten spiegeln sich insbesondere im materiellen Kartellrecht und in dem speziell für das Kartellrecht verankerten Verfahrensrecht wider. Damit ist die Kartellrechtscompliance unerlässlicher Bestandteil im Rahmen der allgemeinen Compliance[216] und stellt in den meisten Unternehmen – und mittlerweile auch in vielen Verbänden – einen

213 *Dreher*, ZWeR 2004, 75, 78 f.; *ders.*, VersR 2004, 1.

214 Der Geltungsbereich einer Kartellrechtsordnung bestimmt sich regelmäßig. nach dem Auswirkungsprinzip. Danach ist eine Kartellrechtsordnung auf alle wettbewerbsbeschränkenden Verhaltensweisen anwendbar, die sich spürbar auf den betreffenden Markt auswirken. Bei international operierenden Kartellen führt dies zu Mehrfachzuständigkeiten verschiedener Wettbewerbsbehörden. Siehe insoweit die Definition von *Grützner/Jakob*, Compliance von A-Z, Stichwort: Auswirkungsprinzip.

215 *C.H. Müller*, Kartellrechtscompliance in Deutschland, S. 25 f.

216 Siehe zur Notwendigkeit von Kartellrechtscompliance insbesondere in Krisenzeiten *Körber*, WuW 2009, 873.

Schwerpunkt der Compliance-Anstrengungen dar.[217] Für Verbandsleitungen ist es wegen der spezifischen kartellrechtlichen Risikofaktoren (Bußgelder, Schadensersatzklagen) sinnvoll, effektive organisatorische und inhaltliche Compliance-Maßnahmen im Verband zu ergreifen, die für ein kartellrechtskonformes Verhalten aller Verbandsangehörigen und Mitgliedsunternehmen notwendig sind.[218]

B. Allgemeine Grundlagen des Kartellrechts

Im Rahmen dieser Arbeit ist es erforderlich, einen Überblick über die wichtigsten kartellrechtlichen Grundlagen und Vorschriften zu geben, mit denen Verbände aufgrund ihres Aufgabenspektrums in Berührung kommen können. Die Kenntnis dieser Anforderungen spielt bei der Ausgestaltung eines maßgeschneiderten kartellrechtlichen Compliance-Programms eine zentrale Rolle.

I. Begriff und Funktionen des Wettbewerbs

Ziel des europäischen und deutschen Kartellrechts ist es, den Wettbewerb sowie die Wettbewerbsfreiheit umfassend zu schützen.[219] Um die Funktionen des Wettbewerbs identifizieren zu können, muss zunächst der Begriff „Wettbewerb“ untersucht werden, um anschließend auf seine Funktionen eingehen zu können.[220]

1. Wettbewerbsbegriff

Da der Wettbewerbsbegriff weder im europäischen Kartellrecht noch im GWB ausdrücklich geregelt ist, verwundert es nicht, dass dazu verschiedene Begriffsverständnisse vorherrschen.[221] Ganz allgemein wird der Wettbewerb durch folgende Merkmale charakterisiert: (1.) die Existenz von Märkten mit (2.) mindestens zwei Anbietern oder Nachfragern, (3.) die sich antagonistisch (mithin nicht kooperativ) verhalten, und damit ihre eigene Machtposition zu Lasten anderer verbessern wollen.[222]

---

217 Vgl. *Lampert/Matthey*, in: Hauschka, Corporate Compliance, § 26 Rn. 1; *C.H. Müller*, Kartellrechtscompliance in Deutschland, S. 26; vgl. überdies auch *Moosmayer*, Compliance, Rn. 303 ff.

218 *Seeliger/Mross*, in: Frankfurter Kommentar, EG-Kartellrecht, Band II, Allg. Teil E, Rn. 8; *Kasten*, in: Mäger, Europäisches Kartellrecht, 2. Kapitel Rn. 2 f.; *Kapp/Hummel*, CCZ 2013, 240, 246.

219 *Pautke*, in: Schultze, Compliance-Handbuch Kartellrecht, Teil A Rn. 4; *Bunte*, Kartellrecht, S. 1; *Emmerich*, Kartellrecht, § 1 Rn. 1; *C.H. Müller*, Kartellrechtscompliance in Deutschland, S. 39.

220 *Emmerich*, Kartellrecht, § 1 Rn. 1.

221 Vgl. *Emmerich*, Kartellrecht, § 1 Rn. 1.

222 *Kling/Thomas*, Kartellrecht, § 2 Rn. 5.

Ohne zu sehr ins Detail gehen zu wollen lässt sich „Wettbewerb" beschreiben als die Summe der Handlungsfreiheiten auf einem Markt, in die ununterbrochen neue Aktionen und Reaktionen der Marktbeteiligten einfließen und die jeden Tag neue Entdeckungen hervorbringen.[223] Schutzobjekt ist demzufolge *„der wirksame und funktionsfähige Wettbewerb, der als Entdeckungsverfahren verstanden wird und dynamische und vorstoßende Unternehmen belohnen will"*.[224] Dieses Wettbewerbsverständnis beruht weit überwiegend auf dem wettbewerbspolitischen Leitbild der ordoliberalen Schule und hat das Leitbild in Deutschland ebenso geprägt wie lange Zeit die Wettbewerbspolitik der Europäischen Kommission.[225]

Vor allem künstliche Marktzutrittsschranken werden für den Wettbewerb als besondere Gefahr erachtet, so dass die Hauptaufgabe der Wettbewerbspolitik darin bestehen soll, die Märkte offen zu halten.[226] Dadurch soll sichergestellt werden, dass die Marktteilnehmer um ihre Machtpositionen kämpfen, wobei diese im Zeitablauf auch wieder abgebaut werden können.[227] So werden die Unternehmen, deren Angebot nicht den Anforderungen des Marktes gerecht wird, entweder mit Verlusten oder sogar mit dem Ausscheiden aus dem Markt bestraft.[228]

Seit einigen Jahren werden bei der Beurteilung des Vorliegens einer Wettbewerbsbeschränkung – vor allem durch die Europäische Kommission – verstärkt ökonomische Kriterien in die Bewertung eingestellt (sog. „more economic approach").[229] Dabei werden *„die erwarteten wirtschaftlichen Auswirkungen der jeweils untersuchten Verhaltensweisen auf den Markt und damit vermehrt Effizienzgesichtspunkte [berücksichtigt]"*.[230] Dieser ökonomische Ansatz führt zu einer Abkehr von per se Verboten hin zu einer stärkeren Ausrichtung an den Marktauswirkungen und dem Schutz der Konsumentenwohlfahrt[231,232] Damit rückt die Anwendung des europäischen Kartellrechts in größere Nähe zum US-Kartellrecht.[233]

---

223 *Nordemann*, in: Loewenheim/Meessen/Riesenkampff, Kartellrecht, § 1 GWB Rn. 79; *Emmerich*, Kartellrecht, § 1 Rn. 2 ff.; siehe zum Begriff des Wettbewerbs auch *Zimmer*, in: Immenga/Mestmäcker, Wettbewerbsrecht: GWB, Band 2, § 1 GWB Rn. 108 ff.

224 *Lampert/Matthey*, in: Hauschka, Corporate Compliance, § 26 Rn. 2.

225 *Lampert/Matthey*, in: Hauschka, Corporate Compliance, § 26 Rn. 2.

226 *Emmerich*, Kartellrecht, § 1 Rn. 6; *Kling/Thomas*, Kartellrecht, § 1 Rn. 1.

227 *Emmerich*, Kartellrecht, § 1 Rn. 6.

228 *Pautke*, in: Schultze, Compliance-Handbuch Kartellrecht, Teil A Rn. 4.

229 *Zimmer*, in: Immenga/Mestmäcker, EU-Wettbewerbsrecht, Band 1, Art. 101 Abs. 1 AEUV Rn. 336; *Lampert/Matthey*, in: Hauschka, Corporate Compliance, § 26 Rn. 2.

230 *Lampert/Matthey*, in: Hauschka, Corporate Compliance, § 26 Rn. 2.

231 Grundlage hierfür ist, dass Wettbewerb und Konsumentenwohlfahrt so im Zusammenhang stehen, dass mehr Wettbewerb mehr Konsumentenwohlfahrt und weniger Wettbewerb eine geringere Konsumentenwohlfahrt bedeuten (*Pautke*, in: Schultze, Compliance-Handbuch Kartellrecht, Teil A Rn. 18).

232 *Lampert/Matthey*, in: Hauschka, Corporate Compliance, § 26 Rn. 2; *Grützner/Jakob*, Compliance von A-Z, Stichwort: More Economic Approach.

233 *Lampert/Matthey*, in: Hauschka, Corporate Compliance, § 26 Rn. 2.

2. *Wettbewerbsfunktionen*

Der Wettbewerb hat verschiedene Funktionen. Diese lassen sich zunächst grob in wirtschaftspolitische und gesellschaftspolitische unterscheiden.[234] Zu den wirtschaftspolitischen Funktionen zählen insbesondere die Allokations-, Steuerungs- und Ordnungsfunktion sowie die Verteilungs- und die Antriebs- und Leistungsfunktion.[235] Verknappt lässt sich sagen, dass der Wettbewerb wirtschaftspolitisch einer optimalen Faktorallokation (Allokations- sowie Steuerungs- und Ordnungsfunktion), dem Schutz der Konsumentensouveränität (Schutzfunktion) sowie der Förderung des technischen Fortschritts dient (Antriebs- und Leistungsfunktion).[236] Wie erwähnt, liegt das wettbewerbspolitische Hauptaugenmerk dabei auf der Offenhaltung der Märkte, um die positive Entwicklung von Innovationen, Qualität und Preisgestaltung sicherzustellen.[237]

Die gesellschaftspolitischen Funktionen des Wettbewerbs haben in erster Linie das Ziel, für eine gleichmäßige Machtverteilung in Wirtschaft und Gesellschaft zu sorgen.[238] Zu ihnen zählen die machtneutralisierende Funktion[239] sowie die Freiheitssicherungsfunktion. Erstere zielt auf die Verhinderung endgültiger Machtpositionen, durch die die Freiheit anderer bedroht wird[240], während letztere die Freiheit und Gleichheit aller Rechtssubjekte im wirtschaftlichen Verkehr sicherstellen soll[241].

Der Wettbewerb bildet zusammen mit den Säulen der Privatautonomie und dem Privateigentum einen der drei Grundpfeiler jeder funktionsfähigen freien Wirtschafts- und Gesellschaftsordnung.[242] Dabei sorgt das Kartellrecht dafür, dass der Wettbewerb *„gegen seine vielen Feinde geschützt werden kann"*.[243]

II. Regelungsbereiche des Kartellrechts

Das Kartellrecht fußt auf verschiedenen Eckpfeilern, namentlich das Verbot wettbewerbsbeschränkender Vereinbarungen und Verhaltensweisen („Kartellverbot"), der Missbrauch einer marktbeherrschenden Stellung („Missbrauchsverbot"), das Boykottverbot, das Kartellverfahrensrecht und das Fusionskontrollrecht. Mit Ausnahme der Zusammenschlusskontrolle, auf die mangels praktischer Relevanz für Verbände nicht näher einzugehen ist, soll im Folgenden ein vorwiegend verbandsspezifischer Überblick über alle kartellrechtlichen Regelungsbereiche gegeben werden.

---

234 *Bunte*, Kartellrecht, S. 7 f.; *Emmerich*, Kartellrecht, § 1 Rn. 7 ff.
235 *Emmerich*, Kartellrecht, § 1 Rn. 7.
236 *C.H. Müller*, Kartellrechtscompliance in Deutschland, S. 39.
237 *C.H. Müller*, Kartellrechtscompliance in Deutschland, S. 39.
238 *Emmerich*, Kartellrecht, § 1 Rn. 9.
239 *Emmerich*, Kartellrecht, § 1 Rn. 9.
240 *Emmerich*, Kartellrecht, § 1 Rn. 9.
241 *Bunte*, Kartellrecht, S. 8.
242 *Emmerich*, Kartellrecht, § 1 Rn. 11; *C.H. Müller*, Kartellrechtscompliance in Deutschland, S. 39 f.
243 *Emmerich*, Kartellrecht, § 1 Rn. 11.

1. Das Kartellverbot

Art. 101 Abs. 1 AEUV auf europäischer Ebene sowie § 1 GWB im deutschen Kartellrecht verbieten Vereinbarungen zwischen Unternehmen, Beschlüsse von Unternehmensvereinigungen und aufeinander abgestimmte Verhaltensweisen, die eine Verhinderung, Einschränkung oder Verfälschung des Wettbewerbs bezwecken oder bewirken. Als zusätzliches Tatbestandsmerkmal findet sich in Art. 101 AEUV die sog. „Zwischenstaatlichkeitsklausel", wonach die aufgezählten Handlungsalternativen geeignet sein müssen, den Handel zwischen Mitgliedstaaten zu beeinträchtigen. Vorstehende Verhaltensweisen sind grundsätzlich kartellrechtswidrig, wenn sie nicht ausnahmsweise gem. Art. 101 Abs. 3 AEUV bzw. §§ 2 f. GWB in den Anwendungsbereich einer Gruppenfreistellungsverordnung fallen oder durch eine Einzelfreistellung gerechtfertigt sind.

Sinn und Zweck des Kartellverbots ist die Erhaltung eines funktionierenden Marktes durch die Aufrechterhaltung wettbewerblichen Drucks auf die Marktteilnehmer zum Zwecke der wirtschaftlichen Effizienz und zum Nutzen der Verbraucher.[244] Das Kartellverbot soll mithin eine Koordinierung des Verhaltens von Marktteilnehmern verhindern.[245]

Adressaten des Kartellverbots sind neben Unternehmen auch Unternehmensvereinigungen und natürliche Personen (sofern diesen selbst die Unternehmenseigenschaft zukommt).[246] Hier interessiert indes ausschließlich das allein relevante Merkmal der Unternehmensvereinigung. Darunter versteht man einen beliebig strukturierten Zusammenschluss mehrerer Unternehmen, dessen Zweck u.a. darin besteht, die Interessen seiner Mitglieder zu vertreten.[247] Dazu zählen insbesondere Wirtschaftsverbände, unabhängig davon, ob sie privat-[248] oder öffentlich-rechtlich[249] organisiert sind.[250] Die Einbeziehung von Unternehmensvereinigungen in den Adressatenkreis des Art. 101 Abs. 1 AEUV ermöglicht den Gerichten und Kartellbehörden, diese für das ihren Mitgliedern aufgegebene (Markt-)Verhalten haftbar zu machen und diese selbst zu bestrafen.[251] Mit anderen Worten: Die Gleichbehandlung

---

244 *Gippini-Fournier/Mojzesowicz*, in: Loewenheim/Meessen/Riesenkampff, Kartellrecht, Art. 81 Abs. 1 EGV Rn. 1.

245 *Zimmer*, in: Immenga/Mestmäcker, Wettbewerbsrecht: GWB, Band 2, § 1 GWB Rn. 12.

246 *Pautke*, in: Schultze, Compliance-Handbuch Kartellrecht, Teil A Rn. 23.

247 *Kling/Thomas*, Kartellrecht, § 5 Rn. 43.

248 Europäische Kommission, Entsch. v. 2.6.1971, ABl. 1971, L 134/15 – *GEMA*.

249 Europäische Kommission, Entsch. v. 30.6.1993, ABl. 1993, L 203/27 – *CNSD*.

250 BGH, Beschl. v. 22.3.1976, GSZ 2/75 – *Autoanalyzer* = WuW/E BGH 1469, 1470; Beschl. v. 19.3.1991, KVR 4/89 – *Warenproben in Apotheken* = NJW-RR 1991, 1067; *Nordemann*, in: Loewenheim/Meessen/Riesenkampff, Kartellrecht, § 1 GWB Rn. 39; *Zimmer*, in: Immenga/Mestmäcker, Wettbewerbsrecht: GWB, Band 2, § 1 GWB Rn. 77.

251 *Gippini-Fournier/Mojzesowicz*, in: Loewenheim/Meessen/Riesenkampff, Kartellrecht, Art. 81 Abs. 1 EGV Rn. 62; *Mestmäcker/Schweitzer*, Europäisches Wettbewerbsrecht, § 9 Rn. 44.

von Unternehmen und Unternehmensvereinigungen gründet sich daraus, dass die Unternehmensvereinigung, auch wenn sie nicht selbst unternehmerisch tätig wird, dennoch die fremde Teilnahme am Geschäftsverkehr beeinflussen oder koordinieren kann.[252] Auch für die Spitzen- und Dachverbände gilt § 1 GWB, wenngleich ihre Mitglieder nicht Unternehmen, sondern Vereinigungen von Unternehmen sind.[253] Denn sie verfügen über ähnliche Möglichkeiten, unternehmerisches Verhalten zu beeinflussen, wie Unternehmensvereinigungen.[254]

Der Anwendungsbereich des Kartellverbots umfasst zunächst „Vereinbarungen" als mögliche Form der Konzertierung. Das können horizontale Vereinbarungen sein, also Vereinbarungen zwischen Wettbewerbern, wie z.B. Preis- oder Quotenabsprachen, oder vertikale Vereinbarungen (z.B. Alleinvertriebsverträge oder Zulieferverträge), die meist zwischen Unternehmen auf unterschiedlichen Wirtschaftsstufen getroffen werden[255]. Des Weiteren sind nach Art. 101 Abs. 1 AEUV und § 1 GWB auch Beschlüsse von Unternehmensvereinigungen verboten, sofern sie den Wettbewerb beschränken. Unter einem Beschluss ist jede aufgrund organisationsrechtlicher Verfahrensregelungen zustande gekommene Bildung eines Gesamtwillens durch das dafür zuständige Organ zu verstehen.[256] Beschlüsse unterfallen dem Kartellverbot, weil in diesen Fällen eine Absprache von Wettbewerbern durch die Aktivitäten einer Unternehmensvereinigung ersetzt werden kann.[257] Beschlüsse können so den gleichen wirtschaftlichen Effekt haben wie zwischen Unternehmen getroffene Vereinbarungen.[258] Zur Erfüllung des Tatbestandsmerkmals reicht es aus, dass der Beschluss für die Mitglieder der Unternehmensvereinigungen faktisch verbindlich ist bzw. dass sie sich mehrheitlich an ihn halten.[259] Auch kommt es nicht auf die Wahrung einer bestimmten Form an, so dass Beschlüsse auch mündlich gefasst werden können.[260] Nicht als Beschlüsse sind aber bloße Empfehlungen zu qualifizieren,

---

252 *Nordemann*, in: Loewenheim/Meessen/Riesenkampff, Kartellrecht, § 1 GWB Rn. 37.

253 Vgl. OLG Düsseldorf, Urt. v. 2.9.1997, U (Kart) 11/97 – *Berliner Positivliste*; *Zimmer*, in: Immenga/Mestmäcker, Wettbewerbsrecht: GWB, Band 2, § 1 GWB Rn. 77.

254 *Zimmer*, in: Immenga/Mestmäcker, Wettbewerbsrecht: GWB, Band 2, § 1 GWB Rn. 77.

255 *Bunte*, Kartellrecht, S. 17.

256 EuGH, Urt. v. 27.1.1987, Rs. 45/85, Slg. 405, 454, Rn. 26 – *Verband der Sachversicherer/Kommission; Mestmäcker/Schweitzer*, Europäisches Wettbewerbsrecht, § 10 Rn. 27; *Kling/Thomas*, Kartellrecht, § 5 Rn. 63.

257 *Kling/Thomas*, Kartellrecht, § 5 Rn. 60.

258 *Bechtold/Bosch/Brinker*, EU-Kartellrecht, Art. 101 AEUV Rn. 29; *Bunte*, Kartellrecht, S. 74.

259 EuGH, Urt. v. 29.10.1980, verb. Rss. 209/78 bis 215/78 u. 218/78, Slg. 1980, 3125, 3250, Rn. 88 – *van Landewyck/Kommission*; *Mestmäcker/Schweitzer*, Europäisches Wettbewerbsrecht, § 10 Rn. 27; *Kling/Thomas*, Kartellrecht, § 5 Rn. 62.

260 *T. Mäger*, in: Mäger, Europäisches Kartellrecht, 1. Kapitel Rn. 84; *Kling/Thomas*, Kartellrecht, § 5 Rn. 64.

die weder rechtlich noch faktisch verbindlich sind.[261] Neben Vereinbarungen und Beschlüssen sieht das Kartellverbot als (drittes) Mittel der Wettbewerbsbeschränkung den Auffangtatbestand der aufeinander abgestimmten Verhaltensweisen vor. Darunter sind Absprachen zwischen Unternehmen zu verstehen, die keine Vereinbarungen sind, sondern unterschiedliche Handlungsformen einer bewussten und gewollten, auch rein tatsächlichen Zusammenarbeit im Vorfeld einer Vereinbarung, wobei die erzielte Verständigung – im Gegensatz zur Vereinbarung – nicht konkretisiert sein muss.[262] Damit ist der Begriff der „abgestimmten Verhaltensweise" charakterisiert durch eine Koordination als auch ein darauf aufbauendes tatsächliches Verhalten im Sinne einer praktischen Zusammenarbeit.[263] Mit anderen Worten: Bei einer abgestimmten Verhaltensweise kommt es zu einer *„Koordinierung zwischen Unternehmen (...), die zwar noch nicht bis zum Abschluß eines Vertrages im eigentlichen Sinne gediehen ist, jedoch bewusst eine praktische Zusammenarbeit an die Stelle des mit Risiken verbundenen Wettbewerbs treten läßt"*[264] (Zweck: Reduktion des Risikos).[265]

Vorgenannte Formen der Konzertierung müssen die Verhinderung, Einschränkung oder Verfälschung des Wettbewerbs bezwecken oder bewirken. Der EuGH definiert die Wettbewerbsbeschränkung als Entstehung von Wettbewerbsbedingungen, *„die im Hinblick auf die Art der Waren oder erbrachten Dienstleistungen, die Bedeutung und Zahl der beteiligten Unternehmen sowie den Umfang des in Betracht kommenden Marktes nicht den normalen Bedingungen dieses Marktes entsprechen"*.[266] Eine Wettbewerbsbeschränkung ist danach die Einschränkung der wettbewerblichen Handlungsfreiheit wenigstens einer Partei.[267] Ausgangspunkt für diese Begriffsbestimmung ist das sog. „Selbständigkeitspostulat", wonach jedes Unternehmen eigenständig festlegen muss, welche Geschäftspolitik es auf dem Markt verfolgt.[268] Wird die Freiheit, nach eigenen Vorstellungen auf dem Markt zu agieren, beeinflusst, ist grundsätzlich eine Wettbewerbsbeschränkung anzunehmen.[269]

Bezweckte Wettbewerbsbeschränkungen zählen zu den praktisch bedeutendsten Verbotstatbeständen des Art. 101 Abs. 1 AEUV.[270] Dabei stehen diejenigen Formen der Abstimmung zwischen Unternehmen im Fokus, die aufgrund ihrer

---

261 So wohl EuGH, Urt. v. 29.10.1980, verb. Rss. 209/78 bis 215/78 u. 218/78, Slg. 1980, 3125, 3250 f., Rn. 89 – *van Landewyck/Kommission; T. Mäger*, in: Mäger, Europäisches Kartellrecht, 1. Kapitel Rn. 84.

262 *Kling/Thomas*, Kartellrecht, § 5 Rn. 69.

263 EuGH, Urt. v. 14.7.1972, Rs. 48/69, Slg. 1972, 619, 658, Rn. 64/67 – *ICI*; *T. Mäger*, in: Mäger, Europäisches Kartellrecht, 1. Kapitel Rn. 85.

264 EuGH, Urt. v. 14.7.1972, Rs. 48/69, Slg. 1972, 619, 658, Rn. 64/67 – *ICI*.

265 *Kling/Thomas*, Kartellrecht, § 5 Rn. 70.

266 EuGH, Urteil v. 28.5.1998, Rs. C-7/95, Slg. 1998, I-3111, I-3161, Rn. 87 – *Deere/Kommission*; siehe dazu auch *Kling/Thomas*, Kartellrecht, § 5 Rn. 90.

267 *Kling/Thomas*, Kartellrecht, § 5 Rn. 90.

268 *Pautke*, in: Schultze, Compliance-Handbuch Kartellrecht, Teil A Rn. 18.

269 *Pautke*, in: Schultze, Compliance-Handbuch Kartellrecht, Teil A Rn. 18.

270 *Mestmäcker/Schweitzer*, Europäisches Wettbewerbsrecht, § 11 Rn. 35.

Wirkungsweise als typischerweise schädlich für das gute Funktionieren des normalen Wettbewerbs oder das Binnenmarktziel gelten können.[271] Insoweit sind insbesondere die sog. Hardcore-Kartelle, etwa Preis- und Quotenkartelle, von Relevanz für die Bußgeldpraxis der Europäischen Kommission.[272] Entscheidend ist der „Zweck" der Maßnahme selbst, also ihre wettbewerbsbeschränkende Zielsetzung oder Tendenz und nicht so sehr die verfolgten Absichten der Beteiligten.[273] Ermittelt wird der objektive Zweck einer Maßnahme auf Basis aller Umstände des einzelnen Falles unter Berücksichtigung der rechtlichen und wirtschaftlichen Zusammenhänge.[274]

Für den Fall, dass die Vereinbarung keine Wettbewerbsbeschränkung bezweckt, ist das Tatbestandsmerkmal der bewirkten Wettbewerbsbeschränkung zu prüfen. Dabei werden ihre tatsächlichen wie auch die potentiellen Auswirkungen auf den Wettbewerb betrachtet.[275] Es muss zumindest wahrscheinlich sein, dass eine Vereinbarung wettbewerbsbeschränkende Auswirkungen hat.[276] Das ist dann der Fall, wenn in hinreichendem Maße davon auszugehen ist, dass die Parteien aufgrund der Vereinbarung in der Lage wären, gewinnbringend den Preis zu erhöhen oder Produktionsmenge, Produktqualität, Produktvielfalt oder Innovation zu reduzieren.[277] Letztlich wird die Marktsituation mit und ohne wettbewerbsbeschränkende Vereinbarung verglichen.[278]

Während bei bezweckten Wettbewerbsbeschränkungen der Nachweis eines wettbewerbsfeindlichen Potentials vermutet wird, will die Europäische Kommission – ersichtlich aus ihrer sog. „Prioritätenmitteilung" zu Art. 82 EG a.F.[279] – für die Feststellung bewirkter Wettbewerbsbeschränkungen die Auswirkungen auf die Verbraucherwohlfahrt bestimmen.[280]

Vereinbarungen, Beschlüsse oder abgestimmte Verhaltensweisen müssen nach ständiger Rechtsprechung des EuGH zu einer spürbaren Wettbewerbsbeschränkung

---

271 EuGH, Urt. v. 14.3.2011, Rs. C-32/11, Rn. 35 – *Allianz Hungária*; *Mestmäcker/Schweitzer*, Europäisches Wettbewerbsrecht, § 11 Rn. 35.

272 *Mestmäcker/Schweitzer*, Europäisches Wettbewerbsrecht, § 11 Rn. 35.

273 *Emmerich*, in: Immenga/Mestmäcker, EU-Wettbewerbsrecht, Band 1, Art. 101 Abs. 1 AEUV Rn. 174.

274 Europäische Kommission, Leitlinien zur Anwendbarkeit von Art. 101 des Vertrages über die Arbeitsweise der Europäischen Union auf Vereinbarungen über horizontale Zusammenarbeit (im Folgenden: „Horizontalleitlinien"), ABl. 2011, C 11/1, 8, Rn. 24 f.; *Emmerich*, in: Immenga/Mestmäcker, EU-Wettbewerbsrecht, Band 1, Art. 101 Abs. 1 AEUV Rn. 175.

275 Europäische Kommission, Horizontalleitlinien, ABl. 2011, C 11/1, 8, Rn. 26; *Mestmäcker/Schweitzer*, Europäisches Wettbewerbsrecht, § 11 Rn. 41.

276 Europäische Kommission, Horizontalleitlinien, ABl. 2011, C 11/1, 8, Rn. 26.

277 Europäische Kommission, Horizontalleitlinien, ABl. 2011, C 11/1, 9, Rn. 28.

278 *Mestmäcker/Schweitzer*, Europäisches Wettbewerbsrecht, § 11 Rn. 41.

279 Europäische Kommission, Erläuterungen zu den Prioritäten der Kommission bei der Anwendung von Artikel 82 des EG-Vertrages auf Fälle von Behinderungsmissbrauch durch marktbeherrschende Unternehmen, ABl. 2009, C 45/7.

280 *Pautke*, in: Schultze, Compliance-Handbuch Kartellrecht, Teil A Rn. 18.

führen.[281] Dieses ungeschriebene Tatbestandsmerkmal ist erfüllt, wenn von der Wettbewerbsbeschränkung *„erkennbare Auswirkungen auf Dritte im Sinne der Beeinträchtigung der ihnen bei Wettbewerb offenstehenden Handlungsalternativen ausgehen"*.[282] Zu diesem Merkmal haben sowohl die Europäische Kommission[283] als auch das Bundeskartellamt[284] jeweils Bekanntmachungen veröffentlicht, die als Maßstab für die Auslegung herangezogen werden können. Diese enthalten Marktanteilsschwellen (10 % bei Vereinbarungen zwischen Wettbewerbern[285] und 15 % bei Vereinbarungen zwischen Nichtwettbewerbern[286]) bei deren Vorliegen eine Spürbarkeit durch die Kartellbehörden als gegeben angenommen wird. Die Bekanntmachungen greifen aber nicht bei Kernbeschränkungen wie etwa Preisfestsetzungen oder Beschränkungen der Produktion.[287]

Aus Art. 101 Abs. 2 AEUV bzw. § 1 i.V.m. § 134 BGB ergibt sich auf Rechtsfolgenseite die zivilrechtliche Nichtigkeit unzulässiger Vereinbarungen und Beschlüsse. Ihnen wird schlichtweg die Anerkennung und Durchsetzbarkeit versagt.[288] Als weitere zivilrechtliche Konsequenzen drohen bei Verletzung des Kartellverbots verschuldensunabhängige Unterlassungs- und Beseitigungsansprüche sowie bei Verschulden Schadensersatzansprüche der Betroffenen (§ 33 GWB). Auch kartellbehördliche Sanktionen in Form von Untersagungsverfahren (§ 32 GWB), Mehrerlösabschöpfung (§ 34 GWB) sowie Bußgeldverfahren (Art. 23 VO Nr. 1/2003; § 81 Abs. 1 Nr. 1, Abs. 2 Nr. 1 GWB) sind möglich. Im Gegensatz zum US-Recht stellen Verstöße gegen das Kartellverbot zwar grundsätzlich keine Straftaten dar, jedoch kann auch nach deutschem Recht etwa der Submissionsbetrug nach Maßgabe des § 298 StGB geahndet werden.[289]

---

281 EuGH, Urt. v. 30.6.1966, Rs. 56/65, Slg. 1966, 282, 290 – *Société Technique Minière/ Maschinenbau Ulm.*

282 *Emmerich*, Kartellrecht, § 4 Rn. 42.

283 Europäische Kommission, Bekanntmachung über Vereinbarungen von geringer Bedeutung, die im Sinne des Artikels 101 Absatz 1 des Vertrags über die Arbeitsweise der Europäischen Union den Wettbewerb nicht spürbar beschränken, ABl. 2014, C 291/1 („de minimis"; im Folgenden: „Bagatellbekanntmachung").

284 BKartA, Bekanntmachung Nr. 18/2007 über die Nichtverfolgung von Kooperationsabreden mit geringer wettbewerbsbeschränkender Bedeutung („Bagatellbekanntmachung"). Diese ist abrufbar unter http://www.bundeskartellamt.de/SharedDocs/Publikation/DE/Bekanntmachungen/Bekanntmachung%20-%20Bagatellbekanntmachung.pdf?__blob=publicationFile&v=6 (20.8.2014).

285 Europäische Kommission, Bagatellbekanntmachung, ABl. 2014, C 291/1, 2, Ziff. 8.a).

286 Europäische Kommission, Bagatellbekanntmachung, ABl. 2014, C 291/1, 2, Ziff. 8.b).

287 Europäische Kommission, Bagatellbekanntmachung, ABl. 2014, C 291/1, 3, Ziff. 13.

288 Zur Problematik der teilweisen Nichtigkeit *Bunte*, Kartellrecht, S. 120, 269 f.

289 BGH, Urt. v. 8.1.1992, 2 StR 102/91 = BGHSt 38, 186; *Emmerich*, Kartellrecht, § 21 Rn. 46.

2. *Das Missbrauchsverbot*

Art. 102 AEUV und § 19 GWB (i.V.m. § 18 GWB) erfassen die missbräuchliche Ausnutzung einer marktbeherrschenden Stellung durch ein oder mehrere Unternehmen. Nach § 20 GWB gilt die Regelung des § 19 GWB auch für Unternehmen und Unternehmensvereinigungen mit marktmächtiger Stellung. Art. 102 AEUV setzt zusätzlich voraus, dass die missbräuchliche Ausnutzung einer marktbeherrschenden Stellung zu einer spürbaren Beeinträchtigung des Handels zwischen Mitgliedstaaten führen kann.

Adressiert ist das Missbrauchsverbot an (marktbeherrschende) Unternehmen. Praktische Relevanz hat dieses Verbot aber auch für Wirtschaftsverbände. So hat die Marktstellung von Verbänden z.B. eine erhebliche Bedeutung, soweit sie Veranstalter von Messen[290] sind oder sie Reaktionen gegenüber Mitgliedsunternehmen und deren Mitarbeiter in Fällen beabsichtigen, in denen Verbandsmitglieder einen Kartellrechtsverstoß im Verband verursacht haben[291]. Darüber hinaus können kartellrechtliche Risiken aus der Verwirklichung eines Missbrauchs (kollektiv) marktbeherrschender oder marktmächtiger Stellung durch Mitgliedsunternehmen resultieren, der unter aktiver Beteiligung des Verbandes oder anlässlich von Verbandstreffen vorstellbar ist.[292] Abseits des Bereichs der Wirtschaftsverbände können etwa auch Dopingsperren durch Sportverbände den Missbrauch einer marktbeherrschenden Stellung begründen.[293] Daher haben Verbände in den vorgenannten Fällen regelmäßig die Beschränkungen für marktbeherrschende Unternehmen zu beachten.[294] Somit ist es notwendig, auf die (weiteren) Tatbestandsmerkmale des Missbrauchsverbots näher einzugehen.

Voraussetzung des Missbrauchsverbots ist das Vorliegen einer marktbeherrschenden oder – mit Blick auf § 20 GWB – einer marktmächtigen Stellung. Für die Bestimmung einer marktbeherrschenden Stellung ist in einem ersten Schritt die Abgrenzung des sachlich, räumlich und zeitlich relevanten Marktes vorzunehmen.[295] Erst danach kann in einem zweiten Schritt die beherrschende Stellung ermittelt werden. Dabei ist ferner zwischen der Einzelmarktbeherrschung und der Oligopolmarktbeherrschung zu differenzieren. Eine gesetzliche Definition der marktbeherrschenden Stellung existiert für Art. 102 AEUV im Gegensatz zu § 18 GWB zwar nicht. Jedoch haben sich EuGH[296]

290 *Möhlenkamp*, WuW 2008, 428, 440.
291 *Pischel/Kopp*, CCZ 2014, 198, 200 f.
292 *Pischel/Kopp*, CCZ 2014, 198, 199.
293 Siehe dazu *Menzel*, WRP 2002, 810.
294 *Möhlenkamp*, WuW 2008, 428, 440; *Pischel/Kopp*, CCZ 2014, 198, 200 f.
295 Zur Marktabgrenzung siehe Europäische Kommission, Bekanntmachung über die Definition des relevanten Marktes im Sinne des Wettbewerbsrechts der Gemeinschaft, ABl. 1997, C 372/5.
296 EuGH, Urt. v. 14.2.1978, Rs. 27/76, Slg. 1978, 207, 286, Rn. 63/66 – *United Brands/Kommission*; EuGH, Urt. v. 13.2.1979, Rs. 85/76, Slg. 1979, 461, 520, Rn. 38 – *Hoffmann-La Roche/Kommission*.

und Europäische Kommission[297] in der Vergangenheit mehrfach mit der Auslegung dieses Merkmals befasst. Danach ist unter dem Begriff der Einzelmarktbeherrschung *„die wirtschaftliche Machtstellung eines Unternehmens gemeint, die dieses in die Lage versetzt, die Aufrechterhaltung eines wirksamen Wettbewerbs auf dem relevanten Markt zu verhindern, indem sie ihm die Möglichkeit verschafft, sich seinen Wettbewerbern, seinen Abnehmern und letztlich den Verbrauchern gegenüber in einem nennenswerten Umfang unabhängig zu verhalten"*.[298] Kriterien, die zur Ausfüllung dieser Definition dienen, sind insbesondere die Marktstruktur, die Unternehmensstruktur sowie das allgemeine Marktverhalten. Darüber hinaus indiziert nach ständiger Rechtsprechung ein Marktanteil ab ca. 50 % das Vorliegen einer marktbeherrschenden Stellung.[299] Eine kollektive Marktbeherrschung soll vorliegen, wenn voneinander unabhängige Unternehmen wirtschaftlich miteinander so eng verbunden sind, dass sie in der Lage sind, eine gemeinsame Politik am Markt zu verfolgen, so dass sie diesbezüglich eine kollektive Einheit bilden.[300] Alle zu der kollektiven Einheit gehörenden Unternehmen gelten dann als (mit-)marktbeherrschend.[301] Daraus folgt aber nicht zwingend auch ein gemeinsamer Missbrauch der marktbeherrschenden Stellung.[302] Vielmehr ist zwischen der kollektiven Einheit, der beherrschenden Stellung und dem Missbrauch zu differenzieren.[303]

Wie schon erwähnt, existiert im GWB eine gesetzliche Definition für das Merkmal der marktbeherrschenden Stellung. So ist nach § 18 GWB ein Unternehmen marktbeherrschend, soweit es als Anbieter oder Nachfrager einer bestimmten Art von Waren oder gewerblichen Leistungen auf dem sachlich und räumlich relevanten Markt (1.) entweder ohne Wettbewerber ist, oder (2.) keinem wesentlichen Wettbewerb ausgesetzt ist oder (3.) eine im Verhältnis zu seinen Wettbewerbern überragende Marktstellung hat. Nach Maßgabe des § 18 Abs. 3 GWB sind im Rahmen der Beurteilung u.a. Faktoren wie der Marktanteil des Unternehmens, seine Finanzkraft, sein Zugang

---

297 EuGH, Urt. v. 13.2.1979, Rs. 85/76, Slg. 1979, 461, 520, Rn. 38 f. – *Hoffmann-La Roche/Kommission*; Europäische Kommission, Entsch. v. 14.5.1997, ABl. 1997, L 258/1, 17, Rn. 100 – *Irish Sugar.*

298 EuGH, Urt. v. 13.2.1979, Rs. 85/76, Slg. 1979, 461, 520, Rn. 38 – *Hoffmann-La Roche/Kommission.*

299 EuGH, Urt. v. 3.7.1991, Rs. C-62/86, Slg. 1991, I-3359, I-3453, Rn. 60 – *Akzo/Kommission.*

300 EuGH, Urt. v. 16.3.2000, verb. Rss. C-395/96 P u. C 396/96 P, Slg. 2000, I-1365, I-1458, Rn. 36 – *Compagnie Maritime Belge Transports u.a./Kommission*; *Kling/Thomas*, Kartellrecht, § 6 Rn. 66.

301 *Kling/Thomas*, Kartellrecht, § 6 Rn. 66.

302 EuGH, Urt. v. 16.3.2000, verb. Rss. C-395/96 P u. C 396/96 P, Slg. 2000, I-1365, I-1458 f., I-1461, Rn. 39 f., 49 – *Compagnie Maritime Belge Transports u.a./Kommission*; *Kling/Thomas*, Kartellrecht, § 6 Rn. 66.

303 EuGH, Urt. v. 16.3.2000, verb. Rss. C-395/96 P u. C 396/96 P, Slg. 2000, I-1365, I-1458 f., Rn. 36 ff. – *Compagnie Maritime Belge Transports u.a./Kommission*; *Kling/Thomas*, Kartellrecht, § 6 Rn. 66.

zu den Beschaffungs- oder Absatzmärkten und mögliche Verflechtungen mit anderen Unternehmen zu berücksichtigen. Nach § 18 Abs. 4 GWB wird ab einem Marktanteil von mindestens 40 % vermutet, dass ein Unternehmen marktbeherrschend ist.

Ebenfalls im GWB legaldefiniert ist das Merkmal der relativen Marktmacht (vgl. § 20 Abs. 1 S. 1 GWB). Danach haben Unternehmen und Vereinigungen von Unternehmen eine marktmächtige Stellung inne, soweit von ihnen kleine oder mittlere Unternehmen als Anbieter oder Nachfrager einer bestimmten Art von Waren oder gewerblichen Leistungen in der Weise abhängig sind, dass ausreichende und zumutbare Möglichkeiten, auf andere Unternehmen auszuweichen, nicht bestehen. § 20 Abs. 1 S. 2 GWB enthält darüber hinaus eine Abhängigkeitsvermutung, die besagt, dass ein Anbieter einer bestimmten Art von Waren oder gewerblichen Leistungen von einem Nachfrager abhängig i.S.d. § 20 Abs. 1 S. 1 GWB ist, wenn dieser Nachfrager bei ihm zusätzlich zu den verkehrsüblichen Preisnachlässen oder sonstigen Leistungsentgelten regelmäßig besondere Vergünstigungen erlangt, die gleichartigen Nachfragern nicht gewährt werden.

Des Weiteren müssen die Unternehmen ihre marktbeherrschende Stellung missbräuchlich ausnutzen. Dieses Merkmal ist weder im AEUV noch im GWB legaldefiniert. Auf europäischer Ebene werden unter den Missbrauch einer marktbeherrschenden Stellung allgemein alle Verhaltensweisen subsumiert, *„die die Struktur eines Marktes beeinflussen können, auf dem der Wettbewerb gerade wegen der Anwesenheit des fraglichen Unternehmens bereits geschwächt ist, und die die Aufrechterhaltung des auf dem Markt noch bestehenden Wettbewerbs oder dessen Entwicklung durch die Verwendung von Mitteln behindern, welche von den Mitteln eines normalen Produkt- oder Dienstleistungswettbewerbs auf der Grundlage der Leistungen der Marktbürger abweichen"*.[304] Hauptformen des Marktmissbrauchs sind u.a. der Preis- und Konditionenmissbrauch (Ausbeutungsmissbrauch) sowie der Behinderungsmissbrauch und Marktstrukturmissbrauch.[305] Das GWB enthält – im Gegensatz zum AEUV – in § 19 Abs. 1 GWB zumindest eine Generalklausel, die durch einen in § 19 Abs. 2 Nr. 1 bis 4 GWB kodifizierten Beispielskatalog konkretisiert ist. Dort sind die Formen des Behinderungsmissbrauchs (§ 19 Abs. 2 Nr. 1 GWB), des Ausbeutungsmissbrauchs (§ 19 Abs. 2 Nr. 2 GWB), des Strukturmissbrauchs (§ 19 Abs. 2 Nr. 3 GWB) sowie die Verweigerung des Zugangs zu Netzen und anderen Infrastruktureinrichtungen (§ 19 Abs. 2 Nr. 4 GWB) explizit geregelt.

Auf Rechtsfolgenseite kann ein Verstoß gegen das Missbrauchsverbot zum einen zivilrechtliche Sanktionen wie die Nichtigkeit der wettbewerbsbeschränkenden Vereinbarung sowie Unterlassungs- und Schadensersatzansprüche auslösen. Zum anderen drohen kartellbehördliche Sanktionen. Dazu zählen die Verhängung von Bußgeldern sowie die Verpflichtung zum Abstellen des missbräuchlichen Verhaltens durch die Kartellbehörden.

---

304 U.a. EuGH, Urt. v. 13.2.1979, Rs. 85/76, Slg. 1979, 461, 541, Rn. 91 – *Hoffmann-La Roche/Kommission.*

305 *Bunte*, Kartellrecht, S. 172.

3. *Das Boykottverbot*

Im deutschen Kartellrecht ist in § 21 Abs. 1 GWB die spezielle Vorschrift des Boykottverbots kodifiziert.[306] Dieses verbietet Unternehmen und Unternehmensvereinigungen, andere Unternehmen und Unternehmensvereinigungen zu Liefer- oder Bezugssperren dritter Unternehmen aufzufordern in der Absicht, diese unbillig zu beeinträchtigen.[307] Der Boykotttatbestand setzt danach ein Drei-Personen-Verhältnis voraus: Ein Unternehmen oder eine Unternehmensvereinigung ruft als sog. „Verrufer" ein anderes Unternehmen oder eine andere Unternehmensvereinigung (sog. „Adressat" oder „Sperrer") zur Liefer- oder Bezugssperre gegenüber dritten Unternehmen (sog. „Boykottierter" oder „Verrufener") auf.[308]

Boykottaufrufe werden häufig durch den Fachhandel und seine Organe ausgesprochen, insbesondere durch Aufforderungen in speziellen Informationsdiensten der Wirtschaft, einzelne besonders wettbewerbsaktive Unternehmen zu sperren, d.h. nicht mehr von ihnen zu beziehen oder nicht mehr an sie zu liefern, um sie im Interesse aller zu disziplinieren.[309] Von diesen Boykottaufrufen sind mehrheitlich die großbetrieblichen Formen des Einzelhandels betroffen.[310]

Bei schuldhaften Verstößen gegen § 21 Abs. 1 GWB drohen neben einer Abstellungsverfügung des Bundeskartellamtes nach Maßgabe des § 32 GWB oder anderen Maßnahmen nach den §§ 32a bis c, 34 GWB auch Bußgelder gem. § 81 Abs. 3 Nr. 1 GWB. Daneben können Boykottierte Schadensersatz- und (verschuldensunabängige) Unterlassungsansprüche gem. § 33 GWB i.V.m. § 21 Abs. 1 GWB geltend machen.

4. *Kartellverfahrensrecht*

Für die Durchsetzung des Kartellrechts sind die Kartellbehörden zuständig. Auf europäischer Ebene ist dies die Europäische Kommission in Form der Generaldirektion Wettbewerb. In Deutschland sind in erster Linie das Bundeskartellamt, aber auch die Landeskartellbehörden für die Aufsicht über die Einhaltung kartellrechtlicher Vorschriften zuständig. Dabei steht den europäischen und deutschen Kartellbehörden eine Reihe von Befugnissen zur Verfügung. Dazu zählen auf europäischer Ebene u.a. das Auskunftsverlangen gem. Art. 18 VO Nr. 1/2003, Befragungs- und Nachprüfungsbefugnisse (Art. 19 f. VO Nr. 1/2003) sowie Untersuchungsbefugnisse in Räumlichkeiten von Unternehmen und Unternehmensvereinigungen (Art. 20 f. VO Nr. 1/2003).

Deutschen Kartellbehörden werden Auskunfts- und Untersuchungsrechte nach Maßgabe des § 59 GWB zugestanden. Bei konkretem Anfangsverdacht können diese insbesondere Auskünfte und die Herausgabe von Unterlagen verlangen (§ 59 Abs. 1 S. 1 Nr. 1 GWB). Des Weiteren ist in § 59 Abs. 1 S. 1 Nr. 3 GWB das Recht zur

---

306 Zum Boykottverbot siehe S. 190 ff.
307 *Emmerich*, Kartellrecht, § 29 Rn. 1a.
308 *Kling/Thomas*, Kartellrecht, § 20 Rn. 331.
309 *Emmerich*, Kartellrecht, § 29 Rn. 1a.
310 *Emmerich*, Kartellrecht, § 29 Rn. 1a.

Einsichtnahme und Überprüfung von geschäftlichen Unterlagen innerhalb der üblichen Geschäftszeiten kodifiziert. Gem. § 59 Abs. 1 S. 2 GWB gelten diese Rechte entsprechend auch gegenüber Wirtschafts- und Berufsvereinigungen hinsichtlich ihrer Tätigkeit, Satzung, Beschlüsse sowie Anzahl und Namen der Mitglieder, für die die Beschlüsse bestimmt sind. Darüber hinaus sind nach § 32e GWB auch Untersuchungen einzelner Wirtschaftszweige und einzelner Arten von Vereinbarungen zulässig.

Aufgrund der Besonderheiten bei der Vollziehung des Kartellrechts wird teilweise vorgeschlagen, dass die Kartellrechtscompliance nicht nur auf die Gewährleistung von kartellrechtskonformen Verhalten auszurichten sei, sondern diese auch die Vorbereitung und Übung der Mitarbeiter in Bezug auf die spezifischen Vorgehensweisen der ermittelnden Kartellbehörden umfassen müsse.[311]

C. Zusammenfassung

Der Begriff „Kartellrechtscompliance“ umfasst nicht nur die Einhaltung europäischer, deutscher und außereuropäischer Kartellrechtsvorschriften. Er steht auch für entsprechende Maßnahmen und damit zusammenhängenden Umsetzungsmaßnahmen, die die Einhaltung kartellrechtlicher Anforderungen in Unternehmen und Verbänden dauerhaft sicherstellen sollen, um eine Beeinträchtigung des wirksamen Wettbewerbs zu verhindern.[312] Diese Anforderungen betreffen insbesondere die Bestimmungen zum Kartell- und Missbrauchsverbot (Art. 101 AEUV, § 1 GWB bzw. Art. 102 AEUV, §§ 18 ff. GWB). So entfallen etwa auf europäischer Ebene rund drei Viertel der verhängten Bußgelder auf Verstöße gegen Art. 101 AEUV und rund ein Viertel auf Zuwiderhandlungen gegen Art. 102 AEUV.[313] Daher ist Kartellrechtscompliance, unabhängig von einer etwaigen Rechtspflicht zur Durchführung von Compliance-Maßnahmen, nicht nur für Unternehmen unabdingbarer Bestandteil guter Unternehmensführung[314], sondern regelmäßig auch für Verbände obligatorisch, um sich selbst, ihre Organe und Mitarbeiter sowie ihre Mitgliedsunternehmen vor Haftungsrisiken und Reputationsschäden zu schützen. Zwar sind entsprechende Maßnahmen mit nicht unerheblichem finanziellem Aufwand verbunden, fallen aber deutlich weniger ins Gewicht als die mit Kartellrechtsverstößen einhergehenden Kosten, die beispielsweise in Form von Bußgeldern anfallen können.

---

311 *C.H. Müller*, Kartellrechtscompliance in Deutschland, S. 47.

312 *Dreher*, ZWeR 2004, 75, 105; *C.H. Müller*, Kartellrechtscompliance in Deutschland, S. 47. Diese beziehen sich freilich auf „Unternehmen“.

313 *C.H. Müller*, Kartellrechtscompliance in Deutschland, S. 47 f.

314 *Karbaum*, Kartellrechtliche Compliance – Rechtsgrundlagen und Umsetzung, S. 56.

5. Kapitel: Notwendigkeit kartellrechter Compliance in der Verbandsarbeit

Für Verbände zeigt sich die Notwendigkeit zu Kartellrechtscompliance[315] zunächst vor dem Hintergrund der Entwicklungen im Kartellverfahrensrecht und der Entscheidungspraxis der Kartellbehörden. So gab es etwa Neuerungen im Europäischen Kartellrecht durch die europäische Kartellverfahrensverordnung, namentlich die VO Nr. 1/2003[316], die am 1. Mai 2004 in Kraft getreten ist. Danach müssen die Adressaten kartellrechtlicher Normen nunmehr u.a. eine kartellrechtliche Selbsteinschätzung ihres Verhaltens vornehmen, weil kartellrechtliche Sachverhalte nicht mehr zur Freistellung bei der Europäischen Kommission angemeldet werden können.

Durch die Intensivierung der Ermittlungstätigkeit der deutschen und der europäischen Kartellbehörden hat sich zudem die Entdeckungsgefahr für Kartellrechtsverstöße erhöht.[317] In diesem Kontext ist festzustellen, dass in der jüngeren Vergangenheit auch einige Verbände in aufgedeckte kartellrechtliche Zuwiderhandlungen verstrickt waren. So hat das Bundeskartellamt erst kürzlich gegen vier Hersteller von Tapeten, deren Verantwortliche und ihren Verband Geldbußen in Höhe von insgesamt ca. 17 Mio. € wegen Preisabsprachen verhängt.[318] Und nicht nur die Entdeckungsgefahr ist gestiegen. In den vergangenen Jahren sind ebenso Veränderungen bei der Höhe der durch die Kartellbehörden verhängten Bußgelder zu beobachten gewesen – das Sanktionsrisiko ist erheblich gestiegen.[319]

Über diese Aspekte hinaus spielen auch die mit einem Kartellrechtsverstoß verbundenen Rechtsfolgen für Verbände selbst als auch für deren Leitungsorgane und Mitarbeiter eine wichtige Rolle. Dies gilt insbesondere vor dem Hintergrund der zunehmenden Fokussierung kartellrechtlicher Ermittlungen auf die Arbeit von Verbänden. Für diese wird es zunehmend schwieriger, die Grenze zwischen zulässigem und unzulässigem Verhalten zu ermitteln.[320] Deshalb ist es im Rahmen dieser Arbeit

---

315 Die Darstellung zur Notwendigkeit kartellrechter Compliance ist angelehnt an *Karbaum*, Kartellrechtliche Compliance – Rechtsgrundlagen und Umsetzung, S. 19 ff.

316 Verordnung Nr. 1/2003 des Rates vom 16. Dezember 2002 zur Durchführung der in den Artikeln 81 und 82 des Vertrags niedergelegten Wettbewerbsregeln, ABl. 2003, L 1/1.

317 *van Vormizeele*, CCZ 2009, 41; *Karbaum*, Kartellrechtliche Compliance – Rechtsgrundlagen und Umsetzung, S. 26 ff.; *C.H. Müller*, Kartellrechtscompliance in Deutschland, S. 32.

318 BKartA, Pressemitteilung v. 25.2.2014. Die Pressemitteilung ist abrufbar unter http://www.bundeskartellamt.de/SharedDocs/Meldung/DE/Pressemitteilungen/2014/25_02_2014_Tapeten.html?nn=3591286 (20.8.2014).

319 *C.H. Müller*, Kartellrechtscompliance in Deutschland, S. 26 ff.

320 *Kapp/Hummel*, CCZ 2013, 240.

notwendig, neben den genannten Aspekten auch die kartellrechtstypischen Problemfelder der Verbandsarbeit aufzuzeigen, um Verbände und deren Leitungsorgane dafür zu sensibilisieren.

A. Reform des Kartellverfahrensrechts

Kartellrechtliche Compliance-Maßnahmen im Verband sind schon aufgrund der angesprochenen Reformierung des europäischen Kartellverfahrensrechts erforderlich. Danach sind neben der Europäischen Kommission nunmehr auch die nationalen Gerichte und die nationalen Wettbewerbsbehörden für die Anwendung des Art. 101 Abs. 3 AEUV zuständig; diese Vorschrift ist durch die nationalen Kartellbehörden und Gerichte unmittelbar anzuwenden.[321] Des Weiteren brachte die Reform einen Wechsel von dem zentralisierten Genehmigungssystem der VO Nr. 17/62 hin zum System der Legalausnahme gem. Art. 1 Abs. 2 VO Nr. 1/2003 mit sich.[322] Damit geht die Verantwortung von Unternehmen und Verbänden einher, im Rahmen kartellrechtsrelevanter Entscheidungen weitgehend selbst eine kartellrechtliche Einschätzung vornehmen zu müssen[323], denn im Gegensatz zur Vorgängerverordnung ist die Erteilung konstitutiver Einzelfreistellungen durch Verwaltungsakt bzw. konstitutiver Gruppenfreistellungen durch Verordnung[324] nicht mehr vorgesehen. Wettbewerbsbeschränkende Vereinbarungen sind fortan zulässig, wenn sie zwar gegen Art. 101 Abs. 1 AEUV verstoßen, jedoch die Voraussetzungen des Art. 101 Abs. 3 AEUV vorliegen. Freigestellt sind danach wettbewerbsbeschränkende Vereinbarungen, wenn sie unter angemessener Beteiligung der Verbraucher Effizienzgewinne nach sich ziehen, hierzu unerlässlich sind und den Wettbewerb nicht ausschalten. Liegen diese Voraussetzungen vor, sind Vereinbarungen, die in den Anwendungsbereich des Art. 101 Abs. 1 AEUV fallen, sofort wirksam, ohne dass es einer behördlichen Entscheidung bedarf.[325]

Bis zu dem angesprochenen Systemwechsel mussten die in Art. 101 Abs. 1 AEUV aufgeführten verbotenen Verhaltenskoordinierungen bei der Europäischen

---

321 *Schuhmacher*, in: Grabitz/Hilf/Nettesheim, Das Recht der Europäischen Union, 3. Teil, 53. Ergänzungslieferung 2014, Art. 101 AEUV Rn. 271.

322 *Schmidt*, in: Immenga/Mestmäcker, EU-Wettbewerbsrecht, Band 1, Art. 1 VO 1/2003 Rn. 6; *Weiß*, in: Loewenheim/Meessen/Riesenkampff, Kartellrecht, Art. 1 VO 1/2003 Rn. 4 ff.; *Johanns*, in: Mäger, Europäisches Kartellrecht, 12. Kapitel Rn. 1; *Emmerich*, Kartellrecht, § 8 Rn. 7 f.

323 *Weiß*, in: Loewenheim/Meessen/Riesenkampff, Kartellrecht, Art. 1 VO 1/2003 Rn. 6 ff.; *Karbaum*, Kartellrechtliche Compliance – Rechtsgrundlagen und Umsetzung, S. 19 ff; *C.H. Müller*, Kartellrechtscompliance in Deutschland, S. 29.

324 *Schmidt*, in: Immenga/Mestmäcker, EU-Wettbewerbsrecht, Band 1, Art. 1 VO 1/2003 Rn. 1.

325 *Bechtold/Bosch*, GWB, § 2 Rn. 3; *Petsche/Lager*, in: Liebscher/Flohr/Petsche, Handbuch der EU-Gruppenfreistellungsverordnungen, § 20 Rn. 3; *T. Mäger*, in: Mäger, Europäisches Kartellrecht, 1. Kapitel Rn. 31; *Bunte*, Kartellrecht, S. 26 f.

Kommission angemeldet werden, so dass nach altem Genehmigungssystem in jedem Fall eine Freistellungsentscheidung der Europäischen Kartellbehörde durch die Adressaten der Norm eingeholt werden musste.[326] Aufgrund der zu hohen (Arbeits-) Belastung der Europäischen Kommission bei der Bearbeitung der eingereichten Anmeldungen beschloss selbige, dass Verwaltungsverfahren zu vereinfachen, um sich auf die Verfolgung der schwerwiegendsten Verstöße konzentrieren zu können.[327]

Als kritisch anzusehen ist der mit dem dargestellten Systemwechsel einhergehende Verlust der Rechtssicherheit.[328] Obwohl die VO Nr. 1/2003 nicht die Befugnis der Europäischen Kommission berührt, in Einzelfällen informelle Stellungnahmen abzugeben (sog. „guidance letters"), dürften solche Beratungsschreiben an einzelne Beteiligte nur in eng umrissenen Ausnahmenfällen zu erwarten sein.[329] Diese Beratungsschreiben sind jedoch, selbst im Falle ihrer Erteilung, insoweit problembehaftet, dass sie keine Entscheidungen i.S.d. Art. 16 VO Nr. 1/2003 darstellen und somit keine Bindungswirkung entfalten, sondern lediglich eine Art Rechtsauskunft darstellen.[330] Eine Freistellungswirkung besteht danach also nicht.[331] Die Beseitigung der Rechtsunsicherheit wird dadurch ebenso wenig erreicht wie durch die in Art. 10 VO Nr. 1/2003 geschaffene Möglichkeit, die Nichtanwendbarkeit des Kartellverbots durch die Europäische Wettbewerbsbehörde feststellen zu lassen. Danach kann diese aus Gründen des öffentlichen Interesses der Gemeinschaft im Bereich der Anwendung der Artt. 101 und 102 AEUV von Amts wegen durch Entscheidung feststellen, dass Art. 101 AEUV auf eine Vereinbarung, einen Beschluss einer Unternehmensvereinigung oder eine abgestimmte Verhaltensweise keine Anwendung findet, weil die Voraussetzungen des Art. 101 Abs. 1 AEUV nicht vorliegen oder weil die Voraussetzungen des Art. 101 Abs. 3 AEUV erfüllt sind. Gleiches gilt für Art. 102 AEUV. Insoweit stellt *Weiß* zu Recht fest, dass aufgrund des deklaratorischen Charakters dieser Feststellungen die ihnen gestellte Aufgabe, die Rechtslage zu klären und die Rechtsanwendung zu vereinheitlichen, kaum zu erreichen sei.[332]

---

326 *Bechtold/Bosch*, GWB, § 2 Rn. 3; *Kling/Thomas*, Kartellrecht, § 5 Rn. 265.

327 *Schmidt*, in: Immenga/Mestmäcker, EU-Wettbewerbsrecht, Band 1, Art. 1 VO 1/2003 Rn. 5; *Emmerich*, Kartellrecht, § 8 Rn. 7; *Kling/Thomas*, Kartellrecht, § 5 Rn. 266.

328 *Weiß*, in: Loewenheim/Meessen/Riesenkampff, Kartellrecht, Art. 1 VO 1/2003 Rn. 9; *Kling/Thomas*, Kartellrecht, § 5 Rn. 269; *Karbaum*, Kartellrechtliche Compliance – Rechtsgrundlagen und Umsetzung, S. 23.

329 *Bechtold/Bosch/Brinker*, EU-Kartellrecht, Art. 10 VO 1/2003 Rn. 8; *Sura*, in: Langen/Bunte, Kartellrecht, Band 2, Art. 10 VO 1/2003 Rn. 15.

330 *Schmidt*, in: Immenga/Mestmäcker, EU-Wettbewerbsrecht, Band 1, Art. 1 VO 1/2003 Rn. 22 f.; *Sura*, in: Langen/Bunte, Kartellrecht, Band 2, Art. 10 VO 1/2003 Rn. 15; *C.H. Müller*, Kartellrechtscompliance in Deutschland, S. 31.

331 *Schmidt*, in: Immenga/Mestmäcker, EU-Wettbewerbsrecht, Band 1, Art. 1 VO 1/2003 Rn. 23.

332 *Weiß*, in: Loewenheim/Meessen/Riesenkampff, Kartellrecht, Art. 1 VO 1/2003 Rn. 10. Die rechtliche Bedeutung der Nichtanwendbarkeitsentscheidungen ist in

Gleichwohl ist zu erwähnen, dass es bereits vor dem Wechsel zum System der Legalausnahme Defizite in Sachen Rechtssicherheit durch die bis dahin betriebene Verfahrenshandhabung gab.[333] Denn viele Freistellungsanmeldungen wurden durch nicht verbindliche sog. „comfort letters" zum Abschluss gebracht, in denen den Anmeldern nur formlos mitgeteilt wurde, dass die Vereinbarung kartellrechtlich zulässig ist.[334] Solche einfachen Verwaltungsschreiben waren für nationale Stellen nicht verbindlich.[335]

Die mit der VO Nr. 1/2003 einhergehenden Veränderungen wurden in Deutschland im Rahmen der 7. GWB-Novelle, die zum 1. Juli 2005 in Kraft getreten ist, auch in das deutsche Kartellrecht aufgenommen.[336] Dabei wurden das Kartellverbot des Art. 101 Abs. 1 AEUV und die Freistellungsvoraussetzungen des Art. 101 Abs. 3 AEUV fast identisch in die (neuen) §§ 1 f. GWB übernommen. Des Weiteren hat der deutsche Gesetzgeber in § 2 Abs. 2 GWB eine dynamische Verweisung auf die EU-Gruppenfreistellungsverordnungen des Rates normiert.[337] Durch die Einführung des Systems der Legalausnahme einschließlich den europäischen Verbots- und Freistellungsvoraussetzungen ist die Einholung einer Freistellungsentscheidung für im Geltungsbereich des GWB tätige Unternehmen/Unternehmensvereinigungen mit der Streichung des § 9 GWB a.F. entfallen.[338]

Zusammenfassend lässt sich feststellen, dass durch die Einführung des Legalausnahmesystems die Notwendigkeit kartellrechtlicher Compliance für Unternehmen wie auch für Verbände erheblich zugenommen hat.[339] Deshalb empfiehlt *Fuchs* den Adressaten des Kartellverbots zu Recht als *„Teil umfassender Maßnahmen zur Kartellrechtscompliance (...) die sehr sorgfältige Durchführung einer eingehenden*

---

der Literatur umstritten. Für eine Bindungswirkung: u.a. *Hossenfelder/Lutz*, WuW 2003, 118, 122 f. Gegen eine Bindungswirkung: u.a. *K. Schmidt*, BB 2003, 1237, 1242. M.w.N. *Weiß*, in: Loewenheim/Meessen/Riesenkampff, Kartellrecht, Art. 1 VO 1/2003 Fn. 10.

333 *Karbaum*, Kartellrechtliche Compliance – Rechtsgrundlagen und Umsetzung, S. 23.

334 *Weiß*, in: Loewenheim/Meessen/Riesenkampff, Kartellrecht, Art. 1 VO 1/2003 Rn. 11.

335 *Weiß*, in: Loewenheim/Meessen/Riesenkampff, Kartellrecht, Art. 1 VO 1/2003 Rn. 11.

336 *Zuber*, in: Loewenheim/Meessen/Riesenkampff, Kartellrecht, Art. 3 VO 1/2003, Rn. 20; *Karbaum*, Kartellrechtliche Compliance – Rechtsgrundlagen und Umsetzung, S. 24; *C.H. Müller*, Kartellrechtscompliance in Deutschland, S. 29.

337 *Bechtold/Bosch*, GWB, § 2 Rn. 4.

338 Vgl. *Karbaum*, Kartellrechtliche Compliance – Rechtsgrundlagen und Umsetzung, S. 25.

339 *Fuchs*, in: Immenga/Mestmäcker, Wettbewerbsrecht: GWB, Band 2, § 2 GWB Rn. 54; vgl. *Karbaum*, Kartellrechtliche Compliance – Rechtsgrundlagen und Umsetzung, S. 19; *C.H. Müller*, Kartellrechtscompliance in Deutschland, S. 31. Diese sprechen freilich nur von „Unternehmen".

kartellrechtlichen Prüfung – ggf. unter Beiziehung externen Sachverstands – vor dem Abschluss kartellrechtsrelevanter Verträge oder Verhaltensabstimmungen".[340]

B. Ermittlungstätigkeit der Kartellbehörden und verstärkte Zusammenarbeit

Die Verfolgung von Kartellen ist seit einiger Zeit ein Tätigkeitsschwerpunkt nationaler und europäischer Kartellbehörden – es ist eine zunehmende Ermittlungstätigkeit der Behörden festzustellen.[341] *Neelie Kroes*, ehemals zuständige EU-Kommissarin für den Wettbewerb, formulierte dies mit den prägnanten Worten: *„We really are waging a European war on cartels".*[342] Ihre Aussage wird zunächst dadurch bestätigt, dass in der Vergangenheit die Einrichtung von sog. „Sonderkommissionen" in den Kartellbehörden vorangetrieben wurde.[343] So hat etwa das Bundeskartellamt im März 2002 eine Sonderkommission „Kartellbekämpfung" (SKK) eingerichtet[344], die sich mit der Aufdeckung von Kartellabsprachen befasst.[345] Sie soll die zuständigen Beschlussabteilungen des Amtes durch den Einsatz spezialisierter personeller und sachlicher Ressourcen bei der Aufdeckung von Kartellabsprachen unterstützen und ist darüber hinaus zentraler Ansprechpartner für alle, die die Bonusregelung in Anspruch nehmen wollen.[346] In den Abteilungen der Sonderkommission sind spezialisierte Mitarbeiter tätig, die über besondere technische Kenntnisse und Ausstattungen verfügen, so dass es etwa möglich ist, elektronische Informationen wieder zugänglich zu machen, selbst wenn diese bereits seit Längerem gelöscht sind.[347] Des Weiteren erfolgte u.a. der Ausbau der zehnten Beschlussabteilung als zweite Abteilung – neben der bereits jetzt spezialisierten elften Beschlussabteilung – zur

340 *Fuchs*, in: Immenga/Mestmäcker, Wettbewerbsrecht: GWB, Band 2, § 2 GWB Rn. 54.

341 *Lampert/Matthey*, in: Hauschka, Corporate Compliance, § 26 Rn. 37; *van Vormizeele*, CCZ 2009, 41; *Karbaum*, Kartellrechtliche Compliance – Rechtsgrundlagen und Umsetzung, S. 26 ff.; *C.H. Müller*, Kartellrechtscompliance in Deutschland, S. 32.

342 *Kroes*, Delivering on the crackdown: recent developments in the European Commission's campaign against cartels, Speech 06/595 v. 13.10.2006. Die Rede ist abrufbar unter http://www.europa.eu/rapid/press-release_SPEECH-06-595_en.htm?locale=en (6.2.2016); siehe dazu auch *van Vormizeele*, CCZ 2009, 41.

343 *Karbaum*, Kartellrechtliche Compliance – Rechtsgrundlagen und Umsetzung, S. 26.

344 BKartA, Pressemitteilung v. 5.3.2002. Die Pressemitteilung ist abrufbar unter http://www.bundeskartellamt.de/SharedDocs/Meldung/DE/Pressemitteilungen/2002/05_03_2002_SKK.html (20.8.2014).

345 *Lampert*, BB 2002, 2237, 2238; *C.H. Müller*, Kartellrechtscompliance in Deutschland, S. 32.

346 *Karbaum*, Kartellrechtliche Compliance – Rechtsgrundlagen und Umsetzung, S. 27.

347 *Lampert*, BB 2002, 2237, 2238.

Verfolgung von Kartellordnungswidrigkeiten.[348] Auf europäischer Ebene hat die Generaldirektion Wettbewerb mittlerweile insgesamt fünf Abteilungen[349] zur Aufdeckung von Kartellrechtsverstößen eingerichtet.[350] Die Intensivierung der Ermittlungstätigkeit hat in den letzten Jahren auf europäischer[351] und deutscher Ebene[352] bereits erste Früchte in Form von gestiegenen Verfahrens- und Entscheidungszahlen getragen.[353]

Überdies hat sich die Kooperation der Kartellbehörden auf internationaler Ebene durch die Einführung des sog. „Netzwerks der Wettbewerbsbehörden" („European Competition Network" – kurz: ECN) verbessert, das die Durchsetzung der europäischen Wettbewerbsregeln sicherstellen soll.[354] Das ECN soll einen ständigen Informationsaustausch, eine effiziente Arbeitsteilung sowie eine wirksame und einheitliche Anwendung der europäischen Wettbewerbsregeln gewährleisten.[355] Seine rechtliche Legitimation leitet das Netzwerk aus den Artt. 11 ff. VO Nr. 1/2003 ab. Vor allem der in Art. 12 VO Nr. 1/2003 geregelte Informationsaustausch zwischen der Europäischen Kommission und den Wettbewerbsbehörden der Mitgliedstaaten lässt eine effizientere Verfolgung von Kartellrechtsverstößen erwarten.[356] Nach dieser Vorschrift sind die Europäische Kommission und die Wettbewerbsbehörden der Mitgliedstaaten für die Zwecke der Anwendung der Artt. 101 f. AEUV befugt, einander tatsächliche oder rechtliche Umstände einschließlich vertraulicher Angaben mitzuteilen und diese Informationen als Beweismittel zu verwenden. Darunter fallen Informationspflichten, nach denen die mitgliedstaatlichen Behörden

348 BKartA, Pressemitteilung v. 31.8.2006. Die Pressemitteilung ist abrufbar unter http://www.bundeskartellamt.de/SharedDocs/Meldung/DE/Pressemitteilungen/2006/31_08_2006_Umstrukturierung_Beschlussabteilung.html (20.8.2014).

349 Der Aufbau der Generaldirektion Wettbewerb ist abrufbar unter http://www.ec.europa.eu/dgs/competition/directory/organi_en.pdf (20.8.2014).

350 *C.H. Müller*, Kartellrechtscompliance in Deutschland, S. 32.

351 Betreffend die Entwicklung der Bußgeldverfahren auf europäischer Ebene siehe den statistischen Bericht der Europäischen Kommission. Der Bericht ist abrufbar unter http://www.ec.europa.eu/competition/cartels/statistics/statistics.pdf (20.8.2014).

352 Die durch das Bundeskartellamt eingeleiteten und abgeschlossenen Kartellverfahren haben seit 2002 erheblich zugenommen. Siehe dazu näher BKartA, Broschüre: „Erfolgreiche Kartellverfolgung", S. 8. Die Broschüre ist abrufbar unter http://www.bundeskartellamt.de/SharedDocs/Publikation/DE/Broschüren/Informationsbroschüre%20-%20Erfolgreiche%20Kartellverfolgung.pdf?__blob=publicationFile&v=8 (6.2.2016).

353 *Karbaum*, Kartellrechtliche Compliance – Rechtsgrundlagen und Umsetzung, S. 27.

354 *Hossenfelder*, in: Loewenheim/Meessen/Riesenkampff, Kartellrecht, Art. 11 VO 1/2003 Rn. 1; *Lampert*, BB 2002, 2237, 2238 f.; *Karbaum*, Kartellrechtliche Compliance – Rechtsgrundlagen und Umsetzung, S. 34 ff.; *C.H. Müller*, Kartellrechtscompliance in Deutschland, S. 32.

355 *Grützner/Jakob*, Compliance von A-Z, Stichwort: European Competition Network.

356 *Karbaum*, Kartellrechtliche Compliance – Rechtsgrundlagen und Umsetzung, S. 36.

die Europäische Kommission über eingeleitete Ermittlungen und beabsichtigte Entscheidungen mit unmittelbaren Auswirkungen für die jeweiligen Adressaten im Vorfeld unterrichten.[357] Zwar dürfen vertrauliche Geschäftsinformationen von Unternehmen nicht zwischen den Behörden ausgetauscht werden.[358] Allerdings können sich diese darüber in Kenntnis setzen, wenn sie Wettbewerbsverstöße im Territorium der anderen Behörden erkennen, was den anderen Behörden ihrerseits die Möglichkeit zur Verfolgung verschafft.[359]

Darüber hinaus schloss die Europäische Kommission mit den USA[360] und Kanada[361] ein Zusammenarbeitsabkommen ab.[362] Dieses beinhaltet, dass bei einem vermuteten Verstoß, der Auswirkungen in zwei Ländern des Abkommens haben kann, die jeweils sachnähere Behörde zunächst ermitteln soll (Grundsatz der „Positive Comity").[363]

C. Kronzeugenregelungen und Beschwerden

Fast alle Kartellbehörden – so auch die Europäische Kommission[364] und das Bundeskartellamt[365] – haben mittlerweile sog. „Kronzeugenprogramme" („Leniency Programme") ins Leben gerufen.[366] Diese nationalen und europäischen Kronzeugenregelungen

---

357 *Hossenfelder*, in: Loewenheim/Meessen/Riesenkampff, Kartellrecht, Art. 11 VO 1/2003 Rn. 2.

358 *Lampert*, BB 2002, 2237, 2239.

359 *Lampert*, BB 2002, 2237, 2239.

360 Europäische Kommission, Agreement between the Government of the United States of America and the Commission of the European Communities regarding the application of their competition laws, ABl. 1995, L 95/47; Abkommen zwischen den Europäischen Gemeinschaften und der Regierung der Vereinigten Staaten von Amerika über die Anwendung der „Positive Comity"-Grundsätze bei der Durchsetzung ihrer Wettbewerbsregeln, ABl. 1998, L 173/28.

361 Europäische Kommission, Abkommen zwischen den Europäischen Gemeinschaften und der Regierung von Kanada über die Anwendung ihres Wettbewerbsrechts, ABl. 1999, L 175/50.

362 *Lampert*, BB 2002, 2237, 2239; *C.H. Müller*, Kartellrechtscompliance in Deutschland, S. 32.

363 *Lampert*, BB 2002, 2237, 2239; *C.H. Müller*, Kartellrechtscompliance in Deutschland, S. 32 f.

364 Europäische Kommission, Mitteilung über den Erlass und die Ermäßigung von Geldbußen in Kartellsachen (im Folgenden: „Bonusregelung"), ABl. 2006, C 298/17. Die Mitteilung ist abrufbar unter http://www.eur-lex.europa.eu/LexUriServ/LexUriServ.do?uri=OJ:C:2006:298:0017:0022:DE:PDF (20.8.2014).

365 BKartA, Bekanntmachung Nr. 9/2006 über den Erlass und die Reduktion von Geldbußen in Kartellsachen – Bonusregelung – v. 7.3.2006 (im Folgenden: „Bonusregelung"). Die Bekanntmachung ist abrufbar unter http://www.bundeskartellamt.de/SharedDocs/Publikation/DE/Bekanntmachungen/Bekanntmachung%20-%20Bonusregelung.pdf?__blob=publicationFile&v=7 (20.8.2014).

366 *Johanns*, in: Mäger, Europäisches Kartellrecht, 12. Kapitel Rn. 82.

haben zu einer effizienteren Kartellverfolgung beigetragen. Aufgrund solcher Programme können Kartellanten, die die Aufdeckung einer kartellrechtlichen Zuwiderhandlung ermöglichen, Bußgeldimmunität oder zumindest die Verringerung der Geldbuße durch die Wettbewerbsbehörden erlangen.[367] Die Kartellbeteiligten, die im sog. „Windhundrennen“ den besten Platz um die Bußgeldbefreiung verlieren, können noch in den Genuss einer Bußgeldreduzierung kommen.[368] So kann der zweite Kartellbeteiligte, der zu kooperieren gedenkt und Beweismittel mit erheblichem Mehrwert aushändigt, nach der Kronzeugenregelung der Europäischen Kommission noch eine Reduzierung zwischen 20 % und 30 % erreichen.[369] Jedem weiteren Kartellbeteiligten wird für die Überlassung von Beweismitteln mit erheblichem Mehrwert eine Reduzierung von bis zu 20 % in Aussicht gestellt.[370] Nach der Bonusregelung des Bundeskartellamtes kann jeder Kartellbeteiligte, der das Windhundrennen verloren hat, sogar noch eine Bußgeldreduzierung von bis zu 50 % erwarten.[371] Die Stellung eines Kronzeugenantrags hat jedoch keine Auswirkung auf private Schadensersatzklagen (§ 33 GWB). Diese bleiben von der Inanspruchnahme der Kronzeugenregelung unberührt.[372]

Es ist zu beobachten, dass Wettbewerbsbehörden diese Programme bei der Verfolgung von Verstößen gegen das Kartellrecht in zunehmendem Maße nutzen, um Kartellanten Anreize zu geben, kartellrechtswidrige Verhaltensweisen anzuzeigen.[373] Damit wird der Tatsache Rechnung getragen, dass es für Wettbewerbsbehörden immer schwieriger wird, gesichertes Beweismaterial für verdeckte Kartellabsprachen zu bekommen.[374]

Für die Europäische Kommission ist das Kronzeugenprogramm eines der erfolgreichsten Instrumente bei der Kartellbekämpfung und hat seit seiner Einführung im Jahre 1996 zu einem rasanten Anstieg der Zahl aufgedeckter und sanktionierter Kartelle geführt.[375] Auch aus Sicht des Bundeskartellamtes ist das Kronzeugenprogramm ein „voller Erfolg“, der sich an der Zahl der gestellten Bonusanträge

---

367 *Barthelmeß/Rudolf*, in: Loewenheim/Meessen/Riesenkampff, Kartellrecht, Art. 18 VO 1/2003 Rn. 62; *Dannecker/Biermann*, in: Immenga/Mestmäcker, EU-Wettbewerbsrecht, Band 1, Art. 23 VO 1/2003 Rn. 232 ff.; *Bunte*, Kartellrecht, S. 238.

368 *Lampert/Matthey*, in: Hauschka, Corporate Compliance, § 26 Rn. 38; vgl. *C.H. Müller*, Kartellrechtscompliance in Deutschland, S. 33.

369 Europäische Kommission, Bonusregelung, Rn. 26; *Lampert/Matthey*, in: Hauschka, Corporate Compliance, § 26 Rn. 38.

370 Europäische Kommission, Bonusregelung, Rn. 26; *Johanns*, in: Mäger, Europäisches Kartellrecht, 12. Kapitel Rn. 81; *Lampert/Matthey*, in: Hauschka, Corporate Compliance, § 26 Rn. 38.

371 BKartA, Bonusregelung, Rn. 5; *Lampert/Matthey*, in: Hauschka, Corporate Compliance, § 26 Rn. 38.

372 *Lampert/Matthey*, in: Hauschka, Corporate Compliance, § 26 Rn. 38.

373 *Karbaum*, Kartellrechtliche Compliance – Rechtsgrundlagen und Umsetzung, S. 36.

374 *Dannecker/Biermann*, in: Immenga/Mestmäcker, EU-Wettbewerbsrecht, Band 1, Art. 23 VO 1/2003 Rn. 232.

375 *Weitbrecht/Mühle*, EuZW 2008, 551, 558.

ablesen lässt.[376] So wurden in der Zeit von 2000 bis 2005 insgesamt 122 Bonusanträge gestellt.[377] Im Zeitraum von 2006 bis 2009 wurden über 100 weitere Bonusanträge gestellt. Allein in 2013 belief sich die Gesamtzahl der Bonusanträge auf 65.[378] Insgesamt haben schon weit über 400 Bonusanträge dazu beigetragen, Kartelle in Deutschland aufzudecken.[379]

Ein weiterer Grund, warum es zur vermehrten Aufdeckung von Kartellen kommt, steht im Zusammenhang mit den Beschwerdemöglichkeiten von Konkurrenten oder ehemaligen Angestellten.[380] Die Europäische Kommission fördert dieses Instrumentarium und hat im Jahre 2004 eine Bekanntmachung über die Behandlung von Beschwerden herausgegeben.[381] Anliegen der Europäischen Kartellbehörde ist es, *„Bürger und Unternehmen zu ermutigen, sich an die Wettbewerbsbehörden zu wenden, um sie über vermutete Verstöße gegen die Wettbewerbsregeln zu informieren"*.[382] Dabei haben die Adressaten der Bekanntmachung zwei Beschwerdemöglichkeiten: (1.) die Einlegung einer Beschwerde nach Art. 7 Abs. 2 VO Nr. 1/2003 und (2.) die Weiterleitung von Marktinformationen an die Europäische Kommission.

Auch in Deutschland besteht die Möglichkeit, anonyme Hinweise an das Bundeskartellamt zu übermitteln. Dies ergibt sich aus § 54 Abs. 1 S. 2 GWB, wonach die deutsche Kartellbehörde auf entsprechendes Ersuchen zum Schutz eines Beschwerdeführers ein Verfahren von Amts wegen einleiten kann. Sinn und Zweck der Vorschrift ist es demzufolge, ein Amtsverfahren ohne Benennung des Anzeigenden in den Akten einleiten zu können.[383]

Als Zwischenergebnis lässt sich festhalten, dass in der jüngeren Vergangenheit eine Zunahme der Ermittlungs- und Verfolgungstätigkeiten der deutschen und europäischen Kartellbehörden, auch bedingt durch die aufgezeigten Instrumentarien, stattgefunden hat.[384] Die Wahrscheinlichkeit der Aufdeckung kartellrechtlicher Zuwiderhandlungen hat infolgedessen deutlich zugenommen.[385] Damit steigt

---

376 BKartA, Broschüre: „Erfolgreiche Kartellverfolgung", S. 19.

377 BKartA, Broschüre: „Erfolgreiche Kartellverfolgung", S. 19.

378 Siehe dazu http://www.bundeskartellamt.de/DE/Kartellverbot/Bonusregelung/bonusregelung_node.html;jsessionid=2403AF78E8DE6951B5687968216296A5.1_cid362 (20.8.2014).

379 Siehe dazu http://www.bundeskartellamt.de/DE/Kartellverbot/Bonusregelung/bonusregelung_node.html;jsessionid=2403AF78E8DE6951B5687968216296A5.1_cid362 (20.8.2014).

380 *Karbaum*, Kartellrechtliche Compliance – Rechtsgrundlagen und Umsetzung, S. 40.

381 Europäische Kommission, Bekanntmachung über die Behandlung von Beschwerden durch die Kommission gemäß Artikel 81 und 82 EG-Vertrag (im Folgenden: „Bekanntmachung über die Behandlung von Beschwerden"), ABl. 2004, C 101/65.

382 Europäische Kommission, Bekanntmachung über die Behandlung von Beschwerden, Rn. 3.

383 *Bach*, in: Immenga/Mestmäcker, Wettbewerbsrecht: GWB, Band 2, § 54 GWB Rn. 8.

384 *C.H. Müller*, Kartellrechtscompliance in Deutschland, S. 33.

385 *C.H. Müller*, Kartellrechtscompliance in Deutschland, S. 33.

gleichzeitig auch die Relevanz von kartellrechtlichen Compliance-Programmen, die auf die Verhinderung von Kartellrechtsverstößen zielen.[386]

D. Haftungsrisiken für Wirtschaftsverbände

Mit Zunahme der Rechtsunsicherheit durch die Einführung der VO Nr. 1/2003 sowie dem erhöhten Entdeckungsrisiko bei kartellrechtlichen Zuwiderhandlungen steigt auch die Gefahr der Sanktionierung für begangene Kartellrechtsverstöße.[387] Kartellbehördliche Sanktionen sind vor allem in Form von Bußgeldern, behördlichen Befugnissen zur Durchsetzung des Kartellrechts (z.B. die Abstellung von Zuwiderhandlungen gem. Art. 7 VO Nr. 1/2003) oder Zwangsgeldern möglich. Hinzu kommen zivilrechtliche Risiken und kommerzielle Risiken, etwa Reputationsschäden. Ein Verstoß gegen das Kartellrecht kann in fast allen Kartellrechtsordnungen erhebliche negative Folgen nach sich ziehen.[388] Die nationalen wie auch die internationalen Kartellbehörden nutzen die ihnen zur Verfügung stehenden Sanktionsmöglichkeiten mittlerweile konsequent aus.[389]

I. Bußgelder

Aus Verbandssicht stellen die drastischen Bußgelder für begangene Kartellrechtsverstöße das größte Haftungsrisiko dar. Eine wesentliche Aufgabe von Kartellrechtscompliance besteht daher in der Ausschaltung dieses Bußgeldrisikos für künftiges Verhalten und in der Identifizierung für vergangenes.[390]

1. Bußgelder auf europäischer Ebene

Nach dem europäischen Kartellrecht wird gegen einen Verband ein Bußgeld verhängt, wenn dessen Leitungsorgane oder Mitarbeiter schuldhaft gegen kartellrechtliche Normen verstoßen.[391] Dabei belegt die Europäische Kommission in Fällen, in denen an einem Kartellrechtsverstoß sowohl ein Verband als auch dessen Mitgliedsunternehmen beteiligt waren, beide mit einem Bußgeld.[392] Ist kartellrechtswidrige

386 *C.H. Müller*, Kartellrechtscompliance in Deutschland, S. 33.
387 *Karbaum*, Kartellrechtliche Compliance – Rechtsgrundlagen und Umsetzung, S. 41.
388 *Pautke*, in: Schultze, Compliance-Handbuch Kartellrecht, Teil A Rn. 37.
389 *Karbaum*, Kartellrechtliche Compliance – Rechtsgrundlagen und Umsetzung, S. 41.
390 *Pautke*, in: Schultze, Compliance-Handbuch Kartellrecht, Teil A Rn. 38.
391 *Seeliger/Mross*, in: Frankfurter Kommentar, EG-Kartellrecht, Band II, Allg. Teil E, Rn. 33. Diese beziehen sich hingegen nur auf „Unternehmen".
392 Europäische Kommission, Entsch. v. 30.11.1994, ABl. 1994, L 343/1 – *Zement*; *Dieckmann*, in: Wiedemann, Handbuch des Kartellrechts, § 46 Rn. 25.

Handlung hauptsächlich durch den Verband begangen worden, so wird die Geldbuße nur gegen den Verband verhängt.[393]

Allgemein bezweckt die Europäische Kommission mit der Verhängung von Bußgeldern sowohl repressive und präventive Ziele.[394] Bußgelder sind nach eigener Aussage Teil ihrer Wettbewerbspolitik.[395] Im Mittelpunkt steht dabei die Abschreckungswirkung.[396] So soll die Verhängung von Bußgeldern insbesondere neuen Kartellrechtsverstößen vorbeugen.[397] Die Europäische Kommission handelt nach dem Opportunitätsprinzip, wonach ihr ein Entschließungs- und Auswahlermessen zugebilligt wird, d.h. ob sie in einem Fall einschreiten und ein Bußgeld verhängen möchte oder nicht.[398]

a) Überblick über die Systematik der Bußgeldtatbestände in Art. 23 VO Nr. 1/2003

Zentrale Bußgeldvorschrift ist Art. 23 VO Nr. 1/2003, der nach Verstößen gegen materielles Kartellrecht (Art. 23 Abs. 2 VO Nr. 1/2003) und nach Verstößen gegen Kartellverfahrensrecht (Art. 23 Abs. 1 VO Nr. 1/2003) unterscheidet. Bei schuldhaften Verstößen gegen materielles Kartellrecht kann die Europäische Kommission nach Maßgabe des Art. 23 Abs. 2 Unterabs. 2 VO Nr. 1/2003 Bußgelder in Höhe von bis zu 10 % des Jahresgesamtumsatzes eines Unternehmens oder einer Unternehmensvereinigung verhängen. Steht die Zuwiderhandlung einer Unternehmensvereinigung mit der Tätigkeit ihrer Mitglieder im Zusammenhang, so darf die Geldbuße 10 % der Summe der Gesamtumsätze derjenigen Mitglieder, die auf dem Markt tätig waren,

---

393 Europäische Kommission, Entsch. v. 25.3.1992, ABl. 1992, L 95/50 – *Eurocheque*; Entsch. v. 5.6.1996, ABl. 1996, L 181/28 – *Fenex*; *Dieckmann*, in: Wiedemann, Handbuch des Kartellrechts, § 46 Rn. 25.

394 Europäische Kommission, Leitlinien für das Verfahren zur Festsetzung von Geldbußen gemäß Artikel 23 Absatz 2 Buchstabe a der Verordnung (EG) Nr. 1/2003 (im Folgenden: „Bußgeldleitlinien"), ABl. 2006, C 210/2, Rn. 4; *Dannecker/Biermann*, in: Immenga/Mestmäcker, EU-Wettbewerbsrecht, Band 1, Vorb. zu Art. 23 f. VO 1/2003 Rn. 23; *Klees*, Europäisches Kartellverfahrensrecht, § 10 Rn. 3. Die Leitlinien sind abrufbar http://www.eur-lex.europa.eu/LexUriServ/LexUriServ.do?uri=OJ:C:2006:210:0002:0005:DE:PDF (20.8.2014).

395 EuG, Urt. v. 12.7.2001, verb. Rss. T-202/98, T-204/98 u. T-207/98, Slg. 2001, II-2035, II-2082 f., Rn. 143 – *Tate & Lyle u.a./Kommission*; *Sura*, in: Langen/Bunte, Kartellrecht, Band 2, Art. 23 VO 1/2003 Rn. 2.

396 Europäische Kommission, Bußgeldleitlinien, ABl. 2006, C 210/2, Rn. 4; *Dannecker/Biermann*, in: Immenga/Mestmäcker, EU-Wettbewerbsrecht, Band 1, Vorb. zu Art. 23 f. VO 1/2003 Rn. 25.

397 Europäische Kommission, Bußgeldleitlinien, ABl. 2006, C 210/2, Rn. 4; *Dannecker/Biermann*, in: Immenga/Mestmäcker, EU-Wettbewerbsrecht, Band 1, Vorb. zu Art. 23 f. VO 1/2003 Rn. 25.

398 *Lampert/Niejahr/Kübler/Weidenbach*, EG-KartellVO, Art. 23 VO 1/2003 Rn. 426; *Sura*, in: Langen/Bunte, Kartellrecht, Band 2, Art. 23 VO 1/2003 Rn. 2.

auf dem sich die Zuwiderhandlung der Vereinigung auswirkte, nicht übersteigen (Art. 23 Abs. 2 Unterabs. 3 VO Nr. 1/2003). Bei Verstößen gegen Verfahrensrecht droht nach Art. 23 Abs. 1 VO Nr. 1/2003 eine Geldbuße von bis zu 1 % des Jahresgesamtumsatzes. Darüber hinaus ist für Verbände – und insbesondere für ihre Mitglieder – die „ordnungswidrigkeitenrechtliche Zurechnungsnorm“[399] des Art. 23 Abs. 4 VO Nr. 1/2003 relevant, auf die im Folgenden näher eingegangen wird.

b) Haftung von Unternehmensvereinigungen nach Art. 23 Abs. 4 VO Nr. 1/2003

In Art. 23 Abs. 4 VO Nr. 1/2003 ist die Möglichkeit der gesamtschuldnerischen (Ausfall-)Haftung der Mitglieder einer Unternehmensvereinigung für eine Geldbuße nach Maßgabe des Art. 23 Abs. 2 VO Nr. 1/2003 geregelt, die gegen die nicht zahlungsfähige rechtsfähige Unternehmensvereinigung verhängt worden ist.[400]

aa) Entstehungsgeschichte und Zielrichtung

Art. 23 Abs. 4 VO Nr. 1/2003 wurde durch die VO Nr. 1/2003 eingeführt, um den Schwierigkeiten beizukommen, die sich während der Zeit der VO Nr. 17/62 ergaben.[401] Zwar konnte die Europäische Kommission schon nach Maßgabe des (alten) Art. 15 Abs. 4 VO 17/62 Geldbußen gegen Unternehmensvereinigungen verhängen.[402] Mangels Masse waren diese aber häufig finanziell nicht in der Lage, die Geldbuße tatsächlich zu begleichen[403], denn bei der Bemessung des Bußgeldes wurde auf die Umsätze der Mitgliedsunternehmen abgestellt, für die die Beschlüsse der Unternehmensvereinigung verbindlich waren.[404] Diese Bußgeldentscheidungen waren in aller Regel zwecklos, weil die Bußgeldhöhe für die bebußten Unternehmensvereinigungen viel zu hoch ausfiel.[405] Ziel des (neuen) Art. 23 Abs. 4 VO Nr. 1/2003 ist es

---

399 *Dannecker/Biermann, in: Immenga/Mestmäcker, EU-Wettbewerbsrecht, Band 1,* Art. 23 VO 1/2003 Rn. 313.

400 *Bechtold/Bosch/Brinker,* EU-Kartellrecht, Art. 23 VO 1/2003 Rn. 87; *Dannecker/Biermann, in: Immenga/Mestmäcker, EU-Wettbewerbsrecht, Band 1,* Art. 23 VO 1/2003 Rn. 303; *Klees,* Europäisches Kartellverfahrensrecht, § 10 Rn. 130 ff.; *Lampert/Niejahr/Kübler/Weidenbach,* EG-KartellVO, Art. 23 VO 1/2003 Rn. 472; *Sura,* in: Langen/Bunte, Kartellrecht, Band 2, Art. 23 VO 1/2003 Rn. 18.

401 *Lampert/Niejahr/Kübler/Weidenbach,* EG-KartellVO, Art. 23 VO 1/2003 Rn. 473.

402 *Bechtold/Bosch/Brinker,* EU-Kartellrecht, Art. 23 VO 1/2003 Rn. 87; *Lampert/Niejahr/Kübler/Weidenbach,* EG-KartellVO, Art. 23 VO 1/2003 Rn. 472.

403 *Dannecker/Biermann, in: Immenga/Mestmäcker, EU-Wettbewerbsrecht, Band 1,* Art. 23 VO 1/2003 Rn. 304.

404 EuG, Urt. v. 22.10.1997, verb. Rss. T-213/95 u. T-18/96, Slg. 1997, II-1739, II-1832, Rn. 253 – *SCK und FNK/Kommission*; EuG, Urt. v. 14.5.1998, Rs. T-338/94, Slg. 1998, II-1617, II-1694, Rn. 270 *Finnboard/Kommission*; *Bechtold/Bosch/Brinker,* EU-Kartellrecht, Art. 23 VO 1/2003 Rn. 87; *Dannecker/Biermann, in: Immenga/Mestmäcker, EU-Wettbewerbsrecht, Band 1,* Art. 23 VO 1/2003 Rn. 304.

405 *Dannecker/Biermann, in: Immenga/Mestmäcker, EU-Wettbewerbsrecht, Band 1,* Art. 23 VO 1/2003 Rn. 304.

daher, die sichere Vollstreckung der gegen Unternehmensvereinigungen verhängten Bußgelder zu gewährleisten.[406]

bb) Abgestuftes Verfahren

Die Norm sieht ein abgestuftes Verfahren vor.[407] Die bebußte und zahlungsunfähige Unternehmensvereinigung muss danach zunächst die zur Deckung des Betrages erforderlichen Beträge von ihren Mitgliedern einfordern (Art. 23 Abs. 4 Unterabs. 1 VO Nr. 1/2003). Werden diese Beiträge daraufhin nicht innerhalb einer von der Europäischen Kommission gesetzten Frist geleistet, so kann diese die Zahlung unmittelbar von jedem Unternehmen verlangen, dessen Vertreter in den betreffenden Entscheidungsgremien der Vereinigung waren (Art. 23 Abs. 4 Unterabs. 2 VO Nr. 1/2003). Ist der Rückgriff auf diese sog. „primären Ausfallschuldner" nicht ausreichend, um die vollständige Zahlung der Geldbuße sicherzustellen, so kann die Europäische Kommission auf diverse Restschuldner zurückgreifen, zu denen nach dieser Vorschrift prinzipiell alle Mitglieder der Vereinigung gehören, die auf dem Markt tätig waren, auf dem die jeweilige Zuwiderhandlung erfolgte (Art. 23 Abs. 4 Unterabs. 3 VO Nr. 1/2003).[408] Bestimmte Unternehmen dürfen aber weder als primäre Ausfallschuldner noch als Restschuldner in Anspruch genommen werden, wenn diese den Nachweis erbringen können, dass sie den die jeweilige Zuwiderhandlung begründenden Beschluss der Vereinigung nicht umgesetzt haben und entweder von dessen Existenz keine Kenntnis hatten oder sich aktiv davon distanziert haben, noch bevor die Europäische Kommission mit der Untersuchung des Falles begonnen hat (Art. 23 Abs. 4 Unterabs. 4 VO Nr. 1/2003).[409]

Die in Art. 23 Abs. 4 Unterabs. 4 VO Nr. 1/2003 normierte Exkulpationsmöglichkeit stellt klar, dass die Mitgliedsunternehmen nur bei vorwerfbarem eigenen Verhalten zur Haftung herangezogen werden können.[410] Daher wird teilweise angenommen, dass die gesamtschuldnerische Haftung der Mitglieder einer Unternehmensvereinigung für ein gegen diese Unternehmensvereinigung verhängtes Bußgeld insbesondere nicht im Einklang mit dem Prinzip des schuldangemessenen Strafens steht, das auch im Gemeinschaftsrecht gilt.[411] Unter diesem Gesichtspunkt erweise sich die in Art. 23 Abs. 4 VO Nr. 1/2003 geregelte gesamtschuldnerische

---

406 *Dannecker/Biermann*, in: Immenga/Mestmäcker, EU-Wettbewerbsrecht, Band 1, Art. 23 VO 1/2003 Rn. 305.

407 Näher dazu *Klees*, Europäisches Kartellverfahrensrecht, § 10 Rn. 133 ff.

408 *Nowak*, in: Loewenheim/Meessen/Riesenkampff, Kartellrecht, Art. 23 VO 1/2003 Rn. 23.

409 *Nowak*, in: Loewenheim/Meessen/Riesenkampff, Kartellrecht, Art. 23 VO 1/2003 Rn. 23.

410 *Dannecker/Biermann*, in: Immenga/Mestmäcker, EU-Wettbewerbsrecht, Band 1, Art. 23 VO 1/2003 Rn. 313.

411 *Dannecker/Biermann*, in: Immenga/Mestmäcker, EU-Wettbewerbsrecht, Band 1, Art. 23 VO 1/2003 Rn. 313 ff.; *ders.*, wistra 2004, 361, 364.

Ausfallhaftung als sehr problematisch.[412] Es sei *„nicht vertretbar, dass Unternehmen für Verstöße anderer Unternehmen sanktionsrechtlich haftbar gemacht werden.*[413] *Darauf läuft es aber hinaus, wenn die Mitglieder der ursprünglich bebußten Unternehmensvereinigung zugleich für Verstöße anderer Unternehmen sanktioniert werden können, ohne dass die Schwere der individuellen Verantwortung Beachtung finden könnte.“*[414] Um nicht dem dictum der Unvereinbarkeit mit den allgemeinen Rechtsgrundsätzen des Gemeinschaftsrechts anheimzufallen, schlagen *Dannecker/Biermann* vor, die Ausfallhaftung einschränkend auszulegen.[415] Auch für den Fall, dass ein Mitgliedsunternehmen einer mit einer Geldbuße belegten Unternehmensvereinigung im Durchgriff für die Zahlung der Geldbuße nach Art. 23 Abs. 4 VO Nr. 1/2003 haftbar gemacht werden solle, müsse der gegen dieses Unternehmen verhängte Betrag dem Prinzip schuldangemessenen Ahndens entsprechen.[416] Insoweit hafte jedes Mitgliedsunternehmen sanktionsrechtlich nur bis zu dem Betrag, der eine angemessene Antwort auf seinen Wettbewerbsverstoß darstelle.[417]

Im Ergebnis lässt sich die in Art. 23 Abs. 4 VO Nr. 1/2003 kodifizierte kartellrechtliche Durchgriffshaftung damit rechtfertigen, dass eine gesamtschulderische Haftung auch innerhalb eines Unternehmens möglich ist, wenn sich die wirtschaftliche Einheit[418] aus mehreren Gesellschaften zusammensetzt.[419] Dies gilt vor allem für die Haftung innerhalb von Mutter- und Tochtergesellschaften.[420] Die Verantwortungszurechnung der Unternehmensvereingung an seine Mitglieder erscheint vor allem auch vor dem Hintergrund vertretbar, dass die Unternehmensvereinigung (über ihre Mitglieder) die fremde Teilnahme am Geschäftsverkehr beeinflussen oder

412 *Dannecker/Biermann*, in: Immenga/Mestmäcker, EU-Wettbewerbsrecht, Band 1, Art. 23 VO 1/2003 Rn. 314; *ders.*, wistra 2004, 361, 364.

413 *Dannecker/Biermann*, in: Immenga/Mestmäcker, EU-Wettbewerbsrecht, Band 1, Art. 23 VO 1/2003 Rn. 314.

414 *Dannecker/Biermann*, in: Immenga/Mestmäcker, EU-Wettbewerbsrecht, Band 1, Art. 23 VO 1/2003 Rn. 314.

415 *Dannecker/Biermann*, in: Immenga/Mestmäcker, EU-Wettbewerbsrecht, Band 1, Art. 23 VO 1/2003 Rn. 315.

416 *Dannecker/Biermann*, in: Immenga/Mestmäcker, EU-Wettbewerbsrecht, Band 1, Art. 23 VO 1/2003 Rn. 315.

417 *Dannecker/Biermann*, in: Immenga/Mestmäcker, EU-Wettbewerbsrecht, Band 1, Art. 23 VO 1/2003 Rn. 315.

418 Hat eine Gesellschaft („Muttergesellschaft“) bestimmenden Einfluss über andere Gesellschaften („Tochtergesellschaften“), so bilden diese eine einzige wirtschaftliche Einheit (*Grützner/Jakob*, Compliance von A-Z, Stichwort: Wirtschaftliche Einheit).

419 EuGH, Urt. v. 17.2.1993, verb. Rss. C-159/91 u. C-160/91, Slg. 1993, I-637, I-669, Rn. 17 – *Poucet u. Pistre/AGF u. Cancava*; *Kindhäuser/Meyer*, in: Frankfurter Kommentar, EG-Kartellrecht, Band III, Art. 23 VO 1/2003 Rn. 175.

420 EuGH, Urt. v. 10.09.2009, Rs. C-97/08 P, Slg. 2009, I-8237– *Akzo Nobel u.a./ Kommission* = WuW/E EU-R 1639 ff.; *Kindhäuser/Meyer*, in: Frankfurter Kommentar, EG-Kartellrecht, Band III, Art. 23 VO 1/2003 Rn. 175.

koordinieren kann, und die Mitglieder dem ihnen aufgegebenen (Markt-)Verhalten häufig Folge leisten. Überdies besteht für diejenigen Mitglieder, die sich an kartellrechtlichen Zuwiderhandlungen nicht beteiligt haben, die Möglichkeit, sich nach Maßgabe des Art. 23 Abs. 4 Unterabs. 4 VO Nr. 1/2003 zu exkulpieren. Danach können Unternehmen, die sich kartellrechtskonform verhalten haben, für Kartellrechtsverstöße ihrer Unternehmensvereinigung gerade nicht haftbar gemacht werden. Zugegebenermaßen kritisch zu sehen ist hierbei unter verfahrensrechtlichen Gesichtspunkten die Beweislastverteilung zulasten der Mitgliedsunternehmen, die nach dem Wortlaut vorgenannter Norm offenbar selbst darzulegen und zu beweisen haben, dass die Exkulpationsvoraussetzungen vorliegen.[421] Insoweit ist zu beachten, dass die generelle Unschuldsvermutung des Beschuldigten, die aus dem grundgesetzlich verankerten Rechtsstaatsprinzip (Artt. 20, 103 GG)[422] abgeleitet wird, auch in Ordnungswidrigkeitenverfahren gilt.[423] Deshalb dürfen an die Exkulpation auch keine allzu hohen Hürden im Hinblick auf die tatsächlichen Beweismöglichkeiten gestellt werden.

Die aussichtsreichste Möglichkeit für Mitglieder, sich zu entlasten, dürfte in der aktiven Distanzierung von dem die Zuwiderhandlung begründenden Beschluss der Vereinigung liegen.[424] Insofern rät *Klees* betroffenen Mitgliedsunternehmen zu Recht folgende Vorgehensweise[425]: *„Soweit es um Unternehmen geht, die gem. Art. 23 Abs. 4 UAbs. 2 VO 1/2003 in Anspruch genommen werden sollen, ist grundsätzlich ein eindeutiges Votieren gegen den betreffenden Beschluss in dem Entscheidungsgremium bzw. das Verlassen der Sitzung unter Hinweis auf die Ablehnung geplanter Zuwiderhandlungen erforderlich, verbunden mit der, soweit möglich, vereinigungsintern verbreiteten Erklärung, sich an der Umsetzung des Beschlusses nicht beteiligen zu wollen. Waren sie an der Beschlussfassung selbst nicht beteiligt sowie bei Unternehmen i.S.d. Art. 23 Abs. 4 UAbs. 3 VO 1/2003, muss hingegen Letzteres genügen.“*

Vielfach sind Unternehmen und deren Vereinigungen gemeinsam für kartellrechtliche Zuwiderhandlungen verantwortlich.[426] In solchen Fällen geht die Europäische Kommission von der Prämisse aus, dass die zu erlassenden Bußgeldentscheidungen bei Vorgängen soweit wie möglich an die Mitgliedsunternehmen der Unternehmensvereinigungen gerichtet und die Geldbußen gegen die beteiligten

421 *Lotze*, Kartellrechtliche Restriktionen der Verbandstätigkeit, FIW-Schriftenreihe, Heft 201, 2005, S. 142.
422 Vgl. insoweit auch Art. 6 Abs. 2 EMRK, der besagt, dass jede Person, die einer Straftat angeklagt ist, bis zum gesetzlichen Beweis ihrer Schuld als unschuldig gilt.
423 *Lotze*, Kartellrechtliche Restriktionen der Verbandstätigkeit, FIW-Schriftenreihe, Heft 201, 2005, S. 143.
424 *Sura*, in: Langen/Bunte, Kartellrecht, Band 2, Art. 23 VO 1/2003 Rn. 20.
425 *Klees*, Europäisches Kartellverfahrensrecht, § 10 Rn. 136.
426 *Nowak*, in: Loewenheim/Meessen/Riesenkampff, Kartellrecht, Art. 23 VO 1/2003 Rn. 21.

Unternehmen einzeln festgesetzt werden sollten.[427] In Fällen, in denen diese Vorgehensweise nicht möglich ist (z.B. bei mehreren Tausend Mitgliedsunternehmen), bevorzugt die Europäische Kommission die Festsetzung einer die jeweilige Unternehmensvereinigung treffenden Gesamtgeldbuße, die dem Gesamtbetrag der Einzelgeldbußen entspricht, die sonst gegenüber jedem einzelnen Mitgliedsunternehmen hätten festgesetzt werden müssen.[428]

c) *Bemessung der Bußgeldhöhe und Nichtberücksichtigung von Kartellrechtscompliance-Programmen als bußgeldmildernder Umstand*

Die Höhe des konkreten Bußgeldes für begangene Kartellrechtsverstöße bemisst sich nach den Bußgeldleitlinien der Europäischen Kommission.[429] Nach Maßgabe der Bußgeldleitlinien wird in einem ersten Schritt ein Grundbetrag von bis zu 30 % des sog. „tatbezogenen Umsatzes“ festgelegt, der sich nach der Schwere und Dauer der Zuwiderhandlung richtet.[430] Dazu verwendet die Wettbewerbsbehörde den Wert der von dem betreffenden Unternehmen im relevanten räumlichen Markt innerhalb des EWR[431] verkauften Waren oder Dienstleistungen, die mit dem Verstoß in einem unmittelbaren oder mittelbaren Zusammenhang stehen.[432] Anschließend wird der ermittelte Betrag mit der Anzahl der Jahre multipliziert, die das Unternehmen an der Zuwiderhandlung beteiligt war.[433] Dabei werden Zeiträume bis zu sechs Monaten mit einem halben, Zeiträume von mehr als sechs Monaten bis zu einem Jahr mit einem ganzen Jahr angerechnet.[434] Zusätzlich, unabhängig von der Dauer der Beteiligung eines Unternehmens an der Zuwiderhandlung, fügt die Europäische Kommission einen Betrag zwischen 15 % und 25 % des tatbezogenen Umsatzes hinzu, um die Unternehmen von vornherein von der Begehung kartellrechtlicher

---

427 Europäische Kommission, Leitlinien für das Verfahren zur Festsetzung von Geldbußen, die gemäß Artikel 15 Absatz 2 der Verordnung Nr. 17 und gemäß Artikel 65 Absatz 5 EGKS-Vertrag festgesetzt werden, ABl. 1998 C 9/3, 5, Ziff. 5.c); *Nowak*, in: Loewenheim/Meessen/Riesenkampff, Kartellrecht, Art. 23 VO 1/2003 Rn. 21. Die Bußgeldleitlinien sind abrufbar unter http://eur-lex.europa.eu/LexUriServ/LexUriServ.do?uri=OJ:C:1998:009:0003:0005:DE:PDF (20.8.2014).

428 Europäische Kommission, Leitlinien für das Verfahren zur Festsetzung von Geldbußen, die gemäß Artikel 15 Absatz 2 der Verordnung Nr. 17 und gemäß Artikel 65 Absatz 5 EGKS-Vertrag festgesetzt werden, ABl. 1998 C 9/3, 5, Ziff. 5.c); *Nowak*, in: Loewenheim/Meessen/Riesenkampff, Kartellrecht, Art. 23 VO 1/2003 Rn. 21.

429 Europäische Kommission, Bußgeldleitlinien, ABl. 2006, C 210/2.

430 Europäische Kommission, Bußgeldleitlinien, ABl. 2006, C 210/2, 3, Rn. 19 ff.; *Dannecker/Biermann*, in: Immenga/Mestmäcker, EU-Wettbewerbsrecht, Band 1, Art. 23 VO 1/2003 Rn. 161; *Pautke*, in: Schultze, Compliance-Handbuch Kartellrecht, Teil A Rn. 41.

431 Der Begriff „EWR“ steht für den Europäischen Wirtschaftsraum.

432 Europäische Kommission, Bußgeldleitlinien, ABl. 2006, C 210/2, 3, Rn. 13.

433 Europäische Kommission, Bußgeldleitlinien, ABl. 2006, C 210/2, 3, Rn. 24.

434 Europäische Kommission, Bußgeldleitlinien, ABl. 2006, C 210/2, 3, Rn. 24.

Zuwiderhandlungen abzuschrecken.[435] In einem zweiten Schritt erfolgt dann eine Anpassung des ermittelten Grundbetrages, sofern erschwerende oder mildernde Umstände vorliegen.[436] Ein erschwerender Umstand liegt beispielsweise vor, wenn ein Unternehmen als Anführer oder Anstifter des Verstoßes handelt, bei Fortsetzung einer Zuwiderhandlung oder bei erneutem Begehen einer gleichartigen oder ähnlichen Zuwiderhandlung, nachdem die Europäische Kommission oder eine einzelstaatliche Wettbewerbsbehörde festgestellt hat, dass das Unternehmen gegen Art. 101 AEUV oder Art. 102 AEUV verstoßen hatte.[437] Als mildernde Umstände anerkannt sind u.a. die nachgewiesene Beendigung des Verstoßes nach dem Eingreifen der Europäischen Kommission mit Ausnahme geheimer Vereinbarungen oder Verhaltensweisen, die aktive Zusammenarbeit des Unternehmens mit der Europäischen Kommission außerhalb der Kronzeugenregelung sowie vom Unternehmen beigebrachte Beweise, dass die Zuwiderhandlung aus Fahrlässigkeit begangen wurde.[438] Hingegen werden vorhandene Compliance-Programme nicht als mildernder Umstand in die Bußgeldberechnung eingestellt.[439]

Daran üben weite Teile der kartellrechtlichen Literatur heftige Kritik und vertreten die Ansicht, dass Compliance-Bemühungen als mildernder Umstand bei der Bestimmung der Bußgeldhöhe zu berücksichtigen seien.[440] Begründet wird dies insbesondere damit, dass ein erheblicher Wertungswiderspruch zu den geltenden Kronzeugenregelungen bestehe.[441] So regelten etwa die europäischen Bußgeldleitlinien, dass bei einer Zusammenarbeit mit der Europäischen Kommission selbst bei vorsätzlichen Kartellrechtsverstößen eine Befreiung von einer Geldbuße oder zumindest eine Reduzierung der Geldbuße vorgesehen sei.[442] Unternehmen mit Compliance-Programmen hätten in Kronzeugenfällen erhebliche Nachteile.[443] Die Mehrzahl der Compliance-Programme in Unternehmen drohten den Mitarbeitern mit ernsthaften Konsequenzen und Sanktionen, sollten sie sich an Kartellen

---

435 Europäische Kommission, Bußgeldleitlinien, ABl. 2006, C 210/2, 3, Rn. 25.

436 Europäische Kommission, Bußgeldleitlinien, ABl. 2006, C 210/2, 3, f., Rn. 27 ff.; *Dannecker/Biermann*, in: Immenga/Mestmäcker, EU-Wettbewerbsrecht, Band 1, VO 1/2003, Art. 23 VO 1/2003 Rn. 163.

437 Europäische Kommission, Bußgeldleitlinien, ABl. 2006, C 210/2, 4, Rn. 28.

438 Europäische Kommission, Bußgeldleitlinien, ABl. 2006, C 210/2, 4, Rn. 29.

439 EuG, Urt. v. 5.4.2006, Rs. T-279/02, Slg. 2006, II-897, II-1020 f., Rn. 350 f. – *Degussa/Kommission*; Europäische Kommission, Entsch. v. 7.6.2000, ABl. 2001, L 152/24, 55, Rn. 312 – *Aminosäuren*; *Pautke*, in: Schultze, Compliance-Handbuch Kartellrecht, Teil A Rn. 44.

440 U.a. *Dreher*, ZWeR 2004, 75, 86 ff.; *Wegner*, wistra 2000, 361, 363; *Bosch/Colbus/Harbusch*, WuW 2009, 740, 745 ff.; *C.H. Müller*, Kartellrechtscompliance in Deutschland, S. 189 ff.; a.A. u.a. *Pampel*, BB 2007, 1636, 1639 f.

441 *Dreher*, ZWeR 2004, 75, 88; *Bosch/Colbus/Harbusch*, WuW 2009, 740, 746.

442 *Dreher*, ZWeR 2004, 75, 88.

443 *Bosch/Colbus/Harbusch*, WuW 2009, 740, 746.

beteiligen oder in sonstiger Weise das Kartellrecht verletzen.[444] Mitarbeiter seien in solchen Fällen Kündigungen, Schadensersatzklagen oder anderen disziplinarischen Maßnahmen ausgesetzt.[445] Daher sei es in Unternehmen mit Compliance-Programmen häufig außerordentlich schwierig, die an einer kartellrechtlichen Zuwiderhandlung beteiligten Mitarbeiter für die Zusammenarbeit mit dem Unternehmen zu gewinnen und Einzelheiten des Kartells aufzudecken.[446] Ohne eine zügige Zusammenarbeit der Mitarbeiter, verlören die Unternehmen jedoch wertvolle Zeit im Rennen um die ersten Kronzeugenplätze.[447] Dies führe in der Praxis zu einer erheblichen Schlechterstellung, d.h. zu höheren Geldbußen, von Unternehmen mit Compliance-Programmen in Kronzeugenfällen.[448] Unternehmen, die sich um rechtstreues Verhalten bemühten und in Compliance-Maßnahmen investierten, um dieses Ziel zu erreichen, würden daher doppelt bestraft, wenn es dennoch zu Kartellrechtsverstößen komme.[449] Deshalb sei eine grundsätzliche Unberücksichtigung von (präventiven) Compliance-Maßnahmen bei der Bemessung von Geldbußen unbillig. Eine Ausnahme davon sei lediglich in den Fällen gerechtfertigt, in denen Kartellrechtsverstöße auf dem Verhalten der gesetzlichen Vertreter eines Unternehmens oder Verbandes beruhen, da diese selbst über die Ein- und Durchführung von Compliance-Maßnahmen zu entscheiden hätten.[450]

Darüber hinaus sei eine Berücksichtigung von kartellrechtlichen Compliance-Aktivitäten angezeigt, um den präventiven Wert solcher Maßnahmen zu würdigen.[451] So werde durch ein (kartellrechtliches) Compliance-System z.B. die Hemmschwelle für einen Kartellrechtsverstoß erhöht und die Absicht des Managements zu einer guten Unternehmensführung dokumentiert.[452]

Im Ergebnis ist festzustellen, dass Kartellrechtscompliance-Systeme als bugeldmildernder Umstand Eingang in die Bußgeldberechnung der Europäischen Kommission sowie des Bundeskartellamtes finden könnten. Dies entspricht u.a. dem Regelungszweck des Kartellbußgeldrechts, weil durch die Berücksichtigung der Anreiz eines dem wirksamen Wettbewerb zugrundeliegenden Verhaltens gegeben wird.[453] Überdies wird durch eine Berücksichtigung die Ungleichbehandlung solcher Programme gegenüber der Kronzeugenregelung und anderen mildernden Umständen in den jeweiligen Leitlinien von Europäischer Kommission und Bundeskartellamt beseitigt.[454]

444 *Bosch/Colbus/Harbusch*, WuW 2009, 740, 746.
445 *Bosch/Colbus/Harbusch*, WuW 2009, 740, 746.
446 *Bosch/Colbus/Harbusch*, WuW 2009, 740, 746.
447 *Bosch/Colbus/Harbusch*, WuW 2009, 740, 746.
448 *Bosch/Colbus/Harbusch*, WuW 2009, 740, 746.
449 *Bosch/Colbus/Harbusch*, WuW 2009, 740, 746.
450 *Dreher*, ZWeR 2004, 75, 89.
451 *Bosch/Colbus/Harbusch*, WuW 2009, 740, 745 ff.
452 *Bosch/Colbus/Harbusch*, WuW 2009, 740, 745.
453 *C.H. Müller*, Kartellrechtscompliance in Deutschland, S. 202.
454 Vgl. *C.H. Müller*, Kartellrechtscompliance in Deutschland, S. 202.

d) *Bußgeldpolitik der Europäischen Kommission*

Dass kartellrechtskonformes Verhalten von zentraler Bedeutung ist, verdeutlicht die jüngere Bußgeldpolitik der Europäischen Kommission: Im Zeitraum von 2010 bis einschließlich 2013 verhängte sie Bußgelder in Höhe von ca. 8,2 Mrd. €.[455] Die Europäische Kommission hat ihre Bußgeldpraxis seit Anfang des neuen Jahrtausends deutlich verschärft, was sich daran festmachen lässt, dass sie von 1990 bis 2004 „lediglich" Bußgelder in Höhe von ca. 4,3 Mrd. € verhängte. Die nach oben geschnellten Bußgelder sind insbesondere auf die im Jahre 2006 reformierten Bußgeldleitlinien zurückzuführen, die bei konsequenter Anwendung vielfach höhere Bußgelder als noch die Vorgängerregelung möglich machen.[456] Die Verschärfung der Bußgeldpraxis zeigt sich aber nicht nur durch den Fakt, dass sich die Geldbußen in jüngerer Zeit insgesamt erhöht haben. Auch im Rahmen der Einzelgeldbußen zeigt sich die stetige Verschärfung deutlich. Die zehn am höchsten bebußten Kartelle seit dem Jahre 1969 fallen allesamt in die 2000er Jahre. Erst 2012 wurde gegen das sog. „Bildröhrenkartell" eine Gesamtgeldbuße in Höhe von 1.470.515.000 € festgesetzt. Eindrucksvoll ist auch die Anzahl der durch die Europäische Kommission entschiedenen Kartellfälle. Während im Zeitraum von 1990 bis 2000 von ihr „nur" 20 Fälle entschieden wurden, erhöhte sich diese Zahl im Zeitraum 2000 bis 2012 auf insgesamt 79 Fälle. Allein in den Jahren von 2005 bis 2009 wurden 33 Kartellverfahren entschieden. Hohe Bußgelder drohen im Übrigen nicht nur bei einem Verstoß gegen Art. 101 AEUV, sondern ebenso bei Verletzung des Missbrauchsverbots. Hierbei sei beispielhaft der Fall „Microsoft" genannt, in dem die Europäische Kommission gegen das gleichnamige Unternehmen eine Geldbuße in Höhe von ca. 491 Mio. € festsetzte.[457]

Neben dem Umstand, dass auf europäischer Ebene immer drastischere Bußgelder verhängt werden kommt erschwerend hinzu, dass durch Kartellbehörden festgesetzte Bußgelder grundsätzlich nicht steuerlich als Betriebsausgaben abzugsfähig sind.[458] Ferner werden sie weder auf Schadensersatzansprüche angerechnet noch befreien sie vom Risiko einer Schadensersatzpflicht.[459]

2. *Bußgelder in Deutschland*

Auch nach deutschem Kartellordnungswidrigkeitenrecht können gegen Verbände Geldbußen verhängt werden, wenn ihre Leitungsorgane oder Mitarbeiter schuldhaft gegen kartellrechtliche Normen verstoßen (§§ 9, 30 OWiG).[460] Zentrale

455 Die Kartellstatistiken der Europäischen Kommission sind abrufbar unter http://www.ec.europa.eu/competition/cartels/statistics/statistics.pdf (20.8.2014).
456 *Karbaum*, Kartellrechtliche Compliance – Rechtsgrundlagen und Umsetzung, S. 43.
457 *Karbaum*, Kartellrechtliche Compliance – Rechtsgrundlagen und Umsetzung, S. 44.
458 *Pautke*, in: Schultze, Compliance-Handbuch Kartellrecht, Teil A Rn. 48.
459 *Pautke*, in: Schultze, Compliance-Handbuch Kartellrecht, Teil A Rn. 48.
460 Vgl. *Seeliger/Mross*, in: Frankfurter Kommentar, EG-Kartellrecht, Band II, Allg. Teil E, Rn. 34.

Bußgeldvorschrift dafür ist § 81 GWB. Danach kann das Bundeskartellamt Verstöße gegen Kartellverfahrensrecht und materielles Kartellrecht mit einem Bußgeld belegen.

Im Zuge der 7. GWB-Novelle wurde u.a. eine Veränderung des variablen Bußgeldrahmens bei schweren Verstößen gegen das Wettbewerbsrecht (vgl. § 81 Abs. 4 S. 2 GWB) vorgenommen. Wie im europäischen Recht können nunmehr gegenüber Unternehmen und Unternehmensvereinigungen Bußgelder von bis zu 10 % des im vorausgegangenen Geschäftsjahr erzielten Gesamtumsatzes verhängt werden. Bei Verstößen gegen das Verfahrensrecht können immerhin noch Geldbußen bis zu einer Höhe von 100.000 € verhängt werden. Durch die Neufassung des § 81 GWB aufgrund der 7. GWB-Novelle ist zudem der Katalog ordnungswidriger Verhaltensweisen in § 81 Abs. 1 GWB auf Kartellrechtsverstöße gegen das europäische Wettbewerbsrecht ausgedehnt worden.[461] Überdies wurde eine Zinspflicht für Bußgelder bei Verstößen gegen das Kartellrecht eingeführt (vgl. § 81 Abs. 6 GWB).[462]

Das Bundeskartellamt veröffentliche im September 2006 erstmals Bußgeldleitlinien, die inhaltlich an die der Europäischen Kommission angelehnt waren.[463] Die Leitlinien sollten nach Aussage der deutschen Kartellbehörde verdeutlichen, dass sich Kartellabsprachen immer weniger lohnen. Kartellanten konnten fortan davon ausgehen, dass das Bundeskartellamt seine Bußgeldpraxis an die europäische Regelung angleichen und in Zukunft sehr viel höhere Geldbußen verhängen würde.[464] Es kann daher nicht verwundern, dass die Summe der in deutschen Kartellverfahren insgesamt verhängten Bußgelder von rund 165 Mio. € im Zeitraum zwischen 1994 und 1997 auf fast 1 Mrd. € im Zeitraum zwischen 2006 und 2009 anstieg.[465] Allein im Jahre 2013 hat das Bundeskartellamt in insgesamt zwölf abgeschlossenen Kartellverfahren insgesamt rund 240 Mio. € Bußgelder verhängt.[466]

Durch die Grauzemententscheidung des BGH[467] hat sich aber bei der Interpretation der 10 %-Grenze zwischen deutschem und europäischem Recht ein bedeutender

---

461 *Cramer/Pananis*, in: Loewenheim/Meessen/Riesenkampff, Kartellrecht, § 81 GWB Rn. 1; *Dannecker/Biermann*, in: Immenga/Mestmäcker, Wettbewerbsrecht: GWB, Band 2, § 81 GWB Rn. 2.

462 *Cramer/Pananis*, in: Loewenheim/Meessen/Riesenkampff, Kartellrecht, § 81 GWB Rn. 1.

463 *Karbaum*, Kartellrechtliche Compliance – Rechtsgrundlagen und Umsetzung, S. 45.

464 BKartA, Pressemitteilung v. 26.9.2006. Die Pressemitteilung ist abrufbar unter http://www.bundeskartellamt.de/SharedDocs/Meldung/DE/Pressemitteilungen/2006/26_09_2006_neue_Bu%C3%9Fgeldleitlinien.html (20.8.2014); *Karbaum*, Kartellrechtliche Compliance – Rechtsgrundlagen und Umsetzung, S. 45.

465 BKartA, Broschüre: „Erfolgreiche Kartellverfolgung", S. 8.

466 BKartA, Pressemitteilung v. 8.7.2014. Die Pressemitteilung ist abrufbar unter http://www.bundeskartellamt.de/SharedDocs/Meldung/DE/Pressemitteilungen/2014/08_07_2014_Jahresbericht.html?nn=3591286 (20.8.2014).

467 BGH, Beschl. v. 26.2.2013, KRB 20/12 – *Grauzementkartell* = WuW/E DE-R 3861.

Unterschied ergeben.[468] In dieser Entscheidung bestätigte der BGH die Verfassungsmäßigkeit des § 81 Abs. 4 S. 2 GWB mit der Maßgabe, dass die dort vorgesehene Beschränkung der Geldbuße auf 10 % des Umsatzes des jeweiligen Unternehmens oder der jeweiligen Unternehmensvereinigung nicht wie im europäischen Kartellrecht als Kappungsgrenze, sondern als herkömmliche Obergrenze eines Bußgeldrahmens anzusehen ist.[469]

Diese Entscheidung stößt teilweise auf heftigen Widerstand in der Literatur.[470] Im Wesentlichen wird die Bestimmtheit des § 81 Abs. 4 S. 2 GWB gerügt.[471] Insoweit werden zum einen die umsatzorientierte Buße und zum anderen der undifferenzierte Bußgeldrahmen kritisiert. Die umsatzorientierte Buße sei vor allem deshalb bedenklich, da das konkrete Höchstmaß der Geldbuße erst im Zeitpunkt der Anwendung von § 81 Abs. 4 Satz 2 GWB erkennbar und damit vom Tatunrecht und der Tatschuld entkoppelt werde.[472] Im Hinblick auf den Bußgeldrahmen wird argumentiert, dass § 81 Abs. 2 S. 4 GWB keine sachgerechte Differenzierung zwischen den verschiedenen Delikten in § 81 Abs. 1, 2 Nr. 1, 2a), 5, Abs. 3 GWB erlaube.[473] Insofern werde keine Gewichtung der einzelnen Kartellrechtsverstöße vorgenommen.[474] Es fehle an einer vom Gesetzgeber vorzunehmenden Anlasstypisierung.[475]

---

468 *Pautke*, in: Schultze, Compliance-Handbuch Kartellrecht, Teil A Rn. 51.

469 Siehe dazu BKartA, Pressemitteilung v. 10.4.2013. Die Pressemitteilung ist abrufbar unter http://www.bundeskartellamt.de/SharedDocs/Meldung/DE/Pressemitteilungen/2013/10_04_2013_BGH-Zement.html?nn=3591568 (20.8.2014).

470 Für Verfassungswidrigkeit: u.a. *Achenbach*, ZWeR 2009, 3, 16 ff.; *Barth/Budde*, NZKart 2013, 311 ff.; *Dannecker/Biermann*, in: Immenga/Mestmäcker, Wettbewerbsrecht: GWB, Band 2, § 81 GWB Rn. 355 ff.; *Klusmann*, in: Wiedemann, Handbuch des Kartellrechts, § 57 Rn. 78 d, f. Für Verfassungsgemäßheit: u.a. *Cramer/Pananis*, in: Loewenheim/Meessen/Riesenkampff, Kartellrecht, § 81 GWB Rn. 59 f.; *Mundt*, WuW 2007, 458, 464 ff.; *Raum*, in: Langen/Bunte, Kartellrecht, Band 1, § 81 GWB Rn. 164; *Vollmer*, ZWeR 2007, 168, 170 f.; *Weitbrecht/Mühle*, WuW 2006, 1106, 1110 ff., 1117, 1118.

471 U.a. nach Ansicht der Autoren *Barth/Budde* verstoße die Norm darüber hinaus gegen das verfassungsrechtliche Schuldprinzip, das auf Artt. 1 Abs. 1, 2 Abs. 1 i.V.m. dem Rechtsstaatsprinzip beruht (*Barth/Budde*, NZKart 2013, 311, 314 ff.) Dieses Prinzip setzt voraus, dass jede Strafe und strafähnliche Sanktion Schuld verlangt und die Strafe zur Schwere der Tat und dem Verschulden des Täters in einem gerechten Verhältnis steht (*Barth/Budde*, NZKart 2013, 311, 314 ff.). Konkret wird kritisiert, dass § 81 Abs. 2 S. 4 GWB den Adressaten der Sanktion und den Maßstab zur Berechnung ihrer Höhe jedoch auseinanderfallen lasse; es fehle damit die Verknüpfung an die individuelle Vorwerfbarkeit der Tat (*Barth/Budde*, NZKart 2013, 311, 314 ff.).

472 *Dannecker/Biermann*, in: Immenga/Mestmäcker, Wettbewerbsrecht: GWB, Band 2, § 81 GWB Rn. 357.

473 *Barth/Budde*, NZKart 2013, 311, 313.

474 *Barth/Budde*, NZKart 2013, 311, 313.

475 *Barth/Budde*, NZKart 2013, 311, 313.

Im Ergebnis überzeugt, dass der BGH statt einer Kappungsgrenze eine kartellrechtliche Bußgeldobergrenze annimmt. Nach der den Richtern im deutschen Straf- und Ordnungswidrigkeitenrecht übertragenen Rolle müssen sie für die Bemessung von Bußgeldern im Einzelfall den vollen Sanktionsrahmen ausschöpfen können.[476] Dies ist jedoch nicht möglich, wenn sich bußgeldschärfende oder -mildernde Faktoren nur noch jenseits der Kappungsgrenze auswirken können.[477] Betreffend die Umsatzabhängigkeit des § 81 Abs. 2 S. 4 GWB ist kein Verstoß gegen das verfassungsrechtliche Bestimmtheitsgebot festzustellen. Zwar sieht die Vorschrift einen offenen bzw. „wandernden" Bußgeldrahmen und keine absolute Bußgeldobergrenze vor, jedoch begegnet dies keinen durchgreifenden verfassungsrechtlichen Bedenken. Vielmehr entspricht die flexible Grenze dem verfassungsrechtlichen Gebot, ihrer Natur nach ungleiche Tatbestände ungleich zu behandeln.[478] Für die Normadressaten sind die Sanktionen in ausreichender Weise vorhersehbar.[479] Durch die speziellen (§ 81 Abs. 4 Satz 4 GWB) und allgemeinen (§§ 30, 17 OWiG) Bußgeldbemessungsgrundsätze des deutschen Rechts wird dem Normanwender ein hinreichend strukturierter Rahmen vorgegeben, innerhalb dessen die entsprechende Geldbuße im Einzelfall bemessen werden kann.[480]

Das Bundeskartellamt legte bis zur *Grauzement*-Entscheidung des BGH die 10 %-Regel entsprechend der in Europa vorherrschenden kartellrechtlichen Praxis als Kappungsgrenze aus.[481] Im Anschluss daran erklärte *Andreas Mundt*, Präsident des Bundeskartellamtes, im Rahmen einer Pressemitteilung des Bundeskartellamtes vom 19. April 2013[482]: *„Wir werden in den nächsten Wochen Eckpunkte für unsere künftige Bußgeldbemessung erarbeiten. Ich gehe nicht davon aus, dass sich das Bußgeldniveau insgesamt stark verändert. Auch mit der neuen Auslegung wird der auf dem kartellierten Markt erzielte Umsatz eine gewichtige Rolle spielen. Für die betroffenen Unternehmen kann die neue Auslegung aber von Fall zu Fall einen Unterschied machen."*

Am 25.6.2013 wurden die Leitlinien aus dem Jahre 2006 durch neue[483] ersetzt. In den neuen Leitlinien werden die neueren Entscheidungen der Gerichte umgesetzt.

---

476 BGH, Beschl. v. 26.2.2013, KRB 20/12 – *Grauzement* = NJW 2013, 1972, 1976 (m. Anm. *Meyer-Lindemann*).

477 BGH, Beschl. v. 26.2.2013, KRB 20/12 – *Grauzement* = NJW 2013, 1972, 1976 (m. Anm. *Meyer-Lindemann*).

478 *Weitbrecht/Mühle*, WuW 2006, 1106, 1118.

479 *Weitbrecht/Mühle*, WuW 2006, 1106, 1118.

480 *Weitbrecht/Mühle*, WuW 2006, 1106, 1118.

481 Siehe dazu BKartA, Pressemitteilung v. 19.4.2003. Die Pressemitteilung ist abrufbar unter http://www.bundeskartellamt.de/SharedDocs/Meldung/DE/Pressemitteilungen/2013/19_04_2013_Bu%C3%9Fgeldleitlinien.html (20.8.2014).

482 BKartA aaO.

483 BKartA, Leitlinien v. 25.6.2013 für die Bußgeldzumessung in Kartellordnungswidrigkeitenverfahren (im Folgenden: „Bußgeldleitlinien"). Die Leitlinien sind abrufbar unter http://www.bundeskartellamt.de/SharedDocs/Publikation/DE/

So heißt es in Ziff. 2[484]: „*Das Bundeskartellamt wird zukünftig Geldbußen auf Grundlage der Auslegung des § 81 Abs. 4 Satz 2 GWB als umsatzbezogener Bußgeldobergrenze festsetzen (...). Zur Einordnung der Tat hat innerhalb des so gebildeten Rahmens die individuelle Zumessung zu erfolgen. Mit der individuellen Zumessung wird die abstrakte Bußgelddrohung des Gesetzes gegenüber dem betroffenen Unternehmen anhand der im Gesetz vorgesehenen Zumessungskriterien konkretisiert. Nach § 81 Abs. 4 Satz 6 GWB und § 17 Abs. 3 OWiG sind Grundlage der Zumessung die Schwere der Zuwiderhandlung und ihre Dauer sowie die Bedeutung der Ordnungswidrigkeit und der Vorwurf, der den Täter trifft; seine wirtschaftlichen Verhältnisse kommen auch in Betracht. Bei der Zumessung ist der Grundsatz der Verhältnismäßigkeit zu beachten.*"

Daran anknüpfend erfolgt die Ermittlung des konkreten Bußgeldes nunmehr nach folgender Systematik[485]: In einem ersten Schritt wird der gesetzliche Bußgeldrahmen bestimmt.[486] Die Untergrenze des gesetzlichen Bußgeldrahmens beträgt einheitlich 5 € (§ 17 Abs. 1 OWiG). Die Obergrenze des Bußgeldrahmens für schwere Kartellordnungswidrigkeiten, für die einem Unternehmen oder einer Unternehmensvereinigung eine Geldbuße auferlegt werden soll, beträgt nach § 81 Abs. 4 S. 2 GWB bei vorsätzlicher Zuwiderhandlung 10 % des im Geschäftsjahr vor der Behördenentscheidung erzielten Gesamtumsatzes des Unternehmens oder der Unternehmensvereinigung. Bei fahrlässiger Zuwiderhandlung beträgt sie 5 % des erzielten Gesamtumsatzes (§ 17 Abs. 2 OWiG). Im nächsten Schritt erfolgt dann die Festsetzung der Geldbuße innerhalb des Rahmens.[487] Der Bemessungsspielraum im konkreten Fall wird unter Berücksichtigung des Gewinn- und Schadenspotentials einerseits und des Gesamtumsatzes des Unternehmens oder der Unternehmensvereinigung andererseits bestimmt.[488] Das Bundeskartellamt geht dabei von einem Gewinn- und Schadenspotential in Höhe von 10 % des während der Dauer des Kartellverstoßes erzielten tatbezogenen Umsatzes[489] aus.[490] Soweit aufgrund der Art der Zuwiderhandlung oder eines planwidrigen Tatverlaufs kein entsprechender Umsatz erzielt wurde, werden die Umsatzerlöse zugrunde gelegt, die ohne die Zuwiderhandlung oder ohne den planwidrigen Tatverlauf wahrscheinlich erzielt worden wären.[491]

Leitlinien/Bekanntmachung%20-%20Bu%C3%9Fgeldleitlinien-Juni%202013.pdf?__blob=publicationFile&v=5 (20.8.2014).

484 BKartA, Bußgeldleitlinien, Rn. 2.

485 *Pautke*, in: Schultze, Compliance-Handbuch Kartellrecht, Teil A Rn. 52 f.

486 BKartA, Bußgeldleitlinien, Rn. 8.

487 BKartA, Bußgeldleitlinien, Rn. 9 ff.

488 BKartA, Bußgeldleitlinien, Rn. 9.

489 Der tatbezogene Umsatz ist der mit den Produkten bzw. Dienstleistungen, die mit der Zuwiderhandlung in Zusammenhang stehen, während des gesamten Tatzeitraums erzielte Inlandsumsatz des Unternehmens (BKartA, Bußgeldleitlinien, Rn. 11).

490 BKartA, Bußgeldleitlinien, Rn. 10.

491 BKartA, Bußgeldleitlinien, Rn. 11.

Das so festgesetzte Gewinn- und Schadenspotenzial wird mit folgenden Faktoren multipliziert, um der jeweiligen Unternehmensgröße Rechnung zu tragen[492]:

Faktor	2-3	3-4	4-5	5-6	>6
Gesamtumsatz d. Unternehmens i.S.d. § 81 Abs. 4 S. 2 GWB	≤100 Mio. €	100 Mio. € bis 1 Mrd. €	1 Mrd. € bis 10 Mrd. €	10 Mrd. € bis 100 Mrd. €	>100 Mrd. €

Innerhalb des Bemessungsspielraums erfolgt anschließend eine Eingrenzung des Bußgeldes anhand der 10 %-Obergrenze auf der Grundlage einer Gesamtabwägung der schärfenden und mildernden Faktoren.[493] Die neuen Leitlinien sehen als tatbezogene Kriterien u.a. die Art und Dauer der Zuwiderhandlung, ihre qualitativ zu bestimmenden Auswirkungen (z.B. Umfang der von der Zuwiderhandlung betroffenen räumlichen Märkte) oder die Bedeutung der Märkte (z.B. Art des von der Zuwiderhandlung betroffenen Produkts) vor. Täterbezogene Kriterien sind etwa die Rolle des Unternehmens/der Unternehmensvereinigung im Kartell oder der Grad des Vorsatzes/der Fahrlässigkeit und vorangegangene Verstöße.

Das Bundeskartellamt behält sich neben der Ahndung der Zuwiderhandlung vor, im Rahmen des Bußgeldverfahrens oder eines gesonderten Verfahrens (§ 32 GWB, § 34 GWB) Vorteile zu entziehen.[494] Da es nach Auffassung des Präsidenten des Bundeskartellamtes in Zukunft zu noch höheren Geldbußen kommen könne[495], dürften Kartellrechtscompliance-Programme weiter an Bedeutung gewinnen.

Wie die Europäische Kommission berücksichtigt auch das Bundeskartellamt kartellrechtliche Compliance-Programme nicht als bußgeldmildernden Umstand bei der Bußgeldberechnung.[496] Die deutsche Kartellbehörde begrüße und unterstütze jedoch die Einführung von effektiven Compliance-Programmen als wichtiges und wertvolles Mittel der eigenverantwortlichen Prävention und Aufklärung von Kartellrechtsverstößen und hat hervorgehoben, *„dass Compliance-Bemühungen als Erfüllung der gesetzlichen Aufsichtspflichten und Anforderungen an eine gesetzeskonforme Unternehmenskultur (z. B. verankert in § 130 OWiG sowie im Deutschen Corporate Governance Codex) wichtig sind, dass aber letztlich die Resultate zählen"*.[497]

492 BKartA, Bußgeldleitlinien, Rn. 13.

493 BKartA, Bußgeldleitlinien, Rn. 16; *Pautke*, in: Schultze, Compliance-Handbuch Kartellrecht, Teil A Rn. 53.

494 BKartA, Bußgeldleitlinien, Rn. 17; *Pautke*, in: Schultze, Compliance-Handbuch Kartellrecht, Teil A Rn. 53.

495 BKartA, Pressemitteilung v. 10.4.2013 aaO.

496 BKartA, TB 2011/2012, BT-Drucks. 17/13675, S. 31 f.; *Pautke*, in: Schultze, Compliance-Handbuch Kartellrecht, Teil A Rn. 60.

497 BKartA, TB 2011/2012, BT-Drucks. 17/13675, S. 31 f.

Solche Programme können nach Ansicht des Amtes aber immerhin geeignet sein, die Haftung von Vorständen wegen Aufsichtspflichtverletzungen zu vermeiden.[498] Eine darüber hinausgehende Berücksichtigung von Compliance-Bemühungen bei der Bußgeldbemessung sei hingegen nicht geboten und würde zudem durch die Gefahr der Belohnung ineffektiver und materiell nicht wirksamer Programme falsche Anreize setzen.[499] Möglicherweise anders sieht dies die Bundesregierung, die – wie bereits erwähnt – derzeit (zu Recht) die mögliche gesetzliche Förderung von Compliance-Systemen prüft.[500]

Bußgelder des Bundeskartellamtes – wie auch solche der Europäischen Kommission – sind weder als Betriebsausgaben abzugsfähig[501] noch werden diese auf Schadensersatzforderungen angerechnet.[502]

Dass das Bundeskartellamt eine sehr aktive Verfolgungsbehörde ist, die zunehmend auch Verbände ins Visier nimmt und der Europäischen Kommission in puncto Bußgeldhöhe kaum nachsteht[503], zeigen u.a. die Kartellverfahren gegen Hersteller von Haushaltsgeschirr wegen wettbewerbswidriger Absprachen[504] und die Millionenbußgelder gegen Hersteller von Drogerieartikeln wegen wettbewerbsbeschränkendem Informationsaustausch[505]. Im Fall „Haushaltsgeschirr" hat das Bundeskartellamt gegen diverse Unternehmen, gegen den Verband der Keramischen Industrie sowie gegen zwei verantwortliche Personen Bußgelder in Höhe von insgesamt ca. 900.000 € erlassen. Bereits im Februar 2011 hatte das Bundeskartellamt bei sechs Porzellanherstellern in Deutschland und bei dem zuständigen Verband durchsucht. Die sich anschließenden Ermittlungen ergaben, *„dass sich die Hersteller von Haushaltsgeschirr unter anderem im Zusammenhang mit der Umsetzung der Mehrwertsteuererhöhung zum 1. Januar 2007 darauf verständigt [hatten], die Preise unter Einbeziehung der Mehrwertsteuererhöhung bereits zum 1. Oktober 2006 zu erhöhen"*.

Im Verfahren gegen Hersteller von Drogerieartikeln verhängte die deutsche Kartellbehörde wegen wettbewerbsbeschränkendem Informationsaustausch jüngst (weitere) 39 Mio. € Bußgeld gegen sechs Unternehmen und den Markenverband e.V.

---

498 Vgl. BKartA, TB 2011/2012, BT-Drucks. 17/13675, S. 32; *Pautke*, in: Schultze, Compliance-Handbuch Kartellrecht, Teil A Rn. 61.

499 BKartA, TB 2011/2012, BT-Drucks. 17/13675, S. 32.

500 BT-Drucks. 18/2187, S. 3 – Antwort der Bundesregierung auf die Kleine Anfrage der Abgeordneten Katja Keul, Nicole Maisch, Luise Amtsberg, weiterer Abgeordneter und der Fraktion Bündnis 90/Die Grünen (BT-Drucks. 18/2056).

501 Siehe § 4 Abs. 5 S. 1 Nr. 8 EStG.

502 *Pautke*, in: Schultze, Compliance-Handbuch Kartellrecht, Teil A Rn. 66.

503 Vgl. *Pautke*, in: Schultze, Compliance-Handbuch Kartellrecht, Teil A Rn. 57.

504 BKartA, Pressemitteilung v. 17.10.2013. Diese ist abrufbar unter http://www.bundeskartellamt.de/SharedDocs/Meldung/DE/Pressemitteilungen/2013/17_10_2013_Haushaltsgeschirr.html (20.8.2014).

505 BKartA, Pressemitteilung v. 18.03.2013. Diese ist abrufbar unter http://www.bundeskartellamt.de/SharedDocs/Meldung/DE/Pressemitteilungen/2013/18_03_2013_Drogerieartikel.html (20.8.2014).

sowie deren Verantwortliche. Zuvor waren wegen des gleichen Vorwurfes bereits gegen neun Unternehmen Bußgelder in Höhe von insgesamt rund 24 Mio. € verhängt worden. Laut Pressemitteilung fand der Informationsaustausch *„in den Jahren 2004 bis 2006 im Rahmen regelmäßig stattfindender Treffen des Arbeitskreises ‚Körperpflege, Wasch- und Reinigungsmittel' (KWR) des Markenverbandes statt"*. Teilnehmer seien Markenhersteller von Drogerieartikeln, darunter sämtliche in Deutschland führende Anbieter von Markenprodukten in den Bereichen Körperpflege-, Wasch- und Reinigungsmittel gewesen.

II. Behördliche Befugnisse zur Durchsetzung des Kartellrechts

Europäische Kommission[506] und Bundeskartellamt haben Befugnisse, die ihnen die Durchsetzung des Kartellrechts ermöglicht. Auf europäischer Ebene sind solche Befugnisse insbesondere in den Artt. 7 ff. VO Nr. 1/2003 kodifiziert.[507] Nach Art. 7 Abs. 1 S. 1 VO Nr. 1/2003 ist die Europäische Kommission berechtigt, Unternehmen und Unternehmensvereinigungen durch Entscheidung zu verpflichten, die festgestellte Zuwiderhandlung abzustellen. Hierzu kann sie gem. Art. 7 Abs. 1 S. 2 VO Nr. 1/2003 alle erforderlichen Abhilfemaßnahmen verhaltensorientierter oder struktureller Art vorschreiben, die gegenüber der festgestellten Zuwiderhandlung verhältnismäßig und für eine wirksame Abstellung der Zuwiderhandlung erforderlich sind.[508] Des Weiteren kann sie nach Maßgabe von Art. 8 VO Nr. 1/2003 in dringenden Fällen einstweilige Maßnahmen[509] anordnen, wenn die Gefahr eines ernsten, nicht wieder gutzumachenden Schadens für den Wettbewerb besteht.

Dem Bundeskartellamt stehen vergleichbare Befugnisse zu.[510] Relevant sind dabei vor allem die §§ 32 und 32a GWB.[511] Nach § 32 Abs. 1 GWB können Unternehmen oder Unternehmensvereinigungen verpflichtet werden, Zuwiderhandlungen gegen das GWB oder gegen die Artt. 101 und 102 AEUV abzustellen. Ferner besteht

---

506 Zu den Befugnissen der Europäischen Kommission siehe auch *Karbaum*, Kartellrechtliche Compliance – Rechtsgrundlagen und Umsetzung, S. 41 ff.

507 Darüber hinaus hat die Europäische Kommission im Rahmen des Art. 29 VO Nr. 1/2003 die Möglichkeit, den Rechtsvorteil einer Gruppenfreistellungsverordnung zu entziehen, wenn sie in einem bestimmten Fall feststellt, dass eine Vereinbarung, ein Beschluss oder eine abgestimmte Verhaltensweise, für die die Gruppenfreistellungsverordnung gilt, Wirkungen hat, die mit Artikel 101 Abs. 3 AEUV unvereinbar sind.

508 *Kasten*, in: Mäger, Europäisches Kartellrecht, 2. Kapitel Rn. 21.

509 Die Entscheidung ist zwar nach Art. 8 Abs. 2 VO Nr. 1/2003 befristet, aber unter den kumulativen Voraussetzungen der Erforderlichkeit und Angemessenheit verlängerbar.

510 Dazu *Karbaum*, Kartellrechtliche Compliance – Rechtsgrundlagen und Umsetzung, S. 41 f.

511 Wie die Europäische Kommission ist auch das Bundeskartellamt nach der Maßgabe des § 32d GWB berechtigt, den Rechtsvorteil einer Gruppenfreistellungsverordnung zu entziehen.

gem. § 32 Abs. 2 GWB die Möglichkeit, Abhilfemaßnahmen zu verfügen sowie im Rahmen des § 32 Abs. 3 GWB beendete Zuwiderhandlungen festzustellen. Darüber hinaus können nach Maßgabe des § 32a GWB (befristete) einstweilige Maßnahmen angeordnet werden, wenn die Gefahr eines ernsten, nicht wieder gutzumachenden Schadens für den Wettbewerb besteht.

III. Zwangsgelder

Neben den bereits genannten Instrumentarien haben die Kartellbehörden durch Zwangsgelder die Möglichkeit zur Vollstreckung ihrer Anordnungen nach den jeweils maßgeblichen Vollstreckungsvorschriften (Art. 24 VO Nr. 1/2003 bzw. § 86a S. 1 GWB). Zwangsgelder dienen damit der Durchsetzung von Anordnungen, die die Kartellbehörden verfügt haben. Für Verbände und deren Mitglieder ist besonders Art. 24 Abs. 2 S. 2 VO Nr. 1/2003 relevant. Dort ist durch den ausdrücklichen Verweis auf Art. 23 Abs. 4 VO Nr. 1/2003 eine gesamtschuldnerische (Ausfall-)Haftung der Mitglieder für gegen Unternehmensvereinigungen verhängte Zwangsgelder normiert. Damit soll sichergestellt werden, dass die Mitgliedsunternehmen einer Unternehmensvereinigung subsidiär für die Zahlung festgesetzter Zwangsgelder haften.[512] Die Kodifizierung der Ausfallhaftung beruht wie bei Art. 23 Abs. 4 VO Nr. 1/2003 darauf, dass die gegen Unternehmensvereinigungen in der Vergangenheit verhängten Zwangsgelder nicht eingetrieben werden konnten, weil diese nicht über ausreichende finanzielle Mittel verfügten.[513]

IV. Zivilrechtliche Sanktionen

Kartellrechtsverstöße lösen zivilrechtliche Sanktionen aus. Hierunter fallen die Nichtigkeit kartellrechtswidriger Verträge/Beschlüsse, Schadensersatz- sowie Beseitigungs- und Unterlassungsansprüche.

1. Zivilrechtliche Nichtigkeit

Die zivilrechtlichen Folgen bei Verstößen gegen das deutsche und europäische Kartellverbot sind einschneidend. So sind die gegen Art. 101 Abs. 1 AEUV verstoßenden Vereinbarungen und Beschlüsse nach Maßgabe des Art. 101 Abs. 2 AEUV nichtig. Verstöße gegen § 1 GWB lösen wie auch Verstöße gegen das Verbot des Missbrauchs einer marktbeherrschenden Stellung (Art. 102 AEUV, § 19 GWB) die

---

512 *Dannecker/Biermann*, in: Immenga/Mestmäcker, EU-Wettbewerbsrecht, Band 1, Art. 24 VO 1/2003 Rn. 3; *Weiß*, in: Loewenheim/Meessen/Riesenkampff, Kartellrecht, Art. 24 VO 1/2003 Rn. 4.

513 *Dannecker/Biermann*, in: Immenga/Mestmäcker, EU-Wettbewerbsrecht, Band 1, Art. 24 VO 1/2003 Rn. 3; *Weiß*, in: Loewenheim/Meessen/Riesenkampff, Kartellrecht, Art. 24 VO 1/2003 Rn. 4.

Nichtigkeitsfolge des § 134 BGB aus.[514] Einem nichtigen Vertrag oder Beschluss wird danach die Anerkennung und gerichtliche Durchsetzbarkeit versagt.[515] Sowohl die Rechtsfolge des Art. 101 Abs. 2 AEUV als auch die des § 134 BGB betrifft grundsätzlich nur den wettbewerbsbeschränkenden Teil kartellrechtswidriger Rechtsgeschäfte, es sei denn, der restliche Teil der Vereinbarungen oder Beschlussregelungen lässt sich nicht vom kartellrechtswidrigen trennen.[516] Das Schicksal des abtrennbaren Teils richtet sich nach nationalem Recht, in Deutschland folglich nach § 139 BGB.[517] Danach führt in Zweifelsfällen die Teilnichtigkeit zur Gesamtnichtigkeit des Vertragswerks. § 139 BGB ist sowohl bei Vereinbarungen als auch bei Beschlüssen anwendbar.[518]

2. Schadensersatz, Beseitigungs- und Unterlassungsanspruch

Nicht nur die Kartellbehörden, sondern auch die durch Kartelle Geschädigten erhöhen den Druck, was wettbewerbspolitisch so gewollt ist.[519] So setzt sich etwa die Europäische Kommission seit einigen Jahren für Erleichterungen bei der Durchsetzung privater Schadensersatzklagen ein (sog. „Private Enforcement“).[520] Im Mittelpunkt steht dabei insbesondere die Bekämpfung von Hardcore-Kartellen.[521]

Auch in Deutschland sind die Rechte von Betroffenen, die durch einen schuldhaften Kartellverstoß einen Schaden erlitten haben, gestärkt worden. So wurde im Zuge der 7. GWB-Novelle § 33 GWB neu gefasst, der es Kartellgeschädigten ermöglicht, gegen Kartellanten im Wege der (zivilrechtlichen) Schadensersatzklage vorzugehen, sofern diese schuldhaft gegen Vorschriften des deutschen oder europäischen Kartellrechts verstoßen haben (§ 33 Abs. 3 S. 1 i.V.m. § 33 Abs. 1 S. 1 GWB). Daneben kommen

---

514 *Seeliger/Mross*, in: Frankfurter Kommentar, EG-Kartellrecht, Band II, Allg. Teil E, Rn. 58.

515 *Kasten*, in: Mäger, Europäisches Kartellrecht, 2. Kapitel Rn. 22.

516 EuGH, Urt. v. 13.7.1966, verb. Rss. 56 u. 58/64, Slg. 1966, 322, 392 f. – *Consten u. Grundig/Kommission*; *Jaeger*, in: Loewenheim/Meessen/Riesenkampff, Kartellrecht, Art. 81 Abs. 2 EGV Rn. 23; *Pautke*, in: Schultze, Compliance-Handbuch Kartellrecht, Teil A Rn. 73; *Emmerich*, Kartellrecht, § 7 Rn. 7.

517 EuGH, Urt. v. 14.12.1983, Rs. 319/82, Slg. 1983, 4173, 4183 f. – *Société de vente de ciments/Kerpen & Kerpen*; *Emmerich*, Kartellrecht, § 7 Rn. 7.

518 Vgl. BGH, Urt. v. 15.11.1993, II ZR 235/92 = BGHZ 124, 111, 122; *Schmidt*, in: Immenga/Mestmäcker, EU-Wettbewerbsrecht, Band 1, Art. 101 Abs. 2 AEUV Rn. 23.

519 *Karbaum*, Kartellrechtliche Compliance – Rechtsgrundlagen und Umsetzung, S. 47.

520 Europäische Kommission, Vorschlag für eine Richtlinie des Europäischen Parlaments und des Rates über bestimmte Vorschriften für Schadensersatzklagen nach einzelstaatlichem Recht wegen Zuwiderhandlungen gegen wettbewerbsrechtliche Bestimmungen der Mitgliedstaaten und der Europäischen Union, COM(2013) 404 final; *Seeliger/Mross*, in: Frankfurter Kommentar, EG-Kartellrecht, Band II, Allg. Teil E, Rn. 46.

521 *Bechtold/Bosch*, GWB, § 33 GWB Rn. 2.

verschuldensunabhängige Beseitigungs- und Unterlassungsansprüche (§ 33 Abs. 1 GWB) sowie Rückabwicklungsansprüche gegen die Kartellanten in Betracht.

a) Schadensersatz

Vor allem für die Mitgliedsunternehmen von Verbänden, aber auch für letztere selbst, stellen vorgenannte zivilrechtliche Möglichkeiten ein ernst zu nehmendes Risiko dar – nicht zuletzt auch deshalb, weil die sog. „follow-on-Schadensersatzklagen" zunehmend an Bedeutung gewinnen.[522] Der Vorteil für Kläger bei solchen privaten Schadensersatzverfahren liegt darin, dass ein Kartellrechtsverstoß im Schadensersatzprozess nicht mehr nachgewiesen werden muss, da die Gerichte nach § 33 Abs. 4 GWB an seine rechtskräftige Feststellung durch eine Behörde oder ein anderes Gericht gebunden sind (sog. „Tatbestandswirkung" einer Bußgeldentscheidung[523]).[524] Die Kläger müssen somit nur noch den ihnen entstandenen Schaden substantiiert geltend machen.[525]

Anspruchsberechtigt i.S.d. § 33 GWB ist nach Maßgabe des § 33 Abs. 1 S. 1 GWB jeder Betroffene. Nach § 33 Abs. 1 S. 3 GWB ist das derjenige, der als Mitbewerber oder sonstiger Marktteilnehmer durch den Verstoß beeinträchtigt ist. Grundsätzlich ist danach jeder befugt einen Schaden geltend zu machen, der ihm durch einen wettbewerbsbeschränkenden Vertrag oder durch wettbewerbsbeschränkendes Verhalten entstanden ist. Die weite Formulierung der Betroffenheit ist durch den Gesetzgeber in Folge der Rechtsprechung des EuGH im Urteil *Courage*[526] bewusst gewählt worden, in dem dargelegt wurde, dass die volle Wirksamkeit des Art. 81 EG a.F. nur durch einen umfassenden Anspruch auf Schadensersatz erreicht werden könne.[527] Dem Kreis der Berechtigten gehören nach § 33 Abs. 2 GWB grundsätzlich auch die rechtsfähigen Verbände an, wenn die Geltendmachung gewerblicher oder selbstständiger beruflichen Interessen gefördert wird und den Verbänden eine große Zahl von Unternehmen angehört, die Waren oder Dienstleistungen gleicher oder verwandter Art auf demselben Markt vertreiben.

Passiv legitimiert ist derjenige, der den Verstoß nach § 33 Abs. 1 GWB begeht. Unproblematisch ist insoweit die Haftung von juristischen Personen und Personenhandelsgesellschaften, auf die § 31 BGB anwendbar ist, so dass sie für Kartellverstöße

522 *Seeliger/Mross*, in: Frankfurter Kommentar, EG-Kartellrecht, Band II, Allg. Teil E, Rn. 45.
523 *Seeliger/Mross*, in: Frankfurter Kommentar, EG-Kartellrecht, Band II, Allg. Teil E, Rn. 50.
524 *Pautke*, in: Schultze, Compliance-Handbuch Kartellrecht, Teil A Rn. 77.
525 *Pautke*, in: Schultze, Compliance-Handbuch Kartellrecht, Teil A Rn. 77.
526 EuGH, Urt. v. 20.9.2001, Rs. C-453/99, Slg. 2001, I-6297 – *Courage/Crehan* = EuZW 2001, 715.
527 *Rehbinder*, in: Loewenheim/Meessen/Riesenkampff, Kartellrecht, § 33 GWB Rn. 9.

ihrer Vertreter einstehen müssen.[528] Sind mehrere an dem Verstoß beteiligt, haften alle Kartellanten gesamtschuldnerisch nach Maßgabe der §§ 830, 840 BGB. Der interne Schadensausgleich zwischen den Schädigern erfolgt dann nach Maßgabe des § 426 Abs. 1 und 2 BGB.[529]

Weitere Voraussetzung für einen Schadensersatzanspruch nach § 33 Abs. 3 S. 1 GWB i.V.m. § 33 Abs. 1 GWB ist, dass die Kartellanten schuldhaft gehandelt haben. Voraussetzung dafür ist eine vorsätzliche oder fahrlässige Begehungsweise i.S.d. § 276 BGB.

Für die Ermittlung und Berechnung des (kausalen) Schadens gelten grundsätzlich die §§ 249 bis 252 BGB. Problematisch ist hier insbesondere die Ermittlung und Berechnung der Schadenshöhe[530], die nach der Differenzhypothese zu ermitteln ist.[531] Danach wird der auszugleichende Schaden durch die Differenz des tatsächlichen Vermögens mit dem hypothetischen Vermögensstand festgestellt, der ohne das schädigende Ereignis vorgelegen hätte.[532] Wichtigstes Kriterium für die Ermittlung des Schadens sind die hypothetischen Marktergebnisse. Daran anknüpfend wurde durch § 33 Abs. 3 GWB i.V.m. § 287 ZPO nunmehr die Anspruchsdurchsetzung in Fällen erleichtert, in denen die Ermittlung des hypothetischen Marktpreises als Grundlage einer Schadensberechnung nach der Differenzmethode mit erheblichen Schwierigkeiten verbunden ist.[533] Danach kann auch auf den Verletzergewinn abgestellt werden.[534]

Durch die Einführung des § 33 Abs. 3 S. 2 GWB wurde schließlich die Problematik der sog. „passing-on-defense" geregelt.[535] Nunmehr ist ausdrücklich festgelegt, dass bei überteuertem Bezug einer Ware oder Dienstleistung ein Schaden nicht deshalb ausgeschlossen ist, weil die Ware oder Dienstleistung weiterveräußert wurde.[536] Danach darf also ein Schaden der unmittelbaren Abnehmer nicht deshalb abgelehnt

528 *Emmerich*, in: Immenga/Mestmäcker, Wettbewerbsrecht: GWB, Band 2, § 33 GWB Rn. 30.

529 LG München I, Urt. v. 13.07.2011, 37 O 20080/10 – *Gesamtschuldnerinnenausgleich* = WuW/E DE-R 3247; *Bechtold/Bosch*, GWB, § 33 GWB Rn. 27.

530 *Emmerich* in: Immenga/Mestmäcker, Wettbewerbsrecht: GWB, Band 2, *§ 33 GWB Rn. 51; Seeliger/Mross*, in: Frankfurter Kommentar, EG-Kartellrecht, Band II, Allg. Teil E, Rn. 52.

531 *Bechtold/Bosch*, GWB, § 33 GWB Rn. 33; *Bornkamm*, in: Langen/Bunte, Kartellrecht, Band 1, § 33 GWB Rn. 117; *Emmerich*, Kartellrecht, § 40 Rn. 17.

532 *Schubert*, in: Beck'scher Online-Kommentar BGB, Hrsg: Bamberger/Roth, § 249 BGB Rn. 12.

533 *Emmerich*, in: Immenga/Mestmäcker, Wettbewerbsrecht: GWB, Band 2, § 33 GWB Rn. 68; vgl. auch *Emmerich*, Kartellrecht, § 40 Rn. 17.

534 *Bechtold/Buntscheck*, NJW 2005, 2966, 2969; *C.H. Müller*, Kartellrechtscompliance in Deutschland, S. 145.

535 Dazu grundlegend BGH, Urt. v. 28.06.2011, KZR 75/10 – *ORWI* = WRP 2012, 209.

536 *Rehbinder*, in: Loewenheim/Meessen/Riesenkampff, Kartellrecht, § 33 GWB Rn. 39; vgl. auch *Seeliger/Mross*, in: Frankfurter Kommentar, EG-Kartellrecht, Band II, Allg. Teil E, Rn. 52.

werden, weil es diesen möglich war, die überhöhten Kartellpreise auf ihre weiteren Abnehmer abzuwälzen.[537]

Die Verjährung des Schadensersatzanspruches beginnt ab Kenntnis oder grob fahrlässiger Unkenntnis des Geschädigten von den anspruchsbegründenden Tatsachen zu laufen.[538] Die Verjährungsfrist beträgt gem. §§ 195, 199 Abs. 1 BGB drei Jahre. Nach Maßgabe des § 33 Abs. 5 BGB ist die Verjährung für die Dauer des behördlichen Verfahrens gehemmt.

Bei einigen der vorbeschriebenen Aspekte der Schadensersatzhaftung, so etwa bei der passing-on-Haftung und der Verjährung, wird es aufgrund der neuen EU-Schadensersatzrichtlinie vom Dezember 2014[539] zu einigen Änderungen kommen. Im Juni 2013 legte die Europäische Kommission den Vorschlag für eine Richtlinie über bestimmte Vorschriften für Schadensersatzklagen nach einzelstaatlichem Recht wegen Zuwiderhandlungen gegen wettbewerbsrechtliche Bestimmungen der Mitgliedstaaten und der Europäischen Union[540] vor, den das Europäische Parlament am 17.4.2014 noch in verschiedenen Punkten modifzierte.[541] Diese ist vom Ministerrat am 10.11.2014 endgültig angenommen worden. Nach Inkrafttreten wird den Mitgliedstaaten eine zweijährige Frist eingeräumt, die Richtlinie entsprechend umzusetzen. Der deutsche Gesetzgeber muss die Richtlinie daher bis zum 27.12.2016 in das GWB umsetzen.

Wie bereits erwähnt, ist es Ziel der Richtlinie, zu gewährleisten, dass jeder, der einen durch eine Zuwiderhandlung eines Unternehmens oder einer Unternehmensvereinigung gegen das Wettbewerbsrecht verursachten Schaden erlitten hat, das Recht, den vollständigen Ersatz dieses Schadens von diesem Unternehmen oder dieser Unternehmensvereinigung zu verlangen, wirksam geltend machen kann (Art. 1 Abs. 1 SE-RL). Nach Ansicht der Europäischen Kommission, die die Verabschiedung der Schadensersatzrichtlinie ausdrücklich begrüßt hat, wird die Richtlinie *„dazu beitragen, dass Bürger und Unternehmen Schadensersatz verlangen können, wenn sie*

---

537 *Emmerich*, Kartellrecht, § 40 Rn. 16.

538 *Seeliger/Mross*, in: Frankfurter Kommentar, EG-Kartellrecht, Band II, Allg. Teil E, Rn. 53.

539 Richtlinie 2014/104/EU des Europäischen Parlaments und des Rates vom 26. November 2014 über bestimmte Vorschriften für Schadensersatzklagen nach nationalem Recht wegen Zuwiderhandlungen gegen wettbewerbsrechtliche Bestimmungen der Mitgliedstaaten und der Europäischen Union (im Folgenden: „SE-RL“), ABl. 2014, L 349/1. Die Richtlinie ist abrufbar unter http://www.eur-lex.europa.eu/legal-content/DE/TXT/PDF/?uri=CELEX:32014L0104&from=EN.

540 Europäische Kommission, Vorschlag für eine Richtlinie des Europäischen Parlaments und des Rates über bestimmte Vorschriften für Schadensersatzklagen nach einzelstaatlichem Recht wegen Zuwiderhandlungen gegen wettbewerbsrechtliche Bestimmungen der Mitgliedstaaten und der Europäischen Union v. 13.6.2013, COM(2013) 404 final. Der Vorschlag ist abrufbar unter http://www.eur-lex.europa.eu/LexUriServ/LexUriServ.do?uri=COM:2013:0404:FIN:DE:PDF.

541 *Philipp*, EuZW 2014, 403.

Opfer einer Zuwiderhandlung gegen das EU-Kartellrecht (z. B. Kartell oder Missbrauch einer marktbeherrschenden Stellung) sind".[542]

Inhaltlich gehen nach Ansicht der Europäischen Wettbewerbsbehörde im Wesentlichen folgende Verbesserungen mit der Richtlinie einher:[543]

- *„Wenn Opfer Schadensersatz verlangen, können die nationalen Gerichte die Offenlegung von Beweismitteln durch Unternehmen anordnen. Dabei stellen sie die Verhältnismäßigkeit dieser Anordnungen sicher und sorgen für einen gebührenden Schutz vertraulicher Angaben.*[544]
- *Die endgültige Feststellung einer Zuwiderhandlung durch eine nationale Wettbewerbsbehörde stellt vor den Gerichten des betreffenden Mitgliedstaats einen Beweis für das Vorliegen dieser Zuwiderhandlung dar.*[545]
- *Nachdem die entsprechende Entscheidung der Wettbewerbsbehörde rechtskräftig geworden ist, haben die Opfer mindestens ein Jahr lang Zeit, um ihre Schadensersatzforderung geltend zu machen.*[546]
- *Hat ein Verstoß eine Preiserhöhung nach sich gezogen und wurde diese in der Vertriebskette ‚weitergegeben', steht dem Letztgeschädigten in der Kette Schadensersatz zu.*[547]
- *Eine einvernehmliche Streitbeilegung (Vergleichsverfahren) zwischen Opfer und zuwiderhandelndem Unternehmen wird erleichtert, indem das Zusammenwirken mit Gerichtsverfahren klargestellt wird. Streitigkeiten können so rascher und kostengünstiger beigelegt werden."*[548]

Zudem ergeben sich Änderungen bei den Verjährungsfristen. So beginnt nach Art. 10 Abs. 2 SE-RL die Verjährung nicht zu laufen, solange der Verstoß noch andauert und der Kläger Kenntnis von dem Wettbewerbsverstoß, dem Schaden und der Identität des Rechtsverletzers erlangt hat oder vernünftigerweise erlangen konnte. Die Verjährungsfrist selbst beläuft sich nach Maßgabe des Art. 10 Abs. 3 SE-RL auf fünf Jahre. Eine Hemmung oder Unterbrechung der Verjährungsfrist ist – wie schon dargelegt – in Abs. 4 vorgesehen bei Maßnahmen einer Wettbewerbsbehörde in Bezug auf eine Untersuchung oder ein Verfahren wegen eines Wettbewerbsverstoßes, wobei die Hemmung frühestens ein Jahr nach rechtskräftiger Entscheidung oder anderweitiger Beendigung des Verfahrens endet.[549]

Darüber hinaus beinhaltet die Richtlinie in Art. 18 Abs. 3 SE-RL eine Regelung, nach der eine Schadensersatzzahlung, die infolge einer einvernehmlichen Regelung

542 Europäische Kommission, Pressemitteilung v. 10.11.2014. Die Pressemitteilung ist abrufbar unter http://www.europa.eu/rapid/press-release_IP-14–1580_de.htm.
543 Siehe dazu Europäische Kommission, Pressemitteilung v. 10.11.2014.
544 Zur Offenlegung von Beweismitteln siehe Artt. 5 ff. SE-RL.
545 Zur Wirkung nationaler Entscheidungen siehe Art. 9 SE-RL.
546 Siehe Art. 18 Abs. 4 SE-RL.
547 Zur Abwälzung des Preisaufschlags siehe Artt. 12 ff. SE-RL.
548 Zur einvernehmlichen Streitbeilegung siehe Artt. 18 f. SE-RL.
549 Zu Änderungen bei den (Verjährungs-)Fristen siehe auch *Roth*, GWR 2015, 73, 75.

geleistet wird, bevor die Wettbewerbsbehörde die Verhängung einer Geldbuße beschließt, von einer Wettbewerbsbehörde als mildernder Umstand gewertet werden kann.

Im Ergebnis sind die Regelungen der neuen EU-Schadensersatzrichtlinie zu begrüßen, weil sie etliche Erleichterungen und Verbesserungen zur Rechtsdurchsetzung durch Geschädigte von Wettbewerbsverstößen bieten.[550] Die Praxistauglichkeit der neuen Bestimmungen bleibt aber abzuwarten.[551] Wie *Roth* zutreffend feststellt, steht insoweit zu vermuten, dass insbesondere Regelungen zur Offenlegung von Beweisen in Schadensersatzverfahren zu Streitigkeiten führen werden, da beide Parteien darauf bedacht sein werden, so wenig Beweismaterial wie möglich zu liefern.[552] In diesem Zusammenhang werden die Beteiligten gewiss darüber streiten, ob die geforderten Beweismittel hinreichend konkret benannt sind, oder ob und inwieweit diese vertraulich sind.[553]

b) Beseitigungs- und Unterlassungsanspruch

Neben der Möglichkeit des Schadensersatzes gewährt § 33 Abs. 1 GWB Unternehmen und Verbrauchern einen verschuldensunabhängigen Unterlassungs- und Beseitigungsanspruch gegen die Kartellanten.[554] Voraussetzung für die Geltendmachung des Unterlassungsanspruchs ist gem. § 33 Abs. 1 S. 1 GWB, dass nach einem Verstoß gegen ein Verbot des GWB oder der Artt. 101 f. AEUV oder gegen eine behördliche Verfügung eine Wiederholungsgefahr besteht, d.h. eine ernstliche und greifbare Möglichkeit der Wiederholung des Verstoßes.[555] Nach § 33 Abs. 1 S. 2 GWB reicht aber auch eine Erstbegehungsgefahr aus, also die ernstliche und greifbare Gefahr eines erstmaligen Kartellrechtsverstoßes.[556] Im Gegensatz dazu setzt der Beseitigungsanspruch eine bereits erfolgte Beeinträchtigung durch einen Verstoß voraus, die die Quelle einer fortlaufenden, rechtswidrigen und in die Zukunft wirkenden Störung ist. Weitere Voraussetzung für einen solchen Anspruch ist, dass dem Täter die Beseitigung der Folgen seines Eingriffs möglich und zumutbar ist.[557]

---

550 *Roth*, GWR 2015, 73, 75.
551 *Roth*, GWR 2015, 73, 75.
552 *Roth*, GWR 2015, 73, 75.
553 *Roth*, GWR 2015, 73, 75.
554 *Rehbinder*, in: Loewenheim/Meessen/Riesenkampff, Kartellrecht, § 33 GWB Rn. 42.
555 BGH, Urt. v. 25.2.1992, X ZR 41/90 – *Nicola* = NJW 1992, 2292, 2294; *Emmerich*, in: Immenga/Mestmäcker, Wettbewerbsrecht: GWB, Band 2, § 33 GWB Rn. 38; *Rehbinder*, in: Loewenheim/Meessen/Riesenkampff, Kartellrecht, § 33 GWB Rn. 42.
556 BGH, Urt. v. 25.2.1992, X ZR 41/90 – *Nicola* = NJW 1992, 2292, 2294; *Emmerich*, in: Immenga/Mestmäcker, Wettbewerbsrecht: GWB, Band 2, § 33 GWB Rn. 42; *Rehbinder*, in: Loewenheim/Meessen/Riesenkampff, Kartellrecht, § 33 GWB Rn. 42.
557 *Emmerich*, in: Immenga/Mestmäcker, Wettbewerbsrecht: GWB, Band 2, § 33 GWB Rn. 43.

c) *Zwischenergebnis*

Das Bundeskartellamt sieht in der privaten Kartellrechtsdurchsetzung ein effektives Instrumentarium für die Verfolgung und die Ahnung von Kartellrechtsverstößen.[558] Ausdruck dessen sei – so die Auffassung des Amtes – die steigende Zahl und die Zunahme des Umfangs von kartellrechtlichen Schadensersatzklagen gegen die Beteiligten von Hardcore-Kartellen. Es gebe mittlerweile kaum mehr eine Bußgeldentscheidung einer Kartellbehörde, die keine zivilrechtlichen Schadensersatzklagen nach sich ziehe. Diese Aussagen werden durch die jüngere Vergangenheit bestätigt: Die Fallzahl privater Schadensersatzklagen hat seit 2004 stetig zugenommen. Während in 2004 „lediglich" 38 Schadensersatzklagen anhängig gemacht wurden, waren es in 2007 bereits 120 Klagen.[559]

Weidenbach und *Saller* ziehen aus der tendenziell erleichterten Durchsetzung von Schadensersatzansprüchen[560] zu Recht folgenden Schluss: *„Die effizienteste Vorbeugung gegen Schadensersatzansprüche ist augenscheinlich ein engmaschiges internes kartellrechtliches Compliance-Programm, das von vornherein soweit als möglich verhindert, dass es überhaupt zu einem Kartellrechtsverstoß kommt"*.[561]

V. Kommerzielle Risiken

Neben den unmittelbaren Rechtsfolgen, die Kartellrechtsverstöße nach sich ziehen, sind auch die kommerziellen (mittelbaren) Risiken zu beachten. Dazu zählen Opportunitätskosten und Reputationsschäden.[562]

1. *Opportunitätskosten*

Nicht nur begangene Kartellrechtsverstöße, sondern ebenso kartellbehördliche Ermittlungen und bloße Verdachtsfälle verursachen bei betroffenen Unternehmen und Verbänden in der Regel einen nicht zu unterschätzenden Kosten- und Zeitaufwand.[563] Unter Opportunitätskosten versteht man dabei den Kosten- und Zeitaufwand, der in Folge von Zuwiderhandlungen und Ermittlungen durch interne Aufklärungsarbeit sowie Beratung, Verständigung mit Behörden und anderen Parteien sowie

---

558 BKartA, Broschüre: „Erfolgreiche Kartellverfolgung", S. 27.

559 *Weidenbach/Saller*, BB 2008, 1020, 1021; *Karbaum*, Kartellrechtliche Compliance – Rechtsgrundlagen und Umsetzung, S. 48.

560 Siehe dazu auch *Karbaum*, Kartellrechtliche Compliance – Rechtsgrundlagen und Umsetzung, S. 48 f.

561 *Weidenbach/Saller*, BB 2008, 1020, 1025.

562 *Kasten*, in: Mäger, Europäisches Kartellrecht, 2. Kapitel Rn. 25 f.

563 *Seeliger/Mross*, in: Frankfurter Kommentar, EG-Kartellrecht, Band II, Allg. Teil E, Rn. 55; *Kasten*, in: Mäger, Europäisches Kartellrecht, 2. Kapitel Rn. 25; *Pautke*, in: Schultze, Compliance-Handbuch Kartellrecht, Teil A Rn. 84 ff. Vorstehende Autoren beziehen sich freilich nur auf Unternehmen.

schadensersatzrechtlichen Auseinandersetzungen entsteht.[564] Überdies können ggf. Ressourcen für belastende PR-Maßnahmen gegenüber Verbandsmitgliedern oder der Öffentlichkeit erforderlich sein[565].

2. *Reputationsverluste*

Kartellrechtsverstöße können auch zu Reputations- bzw. Imageschäden führen.[566] So begründen bekanntgewordene Kartellrechtsverstöße ein erhebliches Schädigungspotential für das Ansehen des betroffenen Verbandes. *Moosmayer* führt zu möglichen Reputationsverlusten von Unternehmen Folgendes aus: *„Es ist leicht nachvollziehbar, dass solche in der Öffentlichkeit ‚gebrandmarkte' Unternehmen Schwierigkeiten bei der Rekrutierung von gut ausgebildeten Mitarbeitern haben. Auch sinkt die Motivation und Loyalität der Mitarbeiter, wenn sie fortlaufend im beruflichen und privaten Umfeld auf die Compliance Probleme ihres Unternehmens angesprochen werden."*[567] Die gleichen Probleme dürften auch Verbände haben, die sich compliance-widrig verhalten. Ein aufgelegtes kartellrechtliches Compliance-Programm kann dem jedoch entgegenwirken und einen wichtigen Beitrag zur Verbesserung des Ansehens leisten.[568]

E. Haftungsrisiken für Verbandsleitung und Mitarbeiter

Auch für die Leitungsorgane und andere Mitarbeiter eines Verbandes können sich Kartellrechtsverstöße negativ auswirken.[569] Diesen droht nicht nur die Verhängung eines Bußgeldes durch das Bundeskartellamt, sondern auch die Geltendmachung von Schadensersatzansprüchen sowie straf- und arbeitsrechtliche Sanktionen.

I. Bußgelder

Bei der Bebußung natürlicher Personen für begangene Kartellrechtsverstöße ist zwischen europäischem und deutschem Kartellrecht zu differenzieren.

---

564 *Kasten*, in: Mäger, Europäisches Kartellrecht, 2. Kapitel Rn. 25.

565 *Kasten*, in: Mäger, Europäisches Kartellrecht, 2. Kapitel Rn. 25.

566 *Seeliger/Mross*, in: Frankfurter Kommentar, EG-Kartellrecht, Band II, Allg. Teil E, Rn. 56; *Pautke*, in: Schultze, Compliance-Handbuch Kartellrecht, Teil A Rn. 86; *Kasten*, in: Mäger, Europäisches Kartellrecht, 2. Kapitel Rn. 26; *Brouwer*, CCZ 2009, 161, 162; *Karbaum*, Kartellrechtliche Compliance – Rechtsgrundlagen und Umsetzung, S. 50; *C.H. Müller*, Kartellrechtscompliance in Deutschland, S. 154; dazu vertiefend *Strothmeyer*, Compliance – Risikobegrenzung und Imagevorteil, S. 1 ff.

567 *Moosmayer*, Compliance, Rn. 69.

568 *Huber*, Die Reichweite konzernbezogener Compliance-Pflichten des Mutter-Vorstands des AG-Konzerns, S. 23. Dieser bezieht seine Ausführungen lediglich auf „Unternehmen".

569 Die Darstellung ist angelehnt an *Karbaum*, Kartellrechtliche Compliance – Rechtsgrundlagen und Umsetzung, S. 51 ff.

1. *Keine Bußgelder gegen natürliche Personen auf europäischer Ebene*

Dem europäischen Kartellrecht ist die Verhängung von Geldbußen gegen die für Unternehmen oder Verbände handelnden natürlichen Personen grundsätzlich fremd.[570] Die Europäische Kommission kann Bußgelder nach Maßgabe des Art. 23 Abs. 1 VO Nr. 1/2003 folglich nur gegen Unternehmen und Unternehmensvereinigungen selbst festsetzen. Eine Bebußung natürlicher Personen kommt lediglich dann in Betracht, wenn sie selbst Unternehmen sind.[571]

2. *Bußgelder gegen natürliche Personen nach deutschem Kartell- und Ordnungswidrigkeitenrecht*

Im Gegensatz zur Europäischen Kommission kann das Bundeskartellamt bei kartellrechtlichen Zuwiderhandlungen auch natürliche Personen mit einer Geldbuße belegen, und zwar unabhängig davon, ob gegen europäisches oder deutsches Kartellrecht verstoßen wurde.[572] Zentrale Bußgeldvorschrift im GWB ist dafür § 81 GWB. Danach handelt ordnungswidrig, wer vorsätzlich oder fahrlässig gegen kartellrechtliche Vorschriften verstößt (§ 81 Abs. 1, 2 GWB). Ein Großteil der Bußgeldverfahren steht dabei im Zusammenhang mit Fällen, in denen es um Verstöße gegen das Kartellverbot i.S.d. § 1 GWB geht.[573] Des Weiteren stehen die Fallgruppen des Boykotts und der Diskriminierung im Mittelpunkt der Verfolgungstätigkeit der Kartellbehörden.[574]

Für das deutsche Bußgeldverfahren sind die Vorschriften des GWB, des OWiG und der StPO relevant. Dabei geht es – anders als das reine Verwaltungsverfahren der Europäischen Kommission – von der Haftung des Individuums aus.[575] Die Sanktionierung natürlicher Personen in Deutschland ist möglich gegen an der kartellrechtlichen Zuwiderhandlung unmittelbar Beteiligte, andere beteiligte Mitarbeiter i.S.d. § 14 Abs. 1 S. 1 OWiG und aufsichtspflichtige Mitarbeiter i.S.d. § 130 OWiG.[576]

a) Unmittelbar Beteiligte

Im deutschen Kartellordnungswidrigkeitenrecht sind die Verbotstatbestände an juristische Personen und Personenvereinigungen adressiert und können mithin nur

---

570 Vgl. *Seeliger/Mross*, in: Frankfurter Kommentar, EG-Kartellrecht, Band II, Allg. Teil E, Rn. 60; *Klusmann*, in: Wiedemann, Handbuch des Kartellrechts, § 55 Rn. 31.

571 *Kasten*, in: Mäger, Europäisches Kartellrecht, 2. Kapitel Rn. 27.

572 *Kapp/Gärtner*, CCZ 2009, 168.

573 *Klusmann*, in: Wiedemann, Handbuch des Kartellrechts, § 55 Rn. 1.

574 BKartA, TB 2003/2004, S. 230 f.; *Klusmann*, in: Wiedemann, Handbuch des Kartellrechts, § 55 Rn. 1.

575 *Pautke*, in: Schultze, Compliance-Handbuch Kartellrecht, Teil A Rn. 62.

576 *Pautke*, in: Schultze, Compliance-Handbuch Kartellrecht, Teil A Rn. 63.

von diesen verwirklicht werden.[577] Deshalb ist es notwendig, den Kreis der möglichen Handlungstäter[578] durch die Zurechnungsnorm des § 9 OWiG zu erweitern.[579] Danach kann Verantwortlichen juristischer Personen und Personenvereinigungen die Unternehmenseigenschaft als besonderes persönliches Merkmal zugerechnet werden mit der Folge, dass gegen sie Bußgelder wegen der Beteiligung an einem Kartellrechtsverstoß verhängt werden können.[580]

b) Andere Beteiligte

Der Kreis der unmittelbar an einer kartellrechtlichen Zuwiderhandlung beteiligten Personen wird nach § 14 Abs. 1 S. 1 OWiG auf andere an der Ordnungswidrigkeit Beteiligte ausgedehnt.[581] Das sind solche, die eine Person mit Unternehmenseigenschaft oder zugerechneter Unternehmenseigenschaft mit einer physischen oder psychischen Beihilfehandlung i.S.d. § 14 OWiG unterstützen.[582] Darunter fällt etwa die Sekretärin eines Vorstandsmitglieds, die bei der Organisation des Kartells behilflich ist.[583] Gemeinsame Voraussetzung der Zurechnungstatbestände der §§ 9 und 14 OWiG ist, dass der Handelnde jeweils in Erfüllung der ihm obliegenden oder von ihm übernommenen Aufgaben tätig ist.[584]

c) Aufsichtspflichtige Mitarbeiter gem. § 130 OWiG

Neben den unmittelbar handelnden Verantwortlichen kann das Bundeskartellamt nach Maßgabe des § 130 Abs. 1 S. 1 OWiG i.V.m. § 9 OWiG auch Bußgelder gegen natürliche Personen verhängen, die nicht selbst am Kartellrechtsverstoß beteiligt waren. Dazu müssen diese die ihnen obliegenden erforderlichen und zumutbaren Aufsichtspflichten zur Verhinderung von Kartellrechtsverstößen verletzt haben und es infolge dessen zu kartellrechtlichen Zuwiderhandlungen durch nachgeordnete Mitarbeiter gekommen sein. Zu den erforderlichen Aufsichtsmaßnahmen gehören gem. § 130 Abs. 1 S. 2 OWiG auch die Bestellung, sorgfältige Auswahl und Überwachung von Aufsichtspersonen. Darüber hinaus ist allgemein anerkannt, dass sich die Aufsichtspflichten aus Spezialnormen, aus Gerichtsentscheidungen zur Konkretisierung von Sorgfaltspflichten oder aus dem allgemeinen Grundsatz, dass bestimmte Lebensverhältnisse die Verantwortung für das Verhalten anderer

---

577 Vgl. *Karbaum*, Kartellrechtliche Compliance – Rechtsgrundlagen und Umsetzung, S. 53.
578 Etwa auf Organe, gesetzliche Vertreter, Niederlassungs- oder Betriebsleiter.
579 *Klusmann*, in: Wiedemann, Handbuch des Kartellrechts, § 55 Rn. 31.
580 *Klusmann*, in: Wiedemann, Handbuch des Kartellrechts, § 55 Rn. 31; *Karbaum*, Kartellrechtliche Compliance – Rechtsgrundlagen und Umsetzung, S. 53.
581 *Kasten*, in: Mäger, Europäisches Kartellrecht, 2. Kapitel Rn. 27.
582 *Pautke*, in: Schultze, Compliance-Handbuch Kartellrecht, Teil A Rn. 63.
583 *Pautke*, in: Schultze, Compliance-Handbuch Kartellrecht, Teil A Rn. 63.
584 *Klusmann*, in: Wiedemann, Handbuch des Kartellrechts, § 55 Rn. 32.

Personen begründen, herleiten lassen.[585] Generell gilt, dass das Ausmaß der Aufsichtsplicht von den Umständen des Einzelfalles abhängt.[586]

Zu den erforderlichen und zumutbaren Maßnahmen gehören etwa die überraschende Durchführung von Stichproben oder die Einrichtung einer innerbetrieblichen Sicherheitsstelle.[587] Sind in der Vergangenheit bereits Kartellrechtsverstöße vorgekommen, besteht eine gesteigerte Aufsichtspflicht.[588]

Ist es zu einem Kartellrechtsverstoß gekommen, kann das Bundeskartellamt gegen natürliche Personen Bußgelder in Höhe von maximal 1 Mio. € festsetzen (§ 81 Abs. 4 GWB). Im Falle fahrlässigen Verhaltens halbiert sich der Bußgeldrahmen jeweils nach Maßgabe der §§ 17 Abs. 2, 30 Abs. 2 OWiG. Das Bußgeldrisiko kann nicht durch eine sog. „D&O-Versicherung"[589] abgedeckt werden, da diese häufig ausdrückliche Haftungsausschlüsse für Kartellgeldbußen enthalten.[590] Vorsätzliche Zuwiderhandlungen können nach der allgemeinen Vorschrift des § 81 VVG ohnehin nicht versichert werden.[591] Juristischen Personen soll es aber gestattet sein, teilweise eine Übernahme bzw. Freistellung von gegen natürliche Personen verhängten Bußgeldern mit den betroffenen Organmitgliedern oder Mitarbeitern, vor allem in Form von internen Amnestieprogrammen, zu vereinbaren.[592] Allerdings ist die Zusage einer Übernahme bzw. Freistellung von kartellrechtlichen Bußgeldern vor Begehung des Kartellrechtsverstoßes bzw. vor dessen Entdeckung wegen §§ 134, 138 BGB unzulässig.[593] Die Übernahme bzw. Freistellung von einem Bußgeld bei bereits eingetretenen Verstößen ist aber in gewissen Grenzen möglich, sofern das Interesse der juristischen Person an einer Freistellung bzw. Übernahme überwiegt.[594]

Als Zwischenfazit lässt sich festhalten, dass wegen der Gefahr drohender Bußgelder für natürliche Personen die Einhaltung kartellrechtlicher Bestimmungen nicht nur für Verbände selbst wesentlich ist, sondern auch für deren Leitungsorgane und

585 *Bohnert*, OWiG, § 130 OWiG Rn. 17.

586 *Kapp/Gärtner*, CCZ 2009, 168, 169.

587 *Bohnert*, OWiG, § 130 OWiG Rn. 20.

588 *Rogall*, in: Karlsruher Kommentar zum OWiG, § 130 OWiG Rn. 63; *Kapp/Gärtner*, CCZ 2009, 168, 169.

589 Bei der D&O-Versicherung handelt es sich um eine Berufshaftpflichtversicherung für Organmitglieder und leitende Angestellte juristischer Personen (*Seeliger/Mross*, in: Frankfurter Kommentar, EG-Kartellrecht, Band II, Allg. Teil E, Rn. 62 (Fn. 4)).

590 *Seeliger/Mross*, in: Frankfurter Kommentar, EG-Kartellrecht, Band II, Allg. Teil E, Rn. 62; *Kasten*, in: Mäger, Europäisches Kartellrecht, 2. Kapitel Rn. 28; *C.H. Müller*, Kartellrechtscompliance in Deutschland, S. 140.

591 *Seeliger/Mross*, in: Frankfurter Kommentar, EG-Kartellrecht, Band II, Allg. Teil E, Rn. 62.

592 Vgl. *Kasten*, in: Mäger, Europäisches Kartellrecht, 2. Kapitel Rn. 28.

593 *Kasten*, in: Mäger, Europäisches Kartellrecht, 2. Kapitel Rn. 28.

594 Vgl. *Seeliger/Mross*, in: Frankfurter Kommentar, EG-Kartellrecht, Band II, Allg. Teil E, Rn. 63; *Kasten*, in: Mäger, Europäisches Kartellrecht, 2. Kapitel Rn. 28.

Angestellte. Das belegen auch die Zahlen des Bundeskartellamtes, das allein in 2013 Bußgelder gegen insgesamt 52 Privatpersonen verhängt hat.[595]

II. Schadensersatzrisiko

Kartellrechtsverstöße bergen neben dem angesprochenen Bußgeldrisiko auch ein Schadensersatzrisiko für die für den Verband handelnden natürlichen Personen. Denn neben dem Verband können auch Repräsentanten persönlich haftbar gemacht werden[596], auch wenn in *„der Verbandspraxis (...) die Haftung von Vorstandsmitgliedern und fakultativen Organmitgliedern für Compliance-Pflichtverletzungen bislang kaum eine Rolle [spielt].*[597] *Der Grund hierfür liegt vor allem in der engen Verflechtung der Verbandsmitglieder mit den Leitungsorganen und die dadurch entstandene Kultur des Miteinanders.“*[598]

Von Schadensersatzansprüchen betroffen sind einerseits die unmittelbar an einem Kartellrechtsverstoß Beteiligten, die durch ihr kartellrechtswidriges Handeln arbeitsvertragliche Pflichten verletzen und in arbeitsrechtlichen Grenzen auf Ersatz der dem Verband entstandenen Schäden in Anspruch genommen werden können.[599] Andererseits nehmen Verbände – wie erwähnt in freilich noch geringem Umfang – zunehmend häufiger auch die pflichtwidrig handelnden Mitglieder ihrer Verwaltungsorgane für gesetzeswidriges Verhalten in (persönliche) Haftung.[600]

Beim persönlichen Regress sind zwei Schadensersatz-Konstellationen denkbar: Zum einen können Verbände für begangene Pflichtverletzungen ihrer handelnden Personen Ansprüche aus dem Innenverhältnis nach Maßgabe des § 280 Abs. 1 BGB herleiten. Zum anderen ist es ggf. auch (außenstehenden) Dritten möglich, Geschäftsleiter für kartellrechtliche Zuwiderhandlungen persönlich in Regress zu nehmen.

1. Innenhaftung von Leitungsorganen und Geschäftsführung

Die Haftung im Innenverhältnis ist gekennzeichnet durch zwei mögliche Fallgruppen: den Regress des Verbandes gegen das für den Kartellrechtsverstoß verantwortliche Leitungsorgan wegen (1.) eines dem Verband auferlegten Bußgeldes und (2.) Dritten nach § 33 Abs. 3 GWB geleisteter Schadensersatz.[601]

---

595 BKartA, Jahresbericht 2013, S. 5. Der Jahresbericht ist abrufbar unter http://www.bundeskartellamt.de/SharedDocs/Publikation/DE/Jahresbericht/Jahresbericht_2013.pdf?__blob=publicationFile&v=3 (6.2.2016).

596 *Schöpflin*, in: Beck'scher Online-Kommentar BGB, § 31 BGB Rn. 27.

597 *Brouwer*, CCZ 2009, 161, 167.

598 *Brouwer*, CCZ 2009, 161, 167.

599 *Karbaum*, Kartellrechtliche Compliance – Rechtsgrundlagen und Umsetzung, S. 53. Dieser bezieht sich indes auf die Situation in „Unternehmen“.

600 *Burgard*, in: Krieger/U.H. Schneider, Handbuch Managerhaftung, § 6 Rn. 3.

601 *Kasten*, in: Mäger, Europäisches Kartellrecht, 2. Kapitel Rn. 29 f.; *Kapp/Gärtner*, CCZ 2009, 168, 170 f. Diese beziehen sich freilich auf den Regress von Unternehmen gegen deren Leitungsorgane.

a) *Bußgeldregress durch den Verband*

Kartellverstöße können Regressansprüche des Verbandes auslösen. Neben den weniger praxisrelevanten Schadensersatzansprüchen wegen Verletzung von Pflichten aus dem Anstellungsvertrag sowie auftragsrechtlichen und deliktischen Ansprüchen kommt insbesondere die organschaftlich begründete Haftung in Betracht.[602] Damit können auch Geschäftsführer, die besondere Vertreter i.S.d. § 30 BGB sind, persönliche einstandspflichtig werden.[603] Ist im Verband ein Aufsichtsrat installiert, der die Pflicht hat, die geschäftsführenden Organe zu überwachen und kommt es infolge der Verletzung dieser Pflicht zu Schäden für den Verband, können sich auch Aufsichtsratsmitglieder nach Maßgabe des § 280 Abs. 1 BGB regresspflichtig machen.[604]

aa) Organschaftliche Haftung

Im Vereinsrecht existiert zwar keine dem § 93 Abs. 2 S. 1 AktG vergleichbare Norm, wonach die Mitglieder des Vorstandes, die ihre Pflichten verletzen, der Gesellschaft zum Ersatz des daraus entstehenden Schadens als Gesamtschuldner verpflichtet sind. Dennoch haften auch Verbandsorgane im Innenverhältnis für die von ihnen zu vertretenen Pflichtverletzungen aus dem organschaftlichen Rechtsverhältnis.[605] Während dazu früher auf das schuldrechtliche Institut der positiven Forderungsverletzung[606] oder eine analoge Anwendung des Auftragsrechts zurückgegriffen[607] wurde, ergibt sich die Haftung nunmehr aus der (allgemeinen) Schadensersatzvorschrift des § 280 Abs. 1 BGB. Danach müssen für eine organschaftliche Haftung folgende Voraussetzungen erfüllt sein: Bestehen eines Schuldverhältnisses, Pflichtverletzung, Vertretenmüssen der Pflichtverletzung, Schaden sowie Kausalität zwischen Pflichtverletzung und Schaden. Zudem dürfen etwaige Ausschlussgründe nicht zum Wegfall der organschaftlichen Haftung führen.

(1) Bestehen eines Schuldverhältnisses

Im Zeitpunkt der (kartell-)rechtswidrigen Handlung muss zwischen dem Schuldner und dem Geschädigten ein Schuldverhältnis bestehen.[608] Das zwischen Verband und Leitungsorgan bestehende organschaftliche Rechtsverhältnis ist ein

---

602 *Kapp/Gärtner*, CCZ 2009, 168, 169; *Grambow*, in: Fissenewert, Compliance für den Mittelstand, 5. Kapitel Rn. 72 ff.

603 *Grambow*, in: Fissenewert, Compliance für den Mittelstand, 5. Kapitel Rn. 75.

604 Eine persönliche Außenhaftung von Aufsichtsratsmitgliedern dürfte dagegen eher selten praktische Bedeutung erlangen (*Burgard*, in: Krieger/U.H. Schneider, Handbuch Managerhaftung, § 6 Rn. 113).

605 *Hadding*, in: Soergel, BGB, Band 1, § 27 BGB Rn. 23; *Weick*, in: Staudinger, BGB, § 26 BGB Rn. 25.

606 *Hadding*, in: Soergel, BGB, Band 1, § 27 BGB Rn. 23.

607 *Weick*, in: Staudinger, BGB, § 26 BGB Rn. 25.

608 Vgl. *Stadler*, in: Jauernig, Kommentar zum BGB, § 280 BGB Rn. 7.

Rechtsverhältnis i.S.d. des § 280 BGB. Dieses Rechtsverhältnis verpflichtet das Organ zur ordnungsgemäßen Geschäftsführung aber nur gegenüber dem Verband, nicht auch gegenüber Dritten oder Verbandsmitgliedern.[609]

(2) Pflichtverletzung

Ferner bedarf es einer eigenen Pflichtverletzung des betreffenden Leitungsorgans. Eine Pflichtverletzung ist gegeben, wenn das Leistungsversprechen nicht wie geschuldet erfüllt wird oder eine sich aus dem (ggf. gesetzlichen) Schuldverhältnis ergebende (Neben-)Pflicht nicht eingehalten wird.[610]

Im Rahmen der Pflicht zur Geschäftsführung (vgl. § 27 Abs. 3 BGB i.V.m. §§ 664 ff. BGB) haben Vorstand bzw. geschäftsführendes Organ nicht nur die Pflicht, sich selbst gesetzeskonform zu verhalten, sondern müssen auch für das rechtmäßige Verhalten des Verbandes im Außenverhältnis sorgen (sog. „Legalitätsprinzip“).[611] Diese Pflicht verletzen Entscheidungsträger, wenn sie entweder unmittelbar an dem Kartellrechtsverstoß beteiligt sind, diesen geduldet haben oder wenn sie ihre Überwachungs- und Compliance-Verantwortung vernachlässigen.[612] So soll eine Pflichtverletzung nach Auffassung des LG München I vorliegen, wenn es ein Vorstand bei entsprechender Gefährdungslage unterlässt, eine Compliance-Organisation einzurichten und es infolgedessen zu Rechtsverletzungen kommt.[613] Überdies soll nach Auffassung des Gerichts eine Pflichtverletzung vorliegen, wenn ein mangelhaftes Compliance-System eingerichtet wurde, und wenn dieses lediglich unzureichend überwacht wurde.[614]

Für den Verband besteht grundsätzlich sogar bei sog. „nützlichen Pflichtverletzungen“ ein Anspruch auf Regress. Das sind solche, mit denen ein Vorteil für den Verband beabsichtigt war.[615]

(3) Vertretenmüssen der Pflichtverletzung

Beim Vertretenmüssen der Pflichtverletzung ist zwischen Verschuldensgrad und Sorgfaltsmaßstab zu unterscheiden. So setzt § 280 Abs. 1 BGB zunächst voraus, dass der Schuldner die Pflichtverletzung verschuldet haben muss (§ 280 Abs. 1 S. 2 BGB). Nach der Beweislastregel des § 280 Abs. 1 S. 2 BGB wird das Vertreten-

---

609 Vgl. *Hadding*, in: Soergel, BGB, Band 1, § 27 BGB Rn. 23.

610 *Stadler*, in Jauernig, Kommentar zum BGB, § 280 BGB Rn. 8.

611 Siehe dazu aus der Unternehmenspraxis BGH, Urt. v. 15.10.1996, VI ZR 319/95 = BGHZ 133, 370, 375; *Burgard*, in: Krieger/U.H. Schneider, Handbuch Managerhaftung, § 6 Rn. 16.

612 *Fleischer*, BB 2008, 1070, 1072 f.; *Zimmermann*, WM 2008, 433, 435 f.

613 LG München I, Urt. v. 10.12.2013, 5 HK O 1387/10 = CCZ 2014, 142 ff. (m. Anm. von *Fett*).

614 LG München I, Urt. v. 10.12.2013, 5 HK O 1387/10 = CCZ 2014, 142 ff. (m. Anm. von *Fett*).

615 *Burgard*, in: Krieger/U.H. Schneider, Handbuch Managerhaftung, § 6 Rn. 16.

müssen allerdings vermutet, so dass sich der Schuldner entlasten muss.[616] Es gilt grundsätzlich der Verschuldensmaßstab des § 276 Abs. 1 S. 1 BGB. Demzufolge haben Organe vorsätzliches und fahrlässiges[617] Verhalten zu vertreten, sofern keine gesetzliche, satzungsmäßige und/oder anstellungsvertragliche Haftungsmilderung eingreift.[618] Zum Vertretenmüssen bei unterlassener Implementierung eines Compliance-Systems hat das LG München I erst Ende 2013 entschieden, dass ein Vorstandsmitglied darzulegen und zu beweisen hat, dass es seine Pflichten nicht verletzt oder jedenfalls schuldlos gehandelt hat oder dass der Schaden auch bei einem rechtmäßigen Alternativverhalten eingetreten wäre.[619]

Fraglich ist, wie der vereinsrechtliche Sorgfaltsmaßstab angelegt ist. Denn anders als z.B. im Aktien- und Genossenschaftsrecht, wo etwa die §§ 93 Abs. 1 S. 1 AktG bzw. 34 Abs. 1 GenG kodifizieren, dass Vorstandsmitglieder bei ihrer Geschäftsführung die Sorgfalt eines ordentlichen und gewissenhaften Geschäftsleiters anzuwenden haben, ist der Haftungsmaßstab für eine pflichtwidrige Geschäftsführung in den §§ 21 ff. BGB nicht ausdrücklich geregelt. Trotz des Fehlens einer ausdrücklichen Regelung, der gesetzgeberische Grund hierfür liegt wohl in der idealen Zwecksetzung von Vereinen[620], wird – in Anlehnung an den aktienrechtlichen Sorgfaltsmaßstab – mehrheitlich auch für das Vereinsrecht als Mindestanforderung grundsätzlich die Sorgfalt eines ordentlichen und gewissenhaften Vereinsleiters befürwortet, wobei sich die konkrete Sorgfaltspflicht nur anhand der Umstände des einzelnen Falles (insbesondere Art und Größe des Vereins, der Vereinszweck sowie auch ein wirtschaftlicher Nebenbetrieb des Vereins)[621] endgültig beantworten lassen.[622] So vertritt

---

616 *Unberath*, in: Beck'scher Online-Kommentar BGB, Hrsg: Bamberger/Roth, § 280 BGB Rn. 31.

617 Fahrlässig handelt, wer die im Verkehr erforderliche Sorgfalt außer Acht lässt (§ 276 Abs. 2 BGB).

618 *Weick*, in: Staudinger, BGB, § 26 BGB Rn. 25; *Burgard*, in: Krieger/U.H. Schneider, Handbuch Managerhaftung, § 6 Rn. 37, 64 ff.

619 LG München I, Urt. v. 10.12.2013, 5 HK O 1387/10 = NZG 2014, 345, 347.

620 *Burgard*, in: Krieger/U.H. Schneider, Handbuch Managerhaftung, § 6 Rn. 38 f.

621 *Reichert*, Vereins- und Verbandsrecht, Rn. 3677 f.; *Waldner/Wörle-Himmel*, in: Sauter/Schweyer/Waldner, Der eingetragene Verein, Rn. 278.

622 *Burgard*, in: Krieger/U.H. Schneider, Handbuch Managerhaftung, § 6 Rn. 38 f.; vgl. auch *Brouwer*, CCZ 2009, 161, 162. Der BGH spricht indes von der Sorgfaltspflicht eines „ordentlichen Beauftragten" (BGH, Urt. v. 26.11.1985, VI ZR 9/85 = NJW-RR 1986, 572, 574). Nach Auffassung von *Reuter* seien die Vorstandsmitglieder verpflichtet, das Interesse des Vereins so wirksam wie möglich wahrzunehmen (*Arnold*, in: Münchener Kommentar zum BGB, Band 1, § 27 BGB Rn. 41). Dabei folge bereits aus den §§ 27 Abs. 3, 670 BGB, dass der Maßstab nicht das, ex-post betrachtet, Erforderliche ist, sondern das, was der Vorstand ex-ante für erforderlich halten dürfe. So verfüge der Vorstand namentlich bei Prognoseentscheidungen über einen weiten Beurteilungsspielraum (*Arnold*, in: Münchener Kommentar zum BGB, Band 1, § 27 BGB Rn. 41). Er handele pflichtgemäß, wenn er nach folgender Systematik handelt: (1.) in gutem Glauben, (2.) auf der Grundlage einer

z.B. *Schöpflin* die Ansicht, dass sich der Haftungsmaßstab nach der Sorgfalt eines ordentlichen und gewissenhaften Vorstandsmitgliedes eines Vereins der jeweiligen Art bestimmt, wobei an die Sorgfaltspflichten der Vorstandsmitglieder großer Wirtschaftsverbände (z.B. BDI) höhere Maßstäbe anzulegen sind als an die des Vorstands kleiner lokaler Vereine.[623] Als Begründung für das Erfordernis des vorstehenden Sorgfaltsmaßstabes wird u.a. angeführt, dass die Vorstandsmitglieder eines Vereins ebenso wie diejenigen einer AG fremde Vermögensinteressen treuhänderisch wahrnehmen und dass der Vereinsvorstand das gesetzliche Vertretungsorgan einer juristischen Person sei.[624] Dabei müsse der Vorstand im Rahmen der Vertretung nach außen als auch bei Geschäftsführungsmaßnahmen die zwingenden und für den Verein einschlägigen gesetzlichen Vorschriften sowie die allgemein anerkannten Grundsätze des Vereinsrechts beachten.[625] Bezogen auf den Vereinsinnenbereich ist der Vorstand danach dafür verantwortlich, dass sich das Leben nach Gesetz, Satzung und ggf. vorhandenen Nebenordnungen vollzieht.[626] Insbesondere muss er auf die Einhaltung des Vereinszwecks achten und jedwede Schäden vom Verein fernhalten.[627] Dafür muss er z.B. die Auswahl von Beschäftigten so treffen, dass sie ihren Pflichten ordnungsgemäß nachkommen. Des Weiteren sind sie in ausreichendem Maße anzuleiten und zu überwachen.[628]

Aus dem Vorbeschriebenen folgt, dass der vereinsrechtliche Sorgfaltsmaßstab, zumindest mit Blick auf Vorstände großer Wirtschaftsverbände, dieselben Mindestanforderungen stellt wie der aktienrechtliche an Vorstandsmitglieder einer AG.[629]

(4) Schaden und haftungsausfüllende Kausalität

Ersatzfähig ist grundsätzlich jeder durch die Pflichtverletzung verursachte Schaden. Dabei hat ein Verband – u.U. mit Erleichterung des § 287 ZPO – darzulegen und ggf. zu beweisen, dass ihm durch ein Verhalten des Vorstandsmitglieds, das möglicherweise pflichtwidrig ist, ein Schaden entstanden ist.[630] In der vorliegenden (Regress-)Konstellation ist der ersatzfähige Schaden das gegen den Verband aufgrund einer kartellrechtswidrigen Handlung verhängte Bußgeld. Sind mehrere

---

durchschnittlich umsichtigen Ermittlung der entscheidungsrelevanten Tatsachen und (3.) in einer Weise, die er vernünftigerweise für im Interesse des Vereins liegend halten dürfe (*Arnold*, in: Münchener Kommentar zum BGB, Band 1, § 27 BGB Rn. 41).

623 *Schöpflin*, in: Beck'scher Online-Kommentar BGB, § 27 BGB Rn. 20.

624 *Burgard*, in: Krieger/U.H. Schneider, Handbuch Managerhaftung, § 6 Rn. 38 f.

625 *Reichert*, Vereins- und Verbandsrecht, Rn. 3680.

626 *Reichert*, Vereins- und Verbandsrecht, Rn. 3680.

627 *Reichert*, Vereins- und Verbandsrecht, Rn. 3681.

628 *Koch*, in: Hüffer, Aktiengesetz, § 93 AktG Rn. 46; *Reichert*, Vereins- und Verbandsrecht, Rn. 3685.

629 Vgl. *Burgard*, in: Krieger/U.H. Schneider, Handbuch Managerhaftung, § 6 Rn. 39.

630 Vgl. entsprechend zur Haftung nach § 93 Abs. 2 S. 1 AktG LG München I, Urt. v. 10.12.2013, 5 HK O 1387/10 = NZG 345, 347.

Organe für den Kartellrechtsverstoß verantwortlich, haften sie nach den §§ 421 ff. BGB als Gesamtschuldner.[631]

(5) Ausschluss des Bußgeldregresses gegen Verbandsorgane?

Die Möglichkeit eines (Bußgeld-)Regresses gegen Leitungsorgane, die sich im Rahmen ihrer Handlungen gesetzeswidrig verhalten haben, ist umstritten. Die Diskussion ist zwar bislang auf einen Haftungsausschluss für Unternehmensangehörige beschränkt, lässt sich aber auf die Situation von Verbandsorganen erweitern, da diese ebenfalls (auch) fremdes Vermögen verwalten.

(a) Ablehnung des Regresses wegen auferlegter Bußgelder

Teilweise[632] wird gegen den Rückgriff im Wege des Schadensersatzanspruches wegen Unternehmensgeldbußen eingewendet, die Belastung durch ein verhängtes Bußgeld stelle keinen ersatzfähigen Schaden dar, da diese dem Betroffenen höchstpersönlich auferlegt werde[633] Dieser Zweck werde verfehlt, wenn der Täter den zu zahlenden Betrag bei einem anderen als Schaden liquidieren könne.[634] Ferner wird der Einwand erhoben, der Schadensersatzanspruch widerspreche dem Sanktionszweck des verhängten Bußgeldes und liege nicht mehr im Schutzbereich der kartellrechtlichen Verbotsnormen.[635] Unternehmen sollen danach aus spezial- und generalpräventiven Gründen nicht wegen der ihnen auferlegten Bußgelder bei ihren Organmitgliedern Regress nehmen können.[636] Das gelte insbesondere vor dem Hintergrund, dass Geldbußen nach deutschem Kartellrecht sowohl gegen Unternehmen und Unternehmensvereinigungen als auch gegen die verantwortlichen Vorstandsmitglieder festgesetzt werden können und der Bußgeldrahmen in beiden Fällen erheblich abweiche.[637]

In einer viel beachteten Entscheidung hat jüngst das LAG Düsseldorf zu der Frage Stellung genommen, ob der Geschäftsführer einer GmbH für gegen das Unternehmen verhängte kartellrechtliche Geldbußen persönlich haftbar gemacht werden

---

631 Der Innenausgleich, also der Ausgleich mehrerer ersatzpflichtiger Organe untereinander, richtet sich dann nach § 426 BGB. Dabei ist § 254 BGB zu beachten, so dass dasjenige Organ, das überwiegend für das Bußgeld verantwortlich ist, dieses intern auch überwiegend zu tragen hat (vgl. *Burgard*, in: Krieger/U.H. Schneider, Handbuch Managerhaftung, § 6 Rn. 40).

632 *Dreher*, in: FS Konzen, 2006, 85, 103 ff.; *Horn*, ZIP 1997, 1129, 1136.

633 So zusammenfassend *Kapp/Gärtner*, CCZ 2009, 168, 170; vgl. dazu auch *Fleischer*, BB 2008, 1070, 1073.

634 *Ebert*, in: Erman, BGB, Band I, § 249 BGB Rn. 57; *Schiemann*, in: Staudinger, BGB, 13. Auflage, 1998, § 249 BGB Rn. 203.

635 *Dreher*, in: FS Konzen, 2006, 85, 104 ff.

636 So zusammenfassend *Kapp/Gärtner*, CCZ 2009, 168, 170.

637 *Dreher*, in: FS Konzen, 2006, S. 85 ff., 104 f.; *Horn*, ZIP 1997, 1129, 1136; siehe vertiefend *Fleischer*, BB 2008, 1070, 1073.

kann.[638] Dies hat das Gericht im Ergebnis u.a. deshalb abgelehnt, weil sich der Gesetzgeber im Rahmen des § 81 GWB dafür entschieden habe, den Unternehmensträger zur Verantwortung zu ziehen.[639] Könnten diese dann verhängte Geldbußen auf ihre Organe abwälzen, würde diese Entscheidung des Gesetzgebers ins Leere laufen.[640]

(b) Kein Ausschluss der Organhaftung

Dagegen spricht sich die herrschende Meinung[641] gegen einen Regressausschluss aus. Dem Argument der Höchstpersönlichkeit der Geldbuße wird entgegengehalten, dass Geldstrafen und -bußen deshalb stets als ersatzfähiger Vermögensschaden einzuordnen sind, weil unabhängig von der Sanktionierung eines Verhaltens durch Geldstrafe oder -buße eine zivilrechtliche Pflicht bestehe, dieses Verhalten zu verhindern.[642]

Argumentiert wird zudem mit dem Sanktionszweck der Unternehmensgeldbuße. Die Frage, ob die Gesellschaft im Innenverhältnis bei ihren Vorstandsmitgliedern Regress nehmen könne, werde durch das Kartellordnungswidrigkeitenrecht nicht präjudiziert.[643] Dessen Sanktionsanspruch sei mit Verhängung der Unternehmensgeldbuße erfüllt, was auch die Rechtsprechung des BGH zur Strafvollstreckung[644] nahe lege.[645]

Betreffend den Einwand der unterschiedlichen bußgeldrechtlichen Erfassung von Unternehmen und Organmitgliedern wird teilweise vorgeschlagen, dass der Bußgeldrahmen für persönlich verantwortliche Vorstandsmitglieder (§ 81 Abs. 4 S. 1 GWB) zugleich die Obergrenze für Regressansprüche der Gesellschaft bilden solle.[646] Die Bußgeldobergrenze ist danach bei 1 Mio. € gedeckelt.

Darüber hinaus sei nach teilweise vertretener Ansicht aufgrund der Treu- und Fürsorgepflicht der Gesellschaft die Regresshöhe zu beschränken.[647] Ein angemessener Rückgriff gegen Vorstandsmitglieder könne anhand folgender Kritieren sichergestellt werden: Grad der Fahrlässigkeit und der Schadensneigung des

---

638 LAG Düsseldorf, Urt. v. 20.1.2015, 16 Sa 459/14 = CCZ 2015, 185.

639 LAG Düsseldorf, Urt. v. 20.1.2015, 16 Sa 459/14 = CCZ 2015, 185, 186 ff.

640 LAG Düsseldorf, Urt. v. 20.1.2015, 16 Sa 459/14 = CCZ 2015, 185, 186 ff.

641 *Glöckner/Müller-Tautphaeus*, AG 2001, 344, 345 f.; *Wilsing*, in: Krieger/U.H. Schneider, Handbuch Managerhaftung, § 27 Rn. 32 ff. und 39 ff.; *Zimmermann*, WM 2008, 433, 436 ff.; *Kapp/Gärtner*, CCZ 2009, 168, 170; *Fleischer*, BB 2008, 1070, 1073.

642 *Zimmermann*, WM 2008, 433, 437.

643 U.a. *Fleischer*, BB 2008, 1070, 1073.

644 Vgl. BGH, Urt. v. 7.11.1990, 2 StR 439/90 = BGHSt 37, 226.

645 *Fleischer*, BB 2008, 1070, 1073; *Zimmermann*, WM 2008, 433, 437; vgl. *Krause*, NStZ 2000, 225, 229.

646 *Fleischer*, BB 2008, 1070, 1073.

647 *Spindler*, in: Münchener Kommentar zum Aktiengesetz, Band 2, § 93 AktG Rn. 172.

Unternehmens, Bezüge des Handelnden (Risikoprämie) sowie Umfang der Schadensmultiplikation durch Unternehmenskontext.[648]

(c) Stellungnahme

Der herrschenden Meinung ist zu folgen. Ein generelles Rückgriffsverbot gegen Leitungsorgane juristischer Personen ist somit abzulehnen. Ein Regressverbot ist schon rechtsökonomisch nicht angezeigt, da neuere Studien das Erfordernis einer persönlichen Verantwortung von Organmitgliedern belegen.[649] Ein Rückgriffsverbot könnte zu unbilligen Entlastungen von Vorstandsmitgliedern führen.[650] Darüber hinaus können eventuelle Härten im Rahmen der Schadensberechnung abgemildert werden.[651] Dazu kann zum einen auf den allgemeinen Grundsatz der Vorteilsanrechnung für solche Vermögensvorteile zurückgegriffen werden, die Kartellanten möglicherweise aus dem Kartellrechtsverstoß erlangt haben.[652] Zum anderen hat sich die Regresshöhe am Beitrag der Pflichtwidrigkeit und der Leistungsfähigkeit des jeweiligen Vorstandsmitglieds zu orientieren.[653]

(6) Allgemeine Ausschlussgründe für eine (Regress-)Haftung, Haftungsmilderung und Haftungsbeschränkung

Die organschaftliche Haftung kann durch allgemeine Ausschlussgründe (Entlastung, Verzicht oder Vergleich) entfallen, beschränkt (z.B. wegen arbeitsrechtlicher Regelungen zur Gefahrverteilung) oder gemildert sein (z.B. wegen Ehrenamtlichkeit).[654]

(a) Haftungsausschluss durch Entlastung

Die Haftung kann wegen Entlastung ausgeschlossen sein. Durch die Entlastung wird die Geschäftsführung des Vorstandes oder anderer mit der Geschäftsführung betrauten (fakultativen) Leitungsorgane als ordnungsgemäß gebilligt, so dass Schadensersatz- und Bereicherungsansprüche sowie Kündigungsmöglichkeiten des Verbandes bezüglich der Geschäftsführungsmaßnahmen ausgeschlossen sind, die der

---

648 *Koch*, in: Hüffer, Aktiengesetz, § 93 AktG Rn. 51.
649 *Fleischer*, BB 2008, 1070, 1073.
650 *Spindler*, in: Münchener Kommentar zum Aktiengesetz, Band 2, § 93 AktG Rn. 172.
651 *Fleischer*, BB 2008, 1070, 1073; *Kapp/Gärtner*, CCZ 2009, 168, 170.
652 *Kapp/Gärtner*, CCZ 2009, 168, 170.
653 *Spindler*, in: Münchener Kommentar zum Aktiengesetz, Band 2, § 93 AktG Rn. 172.
654 Die Darstellung ist angelehnt an *Burgard*, in: Krieger/U.H. Schneider, Handbuch Managerhaftung, § 6 Rn. 51 ff.

Mitgliederversammlung bekannt waren oder bekannt sein konnten.[655] Die Entlastung erfolgt in der Regel im Rahmen einer Mitgliederversammlung.[656]

(b) Haftungsausschluss/Haftungsbeschränkung durch Verzicht oder Vergleich

Auch der Verzicht (§ 397 BGB) oder ein Vergleich (§ 779 BGB) können zum Haftungsausschluss oder zumindest zur Beschränkung der Haftung führen. Der Verzicht kann sich auf alle Ersatzansprüche – ausgenommen sind aber Ansprüche wegen Verstoßes gegen gläubigerschützen Normen[657] – erstrecken, z.B. auch auf solche, die zum Zeitpunkt der Vereinbarung noch nicht bekannt waren.[658] Voraussetzung dafür ist aber ein mit einfacher Mehrheit gefasster Beschluss der Mitgliederversammlung.[659]

(c) Haftungsbeschränkung wegen arbeitsrechtlicher Regelungen zur Gefahrverteilung

Im Vereinsrecht finden die arbeitsrechtlichen Bestimmungen einer Risikozurechnung bei Tätigkeiten im fremden Interesse grundsätzlich keine Anwendung auf Organmitglieder.[660] Dies gilt jedenfalls dann, wenn es um die Wahrnehmung typischer organschaftlicher Rechte und Pflicht geht, da der Sinn und Zweck der Bestellung von Vorstandsmitgliedern darin liegt, *„die Schwierigkeiten und Risiken der Leitung des Vereins (...) einer Person zu übertragen, die diese beherrscht“*.[661] Darüber hinaus wäre eine Anwendung auch deshalb nicht angebracht, weil die Organmitglieder durch die Business Judgement Rule (§ 93 Abs. 1 S. 2 AktG) ausreichend von dem allgemeinen Unternehmensrisiko entlastet sind.[662]

Nehmen Verbandsorgane aber keine typischen organschaftlichen Rechte und Pflichten wahr, so haftet der Verband entsprechend den im Arbeitsrecht konzipierten Grundsätzen; bei leichtester Fahrlässigkeit hat er allein einzustehen und bei

655 *Burgard*, in: Krieger/U.H. Schneider, Handbuch Managerhaftung, § 6 Rn. 55; *Saenger*, Gesellschaftsrecht, § 10 Rn. 468; *Waldner/Wörle-Himmel*, in: Sauter/Schweyer/Waldner, Der eingetragene Verein, Rn. 289.

656 *Waldner/Wörle-Himmel*, in: Sauter/Schweyer/Waldner, Der eingetragene Verein, Rn. 289.

657 Beispielsweise §§ 21 f. BGB.

658 *Burgard*, in: Krieger/U.H. Schneider, Handbuch Managerhaftung, § 6 Rn. 59; zum Verzicht auf Schadensersatzansprüche gegen Organmitglieder siehe *Hasselbach*, DB 2010, 2037; zur Freistellung von Vorstandsmitgliedern und leitenden Angestellten von der Haftung für Kartellrechtsverstöße *Hasselbach/Seibel*, AG 2008, 770.

659 *Burgard*, in: Krieger/U.H. Schneider, Handbuch Managerhaftung, § 6 Rn. 59.

660 *Burgard*, in: Krieger/U.H. Schneider, Handbuch Managerhaftung, § 6 Rn. 60.

661 BGH, Urt. v. 5.12.1983, II ZR 252/82 = BGHZ 89, 153, 159; siehe dazu auch *Burgard*, in: Krieger/U.H. Schneider, Handbuch Managerhaftung, § 6 Rn. 60.

662 *Burgard*, in: Krieger/U.H. Schneider, Handbuch Managerhaftung, § 6 Rn. 60.

leichter Fahrlässigkeit teilweise.[663] Ein klassisches Beispiel dafür ist der Unfall auf einer Dienstfahrt.[664]

In dieser Konstellation ist aber zu beachten, dass die Frage der Schadenstragung in der Regel nur dann virulent wird, wenn kein oder kein ausreichender Versicherungsschutz besteht.[665] Der Abschluss einer risikoadäquaten Versicherung ist aber gerade eine zentrale Pflicht der Geschäftsführung, so dass im Falle der Verletzung dieser Pflicht die hierfür verantwortlichen Vorstandsmitglieder im Ergebnis den Schaden allein tragen.[666]

Bei Zufallsschäden haben Verbandsorgane nach § 27 Abs. 3 i.V.m. § 670 BGB analog einen Freistellungs- bzw. Ersatzanspruch, der jedoch dann grundsätzlich nicht greift, wenn sie die Entstehung des Schadens (mit-)verschuldet haben.[667] In diesem Fall wird ihr Risiko bei Wahrnehmung typischer Organpflichten durch die Business Judgement Rule und außerhalb dieses Rahmens durch die Grundsätze einer Risikozurechnung bei Tätigkeiten im fremden Interesse begrenzt.[668] Allerdings haben ehrenamtlich tätige Organe nach Maßgabe des § 31a Abs. 2 BGB analog immer dann einen Freistellungs- bzw. Ersatzanspruch, wenn sie den Schaden nicht vorsätzlich oder grob fahrlässig verursacht haben.[669]

(d) Haftungsbeschränkung durch Satzung, Vereinsordnung oder Anstellungsvertrag

Haftungsbeschränkende Regelungen können ebenso durch Satzung, Vereinsordnung oder Anstellungsvertrag getroffen werden.[670] Dies ist im Vorhinein bis zur Grenze des § 276 Abs. 3 BGB (kein Haftungsausschluss für vorsätzlich pflichtwidriges Handeln) möglich.[671] Häufig zum Tragen kommt in der Praxis einerseits eine inhaltliche Haftungsbeschränkung, bei der der Pflichtenumfang der Vorstandsmitglieder definiert und reduziert wird.[672] Andererseits ist möglich und verbreitet eine betragsmäßige Haftungsbeschränkung, z.B. auf 5000 €.[673]

---

663 *Burgard*, in: Krieger/U.H. Schneider, Handbuch Managerhaftung, § 6 Rn. 61.
664 *Burgard*, in: Krieger/U.H. Schneider, Handbuch Managerhaftung, § 6 Rn. 61.
665 BGH, Urt. v. 24.11.1975, II ZR 53/74 = BGHZ 66, 1, 3; *Burgard*, in: Krieger/U.H. Schneider, Handbuch Managerhaftung, § 6 Rn. 62.
666 *Burgard*, in: Krieger/U.H. Schneider, Handbuch Managerhaftung, § 6 Rn. 62.
667 *Burgard*, in: Krieger/U.H. Schneider, Handbuch Managerhaftung, § 6 Rn. 63; *Schöpflin*, in: Beck'scher Online-Kommentar BGB, § 27 BGB Rn. 19.
668 *Burgard*, in: Krieger/U.H. Schneider, Handbuch Managerhaftung, § 6 Rn. 63.
669 *Burgard*, in: Krieger/U.H. Schneider, Handbuch Managerhaftung, § 6 Rn. 63.
670 *Schöpflin*, in: Beck'scher Online-Kommentar BGB, § 27 BGB Rn. 22.
671 *Burgard*, in: Krieger/U.H. Schneider, Handbuch Managerhaftung, § 6 Rn. 64.
672 *Burgard*, in: Krieger/U.H. Schneider, Handbuch Managerhaftung, § 6 Rn. 64.
673 Vgl. *Burgard*, in: Krieger/U.H. Schneider, Handbuch Managerhaftung, § 6 Rn. 64.

Haftungsbeschränkungen gelten aber nicht für solche Ansprüche, auf die der Verein aufgrund ihres gläubigerschützenden Charakters nicht verzichten kann, z.B. Ansprüche wegen Verstoßes gegen §§ 21, 22 BGB oder § 42 Abs. 2 S. 1 BGB.[674]

(e) Haftung nach § 31a BGB wegen Ehrenamtlichkeit

Die Haftung von Organmitgliedern und besonderen Vertretern kann nach § 31a BGB gemildert sein. Die Vorschrift besagt, dass Organmitglieder oder besondere Vertreter, die unentgeltlich tätig sind oder für ihre Tätigkeit eine Vergütung, die 720 € jährlich nicht übersteigt, erhalten, dem Verein für einen bei der Wahrnehmung ihrer Pflichten verursachten Schaden nur bei Vorliegen von Vorsatz oder grober Fahrlässigkeit haften. § 31a BGB erfasst den gesamten Bereich der Innenhaftung, einschließlich von Regressansprüchen, deliktischen und insolvenzrechtlichen Ansprüchen des Vereins.[675] Voraussetzung dafür ist, dass Vorstandsmitglieder „bei der Wahrnehmung ihrer Pflichten", mithin ihrer typischen Leitungsfunktion gehandelt haben.[676] Darunter fallen nicht nur die Schäden, die durch aktives Handeln verursacht worden sind, sondern auch die durch Unterlassen verursachten Schäden.[677]

Unentgeltlich tätig sind Organe, die für ihre Dienste keine Gegenleistung erhalten.[678] Unter dem Begriff „Vergütung" versteht man alle Geld- oder Sachanlagen sowie die Gewährung von geldwerten Vorteilen, mit der die Tätigkeit des Vorstandsmitglieds für den Verein abgegolten werden soll.[679] Hierunter fallen insbesondere keine Aufwendungen, die das Organ zur Erledigung der ihm übertragenen Aufgaben erbracht hat.[680]

(bb) Weitere Haftungsrisiken für handelnde Organmitglieder

Neben der organschaftlichen Haftung können sich Verbandsorgane für pflichtwidrige Geschäftsführungsmaßnahmen aus dem Anstellungsvertrag sowie aus Auftragsrecht- und Deliktsrecht regresspflichtig machen. Insbesondere haftet jeder

---

674 *Burgard*, in: Krieger/U.H. Schneider, Handbuch Managerhaftung, § 6 Rn. 66; *Arnold*, in: Münchener Kommentar zum BGB, Band 1, § 27 BGB Rn. 36.

675 *Burgard*, in: Krieger/U.H. Schneider, Handbuch Managerhaftung, § 6 Rn. 69.

676 *Burgard*, in: Krieger/U.H. Schneider, Handbuch Managerhaftung, § 6 Rn. 69.

677 *Schöpflin*, in: Beck'scher Online-Kommentar BGB, Hrsg.: Bamberger/Roth, § 31a BGB Rn. 7.

678 *Burgard*, in: Krieger/U.H. Schneider, Handbuch Managerhaftung, § 6 Rn. 70; *Schöpflin*, in: Beck'scher Online-Kommentar BGB, Hrsg.: Bamberger/Roth, § 31a BGB Rn. 6.

679 *Burgard*, in: Krieger/U.H. Schneider, Handbuch Managerhaftung, § 6 Rn. 70; *Schöpflin*, in: Beck'scher Online-Kommentar BGB, Hrsg.: Bamberger/Roth, § 31a BGB Rn. 6.

680 BT-Drucks. 16/13537, S. 6; *Burgard*, in: Krieger/U.H. Schneider, Handbuch Managerhaftung, § 6 Rn. 70; *Schöpflin*, in: Beck'scher Online-Kommentar BGB, Hrsg.: Bamberger/Roth, § 31a BGB Rn. 6.

Vereinsrepräsentant persönlich und als Gesamtschuldner für von ihm begangene unerlaubte Handlungen nach den allgemeinen Vorschriften der §§ 823, 840 Abs. 1 BGB. Die Pflichtverletzung kann dabei auch in einem Unterlassen bestehen, was etwa dann der Fall ist, wenn ein Vorstand Kenntnis davon hat, dass aus dem Vereinsbereich Rechtsgüter Dritter gefährdet werden und er nichts dagegen unternimmt.[681] Eine persönliche Haftung soll auch in Fällen des Organisationsverschuldens bestehen.[682] Diesbezüglich befürwortet die Rechtsprechung[683] eine Garantenstellung von Repräsentanten für die ihnen übertragenen organisatorischen Aufgaben.[684] Dazu reicht aus, dass das Organmitglied die in seine Zuständigkeit fallenden organisatorischen Maßnahmen zur Schadensabwehr nicht vorgenommen hat.[685]

b) Haftung wegen Schadensersatzansprüchen Dritter gegen den Verband

Organe können nicht nur bei gegen den Verband festgesetzten Bußgeldern im Innenverhältnis haftbar gemacht werden, sondern auch für Schadensersatzansprüche Dritter, die diese gegen den Verband nach § 33 Abs. 3 S. 1 GWB geltend machen. In dieser Konstellation steht zumeist die Verletzung von Aufsichtspflichten durch die Verbandsleitung im Raum.[686] Für den (Innen-)Regress taugt auch hier insbesondere die organschaftliche Haftung aus § 280 Abs. 1 BGB. Insoweit wird auf die Ausführungen zum Bußgeldregress durch Verbände verwiesen.

2. Die persönliche Außenhaftung von Geschäftsleitern bei Kartellrechtsverstößen

Ersatzpflichtig sind in erster Linie die juristischen Personen selbst, denen das rechtswidrige Verhalten von Organen und vertretungsberechtigten Gesellschaftern (einschließlich funktionsbedingter Organe, insbesondere leitender Angestellter) nach § 31 BGB zugerechnet wird.[687] Daneben könnte aber auch eine persönliche (Organ-)Haftung im Außenverhältnis in Betracht kommen.[688] Während die

---

681 *Waldner/Wörle-Himmel*, in: Sauter/Schweyer/Waldner, Der eingetragene Verein, Rn. 292a.

682 *Waldner/Wörle-Himmel*, in: Sauter/Schweyer/Waldner, Der eingetragene Verein, Rn. 292a.

683 BGH, Urt. v. 5.12.1989, VI ZR 335/88 = BGHZ 109, 297.

684 *Waldner/Wörle-Himmel*, in: Sauter/Schweyer/Waldner, Der eingetragene Verein, Rn. 292a; *Stöber/Otto*, Handbuch zum Vereinsrecht, Rn. 610.

685 *Stöber/Otto*, Handbuch zum Vereinsrecht, Rn. 610.

686 *Kapp/Gärtner*, CCZ 2009, 168, 169 f. Diese beziehen sich indes auf Vorstände von Aktiengesellschaften.

687 *Rehbinder*, in: Loewenheim/Meessen/Riesenkampff, Kartellrecht, § 33 GWB Rn. 34.

688 *Emmerich*, in: Immenga/Mestmäcker, Wettbewerbsrecht: GWB, Band 2, § 33 GWB Rn. 31; *Rehbinder*, in: Loewenheim/Meessen/Riesenkampff, Kartellrecht, § 33 GWB Rn. 34; *Seeliger/Mross*, in: Frankfurter Kommentar, EG-Kartellrecht, Band II, Allg. Teil E, Rn. 64. In Regress genommene Organmitglieder oder besondere Vertreter

verschuldensunabhängige Haftung einer natürlichen Person auf Beseitigung und Unterlassung des Kartellrechtsverstoßes als hierfür verantwortlicher Störer allgemein befürwortet wird, ist eine darüber hinausgehende Haftung auf Schadensersatz streitig.[689] Insoweit könnte eine (persönliche) Einstandspflicht nach Maßgabe des § 33 Abs. 3 S. 1 i.V.m. Abs. 1 S. 1 GWB in Betracht kommen. Danach ist derjenige, der einen Kartellrechtsverstoß vorsätzlich oder fahrlässig begeht, zum Ersatz des daraus entstehenden Schadens verpflichtet.

a) Keine persönliche Außenhaftung nach § 33 Abs. 3 i.V.m. Abs. 1 GWB

Einige Autoren[690] lehnen eine persönliche Außenhaftung von Geschäftsleitern, die in ihrer Eigenschaft als Organmitglied handeln, ab. Im Vordergrund steht dabei das Argument, dass die in § 81 Abs. 1 bis 3 GWB angeführten Ordnungswidrigkeitentatbestände keine Verweisungsziele des § 33 GWB seien.[691] Die Anwendung des § 33 Abs. 3 GWB auf natürliche Personen sei systemwidrig, da § 81 GWB für das Kartellbußgeldrecht lediglich die Rechtsfolgenparallele zu § 33 GWB im Kartelldeliktsrecht bilde.[692] Die Ordnungswidrigkeitentatbestände seien jeweils eigenständige Regelungskomplexe und könnten folglich nicht willkürlich miteinander kombiniert werden.[693] Ferner argumentieren die Vertreter dieser Ansicht, dass der BGH[694] den § 130 OWiG als Schutzgesetz i.S.d. § 823 Abs. 2 BGB abgelehnt habe, um nicht entgegen §§ 31, 831 BGB mit den Geschäftsleitern weitere Schuldner zu schaffen.[695] Entscheidend sei, dass die materiellen Verbotstatbestände als Normadressaten ausschließlich Unternehmen und gerade keine natürlichen Personen kennen.[696]

---

können gegen den Verein einen Freistellungsanspruch haben (31a Abs. 2 BGB). Nach § 31a Abs. 2 S. 1 BGB sind diese nämlich nicht für einen Schaden verantwortlich, den sie bei der Wahrnehmung ihrer Pflichten verursacht haben. Das gilt aber nicht, wenn der Schaden vorsätzlich oder grob fahrlässig verursacht wurde (§ 31a Abs. 2 S. 2 BGB).

689 So zusammenfassend *Kapp/Gärtner*, CCZ 2009, 168, 169; siehe zur umstrittenen persönlichen Einstandspflicht von Geschäftsleitern bei begangenen Kartellrechtsverstößen auch *Dreher*, WuW 2009, 133 ff.; *C.H. Müller*, Kartellrechtscompliance in Deutschland, S. 146 f.

690 U.a. *Kling/Thomas*, Kartellrecht, § 23 Rn. 72; *Görner*, Die Anspruchsberechtigung der Marktbeteiligten nach § 33 GWB, S. 128 f., 170; *Karbaum*, Kartellrechtliche Compliance – Rechtsgrundlagen und Umsetzung, S. 175 ff.; *Eden*, WuW 2014, 792, 794.

691 *Görner*, Die Anspruchsberechtigung der Marktbeteiligten nach § 33 GWB, S. 128.

692 *Görner*, Die Anspruchsberechtigung der Marktbeteiligten nach § 33 GWB, S. 128 f.

693 *Görner*, Die Anspruchsberechtigung der Marktbeteiligten nach § 33 GWB, S. 129.

694 BGH, Urt. v. 13.4.1994, II ZR 16/93 = BGHZ 125, 366, 373 ff.

695 *Görner*, Die Anspruchsberechtigung der Marktbeteiligten nach § 33 GWB, S. 129.

696 *Kling/Thomas*, Kartellrecht, § 23 Rn. 72.

b) Befürwortung einer persönlichen Außenhaftung

Andere[697] sprechen sich hingegen für die persönliche Außenhaftung von Geschäftsleitern auf Grundlage des § 33 Abs. 3 GWB aus. Argumentiert wird u.a. mit dem Wortlaut der Norm. Der Gesetzgeber habe diesen bewusst offen gehalten und die Schadensersatzpflicht nicht ausdrücklich auf Unternehmen beschränkt.[698] Bei § 81 GWB i.V.m. § 9 OWiG handele es sich um einen Verbotstatbestand i.S.d. § 33 Abs. 3 i.V.m. Abs. 1 GWB, so dass auch natürliche Personen haftbar gemacht werden könnten.[699] Überdies müsse es einen Gleichlauf zwischen ordnungswidrigkeitenrechtlicher Bußgeld- und zivilrechtlicher Schadensersatzhaftung geben. Ein Geschäftsleiter, der in Kartellverstöße involviert sei, müsse selbst auch bußgeldrechtlich und zivilrechtlich verantwortlich sein.[700] Ein Parallellaufen von § 33 GWB und § 81 GWB sei demnach systemgerecht.[701] Ferner wird damit argumentiert, dass die Ablehnung der persönlichen Außenhaftung im Hinblick auf die Ausgestaltung der Innenhaftung nach § 93 Abs. 2 AktG oder § 43 Abs. 2 GmbHG inkonsequent sei.[702] Tatbestandsvoraussetzung dieser Normen sei eine Pflichtverletzung. Diese Pflichten treffen aber ebenfalls nur Unternehmen oder Unternehmensvereinigungen im Sinne der materiell-rechtlichen kartellrechtlichen Verbotstatbestände.[703]

Zudem liege eine persönliche Geschäftsleiteraußenhaftung auf Schadenersatz auch im Gleichlauf mit dem System der wettbewerbsrechtlichen Schadenersatzhaftung.[704] Nach § 9 S. 1 UWG hafte nämlich auf Schadenersatz, wer dem § 3 vorsätzlich oder fahrlässig zuwiderhandelt. Nach diesem, in der Normstruktur § 33 Abs. 3 Satz 1 i.V.m. Abs. 1 Satz 1 GWB gleichgelagerten Ausgangspunkt, habe der Gesetzgeber in § 9 S. 2 UWG angeordnet, dass speziell verantwortliche Personen von periodischen Druckschriften nur bei einer vorsätzlichen Zuwiderhandlung selbst persönlich im Außenverhältnis auf Schadenersatz haften.[705] Hiermit sei klargestellt, dass sich nach dem UWG die Haftung im Außenverhältnis grundsätzlich nicht auf die Unternehmen beschränke, denen ein Handeln ihrer Organe zugerechnet werde.[706]

---

697 *Emmerich*, in: Immenga/Mestmäcker, Wettbewerbsrecht: GWB, Band 2, § 33 GWB Rn. 31; *Rehbinder*, in: Loewenheim/Meessen/Riesenkampff, Kartellrecht, § 33 GWB Rn. 34; *Kapp/Gärtner*, CCZ 2009, 168, 169 f.; *Dreher*, WuW 2009, 133 ff.

698 *Seeliger/Mross*, in: Frankfurter Kommentar, EG-Kartellrecht, Band II, Allg. Teil E, Rn. 65; *Dreher*, WuW 2009, 133, 138 f.

699 *Emmerich*, in: Immenga/Mestmäcker, Wettbewerbsrecht: GWB, Band 2, § 33 GWB Rn. 31; *Rehbinder*, in: Loewenheim/Meessen/Riesenkampff, Kartellrecht, § 33 GWB Rn. 34.

700 *Dreher*, WuW 2009, 133, 137.

701 *Dreher*, WuW 2009, 133, 138 f.

702 *Dreher*, WuW 2009, 133, 140.

703 *Dreher*, WuW 2009, 133, 140.

704 *Dreher*, WuW 2009, 133, 140.

705 *Dreher*, WuW 2009, 133, 140.

706 *Dreher*, WuW 2009, 133, 140.

c) *Stellungnahme*

Im Ergebnis ist die persönliche Außenhaftung von Geschäftsleitern nach § 33 Abs. 3 S. 1 GWB abzulehnen. Den Befürwortern dieser Ansicht ist zwar zuzugeben, dass der offene Wortlaut der Vorschrift für ihre Ansicht streitet. Jedoch spricht die Struktur des Schadensersatz- und Bußgeldrechts gegen eine persönliche Inanspruchnahme, denn § 81 GWB und § 9 OWiG sind bloße Zurechnungsnormen, ohne selbst ein Gebot oder Verbot zu enthalten.[707] Daraus folgt, dass nur Unternehmen oder Unternehmensvereinigungen die wesentlichen Verbotstatbestände erfüllen können und eine Haftbarkeit voraussetzt, dass die Tatbestandsvoraussetzungen eines Verbotsgesetzes in eigener Person erfüllt werden.[708] Daher stellt § 33 Abs. 3 S. 1 GWB keine taugliche Anspruchsgrundlage für die persönliche Außenhaftung von Geschäftsleitern dar.

III. Strafrechtliches Risiko

Die Missachtung kartellrechtlicher Vorschriften kann für natürliche Personen auch strafrechtliche Konsequenzen in Form von Freiheits- und Geldstrafen nach sich ziehen. Im Mittelpunkt stehen in Deutschland dabei allgemeine Straftatbestände (z.B. § 263 StGB), die speziellen Straftaten gegen den Wettbewerb (insbesondere der Submissionsbetrug gem. § 298 StGB), Untreue (§ 266 StGB) und Bestechung/Vorteilsgewährung (§§ 331 ff. StGB).[709] Auch auf internationaler Ebene bergen Kartellrechtsverstöße strafrechtliche Risiken. Hingegen sind dem europäischen Recht Sanktionen für Individuen ebenso fremd[710] wie Kriminalstrafen für die an kartellrechtlichen Zuwiderhandlungen beteiligten natürlichen Personen.[711] Insoweit kann allein das Recht der Mitgliedsstaaten zu einer Durchsetzung kartellrechtlicher Tatbestände mit Mitteln des Strafrechts führen.

In diesem Zusammenhang soll nicht unerwähnt bleiben, dass im April 2014 zum ersten Mal eine wegen Kartellverstößen gesuchte Person von der Bundesrepublik Deutschland an die USA ausgeliefert wurde.[712] Betroffen war ein italienischer Staatsangehöriger, der am Kartell für Hochseeschläuche maßgeblich beteiligt gewesen

---

707 U.a. *Karbaum*, Kartellrechtliche Compliance – Rechtsgrundlagen und Umsetzung, S. 176 f.

708 *Karbaum*, Kartellrechtliche Compliance – Rechtsgrundlagen und Umsetzung, S. 177. Dieser bezieht sich hingegen ausschließlich auf Unternehmen; *Eden*, WuW 2014, 792, 794.

709 *Klusmann*, in: Wiedemann, Handbuch des Kartellrechts, § 56 Rn. 42; *Karbaum*, Kartellrechtliche Compliance – Rechtsgrundlagen und Umsetzung, S. 51.

710 Eine Ausnahme gilt, wenn eine natürliche Person selbst Unternehmen ist (*Kasten*, in: Mäger, Europäisches Kartellrecht, 2. Kapitel Rn. 33 (Fn. 108)).

711 *Seeliger/Mross*, in: Frankfurter Kommentar, EG-Kartellrecht, Band II, Allg. Teil E, Rn. 70; *Kasten*, in: Mäger, Europäisches Kartellrecht, 2. Kapitel Rn. 33; *Pautke*, in: Schultze, Compliance-Handbuch Kartellrecht, Teil A Rn. 67.

712 Zu den Einzelheiten siehe *Jungermann*, WuW 2014, 563.

sein soll.[713] Besagtes Kartell wurde 2007 aufgedeckt und führte in den USA und Europa zu hohen Bußgeldern, Haftstrafen und Schadensersatzklagen.[714]

1. Deutschland

In Deutschland wird zunehmend über eine Kriminalisierung des Kartellrechts nachgedacht, die über die allgemeinen und besonderen Straftatbestände hinausgeht.[715] Daher ist es im Rahmen dieser Arbeit notwendig, im Anschluss an die überblicksartige Darstellung der bereits vorhandenen Strafbarkeitssanktionen die aktuelle Diskussion über eine Verschärfung des kartellrechtlichen Sanktionensystems zu skizzieren und sodann zu würdigen.

a) Straftaten gegen den Wettbewerb, §§ 298, 299 StGB

In Deutschland wurden Kartellrechtsverstöße bis zur Einführung der §§ 298, 299 StGB durch das Korruptionsbekämpfungsgesetz[716] im Jahr 1997 lediglich als Ordnungswidrigkeiten geahndet. Im 26. Abschnitt des Strafgesetzbuches sind nunmehr der Submissionsbetrug (§ 298 StGB) sowie die Bestechung und Bestechlichkeit im geschäftlichen Verkehr (§ 299 StGB) ausdrücklich geregelt. So macht sich etwa nach Maßgabe des § 298 Abs. 1 StGB derjenige strafbar, der bei einer Ausschreibung über Waren oder gewerbliche Leistungen ein Angebot abgibt, das auf einer Absprache beruht, die den Ausschreibenden zur Annahme eines bestimmten Angebots veranlassen soll. Der Strafrahmen bewegt sich von einer Geldstrafe bis zu einer Freiheitstrafe von bis zu fünf Jahren.

Der Straftatbestand des § 298 StGB ist durchaus praxisrelevant, was durch die Tatsache belegt wird, dass zwischen 1998 und 2007 mehr als 160 Personen wegen Verstoßes gegen § 298 StGB verurteilt wurden, 21 von ihnen sogar zu Freiheitsstrafen.[717]

b) Betrug, § 263 StGB/Untreue, § 266 StGB

Bei Submissionsabsprachen sind regelmäßig auch die Voraussetzungen des Betrugstatbestands erfüllt. Des Weiteren können Preisabsprachen nach den *Rheinausbau-Entscheidungen* des BGH[718] den Tatbestand des § 263 StGB erfüllen, da nach Ansicht des Gerichts der mit dem Anbieter vereinbarte Preis höher als der erzielbare

---

713 *Jungermann*, WuW 2014, 563.
714 *Jungermann*, WuW 2014, 563.
715 *Wagner-von Papp*, WuW 2010, 268 ff.; *Biermann*, ZWeR 2007, 1 ff.; *Lampert/Götting*, WuW 2002, 1069 f.; *Möschel*, WuW 2007, 483 f.
716 Gesetz zur Bekämpfung der Korruption vom 13.7.1997, BGBl. I Nr. 58, S. 2038 ff.
717 *Wagner-von Papp*, WuW 2009, 1236, 1237; *C.H. Müller*, Kartellrechtscompliance in Deutschland, S. 151.
718 BGH, Urt. v. 8.1.1992, 2 StR 102/91 = BGHSt 38, 186 ff.

Wettbewerbspreis ist.[719] Darüber hinaus sind Geldstrafen gegen vertretungsberechtigte Leitungsorgane möglich, wenn die kartellrechtliche Zuwiderhandlung den Tatbestand der Untreue gem. § 266 Abs. 1 StGB zu Lasten des Verbandes erfüllt, was bei einem vorsätzlichen Kartellrechtsverstoß regelmäßig gegeben sein kann.[720]

c) Bedürfnis nach einer Verschärfung des kartellrechtlichen Sanktionensystems?

Seit Schaffung des GWB gibt es in regelmäßigen Abständen Diskussionen darüber, ob das EU- sowie das deutsche Kartellrecht weitergehend kriminalisiert werden sollten.[721] Insbesondere unter Verweis auf einige EU-Mitgliedstaaten und die USA, die im Kartellrecht stets eine Vorreiterrolle einnahmen und in den letzten Jahren stark für die strafrechtliche Durchsetzung werben[722], wird von manchen Autoren ein Ausbau des kartellrechtlichen Sanktionensystems durch Einführung eines allgemeinen Kartellstraftatbestandes gefordert.

aa) Befürwortung einer weitergehenden Kriminalisierung von Kartellen

Einige Autoren befürworten eine Verschärfung des kartellrechtlichen Sanktionensystems de lege ferenda.[723] Es wird gefordert, *„die bisherige Teilkriminalisierung des Kartellrechts durch § 298 bzw. § 263 StGB zu einer Kriminalisierung aller horizontalen hardcore-Kartelle auszubauen".*[724] Begründet wird diese Forderung hauptsächlich damit, dass Kriminalstrafen für Kartellbeteiligte, insbesondere für Unternehmensverantwortliche, zu effektiver Abschreckung führten.[725] Entscheidend sei der stigmatisierende Effekt. Die Kriminalisierung würde *„die Schädlichkeit von Kartellen ins Bewusstsein der Öffentlichkeit und der Unternehmen rufen und ein klares und unzweideutiges Signal geben, dass Kartelle sozialethisch missbilligenswert sind".*[726]

Des Weiteren könne die Kriminalsierung das sog. „Prinzical-Agent-Problem" überwinden.[727] Dieses besteht bezüglich des Abweichens zwischen dem Interesse der einzelnen Beteilgten im Unternehmen, die einen Anreiz haben, durch

---

719 *C.H. Müller*, Kartellrechtscompliance in Deutschland, S. 151.

720 Vgl. *Fleischer*, NJW 2009, 2337 f.; *C.H. Müller*, Kartellrechtscompliance in Deutschland, S. 151.

721 *Dreher*, WuW 2011, 232.

722 Siehe dazu die Rede des US Deputy Assistant Attorney General Scott Hammond v. 6.6.2005 anlässlich der vierten Jahreskonferenz des International Competition Network (ICN) in Bonn. Diese ist abrufbar unter http://www.internationalcompetitionnetwork.org. Dazu auch *Wagner-von Papp*, WuW 2010, 268, 269.

723 U.a. *Dannecker/Biermann*, in: Immenga/Mestmäcker, Wettbewerbsrecht: GWB, Band 2, 4. Auflage, Vorb. vor § 81 GWB Rn. 17 ff.; *Wagner-von Papp*, WuW 2010, 268 ff.; *Säcker*, WuW 2009, 3; *Biermann*, ZWeR 2007, 1 ff.

724 *Wagner-von Papp*, WuW 2010, 268, 281.

725 *Wagner-von Papp*, WuW 2010, 268, 272 ff., 281; *Säcker*, WuW 2009, 3; *Biermann*, ZWeR 2007, 1, 12 f.

726 *Wagner-von Papp*, WuW 2010, 268, 281.

727 *Wagner-von Papp*, WuW 2010, 268, 270 ff.

kartellrechtswidrige Zuwiderhandlungen von höheren Gewinnen, z.B. in Form von Bonuszahlungen, zu profitieren, und der Sichtweise des in erheblicher Weise bebußten Unternehmens.[728]

Darüber hinaus stehe die Kategorisierung von Kartellabsprachen als bloße Ordnungswidrigkeit nicht im Einklang mit der Kriminalisierung von weniger sozialschädlichen Verhaltensweisen, deren Handlungs- und Erfolgsunrechtsgehalt geringer oder ähnlich erscheine (etwa die Delikte im Nebenstrafrecht im UWG, UrhG oder WpHG).[729]

Angesichts vorgenannter Argumente wird – wie bereits erwähnt – die Einführung eines allgemeinen Kartellstraftatbestandes vorgeschlagen, wobei es bei der Formulierung des Tatbestandes aber einiger Sorgfalt bedürfe, damit Unternehmen nicht vor legitimen Geschäftspraktiken zurückschreckten.[730] Dabei sei die Strafbarkeit *„auf horizontale [Hardcore-]Absprachen – unter Ausklammerung vertikaler und Missbrauchssachverhalte – zu begrenzen“*.[731] Für die im Detail zuweilen schwierige Abgrenzung zwischen legitimer Kooperation von Hardcore-Kartellen könne auf die von der OECD entwickelte Definition für Hardcore-Kartelle als Basis eines Formulierungsvorschlages zurückgegriffen werden.[732] Diese Definition lautet wie folgt: *„A ‚hard core cartel` is an anticompetitive agreement, anticompetitive concerted practice, or anticompetitive arrangement by competitors to fix prices, make rigged bids (collusive tenders), establish outpout restrictions or quotas, or share or divide markets by allocating customers, suppliers, territories, or lines of commerce“*.[733]

bb) Ablehnung einer weitergehenden Kriminalisierung des Kartellrechts

Andere lehnen eine weitergehende Kriminalisierung des Kartellrechts strikt ab.[734] So führt etwa *Dreher* gegen das Hauptargument der Befürworter, die Kriminalstrafe erhöhe die Abschreckungswirkung, an, *„dass die optimale Durchsetzung des Rechts im Sinne einer wirksamen Generalprävention weniger von der Verschärfung der Strafdrohung als vielmehr von der Ahndungswahrscheinlichkeit sowie der Häufigkeit und Schnelligkeit der Verfolgung beeinflusst wird und nicht zuletzt nur vor dem jeweiligen rechtlichen und gesellschaftlichen Hintergrund beantwortet werden kann“*.[735]

---

728 *C.H. Müller*, Kartellrechtscompliance in Deutschland, S. 151.

729 *Wagner-von Papp*, WuW 2010, 268, 276 ff., 281.

730 *Wagner-von Papp*, WuW 2010, 268, 281 f.; *Biermann*, ZWeR 2007, 1, 30 ff.

731 *Wagner-von Papp*, WuW 2010, 268, 281 f.

732 *Biermann*, ZWeR 2007, 1, 31.

733 Empfehlung des Rates der OECD über die Bekämpfung von Hardcore-Kartellen von 1998, C (98) 35 Final. Diese ist abrufbar unter http://acts.oecd.org/Instruments/ShowInstrumentView.aspx?InstrumentID=193&InstrumentPID=189&Lang=en&Book=False (7.10.2014).

734 *Dreher*, WuW 2011, 232; *Achenbach*, in: Frankfurter Kommentar, Band VI, § 81 GWB Rn. 21 ff.

735 *Dreher*, WuW 2011, 232, 237.

Darüber hinaus wäre eine Kriminalstrafe im Vergleich zur Geldbuße kein abschreckenderes, praktikableres und effektiveres Mittel.[736] Angesichts der Subsidiarität des Strafrechts solle der Gesetzgeber deshalb davon absehen, kartellrechtliche Straftatbestände zu schaffen.[737] Denn vor dem Strafrecht mit seinem ultima ratio-Charakter stünden als verhältnismäßigere Mittel andere, noch nicht gesetzlich oder durch die Rechtsprechung aktualisierte Sanktionen zur Verfügung, beispielsweise für das Kartellrecht die persönliche Geschäftsleiterhaftung nach außen auf Schadenersatz bei kartellrechtlichen Pflichtverletzungen.[738]

cc) Stellungnahme

Im Ergebnis ist eine weitergehende Kriminalisierung des Kartellrechts durch Schaffung einer allgemeinen (kartellrechtlichen) Strafbarkeitssanktion zu befürworten. Wie *Dannecker/Biermann* bereits zutreffend festgestellt haben, kann *„kaum zweifelhaft sein, dass die Einstufung der (...) gravierenden Kartellrechtsverstöße als bloße Ordnungswidrigkeiten verfehlt und (...) nicht mehr zu rechtfertigen ist"*.[739] So liegt durch die enorm hohe Bußgeldandrohung für Kartellrechtsverstöße nahe, dass es sich um vom Gesetzgeber stark missbilligtes Verhalten handelt.[740] Dies beruht auf der hohen Sozialschädlichkeit von Kartellen.[741] Handlungs- und Erfolgsunrecht sind bei horizontalen Hardcore-Absprachen schwerwiegend.[742] Dieses Unrecht sollte – gerade vor dem Hintergrund, dass Verhaltensweisen im UrhG oder UWG, die eine deutlich geringere Sozialschädlichkeit ausweisen und dennoch als Straftat eingeordnet werden[743] – durch die Einführung eines allgemeinen Kartellstraftatbestandes durch den Gesetzgeber auch zum Ausdruck gebracht werden.

Auch der Umstand, dass mittlerweile einige Mitgliedstaaten der Europäischen Union Kriminalstrafen für schwerwiegende Verstöße gegen Wettbewerbsregeln kodifiziert haben sowie die Bestrebungen auf der Ebene der OECD, die Kriminalisierung von Zuwiderhandlungen gegen das Kartellrecht zu erweitern[744], verdeutlichen das Bedürfnis nach einer weitergehenden Kriminalisierung des Kartellrechts, um eine kohärente Verfolgung von schädlichen Wettbewerbsverstößen innerhalb der EU zu gewährleisten.[745]

---

736 *Dreher*, WuW 2011, 232, 243.
737 *Dreher*, WuW 2011, 232, 243.
738 *Dreher*, WuW 2011, 232, 243 f.
739 *Dannecker/Biermann*, in: Immenga/Mestmäcker, Wettbewerbsrecht: GWB, Band 2, 4. Auflage, Vorb. vor § 81 GWB Rn. 17.
740 *Wagner-von Papp*, WuW 2010, 268, 276.
741 *Wagner-von Papp*, WuW 2010, 268, 276.
742 *Wagner-von Papp*, WuW 2010, 268, 276.
743 *Wagner-von Papp*, WuW 2010, 268, 276 f.
744 Empfehlung des Rates der OECD über die Bekämpfung von Hardcore-Kartellen von 1998, C (98) 35 Final.
745 *Dannecker/Biermann*, in: Immenga/Mestmäcker, Wettbewerbsrecht: GWB, Band 2, 4. Auflage, Vorb. vor § 81 GWB Rn. 17.

Darüber hinaus gehen mit einer Kriminalisierung bessere Ermittlungsmöglichkeiten einher.[746] So besteht im Gegensatz zum Verfahren nach §§ 1, 81 GWB bei der Verfolgung des § 298 StGB zusätzlich z.B. die Option der Telekommunikationsüberwachung (§ 100a Abs. 1, 2 lit. r StPO).[747] Eine entsprechende Aufnahme eines neuen Kartellstraftatbestandes in den Katalog des § 100a StPO wäre zu erwarten.[748]

2. *Internationale Ebene*

Neben Geld- und Freiheitsstrafen nach deutschem Kartellstrafrecht drohen bei kartellrechtlichen Zuwiderhandlungen in vielen Ländern innerhalb und außerhalb Europas ebenfalls empfindliche Strafen.[749] So können in Großbritannien bei Verstößen gegen den Enterprise Act Haftstrafen von bis zu 5 Jahren[750] und in den USA bei Verstößen gegen den Sherman Act bis zu 10 Jahre Haft[751] verhängt werden.[752] Dabei richten sich die Strafvorschriften jeweils nicht nur an die eigenen Staatsangehörigen, sondern auch an ausländische Beteiligte. Auch in anderen Ländern, etwa in Österreich, Frankreich, Schweiz, Irland, Slowenien, Brasilien und Kanada, werden Kartellrechtsverstöße strafrechtlich geahndet.[753]

IV. Arbeitsrechtliches Risiko und Abberufung von Organen

Leitungsorgane und andere Verbandsangehörige müssen neben den bereits aufgezeigten Risiken auch mit arbeitsrechtlichen Konsequenzen rechnen, z.B. in Form der Kündigung des Anstellungsvertrags oder einer Abmahnung. Zentrale Norm für die Kündigung eines Arbeitsvertrags ist § 626 BGB. Danach können Arbeitsverträge von beiden Parteien aus wichtigem Grund ohne Einhaltung einer Kündigungsfrist gekündigt werden. Das Merkmal des wichtigen Grundes ist bei einem Verstoß gegen kartellrechtliche Vorschriften in der Regel erfüllt.[754] Bei einer aktiven Beteiligung von Vorstandsmitgliedern an Kartellverstößen liegt in jedem Fall ein wichtiger Grund vor. Überdies kann die Konstellation, in der Leitungsorgane die Notwendigkeit der Errichtung einer kartellrechtlichen Compliance-Organisation erkennen mussten und daraufhin nicht gehandelt haben, (auch arbeitsrechtliche)

---

746 *Wagner-von Papp*, WuW 2010, 268, 276.
747 *Wagner-von Papp*, WuW 2010, 268, 276.
748 *Wagner-von Papp*, WuW 2010, 268, 276.
749 *Pautke*, in: Schultze, Compliance-Handbuch Kartellrecht, Teil A Rn. 71.
750 Enterprise Act 2002, Ch. 40, Sec. 188 (1) – 190 (1).
751 Sherman Act § 1 = U.S.C. Title 15, Ch. 1, § 1.
752 *Seeliger/Mross*, in: Frankfurter Kommentar, EG-Kartellrecht, Band II, Allg. Teil E, Rn. 71; *C.H. Müller*, Kartellrechtscompliance in Deutschland, S. 152 f.; *Karbaum*, Kartellrechtliche Compliance – Rechtsgrundlagen und Umsetzung, S. 52.
753 *Itzen*, BB-Spezial 5/2008, 12, 13.
754 *Fleischer*, BB 2008, 1070, 1074.

Risiken bergen. Denn diese Pflichtverletzung kann nach Ansicht der Gerichte[755] einen wichtigen Grund für eine fristlose Kündigung darstellen.[756] Da Leitungsorgane immer öfter in Kartellrechtsverstöße involviert sind, forderte der frühere Präsident des Bundeskartellamtes *Böge* in der Vergangenheit bereits dazu auf, Vorstandsmitglieder bei grobem Fehlverhalten fristlos zu entlassen.[757]

Darüber hinaus droht Verbandsorganen die Abberufung nach § 27 Abs. 2 S. 1 BGB. Danach ist die Bestellung des Vorstands jederzeit widerruflich. § 27 Abs. 2 S. 2 BGB nennt als Grund für den Widerruf insbesondere eine grobe Pflichtverletzung. Eine grobe Pflichtverletzung kann neben einem aktiven Verstoß gegen geltendes Kartellrecht möglicherweise auch bei Unterlassung von im Verband zwingend notwendigen kartellrechtlichen Compliance-Maßnahmen gegeben sein.[758] Im Zuge der Abberufung wegen grober Pflichtverletzung wird meist auch der Anstellungsvertrag gekündigt.[759]

F. Kartellrechtstypische Probleme in der Verbandsarbeit

Die Notwendigkeit zu kartellrechtlichen Compliance-Maßnahmen in Verbänden wird neben den bereits vorgestellten Risiken auch vor dem Hintergrund potentieller Gefahrenbereiche deutlich, die in der Verbandsarbeit auftreten. Zu den (kartellrechtlichen) „Klassikern" kritischer Verbandsarbeit zählen u.a. Marktinformationsverfahren, Verbandsempfehlungen, die Koordination des Meinungsaustauschs zwischen den verbandsangehörigen Unternehmen, Boykottaufrufe, Aufnahmeverweigerungen sowie die (Rechts-)Beratung von Verbandsmitgliedern.

In der Verbandsarbeit können grundsätzlich drei typische Fallkonstellationen bei Kartellrechtsverstößen auftreten.[760] So besteht einerseits die Gefahr, dass die von Verbänden gebotene Plattform des Meinungsaustauschs von Mitgliedsunternehmen für einen unzulässigen Austausch und unzulässige Zusammenarbeit ausgenutzt wird.[761] Andererseits können Verbände auch selbst kartellrechtliche Vorschriften verletzen[762], z.B. durch Abgabe einer unzulässigen Empfehlung. Als dritte Möglichkeit kommt es in der Praxis häufig auch zu Mischformen aus beidem – einem

755 Vgl. zur fristlosen Kündigung eines Vorstandsmitgliedes einer AG wegen mangelndem Risikomanagement LG Berlin, Urt. v. 3.7.2002, 2 O 358/01 = AG 2002, 682, 683 f.
756 *Fleischer*, BB 2008, 1070, 1074.
757 Vgl. FAZ v. 24.7.2003, Nr. 169, S. 12; *Fleischer*, BB 2008, 1070, 1074.
758 Vgl. *Fleischer*, BB 2008, 1070, 1074.
759 *Janssen*, in: Wecker/Ohl, Compliance in der Unternehmerpraxis, S. 199.
760 *Kapp/Hummel*, CCZ 2013, 240, 241 f.
761 *Kapp/Hummel*, CCZ 2013, 240, 241.
762 *Kapp/Hummel*, CCZ 2013, 240, 241.

Verstoß der Mitglieder auf der Plattform des Verbandes und einem Eigenverstoß des Verbandes.[763]

Die besondere Herausforderung liegt für die Handelnden in diesen Konstellationen darin, die Grenze zwischen zulässigem und unzulässigem Verhalten sicher zu identifizieren.[764] *Möhlenkamp* spricht in diesem Zusammenhang von einem Graubereich, den es zu erhellen gelte.[765] Im Rahmen dieser Arbeit ist es daher notwendig, alle relevanten Felder der Verbandsarbeit (Marktinformationsverfahren/Benchmarking, Lieferantenbewertungssysteme, Koordination von Marktgesprächen, Verbandsempfehlungen, Aufnahmezwang, Wettbewerbsregeln, Kooperationen im Hinblick auf Normen und Standards, Messen, Selbstverpflichtungen, Beratung von Mitgliedsunternehmen, Lobbyarbeit) zu untersuchen und deren Einbettung in das materielle Kartellrecht vorzunehmen.

I. Marktinformationsverfahren und Benchmarking

Die Sammlung von Informationen gehört zu den legitimen Kernaufgaben von Wirtschaftsverbänden.[766] Nach dem Inkrafttreten des GWB im Jahr 1958 gehörten sog. „Marktinformationsverfahren" in Deutschland zu den von Verbänden geförderten Instrumenten der leistungssteigernden Kooperation, bevor Bundeskartellamt und Rechtsprechung diese auf das mit § 1 GWB zu vereinbarende Maß zurückgeführt haben.[767] So stehen Marktinformationsverfahren mittlerweile unter besonderer Beobachtung der Kartellbehörden[768], die die Zulässigkeit solcher Verfahren anhand der Vorschriften zum deutschen und europäischen Kartellverbot beurteilen. Diese Verfahren ziehen deshalb besondere Aufmerksamkeit der Wettbewerbsbehörden auf sich, weil beim Datenaustausch sensible Informationen wie Preise, Rabatte, Investitionen, Umsätze nach Preis oder Menge, Absatzmengen und Kosten für Transport

763 *Kapp/Hummel*, CCZ 2013, 240, 241 f. So etwa beim sog. „Mühlenkartell". In diesem Fall hatten sich Verantwortliche der beteiligten Mühlenunternehmen seit 2001 in zahlreichen, regelmäßig abgehaltenen Gesprächsrunden über Preise, Kundenzuordnungen und Liefermengen abgestimmt. Auch ein Verantwortlicher des Verbandes Deutscher Mühlen e.V. hat an Kartellrunden teilgenommen und dabei die Vertreter der Mühlen bei der Organisation der Kartelltreffen und der Koordination der Absprachen unterstützt (*Kapp/Hummel*, CCZ 2013, 240, 242). Die dazugehörige Pressemitteilung des Bundeskartellamtes ist abrufbar unter http://www.bundeskartellamt.de/SharedDocs/Meldung/DE/Pressemitteilungen/2013/19_02_2013_M%C3%BChlenkartell.html (20.8.2014).

764 *Kapp/Hummel*, CCZ 2013, 240.

765 *Möhlenkamp*, WuW 2008, 428, 432.

766 *Mestmäcker/Schweitzer*, Europäisches Wettbewerbsrecht, § 10 Rn. 57.

767 *Mestmäcker/Schweitzer*, Europäisches Wettbewerbsrecht, § 10 Rn. 58.

768 *Krauß*, in: Langen/Bunte, Kartellrecht, Band 1, § 1 GWB Rn. 231; vgl. *Schröder*, WuW 2009, 718, 726.

oder Energie zwischen Wettbewerbern über eine neutrale Stelle – nicht selten Verbände – kommuniziert werden.[769]

Auch das sog. „Benchmarking" gehört in diesen Bereich. Benchmarks vergleichen die Wettbewerbsstärke des eigenen Unternehmens mit den besten branchengleichen oder branchenfremden Unternehmen auf der Basis von betriebswirtschaftlichen Kennzahlen.[770] Gemeinhin liegt der Nutzen solcher Verfahren für die beteiligten Unternehmen darin, die eigene Wettbewerbsposition zu determinieren und Verbesserungspotential aufzudecken.[771]

1. Überblick

Marktinformationsverfahren sind vertraglich geordnete Meldeverfahren zwischen Wettbewerbern, welche über eine eigens hierfür eingerichtete neutrale Stelle dem Austausch von marktrelevanten Daten dienen.[772] Die Meldestelle hat nach dem ihr jeweils zugedachten Auftrag die Aufgabe, die Informationen zu sammeln und auszuwerten.[773] Die Mitglieder des Marktinformationsverfahrens haben im Rahmen der vereinbarten Informationsweitergabe durch die Zentralstelle das Recht, kontinuierlich oder im Einzelfall über die gewünschten Marktdaten und Geschäftsvorgänge Auskunft zu erhalten.[774]

Der Begriff „Marktinformationsverfahren" ist im europäischen Rechtskreis unüblich. Verallgemeinert ist dort die Rede von „Informationsaustauschsystemen". Im angloamerikanischen Rechtskreis fallen diese unter den Begriff des sog. „information exchange".[775]

Wie bereits erwähnt, sind Marktinformationsverfahren und Benchmarking aufgrund ihrer Ambivalenz im Hinblick auf Art. 101 AEUV und § 1 GWB problematisch.[776] Sie können den Wettbewerb durch Schaffung von Markttransparenz einerseits fördern[777], denn durch den Austausch von Informationen, und die damit

769 *Möhlenkamp*, WuW 2008, 428, 432.
770 *Kapp/Hummel*, CCZ 2013, 240, 243.
771 *Kapp/Hummel*, CCZ 2013, 240, 243.
772 *Zimmer*, in: Immenga/Mestmäcker, EU-Wettbewerbsrecht, Band 1, Art. 101 Abs. 1 AEUV Rn. 265; *Emmerich*, Kartellrecht, § 21 Rn. 38; *Kling/Thomas*, Kartellrecht, § 5 Rn. 126; *Kapp/Hummel*, CCZ 2013, 243.
773 *Zimmer*, in: Immenga/Mestmäcker, Wettbewerbsrecht: GWB, Band 2, § 1 GWB Rn. 274.
774 *Zimmer*, in: Immenga/Mestmäcker, Wettbewerbsrecht: GWB, Band 2, § 1 GWB Rn. 274.
775 *Tugendreich*, Die kartellrechtliche Zulässigkeit von Marktinformationsverfahren, S. 18.
776 *Zimmer*, in: Immenga/Mestmäcker, EU-Wettbewerbsrecht, Band 1, Art. 101 Abs. 1 AEUV Rn. 265; *Mestmäcker/Schweitzer*, Europäisches Wettbewerbsrecht, § 10 Rn. 58; *Kapp/Hummel*, CCZ 2013, 240, 243; *Lotze*, Kartellrechtliche Restriktionen der Verbandstätigkeit, FIW-Schriftenreihe, Heft 201, 2005, S. 133.
777 *Mestmäcker/Schweitzer*, Europäisches Wettbewerbsrecht, § 10 Rn. 58.

verbundene Übersicht über die Verhältnisse auf dem Markt, können sich Unternehmen durch das Ausgleichen zwischen Angebot und Nachfrage besser an sich verändernde Marktverhältnisse anpassen, z.B. durch Preissenkungen.[778] Andererseits können solche Informationsverfahren der besseren Überwachung von wettbewerbswidrigen Vereinbarungen dienen und so den Wettbewerb negativ beeinflussen.[779] Durch Marktinformationsverfahren werden auch ohne solche Vereinbarungen aufgrund bestimmter Marktumstände koordinierte wettbewerbsbeschränkende Effekte umso wahrscheinlicher, je genauer der Markt überwacht werden kann.[780] Deshalb stehen Kartellbehörden und Gerichte dem Informationsaustausch – wie eingangs aufgezeigt – sehr kritisch gegenüber.[781] So sieht etwa die Europäische Kommission u.a. die Gefahr, dass den Nachfragern die Möglichkeit genommen wird, *„sich den noch vorhandenen Geheimwettbewerb zwischen den Anbietern zunutze zu machen und so einer Erstarrung des Preisgefüges entgegenzuwirken"*.[782] Bedenken gegen den Austausch von Informationen hat auch der EuGH[783], der in einem neueren Urteil entschieden hat, dass bereits ein einmaliger Informationsaustausch gegen das Kartellverbot verstoßen kann.[784]

Marktinformationsverfahren können als Bestandteile von Kartellvereinbarungen (sog. „unselbständige" oder „konnexe" Marktinformationsverfahren) oder als sog. „selbständige" oder „reine" Marktinformationssysteme auftreten.[785] Konnexe Verfahren werden nicht selten zur Unterstützung und Absicherung weitergehender Wettbewerbsbeschränkungen genutzt: Sie können sich zur Überwachung von Teilnehmern an Preis- oder Quotenkartellen oder als Abstimmungshilfsmittel eignen.[786] Solche Verfahren sind dann als ergänzende Vereinbarung von der Gültigkeit des gesamten Vertragswerks abhängig, weil Art. 101 Abs. 1 AEUV alle ergänzenden Vereinbarungen erfasst, die die Einhaltung der Kartellabsprache gewährleisten sollen.[787]

---

778 *Zimmer*, in: Immenga/Mestmäcker, EU-Wettbewerbsrecht, Band 1, Art. 101 Abs. 1 AEUV Rn. 265.

779 *Krauß*, in: Langen/Bunte, Kartellrecht, Band 1, § 1 GWB Rn. 228; *Zimmer*, in: Immenga/Mestmäcker, EU-Wettbewerbsrecht, Band 1, Art. 101 Abs. 1 AEUV Rn. 265.

780 Vgl. EuG, Urt. v. 6.6.2002, Rs. 342/99, Slg. 2000, II-1785 – *Airtours.*

781 Nach einem Urteil des EuGH reicht bereits ein einmaliger Informationsaustausch aus, um einen Verstoß gegen Art. 101 Abs. 1 AEUV zu begründen (EuGH, Urt. v. 4.6.2009, Rs. C-8/08, Slg. 2009, I-4529 – *T-Mobile Netherlands u.a.* = WuW/E EU-R 1589).

782 Europäische Kommission, VII. Bericht über die Wettbewerbspolitik, 1977, § 2 Rn. 7.

783 EuGH, Urt. v. 4.6.2009, Rs. C-8/08 – *T-Mobile Netherlands u.a.* = WuW/E EU-R 1589.

784 *Auf'mkolk*, WuW 2011, 699, 704; *Dreher/Hoffmann*, WuW 2011, 1181, 1194.

785 *Lübbig*, in: Wiedemann, Handbuch des Kartellrechts, § 8 Rn. 239 ff.; *Tugendreich*, Die kartellrechtliche Zulässigkeit von Marktinformationsverfahren, S. 19.

786 *Zimmer*, in: Immenga/Mestmäcker, EU-Wettbewerbsrecht, Band 1, Art. 101 Abs. 1 AEUV Rn. 267.

787 *Zimmer*, in: Immenga/Mestmäcker, EU-Wettbewerbsrecht, Band 1, Art. 101 Abs. 1 AEUV Rn. 267; *Mestmäcker/Schweitzer*, Europäisches Wettbewerbsrecht, § 10 Rn. 58; *Feldkamp*, EuZW 1991, 617, 618.

Im Gegensatz dazu ist der Informationsaustausch bei selbstständigen Marktinformationsverfahren einziger Gegenstand der Vereinbarung und dient gerade nicht der Absicherung einer bestehenden Kartellabsprache.[788] Derartige Verfahren bezwecken zwar als solche keine Einschränkung der Handlungsfreiheit im Wettbewerb, können jedoch eine Wettbewerbsbeschränkung bewirken.[789]

Der Marktinformationsverfahren innewohnenden Ambivalenz trägt sowohl die deutsche als auch die europäische Verwaltungspraxis und Rechtsprechung (neben weiteren Aspekten wie dem Umfang der ausgetauschten Informationen sowie der Struktur des betroffenen Marktes[790]) primär dadurch Rechnung, dass sie zwischen identifizierenden und nichtidentifizierenden Verfahren unterscheidet.[791] Die nachfolgende Darstellung basiert im Wesentlichen auf dieser Differenzierung.

2. Identifizierende und nichtidentifizierende Marktinformationsverfahren im deutschen Kartellrecht

Marktinformationsverfahren haben eine erhebliche praktische Relevanz, die sich vor allem in hohen Geldstrafen des Bundeskartellamts widerspiegelt. So verhängte die Behörde in der jüngeren Vergangenheit bei organisiertem Austausch von Unternehmensdaten Bußgelder in Millionenhöhe. Besonderer Erwähnung bedürfen in diesem Zusammenhang die Bußgelder gegen Hersteller von Drogerieartikeln[792] und der Luxuskosmetikindustrie[793]. Ob ein Marktinformationsverfahren gegen deutsches Kartellrecht, namentlich § 1 GWB, verstößt, hängt maßgeblich von seiner inhaltlichen Ausgestaltung ab.

a) Identifizierende Marktinformationsverfahren

Bei identifizierenden Marktinformationsverfahren werden Einzelgeschäfte durch Angebots- und Abschlussmeldungen unter Nennung der Lieferanten oder Abnehmer

788 *Zimmer*, in: Immenga/Mestmäcker, EU-Wettbewerbsrecht, Band 1, Art. 101 Abs. 1 AEUV Rn. 269; *Tugendreich*, Die kartellrechtliche Zulässigkeit von Marktinformationsverfahren, S. 19.

789 EuGH, Urt. v. 28.5.1998, Rs. C-7/95 P, Slg. 1998, I-3111 – *Deere/Kommission*; *Mestmäcker/Schweitzer*, Europäisches Wettbewerbsrecht, § 10 Rn. 64.

790 *Grützner/Jakob*, Compliance von A-Z, Stichwort: Marktinformationsverfahren.

791 Europäische Kommission, Entsch. v. 8.9.1977, ABl. 1977 L 242/10, 15, Rn. 25 – *COBELPA/VNP*; BayOLG, Beschl. v. 4.6.1965, KB 1/1964 – *Baumarktstatistik* = WuW/E OLG 745; *Lübbig*, in: Wiedemann, Handbuch des Kartellrechts, § 8 Rn. 240 ff., 244; *Wagner-von Papp*, WuW 2004, 732, 733.

792 BKartA, Pressemitteilung v. 20.2.2008. Die Pressemitteilung ist abrufbar unter http://www.bundeskartellamt.de/SharedDocs/Meldung/DE/Pressemitteilungen/2008/20_02_2008_Drogerieartikelhersteller-Bu%C3%9Fgeld.html (20.8.2014).

793 BKartA, Pressemitteilung v. 10.7.2008. Die Pressemitteilung ist abrufbar unter http://www.bundeskartellamt.de/SharedDocs/Meldung/DE/Pressemitteilungen/2008/10_07_2008_Luxuskosmetik.html (20.8.2014).

offengelegt.[794] Nach verbreiteter Ansicht sind identifizierende Marktinformationsverfahren unzulässig, da sie geeignet sind, den Geheimwettbewerb zu beschränken, auch wenn mit ihnen in der Regel unmittelbar wettbewerbsbeschränkende Absprachen nicht verknüpft sind.[795]

Nach Ansicht des Bundeskartellamtes verstoßen Marktinformationsverfahren gegen § 1 GWB, *„wenn sie eine Verpflichtung zur Offenlegung von Einzelheiten von Angeboten oder Geschäftsabschlüssen gegenüber den Beteiligten enthalten und zur Identifizierung von Lieferanten, Abnehmern oder aktuellen Marktdaten für Einzelgeschäfte wie Preise und Konditionen führen (Identifizierende Marktinformationsverfahren)“*.[796] Ob ein Meldeverfahren unzulässig ist, könne immer nur im Einzelfall entschieden werden.[797] Dabei sieht die deutsche Wettbewerbsbehörde insbesondere Verfahren als kritisch an, die folgende Tatbestände enthalten: Mitteilung von Schwerpunktpreisen zwischen den Höchst- und Mindestpreisen, Nennung der mit dem Höchst- und Mindestpreis korrespondierenden Mengen, Differenzierung von Höchst- und Mindestpreisen nach Regionen, zu große Gliederungstiefe der Statistik nach Erzeugnisgruppen, geringe Zahl der je Erzeugnisgruppe lieferfähigen Unternehmen, geringe Zahl der je Erzeugnisgruppe gemeldeten Stückzahlen bzw. Geschäftsvorfälle, den rückgemeldeten Höchst- und Mindestpreisen oder Durchschnittspreisen liegen Geschäftsvorfälle von nur wenigen Unternehmen zugrunde, kurze Meldeperiode[798], Kombination der Höchst- und Mindestpreise oder Durchschnittspreise mit anderen Geschäftsdaten.[799]

b) Nichtidentifizierende Marktinformationsverfahren

Im Gegensatz zu identifizierenden Marktinformationsverfahren lassen nichtidentifizierende Verfahren keine Rückschlüsse auf Wettbewerber oder einzelne Geschäfte zu und sind deshalb nach ganz herrschender Meinung kartellrechtlich grundsätzlich

794 *Lübbig*, in: Wiedemann, Handbuch des Kartellrechts, § 8 Rn. 244; *Wagner-von Papp*, WuW 2004, 732, 733.

795 BKartA, TB 1976, BT-Drucks. 8/704, S. 217; BayOLG, Beschl. v. 4.6.1965, KB 1/1964 – *Baumarktstatistik* = WuW/E OLG 745, 747; *Lübbig*, in: Wiedemann, Handbuch des Kartellrechts, § 8 Rn. 244; *Lotze*, Kartellrechtliche Restriktionen der Verbandstätigkeit, FIW-Schriftenreihe, Heft 201, 2005, S. 133.

796 BKartA, TB 1976, BT-Drucks. 8/704, S. 217.

797 BKartA, TB 1976, BT-Drucks. 8/704, S. 217.

798 Das Bundeskartellmat hat in der Vergangenheit sowohl ein Datenalter von mindestens sechs Monaten gefordert als auch monatliche Meldungen für zulässig erachtet (BKartA, TB 1976, BT-Drucks. 8/704, S. 45 f.; *Stancke*, BB 2009, 912, 916). Kartellrechtlich unbedenklich sind in der Regel Daten, die älter als ein Jahr sind (*Kapp/Hummel*, CCZ 2013, 240, 244).

799 BKartA, TB 1976, BT-Drucks. 8/704, S. 11; *Lübbig*, in: Wiedemann, Handbuch des Kartellrechts, § 8 Rn. 245.

unbedenklich.[800] Teilweise werden mittlerweile aber auch diese Verfahren, insbesondere Preismeldeverfahren, als kartellrechtlich problematisch angesehen, da, obwohl der einzelne Preisbrecher bei solchen Systemen nicht mehr gezielt bestraft werden könne, ein allgemeiner Preiskrieg „aller gegen alle" denkbar sei.[801] Sind danach nichtidentifizierende Marktinformationsverfahren in der Lage, einen Wettbewerbsvorstoß (sog. „cheat") aufzudecken, könnten Anreize für einen solchen Vorstoß entfallen.[802] Dies wiederum führe zur Einschränkung des geheimen Wettbewerbs. Marktinformationsverfahren seien folglich nur dann unbedenklich, wenn sich aus den Informationen nicht einmal mehr ein Wettbewerbsvorstoß ableiten lasse, die Daten also stark aggregiert seien.[803] Das sei dann der Fall, wenn die Abweichung der Daten bei einem „cheat" nicht größer sei als das „reguläre Marktrauschen", das durch normale und häufige Schwankungen erzeugt werde.[804]

c) Weitere Beurteilungskriterien

Neben dem Kriterium der Identifizierbarkeit ist auch die Qualität der ausgetauchten Daten für die kartellrechtliche Zulässigkeit entscheidend.[805] So ist der Austausch von sensiblen Unternehmensdaten regelmäßig kartellrechtlich kritisch.[806] Dazu gehören insbesondere: aktuelle Preise, Rabatte, Konditionen, Preispolitik (vor allem Preiserhöhungen), Verhalten in anstehenden Jahresgesprächen, Kundenadressen, Abnahmeverhalten oder Bonität von Kunden, getätigte Geschäftsabschlüsse, Kalkulationen, Umsätze, Produktionsmengen, Produktionsplanungen und -kapazitäten, Investitionen sowie F&E-Aktivitäten.[807]

Daneben spielt die Marktstruktur eine wesentliche Rolle. Dabei ist die Einschränkung des Geheimwettbewerbs auf Märkten homogener Massengüter mit oligopolistischer Struktur, d.h. mit wenigen Anbietern, besonders problematisch.[808] Nach allgemeiner Meinung stellt eine Teilnehmerzahl von mindestens fünf voneinander unabhängigen Unternehmen eine Nichtidentifizierbarkeit sicher.[809]

Unkritisch soll ein Informationsaustausch unter Wettbewerbern über marktrelevante Daten hingegen dann sein, *„wenn sich diese Zusammenarbeit auf die gemeinsame Sammlung von allgemein verfügbaren Daten, z. B. durch Auswertung von*

800 U.a. *Lübbig* in: Wiedemann, Handbuch des Kartellrechts, § 8 Rn. 244; *Stancke*, BB 2009, 912, 914.

801 *Wagner-von Papp*, WuW 2004, 732, 736 ff.

802 *Wagner-von Papp*, WuW 2004, 732, 739.

803 *Wagner-von Papp*, WuW 2004, 732, 739.

804 *Wagner-von Papp*, WuW 2004, 732, 739.

805 *Kapp/Hummel*, CCZ 2013, 240, 244.

806 *Kapp/Hummel*, CCZ 2013, 240, 244.

807 So prägnant zusammenfassend *Kapp/Hummel*, CCZ 2013, 240, 244.

808 *Kapp/Hummel*, CCZ 2013, 240, 244.

809 OLG Düsseldorf, Beschl. v. 26.7.2002, Kart 37/01 (V) – *Transportbeton Sachsen* = WuW/E DE-R 949; *Kapp/Hummel*, CCZ 2013, 240, 244.

öffentlichen Statistiken, die Erstellung gemeinsamer Marktanalysen, Struktur- und Konjunkturanalysen aus solchen Quellen, beschränkt“.[810]

3. *Informationsaustauschsysteme im europäischen Kartellrecht*

Auf europäischer Ebene werden Informationsaustauschsysteme durch die Europäische Kommission und die Gerichte regelmäßig auf ihre Zulässigkeit mit Art. 101 AEUV überprüft. Die Europäische Kommission unterscheidet dabei zwischen wettbewerbsneutralen Informationssystemen und Systemen, bei denen der gegenseitige Informationsaustausch als wettbewerbsbeschränkendes Verhalten zu werten sei.[811] Für diese Unterscheidung sei zunächst die Art der ausgetauschten Informationen (identifizierend oder nichtidentifizierend) maßgeblich.[812] Insoweit hat die Wettbewerbsbehörde jedenfalls *„keine Bedenken dagegen, daß nationale Wirtschaftsverbände, die in verschiedenen Ländern die gleichen Berufsinteressen vertreten, den Austausch von Zahlenmaterial ermöglichen – sei es direkt oder über Meldestellen –, das nach den Gepflogenheiten der amtlichen Statistik die Produktions- und Absatzverhältnisse des betreffenden Industriezweigs ohne Firmenidentifizierung darstellt“.*[813] Dagegen ist der organisierte Austausch individueller Unternehmensdaten, wie der produzierten und abgesetzten Mengen und der Preise, grundsätzlich verboten.[814] Diese gefestigten Grundsätze wurden in den zurückliegenden Jahrzehnten durch Entscheidungen der Europäischen Kommission und der Rechtsprechung weiter konkretisiert.[815] So orientiert sich der EuGH bei der Abgrenzung zwischen zulässigen und unzulässigen Informationsverfahren am Grundsatz des Geheimwettbewerbs und am Selbständigkeitspostulat, nachdem sich die Unternehmen nicht durch diese Form der Kooperation der einem funktionsfähigen Wettbewerb eigenen Ungewissheit über das Marktverhalten der Wettbewerber entziehen dürfen.[816] Die Kriterien, die danach für die Feststellung der Wettbewerbswirkungen von Marktinformationen auf europäischer Ebene angewendet werden, sind insbesondere Folgende: Marktstruktur und

---

810 *Kapp/Hummel*, CCZ 2013, 240, 244.

811 Europäische Kommission, Horizontalleitlinien, ABl. 2011, C 11/1, 15 ff., Rn. 64 ff.; *Zimmer*, in: Immenga/Mestmäcker, EU-Wettbewerbsrecht, Band 1, Art. 101 Abs. 1 AEUV Rn. 266.

812 Europäische Kommission, Horizontalleitlinien, ABl. 2011, C 11/1, 19 f., Rn. 89; *Zimmer*, in: Immenga/Mestmäcker, EU-Wettbewerbsrecht, Band 1, Art. 101 Abs. 1 AEUV Rn. 266.

813 Europäische Kommission, VII. Bericht über die Wettbewerbspolitik, 1977, § 2 Rn. 7.

814 Europäische Kommission, Horizontalleitlinien, ABl. 2011, C 11/1, 19 f., Rn. 89; *Zimmer*, in: Immenga/Mestmäcker, EU-Wettbewerbsrecht, Band 1, Art. 101 Abs. 1 AEUV Rn. 266.

815 *Zimmer*, in: Immenga/Mestmäcker, EU-Wettbewerbsrecht, Band 1, Art. 101 Abs. 1 AEUV Rn. 266.

816 EuGH, Urt. v. 28.5.1998, Rs. C-7/95 P, Slg. 1998, I-3111, I-3160, Rn. 76 – *Deere/Kommission*; *Mestmäcker/Schweitzer*, Europäisches Wettbewerbsrecht, § 10 Rn. 64; *Kling/Thomas*, Kartellrecht, § 5 Rn. 126.

Konzentrationsgrad, Alter der ausgetauschten Information, Art und Inhalt der Informationen (Geschäftsgeheimnisse, Vergangenheits- oder zukunftsbezogene Daten, Detailgrad, Verfügbarkeit bzw. Öffentlichkeit, Auswirkungen für die Verbraucher), Anzahl und Individualisierung der beteiligten Unternehmen, Regelmäßigkeit des Austauschs, Beschaffenheit der Produkte und Ausschluss der Marktgegenseite von den Informationen.[817]

Letztlich sind Informationsaustauschsysteme immer anhand des jeweiligen Einzelfalls zu beurteilen.[818] Gemeinhin lässt sich dabei folgende Formel aufstellen: Sind Unternehmen, durch die ihnen mittels eines Informationsaustauschsystems zugänglichen Daten in der Lage, auf einen Wettbewerbsvorstoß eines Konkurrenten zu reagieren und hätten die Unternehmen die Reaktion ohne die übermittelten Daten nicht vornehmen können, so ist der Geheimwettbewerb grundsätzlich beeinträchtigt.[819]

Zur besseren Illustration der aufgeworfenen Problematik sollen im Folgenden zwei aus der europäischen Rechtspraxis entnommene Entscheidungen zu Informationsaustauschsystemen vorgestellt werden, in denen Verbände Informationen für die ihnen angehörigen Mitgliedsunternehmen gesammelt und ausgewertet haben.

a) Europäische Kommission, Entsch. v. 17.2.1992 – UK Agricultural Tractor Registration Exchange

Die Kommissionsentscheidung *UK Agricultural Tractor Registration Exchange*[820] soll die Bedeutung des Kriteriums der Marktstruktur als einen der zentralen Parameter für die kartellrechtliche Beurteilung von Informationsaustauschsystemen verdeutlichen. Denn auch die Weitergabe von Daten ohne preisliche Absprachen kann auf einem stark konzentrierten Markt einen Verstoß gegen Art. 101 AEUV begründen. Der Entscheidung lag folgender Sachverhalt zu Grunde[821]: Die Vereinigung der Hersteller und Einführer von Landwirtschaftsmaschinen meldeten bei der Europäischen Kommission ein Informationsaustauschsystem mit der Bezeichnung „UK Agricultural Tractor Registration Exchange" an.[822] An dem Informationsverfahren waren acht im Bereich der landwirtschaftlichen Zugmaschinen und im Vereinigten

---

817 Europäische Kommission, Horizontalleitlinien, ABl. 2011, C 11/1, 16 ff., Rn. 75 ff.; EuG, Urt. v. 27.10.1994, Rs. T-35/92, Slg. 1994, II-957, 986 f., Rn. 51 – *Deere/Kommission*; *Mestmäcker/Schweitzer*, Europäisches Wettbewerbsrecht, § 10 Rn. 66; *Kapp/Hummel*, CCZ 2013, 240, 243; *Karenfort*, WuW 2008, 1154, 1160 ff.

818 *Karenfort*, WuW 2008, 1154, 1160.

819 Vgl. *Lübbig*, in: Wiedemann, Handbuch des Kartellrechts, § 8 Rn. 240.

820 Europäische Kommission, Entsch. v. 17.2.1992, ABl. 1992, L 68/19 – *UK Agricultural Tractor Registration Exchange.*

821 Europäische Kommission, Entsch. v. 17.2.1992, ABl. 1992, L 68/19 ff., Rn. 1 ff. – *UK Agricultural Tractor Registration Exchange.*

822 Europäische Kommission, Entsch. v. 17.2.1992, ABl. 1992, L 68/19, Rn. 1 – *UK Agricultural Tractor Registration Exchange.*

Königreich tätigen Unternehmen beteiligt.[823] Der Informationsaustausch beinhaltete Daten über den Einzelhandelsabsatz und die Marktanteile der beteiligten Unternehmen.[824] Aufgeschlüsselt wurden die Informationen nach Erzeugnis, Gebieten und Zeiträumen.[825] Die Daten konnten zeitnah durch die Beteiligten abgefragt werden. Als zentrale Meldestelle fungierte die Agricultural Engineers Association. Der britische Traktorenmarkt war zur damaligen Zeit durch vier Unternehmen dominiert worden, die einen gemeinsamen Marktanteil zwischen 76–77 % erreichten – dementsprechend fand kaum Wettbewerb statt.[826] Der Marktzutritt war durch hohe Schranken geprägt, da auf dem Markt für Traktoren nur geringe Umsätze zu erzielen waren und zudem stagnierende Nachfrage und Überschusskapazitäten vorherrschten – auf einem solchen Markt sind Neuinvestitionen seitens der Hersteller oder Händler unwahrscheinlich.[827] Überdies erforderte der Verkauf von Traktoren ein dichtes Vertriebs- und Servicenetz.[828] Das Informationsaustauschsystem stellte letztlich eine vollständige Transparenz auf einem hochgradig konzentrierten Markt zwischen Wettbewerbern auf der Hersteller- und Händlerebene innerhalb jedes einzelnen Händlergebiets her.[829]

Die Europäische Kommission bewertete das Marktinformationsverfahren wegen einer Vielzahl von Umständen als wettbewerbswidrig i.S.d. des (heutigen) Art. 101 AEUV. Sie begründete den Verstoß im Wesentlichen mit der Ausschaltung der Wettbewerbsreserven in einem hochgradig konzentrierten Markt, die insbesondere aus der Ungewissheit und Geheimhaltung zwischen den Hauptanbietern hinsichtlich der Marktbedingungen bestünden.[830] Diese könnten nicht freigesetzt werden, wenn die Ungewissheit und Geheimhaltung hinsichtlich der Wettbewerbsstrategie der anderen Anbieter dahingehend ausgeschaltet seien, dass Wettbewerbsvorsprünge nicht mehr möglich seien.[831] Darüber hinaus waren die (in regelmäßigen Abständen)

---

823 Europäische Kommission, Entsch. v. 17.2.1992, ABl. 1992, L 68/19, Rn. 1 – *UK Agricultural Tractor Registration Exchange.*

824 Europäische Kommission, Entsch. v. 17.2.1992, ABl. 1992, L 68/19, Rn. 1 – *UK Agricultural Tractor Registration Exchange.*

825 Europäische Kommission, Entsch. v. 17.2.1992, ABl. 1992, L 68/19, 21 Rn. 10 – *UK Agricultural Tractor Registration Exchange.*

826 Europäische Kommission, Entsch. v. 17.2.1992, ABl. 1992, L 68/19, 20, Rn. 5 – *UK Agricultural Tractor Registration Exchange.*

827 Europäische Kommission, Entsch. v. 17.2.1992, ABl. 1992, L 68/19, 20, Rn. 8 – *UK Agricultural Tractor Registration Exchange.*

828 Europäische Kommission, Entsch. v. 17.2.1992, ABl. 1992, L 68/19, 20, Rn. 8 – *UK Agricultural Tractor Registration Exchange.*

829 Europäische Kommission, Entsch. v. 17.2.1992, ABl. 1992, L 68/19, 29, Rn. 51 – *UK Agricultural Tractor Registration Exchange.*

830 Europäische Kommission, Entsch. v. 17.2.1992, ABl. 1992, L 68/19, 26, Rn. 37 – *UK Agricultural Tractor Registration Exchange.*

831 Europäische Kommission, Entsch. v. 17.2.1992, ABl. 1992, L 68/19, 26, Rn. 37 – *UK Agricultural Tractor Registration Exchange.*

ausgetauschten Informationen sehr detailliert und als Geschäftsgeheimnisse zu qualifizieren.[832]

Der Fall verdeutlicht, dass es auf die Gesamtschau verschiedener Faktoren im Einzelfall ankommt.[833] Es gibt letztlich kein Kriterium, das allein – im Sinn einer hinreichenden Bedingung – die kartellrechtliche Beurteilung bestimmen würde.[834] Das EuG bestätigte die vorliegende Kommissionsentscheidung und sah in dem Informationsaustauschsystem eine spürbare Beeinträchtigung des Wettbewerbs.[835] Dem folgte in letzter Instanz auch der EuGH.[836]

b) CEPI-Cartonboard

Dem Fallbeispiel *CEPI-Cartonboard*[837] liegt ein statistisches Austauschsystem der Kartonindustrie zu Grunde, welches durch die Europäische Kommission per Verwaltungsschreiben genehmigt wurde.[838] Der internationale Verband europäischer Kartonhersteller meldete 1993 sein geändertes System bei der Europäischen Kommission an, nachdem das vorherige, namentlich das sog. „Fides-Informationsaustauschsystem", von ihr in der *Karton*-Entscheidung[839] untersagt worden war. Die nochmalige Anmeldung betraf den Informationsaustausch über die Aspekte „Verbrauchsübersicht", „Aufschlüsselung nach Flächenmasse", „Kapazitätsbericht" sowie „wöchentliche Auftragseingangsstatistiken".[840]

Wie eben erwähnt, modifizierte der Verband das System nach der Untersagung und traf Sicherungsvorkehrungen, um diese umfangreichen Informationen sammeln, auswerten und den angeschlossenen Verbandsmitgliedern übermitteln zu können.[841] Die Sicherungsvorkehrungen liefen darauf hinaus, dass keine individuellen Informationen weitergegeben werden konnten, keine Ausführungen im Hinblick auf Statistiken bei Treffen mit Konkurrenten stattfanden, keine Erläuterungen, Analysen, Bemerkungen oder Empfehlungen bei der Informationsweitergabe gegeben wurden und auch keine Darstellung von Preisen, Produktionsschätzungen oder Vorausschätzungen der Kapazitätsauslastung in den Statistiken auftauchten.[842]

---

832 Europäische Kommission, Entsch. v. 17.2.1992, ABl. 1992, L 68/19, 26, Rn. 35 – *UK Agricultural Tractor Registration Exchange*; *Karenfort*, WuW 2008, 1154, 1160.
833 *Karenfort*, WuW 2008, 1154, 1160.
834 *Karenfort*, WuW 2008, 1154, 1160.
835 EuG, Urt. v. 27.10.1994, Rs. T-35/92, Slg. 1994, II-957 – *Deere/Kommission.*
836 EuGH, Urt. v. 28.5.1998, Rs. C-7/95 P, Slg. 1998, I-3111 – *Deere/Kommission.*
837 Europäische Kommission, XXVI. Bericht über die Wettbewerbspolitik, 1996, S. 140 f.
838 Europäische Kommission, XXVI. Bericht über die Wettbewerbspolitik, 1996, S. 140.
839 Europäische Kommission, Entsch. v. 13.7.1994, ABl. 1994, L 243/1 – *Karton.*
840 Europäische Kommission, Bekanntmachung, ABl. 1996, C 310/3, 5, Rn. 11 – *Cepi-Cartonboard.*
841 Europäische Kommission, Bekanntmachung, ABl. 1996, C 310/3, 5, Rn. 10 – *Cepi-Cartonboard.*
842 Europäische Kommission, XXVI. Bericht über die Wettbewerbspolitik, 1996, S. 140.

CEPI-Cartonboard änderte sein System insbesondere dahingehend, dass die gesammelten Daten nicht – wie ursprünglich geplant – wöchentlich weitergeleitet wurden, sondern im Zweiwochen-Rhythmus. Ferner wurden individuelle Daten durch Durchschnittsdaten der letzten vier Wochen ersetzt.[843] Aufgrund dieser Änderungen stellte die Europäische Kommission letztlich doch die Vereinbarkeit mit Art. 81 EG a.F. fest.

Dem vorliegenden Fall ist zu entnehmen, dass Verbände als Betreiber von Informationsaustauschsystemen nicht nur keine individuellen Daten weitergeben dürfen, sondern auch die Einhaltung weiterer Parameter, etwa einen zeitlichen Abstand zwischen der Datensammlung und der Datenübermittlung unter Einbeziehung einer Vielzahl von Teilnehmern, im Blick haben müssen, um die kartellrechtliche Zulässigkeit solcher Verfahren sicherzustellen.

4. Spezifische Marktinformationsverfahren

Marktinformationsverfahren treten in der Praxis vor allem als sog. „Preismeldeverfahren", „Statistische Meldeverfahren" und „Angebotsmeldeverfahren" (insbesondere „Angebotsmeldeverfahren in der Bauwirtschaft") auf.[844] Die Anwendungspraxis zu § 1 GWB ist größtenteils durch Entscheidungen zu Preismeldeverfahren geprägt.[845]

a) Preismeldeverfahren

Preismeldeverfahren beinhalten den Austausch von Preis- und Konditionenangaben abgeschlossener Geschäfte oder die Angaben dieser Faktoren bei Abgabe von Vertragsangeboten.[846] Der rechtliche Rahmen solcher Verfahren kann in unterschiedlichster Weise gehandhabt werden.[847] So ist es innerhalb von Wirtschaftsverbänden möglich, einen Verbandsbeschluss zu fassen, der die Mitglieder zur Teilnahme und Durchführung einer Preismeldestelle verpflichtet.[848]

---

843 Europäische Kommission, XXVI. Bericht über die Wettbewerbspolitik, 1996, S. 141.

844 *Zimmer*, in: Immenga/Mestmäcker, Wettbewerbsrecht: GWB, Band 2, § 1 GWB Rn. 276 ff.

845 *Zimmer*, in: Immenga/Mestmäcker, Wettbewerbsrecht: GWB, Band 2, § 1 GWB Rn. 276.

846 *Krauß*, in: Langen/Bunte, Kartellrecht, Band 1, § 1 GWB Rn. 236; *Zimmer*, in: Immenga/Mestmäcker, Wettbewerbsrecht: GWB, Band 2, § 1 GWB Rn. 276; vgl. auch *Tugendreich*, Die kartellrechtliche Zulässigkeit von Marktinformationsverfahren, S. 25.

847 *Tugendreich*, Die kartellrechtliche Zulässigkeit von Marktinformationsverfahren, S. 25.

848 *Tugendreich*, Die kartellrechtliche Zulässigkeit von Marktinformationsverfahren, S. 25.

Zum Charakter von Preismeldeverfahren stellt *Zimmer*[849] fest, dass mit *„der Weitergabe von Preisen, Rabatten und Konditionen die Ungewissheit der Marktteilnehmer über die Wettbewerbssituation verloren [geht]. Preiszugeständnisse oder Preisvorstöße als Wettbewerbsmittel werden eingeengt, da jeder Partner des Preisinformationsverfahrens sofort auf die veränderte Marktlage reagieren und so Wettbewerbsvorsprünge verhindern kann. Die Einsetzung des Preises als Wettbewerbsmittel kann daher bei Bestehen eines Preisinformationsverfahrens nicht zu einem nachhaltigen Wettbewerbsvorsprung, sondern allenfalls zu einem Preis- und Gewinnrückgang in einer ganzen Branche führen. Daran kann jedoch keinem Partner des Preisinformationsverfahrens gelegen sein, so dass eine Preisgleichförmigkeit auf hohem Niveau gefördert wird. In der Tendenz führt das Preisinformationsverfahren zu einer Beschränkung des Preiswettbewerbs."*

Ob ein Preismeldeverfahren tatsächlich gegen § 1 GWB verstößt, hängt von einer Vielzahl von Faktoren, insbesondere aber davon ab, ob ein solches Verfahren identifizierend oder nichtidentifizierend ist. Daran anknüpfend gilt das Kartellverbot grundsätzlich für Preismeldeverfahren, die identifizierende Angebots- und Abschlussmeldungen, in denen Einzelgeschäfte offengelegt und die Lieferanten bzw. Abnehmer benannt werden, zum Gegenstand haben.[850] Gerade diese einzelfallbezogene Meldung führt zu der wettbewerbsschädlichen Reaktionsverbundenheit der Konkurrenten.[851] Vor allem Informationsverfahren auf oligopolistischen Märkten haben eine wettbewerbsbeeinträchtigende Wirkung, da auf solchen Märkten bereits eine gewisse Gleichförmigkeit im wettbewerbsrechtlichen Verhalten naheliegt.[852]

Nichtidentifizierende Preismeldeverfahren sind gemeinhin unbedenklich, wenn lediglich Höchst- und Mindestpreise, „von-bis-Preise" oder Durchschnittspreise genannt werden und Rückschlüsse auf einzelne Geschäfte nicht möglich sind.[853] Teilweise anderer Ansicht ist *Zimmer*, nach dem eine Nennung von Höchst- oder Mindestpreisen, Schwerpunktpreisen oder Preistendenzen auf eine Abstimmung hindeuten könne.[854] Bedenklich sind seiner Ansicht nach insbesondere solche

849 *Zimmer*, in: Immenga/Mestmäcker, Wettbewerbsrecht: GWB, Band 2, § 1 GWB Rn. 276.

850 OLG Düsseldorf, Beschl. v. 26.7.2002, Kart 37/01 (V) – *Transportbeton Sachsen* = WuW/E DE-R 949; *Zimmer*, in: Immenga/Mestmäcker, Wettbewerbsrecht: GWB, Band 2, § 1 GWB Rn. 278.

851 *Zimmer*, in: Immenga/Mestmäcker, Wettbewerbsrecht: GWB, Band 2, § 1 GWB Rn. 278.

852 BKartA, Beschl. v. 14.5.1971, B5-47/69 – *Tubenhersteller* = WuW/E BKartA 1351, 1356; *Zimmer*, in: Immenga/Mestmäcker, Wettbewerbsrecht: GWB, Band 2, § 1 GWB Rn. 275, 279.

853 BKartA, TB 1995/96, BT-Drucks. 13/7900, S. 126; TB 1997/98, BT-Drucks. 14/1139, S. 78; *Krauß*, in: Langen/Bunte, Kartellrecht, Band 1, § 1 GWB Rn. 237.

854 *Zimmer*, in: Immenga/Mestmäcker, Wettbewerbsrecht: GWB, Band 2, § 1 GWB Rn. 279.

Bekanntgaben, die sich nicht auf in der Vergangenheit liegende Ereignisse beschränkten, sondern Zukunftserwartungen und Prognosen enthielten.[855]

Die deutsche Verwaltungs- und Rechtsprechungspraxis hat sich in der Vergangenheit des Öfteren mit Preismeldeverfahren beschäftigt. Von besonderer Bedeutung war dabei die Grundsatzentscheidung *Aluminium-Halbzeug*[856] des BGH aus dem Jahr 1975.[857] Der Entscheidung lag der Sachverhalt zu Grunde, dass eine Vielzahl von Aluminiumhalbzeug-Herstellern einem Marktinformationsvertrag beigetreten waren, dessen Zweck *„die zuverlässige Marktinformation als Voraussetzung eines durch unlautere Ausspielungen nicht verfälschten Leistungswettbewerbs, einer rationellen Fertigung und einer wirtschaftlichen Lagerhaltung“* sein sollte.[858] Das Abkommen sah ein Meldeverfahren für abgeschlossene Geschäfte über den Bruttopreis nebst sämtlichen Zu- und Abschlägen, insbesondere auch Rabatte, die spezifiziert anzugeben waren, oder den Nettopreis unter Angabe der genauen Lieferungs- und Zahlungsbedingungen vor.[859] Abschlussbestätigungen, Auftragsbestätigungen oder Rechnungen über Effektiv- und Umarbeitungsgeschäfte waren laufend, spätestens am dritten Arbeitstag nach Ausstellung, einem Treuhandbüro mit allen Einzelheiten anzuzeigen und den übrigen Vertragsbeteiligten auf konkrete Anfrage, in welcher der interessierende Kunde genannt war, unter Identifizierung der früheren Lieferanten bekanntzugeben.[860] Die Auskünfte erstreckten sich mindestens auf sechs und höchstens auf zwölf zurückliegende Monate.[861]

Der BGH erkannte in seinem Urteil erstmals eine Wettbewerbsbeschränkung aufgrund der Durchführung eines Preismeldeverfahrens an, in dem die Ungewissheit der Teilnehmer über die Wettbewerbslage dadurch zerstört wurde, dass es durch deren Kenntnis betreffend den Faktor „Preis“ zu keinen Wettbewerbsvorsprüngen unter ihnen kommen konnte.[862] Überdies stellte das Gericht fest, dass durch den Vertrag über ein Preismeldeverfahren und den damit einhergehenden Verzicht auf einen wettbewerbswirksamen Einsatz des Preises die Intensität des Wettbewerbs

855 *Zimmer*, in: Immenga/Mestmäcker, Wettbewerbsrecht: GWB, Band 2, § 1 GWB Rn. 279.

856 BGH, Beschl. v. 29.1.1975, KRB 4/74 (KG) – *Aluminium-Halbzeug* = NJW 1975, 788.

857 Dazu vertiefend *Tugendreich*, Die kartellrechtliche Zulässigkeit von Marktinformationsverfahren, S. 52 ff.

858 BGH, Beschl. v. 29.1.1975, KRB 4/74 (KG) – *Aluminium-Halbzeug* = NJW 1975, 788, 789.

859 BGH, Beschl. v. 29.1.1975, KRB 4/74 (KG) – *Aluminium-Halbzeug* = NJW 1975, 788, 789.

860 BGH, Beschl. v. 29.1.1975, KRB 4/74 (KG) – *Aluminium-Halbzeug* = NJW 1975, 788, 789.

861 BGH, Beschl. v. 29.1.1975, KRB 4/74 (KG) – *Aluminium-Halbzeug* = NJW 1975, 788, 789.

862 *Lotze*, Kartellrechtliche Restriktionen der Verbandstätigkeit, FIW-Schriftenreihe, Heft 201, 2005, S. 133.

vermindert und damit die Funktionsfähigkeit des Wettbewerbs, die § 1 GWB sichere, gestört werde.[863]

b) *Statistische Meldeverfahren*

Eine weitere spezielle Form der Marktinformationsverfahren sind statistische Meldeverfahren. Marktstatistiken bezwecken einen Überblick für Anbieter, aufgrund derer eine Steuerung der Produktion und die Beurteilung der Marktlage vorgenommen werden können.[864] Die übermittelten Parameter beziehen sich auf Liefermengen, Umsätze, Preise und Rabatte, welche ausgewertet und statistisch aufbereitet werden.[865] Dabei begegnen abstrakte Marktstatistiken, also Statistiken, die Bewegungen auf dem Markt in genereller Art und Weise aufzeigen, und eine neutrale Ausweisung der bedeutenden Marktdaten keinen kartellrechtlichen Bedenken, denn bei diesen Verfahren werden ausschließlich Durchschnittswerte weitergeleitet, die einzelne Geschäfte nicht offenlegen.[866] Dabei dürfen die Anzahl der Hersteller bzw. der Produkte aber nicht zu gering sein, da auf einem eng begrenzten Markt ggf. eine Identifizierung möglich ist.

In seinem Beschluss *Transportbeton Sachsen*[867] hat sich das Bundeskartellamt genauer mit Marktstatistiken befasst und untersagte die Durchführung einer geschlossenen Vereinbarung zur Errichtung eines statistischen Informationsverfahrens. Das Informationsverfahren war dadurch gekennzeichnet, dass die Beteiligten sowohl ihren Absatz an Transportbeton als auch ihre Erträge sowie die durchschnittlichen Erträge pro Kubikmeter in den einzelnen Meldegebieten an einen Treuhänder monatlich übermitteln sollten.[868] Dieser hätte die Informationen aggregiert und an die beteiligten Unternehmen zurück übermittelt.[869] Ursprüngliches Ziel der Beteiligten war es, *„möglichst über die Transportbetonverbände (...) ein nicht-identifizierendes Marktinformationssystem aufzubauen (...), das im Einklang mit den Kartellgesetzen dem einzelnen Marktteilnehmer regelmäßig jeweils in seinem regionalen Markt erlaubt, objektiv seinen Standort im Markt festzustellen"*.[870] Damit sollte *„der Wunsch der Wettbewerber nach gegenseitigem Marktdatenaustausch beseitigt werden"*.[871]

---

863 BGH, Beschl. v. 29.1.1975, KRB 4/74 (KG) – *Aluminium-Halbzeug* = NJW 1975, 788, 790.

864 *Zimmer*, in: Immenga/Mestmäcker, Wettbewerbsrecht: GWB, Band 2, § 1 GWB Rn. 282.

865 *Bunte*, in: Langen/Bunte, Kartellrecht, Band 1, 11. Auflage, § 1 GWB Rn. 172; *Zimmer*, in: Immenga/Mestmäcker, Wettbewerbsrecht: GWB, Band 2, § 1 GWB Rn. 282.

866 BKartA, TB 1978, BT-Drucks. 8/2980, S. 49; *Bunte*, in: Langen/Bunte, Kartellrecht, Band 1, 11. Auflage, § 1 GWB Rn. 179; *Zimmer*, in: Immenga/Mestmäcker, Wettbewerbsrecht: GWB, Band 2, § 1 GWB Rn. 282.

867 BKartA, Beschl. v. 9.8.2001, B 1- 63/00 – *Transportbeton.*

868 BKartA, Beschl. v. 9.8.2001, B 1- 63/00, A. Rn. 1 – *Transportbeton.*

869 BKartA, Beschl. v. 9.8.2001, B 1- 63/00, A. Rn. 1 – *Transportbeton.*

870 BKartA, Beschl. v. 9.8.2001, B 1- 63/00, A. Rn. 5 – *Transportbeton.*

871 BKartA, Beschl. v. 9.8.2001, B 1- 63/00, A. Rn. 5 – *Transportbeton.*

Nach Auffassung der Wettbewerbsbehörde bezweckte das letztendlich angemeldete Verfahren eine möglichst völlige Beschränkung des Geheimwettbewerbs, was zu einer Beschränkung/Verfälschung des Wettbewerbs i.S.v. § 1 GWB geführt hätte.[872]

Das OLG Düsseldorf setzte sich damit in seinem Beschluss *Transportbeton Sachsen*[873] auseinander und nannte erstmals die Kriterien für ein zulässiges Marktinformationsverfahren. Marktinformationsverfahren seien danach kartellrechtlich unbedenklich, wenn lediglich Auskünfte über Durchschnittspreise und Durchschnittswerte (Liefermengen, Umsätze) erteilt werden und eine Identifizierung einzelner Kunden oder Lieferanten, sowie Rückschlüsse auf einzelne Geschäftsvorgänge ausgeschlossen seien.[874] Ob diese Voraussetzungen erfüllt sind, beurteile sich nach den konkreten Umständen des jeweiligen Einzelfalles.[875] Allgemein gelte, dass das Erfordernis des nichtidentifizierenden Meldesystems dem Schutz des Geheimwettbewerbs diene. Markt- und Preisstatistiken müssten sich auf die Ermittlung und Offenlegung des Gesamtvolumens eines Marktes beschränken und dürften nur Durchschnittspreise für bestimmte Gruppen von Geschäftsvorfällen nennen.[876] Dabei sei die Anzahl der Geschäftsvorfälle, die der Markt- oder Preisübersicht zugrunde gelegt werden, die Zahl der beteiligten Unternehmen, die Gliederungstiefe der Statistik nach Erzeugnisgruppen, der erfasste Zeitraum und/oder die Zeitspanne zwischen den in die Übersicht einfließenden Geschäftsvorfällen und der Weitergabe der Meldungen so zu bemessen, dass ein Rückschluss auf Einzelgeschäfte ausgeschlossen und eine unmittelbare wettbewerbliche Reaktion zum Nachteil eines bestimmten Konkurrenten oder Abnehmers nicht zu erwarten sei.[877] Welche Anforderungen insoweit konkret an eine Preis- oder Marktübersicht zu stellen sind, werde daneben auch durch die jeweiligen Marktverhältnisse bestimmt.[878] Betreffe die Marktinformation etwa einen oligopolistisch geprägten Markt mit einem homogenen Massengut, könnten sich daraus erhöhte Anforderungen an das Meldeverfahren ergeben.[879]

---

872 BKartA, Beschl. v. 9.8.2001, B 1- 63/00, B. Rn. 2.2.2.1 – *Transportbeton.*

873 OLG Düsseldorf, Beschl. v. 26.7.2002, Kart 37/01 (V) – *Transportbeton Sachsen* = WuW/E DE-R 949.

874 OLG Düsseldorf, Beschl. v. 26.7.2002, Kart 37/01 (V) – *Transportbeton Sachsen* = WuW/E DE-R 949, 950.

875 OLG Düsseldorf, Beschl. v. 26.7.2002, Kart 37/01 (V) – *Transportbeton Sachsen* = WuW/E DE-R 949, 950.

876 OLG Düsseldorf, Beschl. v. 26.7.2002, Kart 37/01 (V) – *Transportbeton Sachsen* = WuW/E DE-R 949, 950.

877 OLG Düsseldorf, Beschl. v. 26.7.2002, Kart 37/01 (V) – *Transportbeton Sachsen* = WuW/E DE-R 949, 950 f.

878 OLG Düsseldorf, Beschl. v. 26.7.2002, Kart 37/01 (V) – *Transportbeton Sachsen* = WuW/E DE-R 949, 951.

879 OLG Düsseldorf, Beschl. v. 26.7.2002, Kart 37/01 (V) – *Transportbeton Sachsen* = WuW/E DE-R 949, 951.

c) Angebotsmeldeverfahren, insbesondere Verfahren in der Bauwirtschaft

Neben Preismeldeverfahren und statistischen Meldeverfahren gehören auch die Angebotsmeldeverfahren zur Gruppe der Marktinformationsverfahren.[880] Solche Verfahren treten einerseits in der Form auf, dass individuelle Angebote vor dem endgültigen Vertragsabschluss an eine Treuhandstelle zum Zweck der Weitergabe an die Konkurrenz zu melden sind und anderseits in Form von Angebotsmeldeverfahren in der Bauwirtschaft (sog. „Baumarktstatistiken").[881] Hier interessieren nur letztere, da Verbände insbesondere in diesem Segment aktiv sind.

Bei Baumarktstatistiken wird vereinbart, nach der Ausschreibung von Bauaufträgen bereits detailliert abgegebene Angebote oder Angebotsabsichten einer Meldestelle mitzuteilen.[882] Die Meldestelle informiert dann auf Antrag, wer sich auf welche Ausschreibung bewerben will oder bereits beworben hat.[883] Solche Meldesysteme sollen eine größere Markttransparenz zugunsten der sich an dem jeweiligen Ausschreibungsverfahren beteiligenden Bauunternehmen gewährleisten.[884]

Das Bundeskartellamt hat diese Art von Anbietermeldestellen unter dem Aspekt wettbewerbsbeschränkender Wirkungen beurteilt und im Ergebnis einen Verstoß gegen § 1 GWB festgestellt, da sie den Zwang zu einer möglichst knappen Kalkulation verminderten.[885]

Auch der BGH hat sich bereits mit „Baumarktstatistiken" befasst und entschied in seinem Beschluss *Baumarkt-Statistik*[886] im Jahr 1986 über ein beabsichtigtes Angebotsmeldeverfahren mit Beteiligung des Verbandes Industrieller Bauunternehmungen. Dieser sollte für seine Mitglieder das Angebotsmeldeverfahren durchführen, um eine größere Markttransparenz zugunsten der sich an dem jeweiligen Ausschreibungsverfahren beteiligenden Bauunternehmen zu erreichen.[887] Die Beteiligten waren aufgefordert, mittels durch den Verband zur Verfügung gestellter Formulare, Angaben über ihre Absicht an einer Ausschreibung für ein Bauvorhaben

---

880 *Tugendreich*, Die kartellrechtliche Zulässigkeit von Marktinformationsverfahren, S. 57 f.

881 *Tugendreich*, Die kartellrechtliche Zulässigkeit von Marktinformationsverfahren, S. 57 f.

882 *Bunte*, in: Langen/Bunte, Kartellrecht, Band 1, 11. Auflage, § 1 GWB Rn. 178; *Zimmer*, in: Immenga/Mestmäcker, Wettbewerbsrecht: GWB, Band 2, 4. Auflage, § 1 GWB Rn. 313; *Tugendreich*, Die kartellrechtliche Zulässigkeit von Marktinformationsverfahren, S. 58.

883 *Bunte*, in: Langen/Bunte, Kartellrecht, Band 1, 11. Auflage, § 1 GWB Rn. 178; *Zimmer*, in: Immenga/Mestmäcker, Wettbewerbsrecht: GWB, Band 2, 4. Auflage, § 1 GWB Rn. 313.

884 *Bunte*, in: Langen/Bunte, Kartellrecht, Band 1, 11. Auflage, § 1 GWB Rn. 178.

885 BKartA, TB 1983/84, BT-Drucks. 10/3550, S. 33; *Zimmer*, in: Immenga/Mestmäcker, Wettbewerbsrecht: GWB, Band 2, 4. Auflage, § 1 GWB Rn. 314.

886 BGH, Beschl. v. 18.11.1986, KVR 1/86 (KG) – *Baumarktstatistik* = NJW 1987, 1821.

887 BGH, Beschl. v. 18.11.1986, KVR 1/86 (KG) – *Baumarktstatistik* = NJW 1987, 1821.

zu machen.[888] Der Verband hätte die Beteiligungsabsicht an andere Mitglieder formularmäßig weitergeleitet.[889] Sobald ein weiteres Unternehmen seine Bewerbungsabsicht bekundete, sollte diese Information umgehend an die dem Meldeverfahren angeschlossen Mitglieder übermittelt werden.[890]

Der BGH untersagte jedoch dem Verband die Durchführung des (damals genehmigungspflichtigen) Meldeverfahrens, da es einen Verstoß gegen § 1 GWB begründete. Das Gericht sah in den Meldestellen einen Eingriff in den Geheimwettbewerb.[891] Denn der freie Wettbewerb bei Ausschreibungen beruhe darauf, dass kein Bewerber wisse, zu welchem Preis seine Mitbewerber anbieten.[892] Auf dieser Ungewissheit beruhe auch der Zwang zu scharfer Kalkulation.[893] Bei Offenlegung des Anbieterkreises werde letztlich die Art und die Intensität des Wettbewerbs sowie die Art des Auftretens der Marktpartner auf dem Markt verändert.[894]

Im Ergebnis lässt sich der Entscheidung entnehmen, dass „Baumarktstatistiken", die eine identifizierende Rückmeldung ermöglichen und so Aufschluss über das Marktverhalten der Ausschreibungsbewerber geben, wegen eines Eingriffs in den Geheimwettbewerb unzulässig sind. Die kartellrechtliche Literatur teilt die Ansicht des BGH, da die Wettbewerbslage nicht nur durch eine Bekanntgabe voraussichtlicher Preise, sondern auch dann bereits verfälscht werde, wenn Umstände mitgeteilt würden, die im konkreten Fall Rückschlüsse auf die zu erwartende Preisbildung zuließen.[895]

II. Lieferantenbewertungssysteme

Durch Lieferantenbewertungssysteme, für die grundsätzlich die gleichen kartellrechtlichen Maßstäbe wie für Marktinformationsverfahren gelten[896], ermitteln Verbände produkt- und lieferantenspezifische Daten wie beispielsweise Preise,

---

888 BGH, Beschl. v. 18.11.1986, KVR 1/86 (KG) – *Baumarktstatistik* = NJW 1987, 1821.
889 BGH, Beschl. v. 18.11.1986, KVR 1/86 (KG) – *Baumarktstatistik* = NJW 1987, 1821.
890 BGH, Beschl. v. 18.11.1986, KVR 1/86 (KG) – *Baumarktstatistik* = NJW 1987, 1821.
891 BGH, Beschl. v. 18.11.1986, KVR 1/86 (KG) – *Baumarktstatistik* = NJW 1987, 1821; *Zimmer*, in: Immenga/Mestmäcker, Wettbewerbsrecht: GWB, Band 2, 4. Auflage, § 1 GWB Rn. 314.
892 BGH, Beschl. v. 18.11.1986, KVR 1/86 (KG) – *Baumarktstatistik* = NJW 1987, 1821; *Zimmer*, in: Immenga/Mestmäcker, Wettbewerbsrecht: GWB, Band 2, 4. Auflage, § 1 GWB Rn. 314.
893 BGH, Beschl. v. 18.11.1986, KVR 1/86 (KG) – *Baumarktstatistik* = NJW 1987, 1821; *Zimmer*, in: Immenga/Mestmäcker, Wettbewerbsrecht: GWB, Band 2, 4. Auflage, § 1 GWB Rn. 314.
894 BGH, Beschl. v. 18.11.1986, KVR 1/86 (KG) – *Baumarktstatistik* = NJW 1987, 1821, 1822.
895 *Zimmer*, in: Immenga/Mestmäcker, Wettbewerbsrecht: GWB, Band 2, 4. Auflage, § 1 GWB Rn. 314.
896 Vgl. *BPI*, Kartellrechtlicher Leitfaden, S. 8. Der Leitfaden ist abrufbar unter http://testing.bpi-service.netrixx.de/fileadmin/media/bpi/Downloads/Internet/

Qualität, Lieferung (z.B. Konditionen) und Service (z.B. Beratungsleistungen). Der Unterschied zu Marktinformationsverfahren liegt in der Art der Daten, d.h. bei Lieferantenbewertungssystemen werden nicht die Daten der Verbandsmitglieder, sondern die Daten von Dritten, also der Lieferanten, gesammelt und verarbeitet.[897] Die Sammlung und Rückmeldung solcher Daten kann wegen der Gefahr eines unzulässigen Informationsaustausches oder eines Aufrufs zum Boykott kartellrechtlich bedenklich sein. Deswegen dürfen nur Informationen übermittelt werden, die keine Rückschlüsse auf einzelne Bestellungen ermöglichen.[898] Des Weiteren ist es unzulässig, Verbandsmitglieder in ihrer Willensbildung zu beeinflussen.[899] Daher dürfen die Informationen nicht dazu führen, dass Verbandsmitglieder aufgrund der Informationen die Zusammenarbeit mit einem Lieferanten unterlassen oder einstellen. Letztlich ist die konkrete kartellrechtliche Bewertung von der Art des Systems und des tatsächlichen Gebrauchs abhängig.

III. Koordination von Marktgesprächen

Wesentlich für die Arbeit von Verbänden ist neben der umfassenden Information ihrer Mitglieder über Neuerungen aus rechtlichen, steuerrechtlichen und wirtschaftspolitischen Bereichen[900] auch die Ausrichtung von Verbandstreffen, um den Meinungsaustausch zwischen den Mitgliedern zu ermöglichen und zu fördern. So finden im Rahmen von Veranstaltungen, Tagungen, Ausschusssitzungen, Arbeitskreisen oder Arbeitsessen regelmäßig Marktgespräche, also der Informationsaustausch zwischen miteinander in Wettbewerb stehenden Unternehmen über die aktuelle Marktlage, statt.[901] Generell gilt, dass Marktgespräche als solche im Hinblick auf Art. 101 Abs. 1 AEUV und § 1 GWB zwar zulässig sind, im Rahmen dieses Informationsaustauschs aber keine Wettbewerbsbeschränkungen vereinbart werden dürfen.[902] Insoweit gelten im Wesentlichen die zu Marktinformationsverfahren aufgezeigten Grundsätze.[903] So ist z.B. der Austausch allgemeiner oder zusammengefasster Marktinformationen zulässig, wenn sich daraus keine Rückschlüsse auf das Verhalten bestimmter Wettbewerber ableiten lassen.[904] Verbände laufen

---

Geschaeftsfelder/Mitgliederbetreuung/2010-03-17%20Kartellrechtlicher%20Leitfaden%20des%20BPI.pdf (6.2.2016).

897 *BPI*, Kartellrechtlicher Leitfaden, S. 8 (aaO.)

898 *BPI*, Kartellrechtlicher Leitfaden, S. 8 (aaO).

899 *VCI*, Orientierungshilfe zum Kartellrecht, S. 9. Der Leitfaden ist abrufbar unter https://www.vci.de/Downloads/Publikation/23_Kartellrecht_2009.pdf (6.2.2016).

900 *Lotze*, Kartellrechtliche Restriktionen der Verbandstätigkeit, FIW-Schriftenreihe, Heft 201, 2005, S. 127.

901 *Brouwer*, CCZ 2009, 161, 163; *Möhlenkamp*, WuW 2008, 428, 435.

902 Vgl. EuG, Urt. v. 24.10.1991, Slg. 1991, II-867 – *Rhône-Poulenc*; *Möhlenkamp*, WuW 2008, 428, 435.

903 *Möhlenkamp*, WuW 2008, 428, 435.

904 Vgl. *Kapp/Hummel*, CCZ 2013, 240, 242.

bei der Koordination von Marktgesprächen insbesondere Gefahr, dass sie sich an möglichen Abstimmungen des Wettbewerbsverhaltens ihrer Mitglieder beteiligen oder ein Forum für solches Verhalten bieten.[905] Denn beim Zusammentreffen von Unternehmensvertretern derselben Branche besteht das Risiko, dass *„die zulässige Erörterung allgemeiner Marktthemen in einen unzulässigen Informationsaustausch oder gar in Absprachen über wettbewerbsrelevante Themen, wie z.B. Preise, Preiserhöhungen, Weitergabe von Rohstoffpreissteigerungen, Liefergebiete, Kunden etc. abgleitet"*.[906] Dies gilt vor allem für das Gespräch in „lockerer Runde" im Vorfeld einer Verbandssitzung und danach.[907]

1. Zulässigkeit von Marktgesprächen

Wie eingangs erwähnt, bestimmt sich die Zulässigkeit von Marktgesprächen zwischen Wettbewerbern anhand der Vorschriften zum deutschen und europäischen Kartellverbot. Auch wenn das eigentliche Motiv der Teilnahme an Verbandssitzungen nicht die Beteiligung an kartellrechtswidrigen Absprachen ist, besteht dabei grundsätzlich ein erhöhtes Risiko, dass es zu kartellrechtswidrigen Zuwiderhandlungen kommt.[908]

a) Konzertierungen im Sinne des Kartellverbots

Art. 101 AEUV/§ 1 GWB setzen tatbestandlich zunächst eine Vereinbarung, ein abgestimmtes Verhalten oder den Beschluss einer Unternehmensvereinigung voraus. Das Merkmal der „Vereinbarung" ist aber nicht schon dadurch erfüllt, dass es im Rahmen von Verbandstreffen zu einem Informationsaustausch zwischen Wettbewerbern kommt.[909] Eine Vereinbarung liegt vielmehr nur dann vor, wenn die Parteien eine Übereinkunft über einen gemeinsamen Plan getroffen haben.[910] Beim schlichten Informationsaustausch liegt aber regelmäßig keine Vereinbarung über das künftige Marktverhalten zwischen den Beteiligten vor.[911] Auch das Merkmal des (Verbands-)Beschlusses „krankt" regelmäßig dann an diesem Erfordernis, *„wenn ein Informationsaustausch in einem Verband qua Beschluss institutionalisiert ist, der Beschluss sich jedoch nicht auf das künftige Marktverhalten erstreckt"*.[912] In der Praxis häufig einschlägig ist aber das Merkmal der abgestimmten Verhaltensweise[913], die

---

905 Europäische Kommission, Entsch. v. 26.10.1999, ABl. 2000, L 39/1, 16, Rn. 92 – *FEG u. TU*; *Möhlenkamp*, WuW 2008, 428, 435 f.
906 *Kapp/Hummel*, CCZ 2013, 240, 242.
907 *Kapp/Hummel*, CCZ 2013, 240, 242.
908 *Kapp/Hummel*, CCZ 2013, 240, 242.
909 *Schroeder*, WuW 2009, 718.
910 *Gippini-Fournier/Mojzesowicz*, in: Loewenheim/Meessen/Riesenkampff, Kartellrecht, Art. 81 Abs. 1 EGV Rn. 78.
911 *Schroeder*, WuW 2009, 718.
912 *Schroeder*, WuW 2009, 718.
913 *Schroeder*, WuW 2009, 718.

jede Form der Koordinierung zwischen Unternehmen beinhaltet, „*die zwar noch nicht bis zum Abschluss eines Vertrages im eigentlichen Sinn gediehen ist, jedoch bewusst eine praktische Zusammenarbeit an die Stelle des mit Risiken verbundenen Wettbewerbs treten lässt*".[914] Abgestimmtes Verhalten setzt also (1.) eine Abstimmung zwischen den beteiligten Unternehmen voraus, (2.) ein der Abstimmung entsprechendes Marktverhalten dieser Unternehmen und (3.) einen ursächlichen Zusammenhang zwischen der Abstimmung und dem Marktverhalten, ohne dass sich aber dieses Marktverhalten als solches in einer konkreten Wettbewerbseinschränkung niederschlagen müsste.[915]

b) Wettbewerbsbeschränkung

Vereinbarungen, Beschlüsse oder abgestimmte Verhaltensweisen müssen zu einer Beschränkung des Wettbewerbs führen. Als Maßstab, ob vorbeschriebene Mittel eine Wettbewerbsbeschränkung i.S.v. Art. 101 Abs. 1 AEUV bezwecken oder bewirken, dient das durch den EuGH aufgestellte Selbständigkeitspostulat, das besagt, dass jeder Unternehmer selbständig zu bestimmen hat, wie er strategisch im Markt vorgeht.[916]

Für die Begründung eines Verstoßes gegen Art. 101 Abs. 1 AEUV/§ 1 GWB genügt jede freiwillige Zusammenarbeit oder Verhaltenskoordination, die zu einer Verhinderung, Einschränkung oder Verfälschung des Wettbewerbs führt. Es ist mithin keine vertragliche Vereinbarung erforderlich.[917] Insoweit kann schon die Verringerung der Unsicherheit über das Verhalten der konkurrierenden Wettbewerber genügen, um gegen das Kartellverbot zu verstoßen.[918] Die Maßnahme muss lediglich konkret geeignet sein, eine Wettbewerbsbeschränkung zu verursachen.[919] Dabei spielt – wie bereits erwähnt – auch der Konzentrationsgrad des Marktes eine Rolle. Denn auf einem konzentrierten oligopolistischen Markt ist der Informationsaustausch eher geeignet, den Unternehmen Aufschluss über die Wettbewerbspositionen und die Strategien ihrer Konkurrenten zu geben.[920]

---

914 EuGH, Urt. v. 14.7.1972, Rs. 48/69, Slg. 1972, 619, 658, Rn. 64/67 – *ICI/Kommission*; *Bechtold/Bosch/Brinker*, EU-Kartellrecht, 101 AEUV Rn. 53.

915 EuGH, Urt. v. 8.7.1999, Rs. C-49/92 P, Slg. 1999, I-4125, I-4203, Rn. 118 – *Anic Partecipazioni/Kommission*, *Schroeder*, WuW 2009, 718.

916 EuGH, Urt. v. 28.5.1998, Rs. C-7/95 P, Slg. 1998, I 3111, I-3163, Rn. 87 – *Deere/Kommission*; *Immenga/Mestmäcker*, in: Immenga/Mestmäcker, EU-Wettbewerbsrecht, Band 1, Einl., D. Rn. 6.

917 *Dannecker/Biermann*, in: Immenga/Mestmäcker, EU-Wettbewerbsrecht, Band 1, Art. 23 VO 1/2003 Rn. 71.

918 *Schroeder*, WuW 2009, 718, 720.

919 EuGH, Urt. v. 4.6.2009, Rs. C-8/08, Slg. I-4529, Rn. 31 – *T-Mobile Netherlands u.a.*; *Schroeder*, WuW 2009, 718, 720.

920 EuGH, Urt. v. 28.5.1998, Rs. C-7/95 P, Slg. 1998, I-3111, I-3163 f., Rn. 88 ff. – *Deere/Kommission*; *Schroeder*, WuW 2009, 718, 720.

Aus den vorstehenden Ausführungen folgt, dass in jedem Fall solche Verbandstreffen mit dem Kartellrecht konfligieren, die bezwecken, eine verbotene Wettbewerbsbeschränkung herbeizuführen. In diesen Fällen verletzen die Verbandsmitglieder bereits dann geltendes Kartellrecht, wenn sie an der Sitzung, in der ein kartellrechtswidriger Beschluss gefasst wurde, teilgenommen haben, selbst wenn sie anschließend den Beschluss gar nicht umgesetzt haben.[921] In einer solchen Situation wird seitens der kartellrechtlichen Literatur empfohlen, dass sich betroffene Verbandsmitglieder *„aktiv, eindeutig und unverzüglich von dem kartellrechtswidrigen Verhalten distanzieren, dies möglichst im Sitzungsprotokoll vermerken lassen und ggf. die Sitzung verlassen“*.[922]

2. Potentiell wettbewerbsbeschränkende Themen und Verhalten in Verbandssitzungen

Wettbewerbsrelevant sind alle Informationen, die geeignet sind, die Ungewissheit über das Marktverhalten des Wettbewerbers zu reduzieren.[923] Daran anknüpfend sind potentiell wettbewerbsbeschränkende Themen bei Jahresversammlungen, Vorstandssitzungen, Arbeitskreisen etc. insbesondere der Austausch über Preise, Verkaufszahlen, Kosten, Unternehmensstrategien, wettbewerblich relevante Informationen, Bezugsquellen oder Lieferanten (z.B. die Abstimmung mit Konkurrenten über Einkaufspreise) sowie Gebietsaufteilungen oder Beschränkungen und Kontrolle der Produktion.[924] Problematisch kann es mit Blick auf die unzulässige Markttransparenz oder unzulässige Absprachen werden, wenn z.B. der Branchenführer in einer Verbandssitzung einen Einblick in die eigene Preisgestaltung gewährt in der berechtigten Erwartung, dass sich die anderen Unternehmen daran halten.[925] Auch Produktionsschätzungen und Vorausschätzungen der Kapazitätsauslastung können in engen Märkten eine wettbewerbsbeschränkende Wirkung entfalten.[926]

Kartellrechtlich kritische Gespräche während der Verbandssitzungen sind nicht nur für die Verbandsmitglieder, sondern auch für die ausrichtenden Verbände problematisch, da dort stattfindende Zuwiderhandlungen nicht nur als Verstöße der

---

921 *Kapp/Hummel*, CCZ 2013, 240, 242; *Möhlenkamp*, WuW 2008, 428, 436.

922 *Kapp/Hummel*, CCZ 2013, 240, 242; vgl. dazu auch *Dreher/Hoffmann*, WuW 2011, 1181, 1186; vgl. dazu auch EuGH, Urt. v. 7.1.2004, verb. Rs. C-204/00 P, C-205/00 P, C-211/00 P, C-213/00 P, C-217/00 P und C-219/00 P, Slg. I-123, I-447 f., Rn. 81, 85 – *Aalborg Portland/Kommission* = WuW/E EU-R 899.

923 Europäische Kommission, Horizontalleitlinien, ABl. 2011, C 11/1, 19, Rn. 86; *Kapp/Hummel*, CCZ 2013, 240, 242.

924 *Kapp/Hummel*, CCZ 2013, 240, 242.

925 *Möhlenkamp*, WuW 2008, 428, 436.

926 Europäische Kommission, ABl. 1996, C 310/3, 5, Rn. 10 – *CEPI-Cartonboard*; *Möhlenkamp*, WuW 2008, 428, 436.

Mitglieder, sondern auch des Verbandes selbst angesehen werden können.[927] So können die Kartellbehörden beim Verdacht, dass sich ein Verband an dem kartellrechtswidrigen Verhalten seiner Mitglieder beteiligt hat, auch unmittelbar ihm gegenüber ein Bußgeldverfahren eröffnen.[928] Die kartellrechtliche Literatur empfiehlt daher in solchen Situationen, dass Verbandsgeschäftsführer und Sitzungsleiter kartellrechtlich problematische Gespräche und Gesprächsteile schnellstmöglich unterbinden sollen.[929] Ferner solle, um solche Situationen von Anfang an zu vermeiden, schon im Vorfeld die auf kartellrechtliche Unbedenklichkeit geprüfte Tagesordnung einer Verbandssitzung konsequent eingehalten werden und auch in Arbeits- oder Fachkreisen, die z.B. die Diskussion technischer Fragen zum Gegenstand haben, keine wettbewerbsrelevanten Informationen ausgetauscht werden.[930]

Weiter wird empfohlen, dass Verbandssitzungen nicht nur sorgfältig vor-, sondern auch nachzubereiten sind. Da Protokolle häufig als Beweismittel in Kartellverfahren dienen, sind sämtliche potentiell kartellrechtsrelevanten Äußerungen und ggf. Aufforderungen von Sitzungsteilnehmern sorgfältig zu protokollieren.[931] Ist es zu kartellrechtskritischen Äußerungen gekommen, wird häufig angeraten, die Zurückweisung der anderen Teilnehmer in das Protokoll aufzunehmen.[932] Gemeinhin gilt, dass alle besprochenen Themen und gefassten Beschlüsse zu protokollieren sind, um die Sitzungsteilnehmer zu disziplinieren und Zweifel erst gar nicht aufkommen zu lassen.[933]

Dass sich Verbände vorgenannte Empfehlungen mehr und mehr zu eigen machen, zeigt u.a. der kartellrechtliche (Compliance-)Leitfaden des Gesamtverbandes der Deutschen Versicherungswirtschaft e.V. Dort heißt es zum Verhalten in Verbandssitzungen[934]: *„Bei jeder Sitzung von Gremien des Verbandes hat mindestens ein hauptamtlicher Verbandsmitarbeiter anwesend zu sein. Dieser hat darauf zu achten, dass es nicht zu einem kartellrechtlich problematischen Verhalten kommt. Der Mitarbeiter der Verbandsgeschäftsstelle stellt sicher, dass nicht von der Tagesordnung abgewichen wird. Wenn die Tagesordnung ergänzt werden soll, ist dies förmlich zu*

927 Europäische Kommission, Entsch. v. 26.10.1999, ABl. 2000, L 39/1, 16, Rn. 92 f. – *FEG u. TU*; *Möhlenkamp*, WuW 2008, 428, 435 f.

928 *Kapp/Hummel*, CCZ 2013, 240, 242.

929 *Möhlenkamp*, WuW 2008, 428, 436.

930 *Kapp/Hummel*, CCZ 2013, 240, 242.

931 *Kapp/Hummel*, CCZ 2013, 240, 242.

932 *Kapp/Hummel*, CCZ 2013, 240, 242; vgl. auch *Dreher/Hoffmann*, WuW 2011, 1181, 1186.

933 *Möhlenkamp*, WuW 2008, 428, 436.

934 *Gesamtverband der Deutschen Versicherungswirtschaft e.V.*: Kartellrecht und Verbandsarbeit, S. 49 f. Der Leitfaden ist abrufbar unter http://www.gdv.de/2011/07/kartellrecht-und-verbandsarbeit (6.2.2016). Siehe dazu auch den Compliance-Leitfaden des Handelsverbandes Heimwerken, Bauen und Garten e.V., der abrufbar ist unter http://www.bhb.org/fileadmin/website/Der_BHB/Der_Verband/BHB_Compliance_Versand.pdf (6.2.2016).

beschließen und zu protokollieren. Es ist darauf zu achten, dass keine unzulässigen Themen aufgenommen werden. Wenn Sitzungsteilnehmer kartellrechtlich problematische Themen oder Informationen ansprechen, sind sie unverzüglich darauf hinzuweisen, dass diese nicht besprochen werden können. Wenn Sitzungsteilnehmer das Thema oder den Informationsaustausch für zulässig erachten, kann angeboten werden, den Punkt bis zur Klärung der kartellrechtlichen Zulässigkeit zurückzustellen und auf eine nächste Sitzung zu verschieben. Wenn Sitzungsteilnehmer trotzt entsprechender Hinweise der Mitarbeiter der Verbandsgeschäftsstelle die Diskussion über ein kartellrechtlich kritisches Thema oder einen kartellrechtlich problematischen Informationsaustausch fortsetzen, ist die Sitzung zu beenden. Die getroffenen Maßnahmen sind in das Protokoll aufzunehmen und unverzüglich die Abteilung Recht zu informieren. Die Abteilung Recht ist im Übrigen über alle sonstigen kartellrechtlich relevanten Vorfälle in Sitzungen zu informieren."

3. *Verwaltungspraxis: Bundeskartellamt, Pressemitteilung v. 13.1.2014* – Bierbrauer

Der Informationsaustausch von miteinander in Wettbewerb stehenden Unternehmen in Verbandssitzungen ist bereits mehrfach Gegenstand von Entscheidungen des Bundeskartellamts gewesen. So verhängte die deutsche Kartellbehörde laut Pressemitteilung vom 13.1.2014 erst vor kurzem wegen verbotener Preisabsprachen bei Bier Geldbußen in Höhe von insgesamt 106,5 Mio. € gegen Bierhersteller sowie gegen sieben persönlich Verantwortliche.[935] Die Kartellbehörde sah es laut Pressemitteilung als erwiesen an, dass in gemeinsamen Treffen und bilateralen Kontakten zunächst überregional tätige Brauereien eine Vereinbarung über eine Preiserhöhung in den Segmenten der Fass- und/oder Flaschenbiere und über ihre Größenordnung erreichten. Anschließend sollen sich *„einige überregional tätige Brauereien (...) mit in Nordrhein-Westfalen tätigen regionalen Brauereien (...) auf Sitzungen des regionalen Brauereiverbandes im Juni 2006 und September 2007 über diese Preiserhöhungen ab[gestimmt]"* und damit einen Verstoß gegen § 1 GWB begangen haben.

IV. Verbandsempfehlungen

Einseitig tätig werden Verbände durch die Abgabe von Erklärungen in Form von internen Rundschreiben, öffentlichen Äußerungen ihrer Repräsentanten, Mitteilungen, Presseerklärungen, Boykottaufrufen oder durch in anderer Weise abgegebenen Empfehlungen.[936] Da Verbandsempfehlungen das Verhalten der Mitglieder im Markt

---

935 BKartA, Pressemitteilung v. 13.1.2014. Diese ist abrufbar unter http://www.bundeskartellamt.de/SharedDocs/Meldung/DE/Pressemitteilungen/2014/13_01_2014_Fernsehbiere.html (20.8.2014).

936 *Fuchs*, in: Immenga/Mestmäcker, Wettbewerbsrecht: GWB, Band 2, § 2 GWB Rn. 133; *Möhlenkamp*, WuW 2008, 428, 437.

(horizontal) koordinieren sollen, stehen sie *„zu Recht im Blick des Kartellrechts"*.[937] Ihre kartellrechtliche Zulässigkeit beurteilt sich nach Art. 101 Abs. 1 AEUV/§ 1 GWB. So sind Verbandsempfehlungen daraufhin zu prüfen, *„ob sie eine Wettbewerbsbeschränkung bezwecken oder bewirken und inwieweit ggf. eine Freistellung vom Kartellverbot in Form einer Gruppen- oder Einzelfreistellung in Betracht kommt"*.[938] In der Regel erfüllen Verbandsempfehlungen die Voraussetzungen des Kartellverbots, weil sie entweder auf einem entsprechenden Beschluss der Unternehmensvereinigung beruhen oder sich im Zusammenspiel von Ausgabe und Befolgung als abgestimmte Verhaltensweise der Mitgliedsunternehmen darstellen.[939]

1. Überblick

Eine Empfehlung ist *„eine Erklärung, durch die jemand etwas für einen anderen gut oder vorteilhaft bezeichnet und ihm deshalb anrät oder vorschlägt; ihr wohnt zwar das Bestreben inne, den Willen des Adressaten zu beeinflussen; sie ist jedoch rechtlich unverbindlich und stellt deshalb einen streng einseitigen Tatbestand dar"*.[940] Daran anknüpfend sind Verbandsempfehlungen als inhaltlich unverbindliche Äußerungen von Unternehmensvereinigungen zu qualifizieren.[941] Nach früherer Rechtslage waren Verbandsempfehlungen nach deutschem Kartellrecht gem. § 22 GWB grundsätzlich verboten. Ausnahmen waren nur nach § 22 Abs. 2, 3 GWB möglich. Danach waren zulässig Mittelstandsempfehlungen (§ 22 Abs. 2 GWB) und Empfehlungen eines Rationalisierungsverbandes (§ 22 Abs. 3 GWB) im Hinblick auf die einheitliche Anwendung von Normen und Typen bzw. Empfehlungen von Wirtschafts- und Berufsvereinigungen, die die einheitliche Anwendung allgemeiner Geschäfts-, Lieferungs- und Zahlungsbedingungen inklusive der Skonti beinhalteten.[942] Eine weitere Ausnahme sah § 23 GWB vor, der Preisempfehlungen für Markenwaren freistellte. Im Zuge der 7. GWB-Novelle und der damit beabsichtigten Harmonisierung mit europäischem Recht wurden die Regelungen der §§ 22 f. GWB ersatzlos gestrichen, da Art. 101 AEUV kein Empfehlungsverbot und damit auch keine Ausnahmen von diesem kannte.[943] Mit Blick auf die Streichung des § 23 GWB a.F. sei angemerkt, dass das europäische Recht u.a. nach Art. 4 lit. a.) Vertikal-GVO 330/2010 Preisempfehlungen im Allgemeinen – freilich betrifft die vorgenannte Regelung nicht

---

937 *Möhlenkamp*, WuW 2008, 428, 437.

938 *Kapp/Hummel*, CCZ 2013, 240, 243.

939 BKartA, Bußgeldbescheid v. 21.12.2007, B 3-6/05 – *Arzneimittelhersteller* = WuW/E DE-V 1539, 1543, Rn. 25; *Fuchs*, in: Immenga/Mestmäcker, Wettbewerbsrecht: GWB, Band 2, § 2 GWB Rn. 133.

940 *Emmerich*, Kartellrecht, § 26 Rn. 3; vgl. auch BGH, Urt. v. 8.10.1958, KZR 1/58 = BGHZ 28, 208, 211, 222 f.

941 *Hengst*, in: Langen/Bunte, Kartellrecht, Band 2, Art. 101 AEUV Rn. 135.

942 *Emmerich*, Kartellrecht, § 26 Rn. 1; *Lotze*, Kartellrechtliche Restriktionen der Verbandstätigkeit, FIW-Schriftenreihe, Heft 201, 2005, S. 131.

943 *Emmerich*, Kartellrecht, § 26 Rn. 2.

die Verbandsarbeit, sondern vertikale Beziehungen – dann als zulässig erachtet, sofern sich diese nicht infolge der Ausübung von Druck oder der Gewährung von Anreizen durch eines der beteiligten Unternehmen tatsächlich wie Fest- oder Mindestverkaufspreise auswirken.

Weiterhin gilt im deutschen Recht jedoch die Besonderheit, dass Mittelstandsempfehlungen unter den Voraussetzungen des § 3 Abs. 1 GWB vom Kartellverbot freigestellt sein können.[944] Voraussetzung dafür ist allerdings, dass diese unter den Begriff der Vereinbarung oder des Beschlusses subsumiert werden können.[945]

Unzulässig sind Verbandsempfehlungen zunächst dann, wenn sie verbindlich sind, z.B. Preisempfehlungen oder Empfehlungen, bestimmte Rohstoffpreiserhöhungen an die nächste Handelsstufe weiterzugeben.[946] Ebenfalls unzulässig sind – wie eben erwähnt – unverbindliche Preisempfehlungen, die mit Druckausübung oder Anreizsytemen kombiniert werden.[947] Überdies sind (unverbindliche) Empfehlungen kartellrechtswidrig, die ein unter Verbandsmitgliedern abgestimmtes unzulässiges Verhalten zum allgemeinen Standard erheben.[948] Einen Sonderfall unzulässiger Verbandsempfehlungen stellen sachlich nicht gerechtfertigte Aufforderungen zur Durchsetzung von Liefer- oder Bezugssperren, sog. „Boykottaufrufe", dar (§ 21 Abs. 1 GWB). Hingegen dürften Empfehlungen für Allgemeine Geschäfts-, Liefer- und Zahlungsbedingungen oder für unverbindliche Normen- und Typenempfehlungen in der Regel freigestellt sein.[949] Trotz Abschaffung des § 22 Abs. 2 GWB a.F. soll es Verbänden, die ganz überwiegend mittelständische Unternehmen vertreten, auch weiterhin möglich sein, unverbindliche Empfehlungen auszusprechen, wenn sie zur Verbesserung der Wettbewerbsfähigkeit des Mittelstandes gegenüber Großunternehmen führen und kein Druck zur Anwendung ausgeübt wird.[950]

2. *Fallgruppen*

Aufgrund der erheblichen praktischen Bedeutung von Verbandsempfehlungen ist es im Rahmen dieser Arbeit erforderlich, die kartellrechtlich relevantesten Fallgruppen, dazu zählen Preisempfehlungen, Kalkulationshilfen, Allgemeine Geschäftsbedingungen sowie Boykottaufrufe, unter Bezugnahme der gängigen Verwaltungs- und Rechtsprechungspraxis näher zu untersuchen.

---

944 *Kapp/Hummel*, CCZ 2013, 240, 243.

945 *Kapp/Hummel*, CCZ 2013, 240, 243.

946 *Kapp/Hummel*, CCZ 2013, 240, 243.

947 Vgl. Europäische Kommission, Entsch. v. 20.12.1989, ABl. 1990, L 15/25 – *Concordato Incendio*; *Kapp/Hummel*, CCZ 2013, 240, 243.

948 *Kapp/Hummel*, CCZ 2013, 240, 243.

949 *Möhlenkamp*, WuW 2008, 428, 437.

950 *Möhlenkamp*, WuW 2008, 428, 437.

a) *Preisempfehlungen*

Die Abgabe von Preisempfehlungen kann einen Kartellrechtsverstoß begründen. Solche Empfehlungen können zwei Gefahren für den Wettbewerb mit sich bringen: Zum einen ist es möglich, dass sie zu einem faktischen Mindest- oder Festpreis werden, wenn sich die Mehrheit der Wiederverkäufer an ihnen orientiert.[951] Zum anderen fördern Preisempfehlungen potentiell die Kollusion unter Anbietern.[952] Die Zulässigkeit von Preisempfehlungen richtet sich wie bei allen Arten von Empfehlungen nach den allgemeinen Vorschriften in Form von Art. 101 Abs. 1 AEUV/§ 1 GWB, ggf. nach den Ausnahmetatbeständen des Art. 101 Abs. 3 AEUV und den §§ 2 f. GWB sowie – wie bereits erwähnt – nach Art. 4 lit. a.) Vertikal-GVO.[953]

Der EuGH befasste sich u.a. in seiner Entscheidung *VCH*[954] mit Preisempfehlungen durch einen Verband, genauer gesagt mit einem Richtpreissystem, das durch einen Verband und dessen Mitglieder nach Beseitigung eines (unzulässigen) Festpreissystems errichtet worden war und das die kollektive Vereinbarung von Richtpreisen enthielt. Nach Ansicht des Verbandes sei dieses Richtpreissystem für die Verbandsmitglieder keineswegs zwingend gewesen, sondern stellte nur eine Berechnungsgrundlage dar, die jedem Mitglied weitgehend die Freiheit gelassen habe, seine Preise nach den Gegebenheiten jedes einzelnen Geschäfts zu kalkulieren.[955] Nach Auffassung des EuGH war das Richtpreissystem jedoch unzulässig. Dazu führte das Gericht aus, dass die Festsetzung von Richtpreisen den Wettbewerb dadurch beeinträchtige, dass sämtlichen Teilnehmern die Möglichkeit gegeben werde, *„mit hinreichender Sicherheit vorauszusehen, welche Preispolitik ihre Konkurrenten verfolgen werden"*.[956] In diesem Zusammenhang stellte der EuGH auch auf die internen Vorschriften des Verbandes ab, bei dem eine strenge mit Kontrollen und Sanktionen bewehrte Disziplin kennzeichnend gewesen sei.[957]

Auch „unverbindliche" (Preis-)Empfehlungen können mit dem Kartellrecht konfligieren. Die Bezeichnung einer Empfehlung hat für die kartellrechtliche Beurteilung keine Relevanz. Entscheidend ist nur, ob darin der Wille zum Ausdruck kommt, das Verhalten der Mitglieder zu koordinieren, und ob der Beschluss geeignet ist, diese Wirkung zu haben.[958] Diese Voraussetzungen liegen vor, wenn die Empfänger

---

951 *Bahr*, in: Langen/Bunte, Kartellrecht, Band 1, Nach § 2 GWB Rn. 317.

952 *Bahr*, in: Langen/Bunte, Kartellrecht, Band 1, Nach § 2 GWB Rn. 317.

953 *Zimmer*, in: Immenga/Mestmäcker, Wettbewerbsrecht: GWB, Band 2, § 1 GWB Rn. 364; *Emmerich*, Kartellrecht, § 26 Rn. 2.

954 EuGH, Urt. v. 17.10.1972, Rs. 8/72, Slg. 1972, 977 – *Vereeniging van Cementhandelaren/Kommission.*

955 EuGH, Urt. v. 17.10.1972, Rs. 8/72, Slg. 1972, 977, 990, Rn. 15/17 – *Vereeniging van Cementhandelaren/Kommission.*

956 EuGH, Urt. v. 17.10.1972, Rs. 8/72, Slg. 1972, 977, 990, Rn. 18/22 – *Vereeniging van Cementhandelaren/Kommission.*

957 EuGH, Urt. v. 17.10.1972, Rs. 8/72, Slg. 1972, 977, 990, Rn. 18/22 – *Vereeniging van Cementhandelaren/Kommission.*

958 *Mestmäcker/Schweitzer*, Europäisches Wettbewerbsrecht, § 10 Rn. 27.

dieser Empfehlungen im Falle der Nichtbefolgung rechtliche, wirtschaftliche oder gesellschaftliche Nachteile zu befürchten haben, oder bei Fehlen solcher Sanktionen, wenn sich die Mitglieder im Sinne einer faktischen Verbindlichkeit tatsächlich überwiegend daran halten.[959] Bei Vorliegen vorstehender Voraussetzungen kann der unverbindlichen Empfehlung ein zwingender Charakter innewohnen und damit ein Beschluss einer Unternehmensvereinigung i.S.d. Art. 101 Abs. 1 AEUV gegeben sein.[960]

b) Kalkulationshilfen

Zu den Verbandsempfehlungen zählen auch Kalkulationshilfen und Musterkalkulationen, die Verbände ihren Mitgliedern zur Verfügung stellen.[961] Insbesondere Kalkulationshilfen, die die eigene Preisbildung eines Unternehmens beeinflussen und in denen vom Verband konkrete Kostenansätze vorgegeben werden[962] sowie Kalkulationen, die eine eigenverantwortliche Unternehmenskalkulation ersetzen, können einen Verstoß gegen das Kartellverbot begründen.[963] Kartellrechtlich unkritisch sind hingegen Broschüren, die nur die Grundlagen und Methoden der Kalkulation abbilden und Kalkulationsschemata enthalten, bei denen es den einzelnen Mitgliedern offensteht, die betriebsspezifischen Kostenfaktoren einzusetzen und eine individuelle Kalkualtion vorzunehmen.[964]

In ihrer *FENEX*-Entscheidung untersuchte die Europäische Kommission[965] die kartellrechtliche Zulässigkeit von Kostenkalkulationsschemata. Im Kern ging es um die Frage, ob die Empfehlung des beteiligten Verbandes einen Beschluss einer Unternehmensvereinigung und eine Wettbewerbsbeschränkung i.S.d. Art. 101 Abs. 1 AEUV darstellte. Der Entscheidung lag der Sachverhalt zu Grunde, dass die FENEX, eine nach niederländischem Recht gegründete Vereinigung, deren Mitglieder insbesondere im Bereich der Speditionswirtschaft tätig sind, für ihre Mitglieder Speditionstarife, u.a. Warenumschlagkosten und allgemeine Speditionsformalitäten,

---

959 EuGH, Urt. v. 29.10.1980, verb. Rss. 209/78 bis 215/78 u. 218/78, Slg. 1980, 3125, 3250, Rn. 86 ff. – *van Landewyck/Kommission*; *Hengst*, in: Langen/Bunte, Kartellrecht, Band 2, Art. 101 AEUV Rn. 135 f.; *Mestmäcker/Schweitzer*, Europäisches Wettbewerbsrecht, § 10 Rn. 27.

960 EuGH, Urt. v. 27.1.1987, Rs. 45/85, Slg. 405, 455, Rn. 30 ff. – *Verband der Sachversicherer/Kommission*; *Hengst*, in: Langen/Bunte, Kartellrecht, Band 2, Art. 101 AEUV Rn. 135 f.

961 *Lotze*, Kartellrechtliche Restriktionen der Verbandstätigkeit, FIW-Schriftenreihe, Heft 201, 2005, S. 131.

962 BKartA, TB 1975, BT-Drucks. 7/5390, S. 58.

963 *Lotze*, Kartellrechtliche Restriktionen der Verbandstätigkeit, FIW-Schriftenreihe, Heft 201, 2005, S. 131.

964 Vgl. insoweit die Praxis der Europäischen Kommission, Entsch. v. 15.5.1974, ABl. 1974, L 160/1, 16; *Lotze*, Kartellrechtliche Restriktionen der Verbandstätigkeit, FIW-Schriftenreihe, Heft 201, 2005, S. 132.

965 Europäische Kommission, Entsch. v. 5.6.1996, ABl. 1996, L 181/28 – *FENEX*.

ausarbeitete, die sie als „unverbindlich“ deklarierte. Die Ausarbeitung und Weitergabe der Tarife erfolgte in gleichförmigen Zeitintervallen. FENEX machte geltend, dass die fraglichen Tarife lediglich Empfehlungen darstellten, die die Freiheit der Spediteure bezüglich der eigenen Tariffestsetzung nicht berührte.[966] Auch habe FENEX nicht beabsichtigt, das reibungslose Funktionieren des Marktes zu beeinträchtigen. Vielmehr seien die Hilfestellungen für kleine Unternehmen erforderlich gewesen, da diese nicht über ausreichende Mittel zur Ermittlung ihrer Verkaufspreise verfügten.[967]

Nach Auffassung der Europäischen Kommission begründete diese Kalkulationshilfe einen Verstoß gegen Art. 85 EGV a.F. Zum einen lag nach Ansicht der Wettbewerbsbehörde ein „Beschluss“ i.S.d. des Kartellverbots vor, da die Vereinigung über die Tarife das Verhalten ihrer Mitglieder koordinieren wollte.[968] Zum anderen ging die Kartellbehörde von einer Wettbewerbsbeschränkung durch den Beschluss aus und begründete dies damit, dass Hilfestellungen durch eine Branchenvereinigung zwar erlaubt seien, jedoch der freie Wettbewerb nicht unmittelbar oder mittelbar durch Tarife, die unabhängig von der jeweiligen Selbstkostenstruktur der Unternehmen anwendbar seien, beeinträchtigt werden dürfe.[969] Die empfohlenen Tarife seien geeignet gewesen, die betreffenden Unternehmen zu einer Ausrichtung ihrer Tarife ohne Berücksichtigung ihrer Selbstkosten zu veranlassen, so dass Unternehmen mit den geringsten Selbstkosten davon abgehalten worden seien, ihre Preise zu senken.[970] Dadurch sei denjenigen Unternehmen ein künstlicher Vorteil zugeflossen, die ihre Kosten am wenigsten unter Kontrolle gehabt hätten. Zulässig war nach Auffassung der Kartellbehörde aber die Übermittlung von Hinweisen, mit denen den Mitgliedern die Ermittlung ihrer Selbstkostenstruktur erleichtert wurde und mit denen sie ihre Verkaufspreise eigenständig festlegen konnten.[971] Im vorliegenden Fall gab FENEX jedoch nicht lediglich diese Art von Hinweisen weiter, sondern Unterlagen, die sich auf Verkaufspreise bezogen, die ausdrücklich als Mindestpreise gekennzeichnet waren.[972]

966 Europäische Kommission, Entsch. v. 5.6.1996, ABl. 1996, L 181/28, 32, Rn. 32 – *FENEX.*

967 Europäische Kommission, Entsch. v. 5.6.1996, ABl. 1996, L 181/28, 34, Rn. 59 – *FENEX.*

968 Europäische Kommission, Entsch. v. 5.6.1996, ABl. 1996, L 181/28, 32, Rn. 40 ff. – *FENEX.*

969 Europäische Kommission, Entsch. v. 5.6.1996, ABl. 1996, L 181/28, 34, Rn. 60 – *FENEX.*

970 Europäische Kommission, Entsch. v. 5.6.1996, ABl. 1996, L 181/28, 34, Rn. 61 – *FENEX.*

971 Europäische Kommission, Entsch. v. 5.6.1996, ABl. 1996, L 181/28, 34, Rn. 62 – *FENEX.*

972 Europäische Kommission, Entsch. v. 5.6.1996, ABl. 1996, L 181/28, 34, Rn. 63 f. – *FENEX.*

Aus der Entscheidung ist zu folgern, dass Verbandsmitglieder, unabhängig von „unverbindlichen" Tarifempfehlungen ihres Verbandes, eigenständig in der Lage sein müssen, ihre Verkaufspreise festzulegen. Damit sind durch Verbände vorgegebene Kostenkalkulationsschemata dann erlaubt, wenn Unternehmen die Freiheit verbleibt, ihre Preise nach den Gestehungskosten selbst zu berechnen.[973] Generell gilt, dass selbst aus dem Gesamtzusammenhang der Darstellung keine Hinweise dafür vorliegen dürfen, dass den Mitgliedern bestimmte Preise oder Preisbestandteile nahe gelegt werden.[974] So sind neben der Angabe bestimmter Prozentsätze für Gemeinkosten und Risikozuschläge auch konkrete Anmerkungen über die Kapitalverzinsung als unzulässig eingestuft worden.[975]

c) Allgemeine Geschäftsbedingungen

Die Formulierung allgemeiner Geschäftsbedingungen durch Verbände gehört ebenfalls in den Bereich der Verbandsempfehlungen.[976] Allgemeine Geschäftsbedingungen sind *„vorformulierte Regelungen vertraglicher Rechtsbeziehungen, die sich seit etwa Mitte des vorigen Jahrhunderts im Zuge des Übergangs zur großbetrieblichen Serienherstellung und zum Massenumsatz in allen Zweigen der Industrie, des Gewerbes und des Handels herausgebildet haben und die dazu bestimmt sind, bei den jeweiligen Einzelrechtsgeschäften Vertragsinhalt zu werden.[977] Solche allgemeinen Regelungen (...) legen die näheren Modalitäten des Einkaufs und Verkaufs, der Lieferung und Zahlung sowie der Haftung und sonstiger Fragen fest."*[978] Dadurch kommt es zu einer Vereinheitlichung der Vertragswerke, was gemeinhin negative Folgen für den Wettbewerb nach sich ziehen kann[979]. Trotzdem behauptet *Bunte*, dass vor allem in Branchen, in denen keine Einflussnahme durch Empfehlungen der Verbände erfolge oder wo eine Einflussnahme aufgrund des niedrigen Konzentrationsgrades in der Branche keine Wirkung habe, Missstände vorherrschten.[980] Er fordert daher *„das Institut der Verbandsempfehlung als Richtschnur und Muster für die Ausgestaltung*

---

973 Europäische Kommission, Entsch. v. 5.6.1996, ABl. 1996, L 181/28 – *FENEX; Hengst*, in: Langen/Bunte, Kartellrecht, Band 2, Art. 101 AEUV Rn. 139.

974 *Lotze*, Kartellrechtliche Restriktionen der Verbandstätigkeit, FIW-Schriftenreihe, Heft 201, 2005, S. 132.

975 BKartA, TB 1963, BT-Drucks. IV/2370, S. 19, 37; *Lotze*, Kartellrechtliche Restriktionen der Verbandstätigkeit, FIW-Schriftenreihe, Heft 201, 2005, S. 132.

976 Dazu vertiefend *Leßmann*, Die öffentlichen Aufgaben und Funktionen privater Wirtschaftsverbände, S. 87 ff.

977 *Leßmann*, Die öffentlichen Aufgaben und Funktionen privater Wirtschaftsverbände, S. 88.

978 *Leßmann*, Die öffentlichen Aufgaben und Funktionen privater Wirtschaftsverbände, S. 88.

979 *Leßmann*, Die öffentlichen Aufgaben und Funktionen privater Wirtschaftsverbände, S. 88.

980 *Bunte*, NJW 1987, 921, 922.

von AGB verstärkt einzusetzen und zu fördern und verstärkt Anreize zur Befolgung der Verbandsempfehlungen zu geben".[981]

In ihrer *Concordato Incendio-Entscheidung*[982] setzte sich die Europäische Kommission mit der Vorgabe allgemeiner Versicherungsbedingungen durch den gleichnamigen Verband auseinander. Dieser erarbeitete versicherungstechnische Grundsätze für seine Mitglieder, um eine korrekte Verwaltung und eine bessere Qualität der Dienstleistungen zu erreichen.[983] Die Mitglieder erhielten ein Muster einer Feuerversicherungspolice, das Begriffsbestimmungen und Standardbedingungen enthielt.[984] Ihnen war zwar vonseiten des Verbandes gestattet worden von dem Muster abweichen, jedoch mussten sie dem Verband mitteilen, wenn die Abweichung die Beständigkeit der Statistiken beeinflusste.[985] Zudem „empfahl" der Verband seinen Mitgliedern, die Standardbedingungen anzuwenden, wobei keine ausdrückliche Verpflichtung dazu abgegeben worden war.[986]

Die Europäische Kommission ging dennoch von einem wettbewerbsbeschränkenden Beschluss einer Unternehmensvereinigung aus und begründete ihre Ansicht damit, dass die eingeräumte Möglichkeit der Abweichung von den durch den Verband vorgegebenen Standardbedingungen nicht geeignet gewesen sei, die mit der Aufforderung zu ihrer Anwendung verbundene Wettbewerbsbeschränkung zu beseitigen, da die Mitglieder der Vereinigung bei Abweichungen eine Mitteilung an den Verband hatten machen müssen.[987] Ziel der Empfehlung sei die Vereinheitlichung der wichtigsten Bestandteile der Versicherung dieser Art von Risiken gewesen.[988] Zudem hätte die Mitgliedschaft in der Vereinigung angesichts der mit ihr verfolgten Ziele und der damit einhergehenden finanziellen Verpflichtungen keinen Sinn gemacht, wenn die Beteiligten nicht die Absicht gehabt hätten, die Ergebnisse der Tätigkeit der Vereinigung anzuwenden und den Beschlüssen ihrer Organe Folge

981 *Bunte*, NJW 1987, 921, 922.

982 Europäische Kommission, Entsch. v. 20.12.1989, ABl. 1990, L 15/25 – *Concordato Incendio.*

983 Europäische Kommission, Entsch. v. 20.12.1989, ABl. 1990, L 15/25, 26, Rn. 2 – *Concordato Incendio.*

984 Europäische Kommission, Entsch. v. 20.12.1989, ABl. 1990, L 15/25, 26, Rn. 3 f. – *Concordato Incendio.*

985 Europäische Kommission, Entsch. v. 20.12.1989, ABl. 1990, L 15/25, 26, Rn. 5 – *Concordato Incendio.*

986 Europäische Kommission, Entsch. v. 20.12.1989, ABl. 1990, L 15/25, 27, Rn. 18 – *Concordato Incendio.*

987 Europäische Kommission, Entsch. v. 20.12.1989, ABl. 1990, L 15/25, 27, Rn. 19 – *Concordato Incendio.*

988 Europäische Kommission, Entsch. v. 20.12.1989, ABl. 1990, L 15/25, 27, Rn. 18 – *Concordato Incendio.*

zu leisen.[989] Die Verbandsempfehlung beschränkte somit den Wettbewerb zwischen Unternehmen, die normalerweise im gegenseitigen Wettbewerb stünden.[990]

Der vorliegenden Entscheidung kann entnommen werden, dass (Verbands-)Empfehlungen, denen ein Druckmittel gleich welcher Art anhaftet, den Wettbewerb gemäß Art. 101 Abs. 1 AEUV beschränken können. Ein wichtiges Kriterium für die Beurteilung der kartellrechtlichen Zulässigkeit von vorgebebenen allgemeinen Geschäftsbedingungen ist somit die potentielle Möglichkeit von Kontrollen oder Nachteilen. Solche Druckmittel sind kartellrechtswidrig.

Die Europäische Kommission stellte die angemeldete Vereinbarung letztlich nach Art. 85 Abs. 3 EG im Wege der Einzelfreistellung frei. Auf ihr Verlangen hin wurden an dem angemeldeten Text der Vereinbarung einige Änderungen vorgenommen, und zwar wurde die Verpflichtung zur Anwendung der Tarife und Bedingungen der Police durch eine Empfehlung ersetzt und die Anonymität der Unternehmen, die von den Standardbedingungen abgewichen sind und der Vereinigung davon unterrichten mussten, wurde garantiert.[991]

Für den speziellen Bereich der Allgemeinen Versicherungsbedingungen (AVB) ist ergänzend darauf hinzuweisen, dass für diese besondere Bedingungen gelten. Zum einen waren AVB lange Zeit durch die (Gruppenfreistellungs-)Verordnung Nr. 358/2003[992] vom Kartellverbot freigestellt. Bei der letzten Überarbeitung der Versicherungs-GVO im Jahr 2010 wurden die Freistellungen für AVB sowie Sicherheitsvorkehrungen aber nicht verlängert. Zum anderen gilt hier die Besonderheit, dass die Versicherung als Rechtsprodukt im Wesentlichen durch die AVB definiert wird. Eine Orientierung an Muster-AVB beschränkt zwar auch auf dem Versicherungssektor den Wettbewerb, ist jedoch oftmals Voraussetzung dafür, dass die Kunden überhaupt hinreichend informiert am Wettbewerb teilnehmen. Würde jeder Versicherer seine AVB unabhängig von solchen Empfehlungen selbst gestalten, wäre der Markt intransparent. Eine weitergehende Orientierung an Muster-AVB hat demgegenüber zur Folge, dass die Kunden sich bei einfachen Versicherungsprodukten wie etwa der Kfz-Versicherung letztlich darauf beschränken können, die Preise zu vergleichen und zu prüfen, inwieweit die AVB der jeweiligen Anbieter von den Muster-AVB des Verbandes abweichen. Das Bedürfnis nach Vereinheitlichung der AVB ist den Besonderheiten des Versicherungssektors geschuldet und auf AGB im Allgemeinen grundsätzlich nicht übertragbar.

---

989 Europäische Kommission, Entsch. v. 20.12.1989, ABl. 1990, L 15/25, 27, Rn. 18 – *Concordato Incendio.*

990 Europäische Kommission, Entsch. v. 20.12.1989, ABl. 1990, L 15/25, 27 f., Rn. 20 – *Concordato Incendio.*

991 Europäische Kommission, Entsch. v. 20.12.1989, ABl. 1990, L 15/25, Rn. 1 – *Concordato Incendio.*

992 Europäische Kommission, Verordnung (EG) Nr. 358/2003 v. 27.2.2003 über die Anwendung von Artikel 81 Absatz 3 EG-Vertrag auf Gruppen von Vereinbarungen, Beschlüssen und aufeinander abgestimmten Verhaltensweisen im Versicherungssektor, ABl. 2003, L 53/8.

d) Boykottverbot, § 21 Abs. 1 GWB

Boykottaufrufe i.S.d. § 21 Abs. 1 GWB sind von erheblicher praktischer Bedeutung. So hat beispielsweise im Jahr 2008 der Bundesverband Deutscher Milchviehhalter e.V. seine Mitglieder dazu aufgerufen, Molkereien nicht mehr mit Milch zu beliefern, um eine Bewilligung höherer Milchpreise durchzusetzen.[993] Nach Auffassung des Bundeskartellamtes erfüllte diese Aufforderung den Tatbestand des Boykottaufrufs. Die deutsche Kartellbehörde sah im Rahmen ihres Aufgreifermessens zwar davon ab, gegen den Verband und seine satzungsmäßigen Vertreter ein Bußgeldverfahren einzuleiten, wies jedoch in seiner Entscheidung vorsorglich darauf hin, dass sie zukünftig im Falle einer vergleichbaren Handlungsweise unmittelbar ein Bußgeldverfahren einleiten wird.[994]

aa) Überblick

Der Tatbestand des § 21 Abs. 1 GWB verbietet es Unternehmen und Unternehmensvereinigungen, andere Unternehmen und Unternehmensvereinigungen zu Liefersperren oder Bezugssperren aufzufordern in der Absicht, diese unbillig zu beeinträchtigen. Sinn und Zweck der Vorschrift ist es, die ebenso nach Delikts- und Lauterkeitsrecht (§ 823 Abs. 1 BGB, § 4 Nr. 10 i.V.m. § 3 UWG) verbotene[995] unzulässige Anwendung des Boykotts kartellrechtlich zu verbieten, um dadurch den freien Zugang von Unternehmen zu Absatz- und Beschaffungsmöglichkeiten auch mit den schärferen Mitteln des Kartellrechts (Verwaltungszwang, Geldbußen) sicherzustellen.[996] Das Boykottverbot ist als abstraktes Gefährdungsdelikt[997] bereits bei der bloßen Aufforderung zu einer Liefer- bzw. Bezugssperre in Beeinträchtigungsabsicht erfüllt und setzt demzufolge nicht den Eintritt einer Schädigung voraus.[998]

bb) Tatbestandsvoraussetzungen

Der Tatbestand des Boykottaufrufs hat folgende Voraussetzungen: ein Drei-Personen-Verhältnis der am Boykott Beteiligten, die Boykotthandlung sowie die Absicht unbilliger Beeinträchtigung.

---

993 BKartA, Beschl. v. 12.11.2008, B 2 – 100/08 – *Milchpreisoffensive 2008* = WuW/E DE-V 1679.

994 BKartA, Beschl. v. 12.11.2008, B 2 – 100/08 – *Milchpreisoffensive 2008* = WuW/E DE-V 1679, 1688.

995 *Emmerich*, Kartellrecht, § 29 Rn. 1; *Kling/Thomas*, Kartellrecht, § 20 Rn. 330.

996 *Markert*, in: Immenga/Mestmäcker, Wettbewerbsrecht: GWB, Band 2, § 21 GWB Rn. 2.

997 *Markert*, in: Immenga/Mestmäcker, Wettbewerbsrecht: GWB, Band 2, § 21 GWB Rn. 2; *Bechtold/Bosch*, GWB, § 21 GWB Rn. 3.

998 BGH, Urt. v. 10.10.1989, KZR 22/88 = NJW 1990, 1531; *Deister*, in: Schulte/Just, Kartellrecht: GWB, Kartellvergaberecht, EU-Kartellrecht, § 21 GWB Rn. 3; *Bunte*, Kartellrecht, S. 331; *Emmerich*, Kartellrecht, § 29 Rn. 4.

(1) Beteiligte

Der Boykottbegriff beinhaltet, dass jemand einen anderen auffordert, bestimmte Beziehungen zu einem Dritten nicht anzuknüpfen oder abzubrechen.[999] Damit werden drei Beteiligte (sog. „Dreierverhältnis") von § 21 Abs. 1 GWB vorausgesetzt. Dazu gehören der oder die Boykottierer (Verrufer, Anlasser), der oder die Adressaten des Boykottaufrufs (Sperrer, Ausführer) und der oder die Boykottierten (Gesperrter, Verrufener).[1000] Boykottierer können neben Unternehmen auch Unternehmensvereinigungen sein, also auch Wirtschaftsverbände einschließlich der Dachverbände.[1001] Damit ist, wie bereits eingangs erwähnt, der Anwendungsbereich der Vorschrift eröffnet, wenn Verbände ihre Mitglieder zum Boykott aufrufen.[1002]

Ferner ergibt sich aus der für den Tatbestand charakteristischen Dreieckskonstellation das zwingende Erfordernis, dass ein anderes Unternehmen oder eine andere Unternehmensvereinigung von der Aufforderung betroffen sein muss. Dafür ist erforderlich, dass alle Beteiligten rechtlich und wirtschaftlich voneinander unabhängig sind.[1003] Rufen Verbände ihre Mitglieder zum Boykott auf, müssen letztere also sowohl rechtlich als auch wirtschaftlich selbständig sein.[1004]

Neben dem Boykottierer und dem Sperrer setzt der Tatbestand des § 21 Abs. 1 GWB einen weiteren Beteiligten voraus, den Boykottierten. Boykottierter kann jedes bestimmte dritte Unternehmen sein, unabhängig davon, ob es sich mit dem zur Liefer- oder Bezugssperre Auffordernden im Wettbewerb befindet.[1005] Dabei muss der Boykottierte individualisierbar sein.[1006] Dafür reicht aus, dass der Adressat in der Lage ist zu erkennen, ob ein konkreter Geschäftspartner betroffen ist.[1007] Allgemeine

---

999 *Loewenheim*, in: Loewenheim/Meessen/Riesenkampff, Kartellrecht, § 21 GWB Rn. 2.

1000 *Markert*, in: Immenga/Mestmäcker, Wettbewerbsrecht: GWB, Band 2, § 21 GWB Rn. 1; *Loewenheim*, in: Loewenheim/Meessen/Riesenkampff, Kartellrecht, § 21 GWB Rn. 2.

1001 BGH, Beschl. v. 23.4.1985, KRB 7/84 – *Sportartikelhandel* = WuW/E BGH 2148; *Deister*, in: Schulte/Just, Kartellrecht: GWB, Kartellvergaberecht, EU-Kartellrecht, § 21 GWB Rn. 12.

1002 KG, Urt. v. 9.3.1978, Kart 26/76 – *Drogisten-Fachzeitschrift* = WuW/E OLG 2023, 2024; *Deister*, in: Schulte/Just, Kartellrecht: GWB, Kartellvergaberecht, EU-Kartellrecht, § 21 GWB Rn. 12.

1003 *Emmerich*, Kartellrecht, § 29 Rn. 3.

1004 KG, Urt. v. 22.3.1984, Kart. a 18/83 – *Sportartikelhandel* = WuW/E OLG 3199, 3200; *Emmerich*, Kartellrecht, § 29 Rn. 3.

1005 *Markert*, in: Immenga/Mestmäcker, Wettbewerbsrecht: GWB, Band 2, § 21 GWB Rn. 16.

1006 *Loewenheim*, in: Loewenheim/Meessen/Riesenkampff, Kartellrecht, § 21 GWB Rn. 9; *Deister*, in: Schulte/Just, Kartellrecht: GWB, Kartellvergaberecht, EU-Kartellrecht, § 21 GWB Rn. 14.

1007 KG, Urt. v. 22.3.1984, Kart. a 18/83 – *Sportartikelhandel* = WuW/E OLG 3199, 3202; *Deister*, in: Schulte/Just, Kartellrecht: GWB, Kartellvergaberecht, EU-Kartellrecht, § 21 GWB Rn. 14.

Apelle, wie etwa gegen den Bezug ausländischer oder umweltschädigender Produkte, reichen aber ebenso wenig aus[1008] wie gegen eine ganze Branche gerichtete Maßnahmen, z.B. den Großhandel oder Kaufhäuser[1009].

(2) Boykotthandlung

Die Boykotthandlung besteht in der Aufforderung zu einer Liefer- oder Bezugssperre in der Absicht, bestimmte Unternehmen unbillig zu beeinträchtigen. Demzufolge ist die Anstiftung zu sonstigen Behinderungen nicht tatbestandsmäßig.[1010] Unter einer Aufforderung zu einer Liefer- oder Bezugssperre versteht man jeden Versuch, auf die freie Willensentscheidung des Adressaten, mit Dritten Lieferbeziehungen aufzunehmen oder aufrechtzuerhalten, einen negativen, d.h. auf die Verhinderung oder Aufhebung solcher Beziehungen abzielenden Einfluss zu nehmen.[1011] Dabei ist insbesondere die Abgrenzung zu bloßen Meinungsäußerungen schwierig. Die Grenzziehung erfolgt dort, wo Äußerungen über eine bloße Argumentation hinausgehen.[1012]

Keine Boykottaufforderung stellt grundsätzlich eine Werbung dar, die ohne Bezugnahme auf das Angebot eines Mitbewerbers die Vorzüge der eigenen Leistung herausstellt.[1013] Auch ist in einer bloßen Warnung vor Verwechslungen und Namensmissbrauch noch keine Boykottaufforderung zu sehen.[1014]

Für Verbände ergeben sich mit Blick auf § 21 Abs. 1 GWB problematische Überschneidungen zwischen dem Kartellrecht auf der einen Seite und zulässiger Informationspolitik und den in der Satzung festgelegten Aufgaben des Verbandes auf der anderen Seite. Kritisiert ein Verband z.B. die Handlungsweise eines oder mehrerer Unternehmen und informiert seine Mitglieder über ein mögliches Fehlverhalten[1015], kann leicht die Grenze zum Boykottaufruf überschritten werden. Gleiches gilt für

---

1008 OLG München, Urt. v. 14.12.1989, U (K) 5926/89 – *Einheimischen-Regelung* = WuW OLG 4622, 4623; *Loewenheim*, in: Loewenheim/Meessen/Riesenkampff, Kartellrecht, § 21 GWB Rn. 9; vgl. *Deister*, in: Schulte/Just, Kartellrecht: GWB, Kartellvergaberecht, EU-Kartellrecht, § 21 GWB Rn. 14.

1009 *Kling/Thomas*, Kartellrecht, § 20 Rn. 331.

1010 *Kling/Thomas*, Kartellrecht, § 20 Rn. 336.

1011 BGH, Urt. v. 10.10.1989, KZR 22/88 – *Neugeborenentransporte* = WuW/E BGH 2603, 2606; *Kling/Thomas*, Kartellrecht, § 20 Rn. 337.

1012 *Kling/Thomas*, Kartellrecht, § 20 Rn. 338.

1013 BGH, Urt. v. 22.7.1999, KZR 13/97 – *Kartenlesegerät* = WuW DE-R, 352; *Loewenheim*, in: Loewenheim/Meessen/Riesenkampff, Kartellrecht, § 21 GWB Rn. 16; *Deister*, in: Schulte/Just, Kartellrecht: GWB, Kartellvergaberecht, EU-Kartellrecht, § 21 GWB Rn. 28.

1014 OLG Düsseldorf, Urt. v. 1.8.1980, U (Kart) 12/80 – *Telex-Verlage* = WuW/E OLG 2401, 2402; *Deister*, in: Schulte/Just, Kartellrecht: GWB, Kartellvergaberecht, EU-Kartellrecht, § 21 GWB Rn. 28.

1015 *Lotze*, Kartellrechtliche Restriktionen der Verbandstätigkeit, FIW-Schriftenreihe, Heft 201, 2005, S. 127 f.

die Beratungstätigkeit der Verbände. Der Anwendungsbereich des § 21 Abs. 1 GWB ist eröffnet, wenn sich die Beratung aus der Sicht der Mitglieder der Sache nach als Aufruf zum Boykott bestimmter anderer Unternehmen darstellt.[1016] So kann z.B. die Warnung vor der Fortsetzung von geschäftlichen Beziehungen zu bestimmten Unternehmen, weil davon Nachteile drohen, vom Boykottverbot erfasst sein.[1017] Folgen dann tatsächlich einige Mitglieder dem Aufruf des Verbandes, so ist auch der Anwendungsbereich des Kartellverbots eröffnet, da es sich um ein abgestimmtes Verhalten der Beteiligten handelt.[1018] Hingegen erfüllt der bloße Hinweis auf günstige Bezugsmöglichkeiten bei dritten Unternehmen vonseiten eines Verbandes noch nicht die Voraussetzungen des § 21 Abs. 1 GWB.[1019]

(3) Absicht unbilliger Beeinträchtigung

Der subjektive Tatbestand des § 21 Abs. 1 GWB setzt die Absicht des Boykottierers voraus, den Boykottierten unbillig zu beeinträchtigen. Beeinträchtigung ist dabei jede Zufügung eines Nachteils im geschäftlichen Verkehr.[1020] Der Ausschluss von bestimmten Bezugs- oder Liefermöglichkeiten ist regelmäßig nachteilig.[1021] Die Beeinträchtigung wird auch nicht dadurch ausgeschlossen, dass dem Boykottierten andere Bezugs- oder Liefermöglichkeiten verbleiben.[1022] Wie eingangs erwähnt, ist ebenfalls nicht entscheidend, ob die Beeinträchtigung tatsächlich eintritt, da schon der Versuch der Beeinträchtigung ausreicht.[1023]

Die Beurteilung, ob die beabsichtigte Beeinträchtigung unbillig ist, erfolgt anhand einer Interessenabwägung der Beteiligten sowie dem Schutzzweck der Norm, der in der Gewährleistung der Freiheit des Wettbewerbs liegt.[1024] Bei dieser Interessenabwägung sind im Wesentlichen die Grundrechte der Meinungs- sowie

1016 *Emmerich*, Kartellrecht, § 29 Rn. 5; *Köhler*, WuW 2009, 258, 262 ff.
1017 *Emmerich*, Kartellrecht, § 29 Rn. 5.
1018 *Emmerich*, Kartellrecht, § 29 Rn. 5.
1019 BGH, Urt. v. 14.3.2000, KZR 15/98 – *Zahnersatz aus Manila* = NJW 2000, 3426, 3428; *Emmerich*, Kartellrecht, § 29 Rn. 5.
1020 *Deister*, in: Schulte/Just, Kartellrecht: GWB, Kartellvergaberecht, EU-Kartellrecht, § 21 GWB Rn. 29.
1021 *Loewenheim*, in: Loewenheim/Meessen/Riesenkampff, Kartellrecht, § 21 GWB Rn. 17.
1022 KG, Urt. v. 28.1.1985, Kart. 9/84 – *Kontaktlinsenpflegemittel* = WuW/E OLG 3543, 3546 *Markert*, in: Immenga/Mestmäcker, Wettbewerbsrecht: GWB, Band 2, § 21 GWB Rn. 38; *Loewenheim*, in: Loewenheim/Meessen/Riesenkampff, Kartellrecht, § 21 GWB Rn. 17; **a. A.** u.a. OLG Stuttgart, Urt. v. 30.6.1976, 2 Kart. 3/75 – *Sanitärfachhandel* = WuW/E OLG 1742, 1743.
1023 BGH, Urt. v. 10.10.1989, KZR 22/88 = NJW 1990, 1531; *Loewenheim*, in: Loewenheim/Meessen/Riesenkampff, Kartellrecht, § 21 GWB Rn. 17; *Deister*, in: Schulte/Just, Kartellrecht: GWB, Kartellvergaberecht, EU-Kartellrecht, § 21 GWB Rn. 30.
1024 BGH, Urt. v. 28.9.1999, KZR 18/98 – *Beteiligungsverbot für Schilderpräger* = WuW/E DE-R 395, 397; *Bechtold/Bosch*, GWB, § 21 GWB Rn. 7; *Deister*, in: Schulte/Just,

Vereinigungsfreiheit (Art. 5 Abs. 1 S. 1 GG, Art. 9 Abs. 1 GG) zu beachten.[1025] Dazu sind zunächst sämtliche Interessen und Motivationen gleichwertig zu sammeln und anschließend eine Gewichtung und Beurteilung der Schwere vorzunehmen.[1026] Dabei ist maßgeblich, ob das durch den Boykottierer verfolgte Anliegen rechtmäßig ist.[1027] Um den subjektiven Tatbestand zu erfüllen, muss die Beeinträchtigung Zweck des Handelns sein, so dass einfacher Vorsatz nicht ausreicht, erst recht nicht bedingter Vorsatz oder Fahrlässigkeit.[1028] Insoweit reicht aus, dass die Absicht der unbilligen Beeinträchtigung mitbestimmend war und gegenüber sonstigen Zielen nicht gänzlich zurücktritt.[1029]

Lotze will im Rahmen der Interessenabwägung Verbänden insgesamt einen größeren Spielraum zukommen lassen als den von ihnen vertretenen Unternehmen.[1030] Nach seiner Auffassung *„sollten daher im Hinblick auf das Verhalten von Verbänden höhere Anforderungen an die Unbilligkeit eines Boykottaufrufs in Abwägung von Meinungsfreiheit und Freiheit des Wettbewerbs bestehen"*.[1031] Finde die Äußerung ihren Grund also in der Sorge von politischen, wirtschaftlichen oder sozialen Belangen der Allgemeinheit – ausgehend von dem Grundsatz, dass eine Meinungsäußerung im Zweifel rechtmäßig ist –, so sei nicht von der Unbilligkeit der Beeinträchtigung auszugehen.[1032] Im Ergebnis dürfte diese Ansicht jedoch zu weit gehen. Zum einen ist sie nicht vom Wortlaut des § 21 Abs. 1 GWB gedeckt, der für Unternehmen wie auch für Unternehmensvereinigungen dieselben Tatbestandsvoraussetzungen vorsieht. Zum anderen ist nicht bekannt, dass der Gesetzgeber bei Schaffung des § 21 Abs. 1 GWB die Intension hatte, Unternehmensvereinigungen gegenüber Unternehmen eine privilegierte Stellung einzuräumen.

Kartellrecht: GWB, Kartellvergaberecht, EU-Kartellrecht, § 21 GWB Rn. 31; *Bunte*, Kartellrecht, S. 332.

1025 *Lotze*, Kartellrechtliche Restriktionen der Verbandstätigkeit, FIW-Schriftenreihe, Heft 201, 2005, S. 130.

1026 *Deister*, in: Schulte/Just, Kartellrecht: GWB, Kartellvergaberecht, EU-Kartellrecht, § 21 GWB Rn. 31.

1027 BGH, Beschl. v. 27.4.1999, KZR 54/97 – *Taxi-Krankenhaustransporte* = WuW/E DE-R 303, 306; *Bunte*, Kartellrecht, S. 332.

1028 OLG Stuttgart, Urt. v. 21.5.1976, 2 U 136/76 – *Miniaturparfümfläschchen* = WuW/E OLG 1721; *Loewenheim*, in: Loewenheim/Meessen/Riesenkampff, Kartellrecht, § 21 GWB Rn. 23.

1029 BGH, Urt. v. 27.4.1999, KZR 54/97 – *Taxi-Krankentransporte* = WuW/E DE-R 303, 307; *Bechtold/Bosch*, GWB, § 21 GWB Rn. 7; *Bunte*, Kartellrecht, S. 332.

1030 *Lotze*, Kartellrechtliche Restriktionen der Verbandstätigkeit, FIW-Schriftenreihe, Heft 201, 2005, S. 131.

1031 *Lotze*, Kartellrechtliche Restriktionen der Verbandstätigkeit, FIW-Schriftenreihe, Heft 201, 2005, S. 131.

1032 *Lotze*, Kartellrechtliche Restriktionen der Verbandstätigkeit, FIW-Schriftenreihe, Heft 201, 2005, S. 131.

Boykottaufrufe sind jedenfalls dann nicht unbillig, wenn sie in zulässiger Wahrnehmung berechtigter Interessen abgegeben werden.[1033] Daher dürfen Verbände im Rahmen ihrer legitimen Verbandsarbeit die Mitglieder über aktuelle Entwicklungen informieren und in Fragen von allgemeinem Interesse Stellung beziehen.[1034] Auch darf sich ein Verband zum Schutze seiner Mitgliedsunternehmen zur wirtschaftlichen Entwicklung äußern, die ihm auf längere Sicht schädlich erscheint.[1035] Ein berechtigtes Interesse liegt ebenfalls vor, wenn ein Verband regelmäßige Bewertungen bestimmter Abläufe und Risikoeinschätzungen an die Mitglieder weitergibt.[1036] Derartige Aktivitäten sollen nur ausnahmsweise dann als Eingriff in den Wettbewerb zu werten sein, wenn sie auf unzutreffenden Informationen beruhen, unausgewogen sind oder bestimmte Marktteilnehmer einseitig benachteiligen bzw. andere in unredlicher Weise bevorteilen sollen.[1037] Dementsprechend ist es kartellrechtlich zulässig, wenn von einem Verband bei unklarer Rechtslage an Verbandsmitglieder die Empfehlung gegeben wird, die rechtlichen Spielräume und Gestaltungsmöglichkeiten auszunutzen.[1038]

cc) Rechtsfolgen

Liegen die Tatbestandsvoraussetzungen des § 21 Abs. 1 GWB vor, drohen verwaltungs-, bußgeld- und zivilrechtliche Folgen. Im Hinblick auf ein mögliches Verwaltungsverfahren sind die Regelungen der §§ 32 bis 32b GWB und § 34 GWB zu beachten. Danach kann die Kartellbehörde den Boykottierer nach pflichtgemäßem Ermessen verpflichten, das Verhalten einzustellen, nach Maßgabe des § 32a GWB einstweilige Maßnahmen anordnen sowie gem. § 32b GWB Verpflichtungszusagen für bindend erklären. Nach § 34 GWB ist zudem eine Vorteilsabschöpfung durch die Kartellbehörde möglich.

Des Weiteren begründet ein Verstoß gegen das Boykottverbot eine Ordnungswidrigkeit nach Maßgabe des § 81 Abs. 3 Nr. 1 GWB. Dabei wird Verbänden das

---

1033 BGH, Beschl. v. 25.10.1988, KRB 4/88 – *markt-intern Dienst* = WuW/E BGH 2562, 2563 f.; *Lotze*, Kartellrechtliche Restriktionen der Verbandstätigkeit, FIW-Schriftenreihe, Heft 201, 2005, S. 128.

1034 Vgl. BGH, Urt. v. 7.12.1962, I ZR 71/61 – *Möbelherstellergenossenschaft* = WuW/E BGH 575, 577; *Lotze*, Kartellrechtliche Restriktionen der Verbandstätigkeit, FIW-Schriftenreihe, Heft 201, 2005, S. 129.

1035 OLG Hamburg, Urt. v. 2.3.1978, 3 U 149/77 – *Werbeaktion mit Kaffeegeschirren* = WuW/E OLG 2067, 2070; *Lotze*, Kartellrechtliche Restriktionen der Verbandstätigkeit, FIW-Schriftenreihe, Heft 201, 2005, S. 129.

1036 *Lotze*, Kartellrechtliche Restriktionen der Verbandstätigkeit, FIW-Schriftenreihe, Heft 201, 2005, S. 129.

1037 *Lotze*, Kartellrechtliche Restriktionen der Verbandstätigkeit, FIW-Schriftenreihe, Heft 201, 2005, S. 129.

1038 *Lotze*, Kartellrechtliche Restriktionen der Verbandstätigkeit, FIW-Schriftenreihe, Heft 201, 2005, S. 129 f.; vgl. auch *Möhlenkamp*, WuW 2008, 428, 438.

Verhalten der für sie handelnden natürlichen Personen gem. §§ 9, 30 OWiG zugerechnet.

Darüber hinaus drohen zivilrechtliche Folgen gem. § 33 Abs. 1 und Abs. 3 GWB in Form von Unterlassungs-, Beseitigungs- und Schadensersatzansprüchen. Nach § 33 Abs. 2 GWB können Unterlassungs- und Beseitigungsansprüche auch von den dort genannten Verbänden geltend gemacht werden.[1039]

dd) Der Boykottaufruf in der deutschen Rechtsprechungs- und Verwaltungspraxis

Zum Abschluss sollen zwei verbandsspezifische Fallbeispiele aus der nationalen Entscheidungspraxis einen tieferen Einblick in diesen Themenkomplex ermöglichen.

(1) Kammergericht, Beschl. v. 23.3.1994 – *Schnäppchenführer*

In seiner zum Bereich des Boykottaufrufs ergangenen, grundlegenden *Schnäppchenführer*-Entscheidung[1040] hatte das Kammergericht sich mit dem Umstand auseinanderzusetzen, dass der Spitzenverband des deutschen Einzelhandels ein Merkblatt zu Fabrikverkäufen erstellte, das er an seine angeschlossenen Facheinzelhandelsverbände herausgab.[1041] Diese reichten das Merkblatt jeweils an ihre Mitglieder weiter. Das Merkblatt beinhaltete Kritik gegen die Hersteller, die Fabrikverkäufe durchführten. Einzelhändler wurden aufgefordert, diese Hersteller nicht mehr für Lieferaufträge zu berücksichtigen und von der künftigen Lieferantenliste zu streichen. Zudem sprach der Verband die Empfehlung aus, eine „entschlossene Reaktion" gegen Fabrikverkäufe zu zeigen.

Das Kammergericht bewertete den Inhalt des Merkblatts als Boykottaufforderung i.S.d. § 21 Abs. 1 GWB und wies mithin die Beschwerde des Verbandes ab. Nach Auffassung des Gerichts waren die untersagten Passagen geeignet gewesen, Marktstörungen hervorzurufen, weil die in der Marktwirtschaft sinnvolle Zusammenarbeit der Wirtschaftsstufen und die Aufgabenteilung zwischen dem Einzelhandel und seinen Lieferanten außer Kraft gesetzt worden sei.[1042] Des Weiteren sei durch die vom Spitzenverband des deutschen Einzelhandels vorgeschlagenen Maßnahmen letztlich die Einstellung von Fabrikverkäufen beabsichtigt worden.[1043] Das Merkblatt habe den Versuch dargestellt, auf die freie Willensentscheidung der Adressaten, mit Dritten Lieferbeziehungen aufzunehmen oder aufrechtzuerhalten, Einfluss zu

---

1039 *Loewenheim*, in: Loewenheim/Meessen/Riesenkampff, Kartellrecht, § 21 GWB Rn. 26.

1040 KG, Beschl. v. 23.3.1994, Kart 19/93 – *Schnäppchenführer* = WuW/E OLG 5299.

1041 *Lotze*, Kartellrechtliche Restriktionen der Verbandstätigkeit, FIW-Schriftenreihe, Heft 201, 2005, S. 128.

1042 KG, Beschl. v. 23.3.1994, Kart 19/93 – *Schnäppchenführer* = WuW/E OLG 5299, 5304.

1043 KG, Beschl. v. 23.3.1994, Kart 19/93 – *Schnäppchenführer* = WuW/E OLG 5299, 5305.

nehmen.[1044] Auch der Wille der Vereinigung zur Beeinflussung sei gegeben gewesen, da der Verband einräumt habe, den Mitgliedsunternehmen selbstverständlich auch eine Empfehlung an die Hand geben zu wollen. Auch einer solchen Empfehlung wohne das Bestreben inne, den Willen dessen, an den sie gerichtet ist, beeinflussen zu wollen.[1045] Überdies wurde die starke Stellung des Verbandes durch das Gericht in die rechtliche Bewertung einbezogen. Insoweit stellte es fest, dass das Merkblatt für die Verbandsmitglieder ein erhebliches Gewicht gehabt habe.[1046]

Auch die von § 21 Abs. 1 GWB vorausgesetzte Unbilligkeit der Beeinträchtigung sah das Gericht als erwiesen an. Die Hersteller hätten berechtigte wirtschaftliche Interessen gehabt, für die kein Rechtfertigungsgrund notwendig gewesen sei. Daran änderte auch die Tatsache nichts, dass der Spitzenverband als satzungsmäßige Aufgabe die wirtschaftlichen, beruflichen und sozialen Interessen des gesamten Einzelhandels zu vertreten hatte. Die satzungsmäßige Aufgabe der Interessenvertretung habe nach Auffassung des Gerichts bei der Interessenabwägung nicht weiter reichen können als die Interessen der vom Spitzenverband vertretenen Einzelhandelsunternehmen.[1047]

Aus der Entscheidung ist im Ergebnis zu folgern, dass Verbandsempfehlungen einen Boykottaufruf i.S.d. § 21 Abs. 1 GWB darstellen können. Dabei sind nicht die vom Erklärenden gewählte Form und Bezeichnung maßgeblich, sondern ob der Adressat bei objektiver Betrachtung in der betreffenden Erklärung eine Aufforderung zum Boykott sehen musste.[1048] Zusätzlich sind die Anschauungen und Gepflogenheiten des Fachkreises zu berücksichtigen, dem der Adressat angehört.[1049]

(2) BKartA, Pressemitteilung v. 2.7.2009 – *Boykottaufruf durch Apothekerverbände*

Boykottaufrufe sind nicht selten Gegenstand von Entscheidungen des Bundeskartellamts. So verhängte die deutsche Kartellbehörde im Jahr 2009 Bußgelder in Höhe von 1,2 Mio. € gegen diverse Landesapothekerverbände und natürliche Personen wegen des Aufrufs zum Boykott gem. § 21 Abs. 1 GWB.[1050] Laut Pressemitteilung des

1044 KG, Beschl. v. 23.3.1994, Kart 19/93 – *Schnäppchenführer* = WuW/E OLG 5299, 5305.

1045 KG, Beschl. v. 23.3.1994, Kart 19/93 – *Schnäppchenführer* = WuW/E OLG 5299, 5308.

1046 KG, Beschl. v. 23.3.1994, Kart 19/93 – *Schnäppchenführer* = WuW/E OLG 5299, 5308.

1047 KG, Beschl. v. 23.3.1994, Kart 19/93 – *Schnäppchenführer* = WuW/E OLG 5299, 5309.

1048 *Markert*, in: Immenga/Mestmäcker, Wettbewerbsrecht: GWB, Band 2, § 21 GWB Rn. 28.

1049 *Markert*, in: Immenga/Mestmäcker, Wettbewerbsrecht: GWB, Band 2, § 21 GWB Rn. 28.

1050 BKartA, Pressemitteilung v. 2.7.2009. Die Pressemitteilung ist abrufbar unter http://www.bundeskartellamt.de/SharedDocs/Meldung/DE/Pressemitteilungen/2009/02_07_2009_Boykott-Gehe.html (20.8.2014).

Amtes riefen die betroffenen Apothekerverbände ihre Mitglieder (die Apotheker) durch ihre Präsidenten und sonstige Funktionäre in Verbandspublikationen, z.B. in der „Pharmazeutischen Zeitung" oder in Reden, wiederholt dazu auf, bestehende Bezugsbeziehungen zu einem Unternehmen, namentlich die Firma Gehe, zu beenden. Dem ging im April 2007 die Übernahme des Unternehmens DocMorris durch die Muttergesellschaft von Gehe, namentlich Celesio, voraus. DocMorris betreibt eine Versandapotheke und bietet selbständigen Apothekern eine franchiseähnliche Markenpartnerschaft an. Viele Apotheker befürchteten einen verstärkten Wettbewerb *„für den Fall, dass es Celesio/DocMorris (...) erlaubt würde, eine Apothekenkette zu betreiben"*. Nach der Übernahme von DocMorris durch Celesio wandten sich dann auch viele Apotheker von dem zu Celesio gehörenden Pharmagroßhändler Gehe ab.

Nach Auffassung des Bundeskartellamtes erfüllte vorbeschriebenes Verhalten der Verbände und ihrer Vertreter den Tatbestand des § 21 Abs. 1 GWB. Durch den aufgerufenen Boykott sollten *„dem Unternehmen Celesio/Gehe Nachteile zufügen [werden], um auf diesem Wege letztlich die eingesessenen Apotheker vor aufkommendem Wettbewerb zu bewahren"*. Daher ahndete die Kartellbehörde einerseits die *„Äußerungen von Verbandsfunktionären"* und andererseits, *„soweit es zu kartellrechtswidrigen Boykottaufrufen in der Pharmazeutischen Zeitung kam, die Verletzung der Aufsichtspflicht des Herausgebers"*. Die Behörde sah es letztlich als erwiesen an, dass die Grenze der Meinungs- und Vereinigungsfreiheit durch den (kartellrechtswidrigen) Aufruf zum Boykott überschritten wurde.

V. Aufnahmezwang, § 20 Abs. 5 GWB

Auch die Verweigerung der Aufnahme eines Unternehmens in einen Verband kann gegen geltendes Kartellrecht, konkret § 20 Abs. 5 GWB, verstoßen. Die Vorschrift stellt einen Unterfall der Marktbeherrschung von Verbänden dar und verdeutlicht die besondere wirtschaftliche Machtstellung dieser für am Markt agierende Unternehmen.[1051]

1. Überblick

§ 20 Abs. 5 GWB verbietet Wirtschafts- und Berufsvereinigungen sowie Gütezeichengemeinschaften, die Aufnahme von Unternehmen abzulehnen, wenn die Ablehnung eine sachlich nicht gerechtfertigte ungleiche Behandlung darstellt und zu einer unbilligen Benachteiligung des Unternehmens im Wettbewerb führt.[1052] Der darin

1051 *Lotze*, Kartellrechtliche Restriktionen der Verbandstätigkeit, FIW-Schriftenreihe, Heft 201, 2005, S. 123; *Möhlenkamp*, WuW 2008, 428, 440.

1052 Im europäischen Kartellrecht existiert keine dem § 20 Abs. 5 GWB vergleichbare Norm. Dort wird auf das Kartellverbot des Art. 101 AEUV oder auf den Missbrauch einer marktbeherrschenden Stellung i.S.d. Art. 102 AEUV zurückgegriffen (*Markert*, in: Immenga/Mestmäcker, Wettbewerbsrecht: GWB, Band 2, § 20 GWB Rn. 127).

zum Ausdruck kommende Kontrahierungszwang schränkt die verfassungsrechtlich geschützte Verbandsautonomie nach Art. 9 GG ein[1053] und dient dem Ausschluss von Wettbewerbsbeschränkungen durch Behinderung und Diskriminierung, beschränkt auf die Fälle, in denen die Diskriminierung zu einer unbilligen Benachteiligung im Wettbewerb führt.[1054] Die Vorschrift ist eine besondere Diskriminierungsregelung, die das in § 20 Abs. 1 GWB geregelte Diskriminierungsverbot ergänzt, das auf den Zugang zur Mitgliedschaft in Wirtschaftsverbänden und Gütezeichengemeinschaften nur ausnahmsweise anwendbar ist, weil diese regelmäßig nicht selbst als Anbieter oder Nachfrager von Waren oder gewerblichen Leistungen unternehmerisch tätig werden.[1055]

Der Zweck der Norm liegt darin, homogene Wettbewerbsbedingungen herzustellen, da mit einer Nichtaufnahme Wettbewerbsnachteile einhergehen können.[1056] Abgelehnte Bewerber können z.B. nicht am Informationsaustausch, der Willensbildung im und der Vertretung durch den Verband partizipieren.[1057] Wirtschaftsverbände können insoweit *„außerordentlich wichtige Informationsquellen über Marktverhältnisse, Gesetzgebungsvorhaben und andere Umstände sein, auf die sich Unternehmen einzurichten haben"*.[1058]

2. Tatbestandsvoraussetzungen

Auf Antrag der aufnahmewilligen Unternehmen sind Wirtschaftsvereinigungen zur Aufnahme verpflichtet, wenn die Ablehnung der Aufnahme eine sachlich nicht gerechtfertigte, d.h. grundlose ungleiche Behandlung des Aufnahmewilligen darstellt und zu seiner unbilligen Benachteiligung im Wettbewerb führt.[1059]

a) Normadressaten

Normadressaten des § 20 Abs. 5 GWB sind Wirtschafts- und Berufsvereinigungen sowie Gütezeichengemeinschaften.[1060] Hier interessieren ausschließlich die Wirtschaftsvereinigungen. Wirtschaftsvereinigungen i.S.d. Norm sind solche, *„die die*

1053 Vgl. *Markert*, in: Immenga/Mestmäcker, Wettbewerbsrecht: GWB, Band 2, § 20 GWB Rn. 127 f.

1054 *Dorß*, in: Loewenheim/Meessen/Riesenkampff, Kartellrecht, § 20 GWB Rn. 167.

1055 *Markert*, in: Immenga/Mestmäcker, Wettbewerbsrecht: GWB, Band 2, § 20 GWB Rn. 127; *Deister*, in: Schulte/Just, Kartellrecht: GWB, Kartellvergaberecht, EU-Kartellrecht, § 20 GWB Rn. 96.

1056 *Nothdurft*, in: Langen/Bunte, Kartellrecht, Band 1, § 20 GWB Rn. 159.

1057 BGH, Beschl. v. 1.12.1985, KVR 2/84 – *Schwarzbuntzüchter* = WuW/E BGH 2191, 2194; *Deister*, in: Schulte/Just, Kartellrecht: GWB, Kartellvergaberecht, EU-Kartellrecht, § 20 GWB Rn. 96; *Bunte*, Kartellrecht, S. 334.

1058 *Bechtold/Bosch*, GWB, § 20 GWB Rn. 51.

1059 *Emmerich*, Kartellrecht, § 30 Rn. 8.

1060 Im Folgenden soll ausschließlich auf Wirtschaftsvereinigungen eingegangen werden.

Aufgabe haben, die wirtschaftlichen (...) Interessen ihrer Mitglieder zu fördern, und zwar insgesamt und nicht nur in einzelnen Beziehungen".[1061] Sie sind Repräsentant gegenüber der Öffentlichkeit, der Gesetzgebung, der Verwaltung und anderen Interessengruppen.[1062]

Keine Wirtschaftsvereinigungen im vorstehenden Sinne sind solche, die selbst eine unternehmerische Funktion wahrnehmen oder auf die ihre Mitglieder unternehmerische Funktionen verlagert haben.[1063] Deshalb sind etwa Molkereigenossenschaften nicht als Wirtschaftsvereinigungen anerkannt worden.[1064] Auch keine Wirtschaftsvereinigungen i.S.d. § 20 Abs. 5 GWB sind Spitzen- und Dachverbände, da deren Mitgliedsverbände nicht selbst unternehmerisch tätig sind.[1065]

b) Aufnahmeverweigerung durch die Wirtschaftsvereinigung

Voraussetzung für einen Verstoß nach § 20 Abs. 5 GWB ist zunächst das Vorliegen eines Aufnahmeantrags des Aufnahmewilligen, der den Satzungsbestimmungen der Vereinigung entspricht.[1066] Dieser ordnungsgemäß gestellte Antrag muss durch die Vereinigung abgelehnt worden sein. Darüber hinaus ist es erforderlich, dass die Aufnahmeverweigerung ein Unternehmen betrifft. Im GWB ist insoweit ein weiter funktionaler Unternehmensbegriff[1067] anerkannt, so dass dieses Merkmal von untergeordneter Bedeutung sein dürfte.[1068] So sind von der Rechtsprechung als „Unternehmen" etwa Vereine von privaten, nicht gewerbsmäßigen Hundezüchtern[1069] oder auch Sportverbände, die sich unternehmerisch betätigen, anerkannt worden.[1070]

1061 *Emmerich*, Kartellrecht, § 30 Rn. 3; siehe dazu auch *Kling/Thomas*, Kartellrecht, § 20 Rn. 319.

1062 *Bechtold/Bosch*, GWB, § 20 GWB Rn. 54.

1063 U.a. OLG Koblenz, Urt. v. 2.3.2006, U 799/05 Kart. – *Petcycle* = WuW/E DE-R 1695; *Bechtold/Bosch*, GWB, § 20 GWB Rn. 55.

1064 BGH, Urt. v. 7.11.1960, KZR 1/60 = BGHZ 33, 259, 260; *Bechtold/Bosch*, GWB, § 20 GWB Rn. 55.

1065 *K. Westermann*, in: Münchener Kommentar zum Europäischen und Deutschen Wettbewerbsrecht, Band 2, § 20 GWB Rn. 93.

1066 *K. Westermann*, in: Münchener Kommentar zum Europäischen und Deutschen Wettbewerbsrecht, Band 2, § 20 GWB Rn. 96.

1067 Der Unternehmensbegriff des GWB erfasst alle (natürlichen oder juristischen) Personen oder Personenvereinigungen, die durch Betätigung in der Erzeugung oder im Geschäftsverkehr aktiv am Wirtschaftsleben teilnehmen (*Richter*, in: Wiedemann, Handbuch des Kartellrechts, § 19 Rn. 21).

1068 *Dorß*, in: Loewenheim/Meessen/Riesenkampff, Kartellrecht, § 20 GWB Rn. 180.

1069 BGH, Beschl. v. 13.11.1979, KVR 1/79 – *Deutscher Landseer-Club* = WuW/E BGH 1725, 1726 f.; KG, Beschl. v. 27.9.1978, Kart 7/78 – *Landseer Club* = WuW/E OLG 2028, 2029.

1070 *Dorß*, in: Loewenheim/Meessen/Riesenkampff, Kartellrecht, § 20 GWB Rn. 180.

§ 20 Abs. 5 GWB gewährt keinen generellen Aufnahmeanspruch, bei Vereinen der Anspruch auf Begründung eines vereinsrechtlichen Mitgliedschaftsverhältnisses[1071], sondern setzt eine wettbewerbsrelevante Diskriminierung voraus[1072]. Ein Aufnahmeanspruch soll nach der Entscheidungspraxis der Gerichte aber immer dann bestehen, wenn die Vereinigung im wirtschaftlichen oder sozialen Bereich eine überragende Machtstellung besitzt und der Bewerber ein wesentliches Interesse an dem Erwerb der Mitgliedschaft hat.[1073] Der Nichtaufnahme stehen gleich die Nichtbescheidung des Aufnahmeantrages binnen angemessener Frist und der Ausschluss aus der Vereinigung.[1074] Hingegen kann die Überprüfung bei bloßer Entziehung einzelner Mitgliedschaftsrechte als verbandsinterner Vorgang nur in den Grenzen stattfinden, wie sie für die gerichtliche Kontrolle von Vereinsstrafen anerkannt sind.[1075]

c) Ungleichbehandlung

Darüber hinaus muss die Ablehnung eine sachlich nicht gerechtfertigte ungleiche Behandlung darstellen. Eine Ungleichbehandlung ist dann gegeben, wenn bei dem aufnahmewilligen Unternehmen die satzungsgemäßen Aufnahmevoraussetzungen in gleicher Weise wie bei den Mitgliedern der Vereinigung vorliegen.[1076] Maßgebliches Kriterium für die Aufnahmeverweigerung ist damit insbesondere die Satzung der Vereinigung, die aufgrund von Art. 9 Abs. 1 GG weitgehend frei ist in der Bestimmung ihrer Aufgaben und ihrer Klientel.[1077] Vergleichsmaßstab ist der Verbandszweck und die tatsächliche Aufnahmepraxis der Vereinigung.[1078] Ob die Gleichartigkeit der miteinander verglichenen Unternehmen im Rahmen

1071 *Markert*, in: Immenga/Mestmäcker, Wettbewerbsrecht: GWB, Band 2, § 20 GWB Rn. 138.

1072 *Nothdurft*, in: Langen/Bunte, Kartellrecht, Band 1, § 20 GWB Rn. 165.

1073 BGH, Urt. v. 10.12.1985, KZR 2/85 – *Aikido-Verband* = WuW/E BGH 2226; *Nothdurft*, in: Langen/Bunte, Kartellrecht, Band 1, § 20 GWB Rn. 166.

1074 OLG Düsseldorf, Urt. v. 18.3.1969, U (Kart.) 4/68 – *Zeitungsgroßhandel* = WuW/E OLG 981, 982; *Lotze*, Kartellrechtliche Restriktionen der Verbandstätigkeit, FIW-Schriftenreihe, Heft 201, 2005, S. 124; *Emmerich*, Kartellrecht, § 30 Rn. 8.

1075 Vgl. OLG Hamburg, Urt. v. 14.4.1988, 3 U 145/87 – *Branchenseiten* = WuW/E OLG 4309, 4311; *Lotze*, Kartellrechtliche Restriktionen der Verbandstätigkeit, FIW-Schriftenreihe, Heft 201, 2005, S. 124.

1076 *Nothdurft*, in: Langen/Bunte, Kartellrecht, Band 1, § 20 GWB Rn. 170.

1077 BGH, Urt. v. 10.12.1985, KZR 2/85 – Aikido-Verband = WuW/E BGH 2226, 2229; *Bechtold/Bosch*, GWB, § 20 GWB Rn. 59; *Nothdurft*, in: Langen/Bunte, Kartellrecht, Band 1, § 20 GWB Rn. 170.

1078 OLG Hamburg, Urt. v. 14.4.1988, 3 U 145/87 – *Branchenseiten* = WuW/E OLG 4309, 4310; Bundeskartellamt, BKartA, Beschl. v. 29.5.1964, B4-745100-W-70/63 – *Intimartikelversand* = WuW/E BKartA 827, 830; *K. Westermann*, in: Münchener Kommentar zum Europäischen und Deutschen Wettbewerbsrecht, Band 2, § 20 GWB Rn. 97.

des Merkmals der Ungleichbehandlung vorausgesetzt wird, ist umstritten.[1079] Die Gleichartigkeit soll jedenfalls dann gegeben sein, wenn *„sie objektiv gesehen unter dem Blickwinkel der Satzung der Vereinigung dieselben Funktionen im Wirtschaftsleben erfüllen"*.[1080] Insoweit muss das abgelehnte Unternehmen zwar nicht sämtliche in der Satzung der Vereinigung festgelegte Aufnahmekriterien erfüllen, jedoch ist eine Ungleichbehandlung ausgeschlossen, wenn der Bewerber nicht dem Kreis derjenigen Mitglieder angehört, deren Interessen die Vereinigung vertritt.[1081] So ist beispielsweise das aufnahmewillige Unternehmen nicht mit den Mitgliedern der Vereinigung vergleichbar, wenn es als reiner Einzelhändler die Aufnahme in einen Großhändlerverband begehrt.[1082]

d) Sachliche Rechtfertigung

Die Beurteilung, ob die Aufnahmeverweigerung sachlich gerechtfertigt ist, erfolgt anhand einer umfassenden Interessenabwägung zwischen dem Interesse des antragsstellenden Unternehmens auf Annahme in die Vereinigung einerseits und dem Interesse der Vereinigung an der Nichtaufnahme andererseits.[1083] Dabei kann die Ablehnung des Bewerbers aus zwei Arten von Gründen gerechtfertigt sein: Zum einen dann, wenn der Bewerber nicht die in der Verbandssatzung festgelegten Aufnahmevoraussetzungen erfüllt oder eine Aufnahme entweder der Aufnahmepraxis der Vereinigung oder dem Vereinigungszweck entgegensteht.[1084] Zum anderen können trotz Erfüllung dieser Voraussetzungen sonstige Gründe, z.B. individuelle Merkmale des Bewerbers[1085], gegen eine Aufnahme in die Vereinigung sprechen.[1086] Ist eine Aufnahme des Antragstellers wegen einer oder mehreren Satzungsbestimmungen nicht möglich, so müssen diese zusätzlich dahingehend geprüft werden,

1079 M.w.N. siehe *K. Westermann*, in: Münchener Kommentar zum Europäischen und Deutschen Wettbewerbsrecht, Band 2, § 20 GWB Fn. 381.

1080 *Emmerich*, Kartellrecht, § 30 Rn. 9.

1081 *K. Westermann*, in: Münchener Kommentar zum Europäischen und Deutschen Wettbewerbsrecht, Band 2, § 20 GWB Rn. 97.

1082 *Markert*, in: Immenga/Mestmäcker, Wettbewerbsrecht: GWB, Band 2, § 20 GWB Rn. 142.

1083 BGH, Beschl. v. 13.11.1979, KVR 1/79 – *Deutscher Landseer-Club* = WuW/E BGH 1725, 1727 f.; Beschl. v. 1.12.1985, KVR 2/84 – *Schwarzbuntzüchter* = WuW/E BGH 2191, 2193; *Markert*, in: Immenga/Mestmäcker, Wettbewerbsrecht: GWB, Band 2, § 20 GWB Rn. 143; *Nothdurft*, in: Langen/Bunte, Kartellrecht, Band 1, § 20 GWB Rn. 172; *K. Westermann*, in: Münchener Kommentar zum Europäischen und Deutschen Wettbewerbsrecht, Band 2, § 20 GWB Rn. 98; *Bunte*, Kartellrecht, S. 334.

1084 *Markert*, in: Immenga/Mestmäcker, Wettbewerbsrecht: GWB, Band 2, § 20 GWB Rn. 143.

1085 *K. Westermann*, in: Münchener Kommentar zum Europäischen und Deutschen Wettbewerbsrecht, Band 2, § 20 GWB Rn. 98.

1086 *Markert*, in: Immenga/Mestmäcker, Wettbewerbsrecht: GWB, Band 2, § 20 GWB Rn. 143.

ob sie gegen §§ 19 Abs. 2 Nr. 1 oder 20 Abs. 5 GWB verstoßen.[1087] Dabei müssen die Aufnahmevoraussetzungen dem Grundsatz der Verhältnismäßigkeit entsprechen und dürfen danach nur so gefasst sein, dass sie den mit der Aufnahme verbunden Verbandszweck erreichen.[1088]

An die vorstehenden Ausführungen anknüpfend ist eine Ablehnung also grundsätzlich dann gerechtfertigt, wenn der abgelehnte Bewerber die allgemeinen Aufnahmevoraussetzungen der Vereinigung nicht erfüllt und die Satzungsbestimmungen ihrerseits nicht diskriminierend sind. So ist eine Ablehnung beispielsweise sachlich gerechtfertigt, wenn Splittergruppen von geringer Bedeutung von der Vereinigung ferngehalten werden sollen und zur Erreichung dieses Ziels eine Mindestmitgliederzahl oder ein Mindestumsatz der Bewerber zur Bedingung der Aufnahme gemacht wird.[1089] Wie erwähnt, sind Verbände auch nicht verpflichtet, die natürlichen Gegenspieler ihrer Mitgliedsunternehmen aufzunehmen.[1090] Hingegen kann die Ablehnung sachlich z.B. nicht durch die grundlose Forderung unverhältnismäßig hoher Eintrittsgebühren gerechtfertigt werden.[1091]

Sonstige Gründe, die eine Ablehnung sachlich rechtfertigen können, sind vor allem solche, *„die mit dem Ansehen und der Vertrauenswürdigkeit des Bewerbers oder der für ihn tätig werdenden Personen zusammenhängen"*.[1092] Insoweit ist aber ein strenger Maßstab anzulegen.[1093] Abweichende Ansichten des Aufnahmewilligen über verbandspolitische Ziele[1094], Auseinandersetzungen mit der Verbandsführung oder Austrittsdrohungen von Mitgliedern der Vereinigung für den Fall der Aufnahme des Bewerbers[1095] begründen regelmäßig keine sachliche Rechtfertigung der Ablehnung.[1096] Eine sachliche Rechtfertigung ist ebenfalls nicht gegeben, wenn

---

1087 OLG München, Urt. v. 28.4.2005, U (K) 5018/04 – *Apothekenumschau* = WuW/E DE-R 1527, 1529 ff.; *Emmerich*, Kartellrecht, § 30 Rn. 11.

1088 *K. Westermann*, in: Münchener Kommentar zum Europäischen und Deutschen Wettbewerbsrecht, Band 2, § 20 GWB Rn. 99.

1089 OLG Frankfurt, Urt. v. 26.7.2005, U 13/05 (Kart), Rn. 27 = OLGR Frankfurt 2006, 306; *K. Westermann*, in: Münchener Kommentar zum Europäischen und Deutschen Wettbewerbsrecht, Band 2, § 20 GWB Rn. 100.

1090 *Möhlenkamp*, WuW 2008, 428, 440.

1091 BKartA, Beschl. v. 11.2.1985, B 3-W-76/82 – *Latex* = WuW/E BKartA 2185; *Emmerich*, Kartellrecht, 12. Auflage, § 30 Rn. 11.

1092 *Markert*, in: Immenga/Mestmäcker, Wettbewerbsrecht: GWB, Band 2, § 20 GWB Rn. 152.

1093 *Markert*, in: Immenga/Mestmäcker, Wettbewerbsrecht: GWB, Band 2, § 20 GWB Rn. 152.

1094 BKartA, Beschl. v. 20.7.1965, B1--W-263/64 – *Mineralölgroßhandelsverband* = WuW/E BKartA 948, 951.

1095 KG, Urt. v. 16.9.1977, U 1359/77 – *Berliner Möbeleinzelhandelsverband* = WuW/E OLG 1901, 1902.

1096 *Markert*, in: Immenga/Mestmäcker, Wettbewerbsrecht: GWB, Band 2, § 20 GWB Rn. 152; *K. Westermann*, in: Münchener Kommentar zum Europäischen und Deutschen Wettbewerbsrecht, Band 2, § 20 GWB Rn. 102.

durch die Aufnahmeverweigerung oder den Ausschluss eines Mitglieds das Ziel verfolgt wird, mit zulässigen rechtlichen Mitteln erlangte Wettbewerbsvorsprünge einzelner Mitglieder gegenüber anderen zu verhindern.[1097]

e) Benachteiligung im Wettbewerb

Neben den bereits beschriebenen Tatbestandsmerkmalen setzt § 20 Abs. 5 GWB voraus, dass der Bewerber durch die Ablehnung im Wettbewerb unbillig benachteiligt wird. Dieses Merkmal soll den Marktbezug der Regelung gewährleisten.[1098] Danach liegt eine objektive Benachteiligung vor, wenn die Mitgliedschaft in der Wirtschaftsvereinigung als wesentlich für die Aufnahme von Geschäftsbeziehungen angesehen wird oder die Mitgliedschaft branchentypisch ist.[1099] Ob die Benachteiligung unbillig ist, muss wiederum anhand einer Abwägung zwischen den Interessen der Vereinigung einerseits und denen des Unternehmens andererseits beurteilt werden. Eine benachteiligende und sachlich nicht gerechtfertigte Ungleichbehandlung ist regelmäßig unbillig.[1100]

3. Rechtsfolgen

Ein Verstoß gegen § 20 Abs. 5 GWB löst verwaltungs-, ordnungswidrigkeiten- und zivilrechtliche Folgen aus.[1101] So kann die Kartellbehörde nach Maßgabe des § 32 Abs. 1 GWB die Abstellung der Aufnahmeverweigerung verfügen und gem. § 32 Abs. 2 GWB die Aufnahme in die Vereinigung anordnen.[1102] Ferner sind einstweilige Maßnahmen gem. § 32a GWB möglich, wenn die Gefahr eines ernsten, nicht wieder gutzumachenden Schadens für den Wettbewerb besteht.

Ein schuldhafter Verstoß gegen § 20 Abs. 5 GWB ist nach § 81 Abs. 2 Nr. 1 GWB zwar bußgeldbewährt, wird jedoch nur in Ausnahmefällen Bedeutung erlangen.[1103] So ist die Verhängung eines Bußgeldes z.B. bei einer rechtswidrigen

1097 OLG Düsseldorf, Urt. v. 26.4.1988, U (Kart.) 24/87 – *Offertenblatt* = WuW/E OLG 4318, 4320; *Markert*, in: Immenga/Mestmäcker, Wettbewerbsrecht: GWB, Band 2, § 20 GWB Rn. 153.

1098 *Emmerich*, Kartellrecht, § 30 Rn. 13.

1099 BGH, Urt. v. 25.2.1959, KZR 2/58 – *Großhändlerverband II* = WuW/E BGH 288, 291; *K. Westermann*, in: Münchener Kommentar zum Europäischen und Deutschen Wettbewerbsrecht, Band 2, § 20 GWB Rn. 103.

1100 *K. Westermann*, in: Münchener Kommentar zum Europäischen und Deutschen Wettbewerbsrecht, Band 2, § 20 GWB Rn. 103.

1101 *Markert*, in: Immenga/Mestmäcker, Wettbewerbsrecht: GWB, Band 2, § 20 GWB Rn. 162.

1102 *Bechtold/Bosch*, GWB, § 20 GWB Rn. 62.

1103 *Dorß*, in: Loewenheim/Meessen/Riesenkampff, Kartellrecht, § 20 GWB Rn. 208.

Aufnahmeverweigerung eines geeigneten Bewerbers denkbar, bei dem die Rechtswidrigkeit der Ablehnung von Anfang an offensichtlich war.[1104]

Darüber hinaus hat der abgelehnte Bewerber einen zivilrechtlichen Anspruch auf Aufnahme nach § 33 GWB i.V.m. § 20 Abs. 5 GWB. Die Darlegungs- und Beweislast für die sachliche Rechtfertigung der Ablehnung trägt die jeweilige Wirtschaftsvereinigung.[1105] Ein Aufnahmeanspruch kann sich zudem aus § 826 BGB ergeben, der durch § 33 GWB nicht verdrängt wird.[1106]

4. *Rechtsprechungspraxis*

Zur besseren Illustration der Problematik des Kontrahierungszwangs sollen zum Abschluss dieses Themenkomplexes zwei bedeutende Entscheidungen (*Deutscher Landseer Club, Schwarzbuntzüchter*) aus der deutschen Rechtsprechungspraxis vorgestellt werden.

a) BGH, Beschl. v. 13.11.1979 – Deutscher Landseer Club

In seiner Entscheidung *Deutscher Landseer Club*[1107] befasste sich der BGH mit einem Aufnahmeantrag in eine Wirtschaftsvereinigung von Hundezüchtern. Zuvor hatte das Bundeskartellamt die Aufnahme des Deutschen Landseer Clubs e.V. in den Verband für das Deutsche Hundewesen (VDH) angeordnet. Gegen diese Entscheidung legte der VDH Rechtsbeschwerde beim BGH ein und hatte damit Erfolg.

Der VDH begründete seine Ablehnung damit, dass die Interessen der Züchter von Landseern bereits von einem anderen Verein vertreten würden.[1108] Nach seiner Satzung konnte eine Hunderasse immer nur von einem Verein vertreten werden (sog. „Ein-Platz-Prinzip“).[1109]

Der BGH kam in seiner Entscheidung zunächst zu dem Ergebnis, dass auch ein Verein privater Hundezüchter, der die Aufzucht und Veräußerung von Hunden aktiv unterstütze, insbesondere durch einheitliche Zuchtrichtlinien, als Anbieter von gewerblichen Leistungen Unternehmen i.S.d. § 20 Abs. 5 sein könne.[1110] Anschließend wägte das Gericht das Verbandsinteresse an der Nichtaufnahme des Bewerbers gegen das Interesse an der Aufnahme wegen einer möglichen unbilligen

1104 *Markert*, in: Immenga/Mestmäcker, Wettbewerbsrecht: GWB, Band 2, § 20 GWB Rn. 167; *Dorß*, in: Loewenheim/Meessen/Riesenkampff, Kartellrecht, § 20 GWB Rn. 208.

1105 *Lotze*, Kartellrechtliche Restriktionen der Verbandstätigkeit, FIW-Schriftenreihe, Heft 201, 2005, S. 126 f.

1106 *Kling/Thomas*, Kartellrecht, § 20 Rn. 329.

1107 BGH, Beschl. v. 13.11.1979, KVR 1/79 – *Deutscher Landseer-Club* = WuW/E BGH 1725.

1108 BKartA, TB 1978, BT-Drucks. 8/2980, S. 87.

1109 BKartA, TB 1978, BT-Drucks. 8/2980, S. 87.

1110 BGH, Beschl. v. 13.11.1979, KVR 1/79 – *Deutscher Landseer-Club* = WuW/E BGH 1725, 1726.

Benachteiligung des Bewerbers gegenüber seinen Konkurrenten ab.[1111] Dabei kam es zu dem Ergebnis, dass ein das gesamte Hundewesen vertretender Zuchtverein, zu dessen satzungsmäßigen Aufgaben es gehört, die planmäßige und gleichgerichtete Hundezucht zu fördern und Zuchtrichtlinien zu überwachen, dann sachlich gerechtfertigt handelt, wenn er für jede Rasse nur einen Zuchtverein aufnimmt („Ein-Platz-Prinzip").[1112] Aus Billigkeitsgründen sei aber zu prüfen, ob dem die Aufnahme verweigernden Verband zumutbar sei, den mit der Aufnahmebeschränkung verbundenen Zweck durch eine andere, „mildere" Ausgestaltung der Satzung zu erreichen.[1113] Daneben wurde insbesondere die mehrfache satzungswidrige Aufnahme anderer Bewerber thematisiert. Der BGH stellte diesbezüglich klar, dass aus der Durchbrechung der Satzung nicht automatisch folge, dass sich ein späterer Mitgliedschaftsbewerber darauf berufen und eine Nichtanwendung der Satzung auch in seinem Falle verlangen könne.[1114] Der Vorwurf unzulässigen Verhaltens könne jedenfalls dann nicht gemacht werden, wenn der Verband eine frühere Satzungsverletzung für die Zukunft nicht wiederholen möchte und deshalb die Aufnahme eines Bewerbers ablehne.[1115] Dies gelte zumindest dann, wenn der Verband früher die Satzung nur in einem einzigen Falle nicht beachtet habe und es sich bei den ungleich behandelten Bewerbern nicht um Verbände handele, deren Mitgliedschaftsinteressen nicht miteinander konkurrierten.[1116]

Im Ergebnis folgt aus der Entscheidung, dass das sog. „Ein-Platz-Prinzip" als schützenswertes (Verbands-)Interesse anzusehen ist: Nur ein Verein/Verband jeder Fachrichtung hat Anspruch auf Mitgliedschaft.[1117] Daneben ergibt sich aus dem Beschluss des BGH, dass ein Verband nur dann gegen § 20 Abs. 5 GWB verstößt, wenn in der Vergangenheit bereits mehrfach andere im Verhältnis zu dem abgewiesenen Bewerber vergleichbare Unternehmen aufgenommen wurden, ohne dass dafür besondere Rechtfertigungsgründe vorlagen.[1118]

1111 BGH, Beschl. v. 13.11.1979, KVR 1/79 – *Deutscher Landseer-Club* = WuW/E BGH 1725, 1727 f.

1112 BGH, Beschl. v. 13.11.1979, KVR 1/79 – *Deutscher Landseer-Club* = WuW/E BGH 1725 f.

1113 BGH, Beschl. v. 13.11.1979, KVR 1/79 – *Deutscher Landseer-Club* = WuW/E BGH 1725, 1726.

1114 BGH, Beschl. v. 13.11.1979, KVR 1/79 – *Deutscher Landseer-Club* = WuW/E BGH 1725, 1728.

1115 BGH, Beschl. v. 13.11.1979, KVR 1/79 – *Deutscher Landseer-Club* = WuW/E BGH 1725, 1728.

1116 BGH, Beschl. v. 13.11.1979, KVR 1/79 – *Deutscher Landseer-Club* = WuW/E BGH 1725, 1728.

1117 *Dorß*, in: Loewenheim/Meessen/Riesenkampff, Kartellrecht, § 20 GWB Rn. 191.

1118 *Markert*, in: Immenga/Mestmäcker, Wettbewerbsrecht: GWB, Band 2, § 20 GWB Rn. 150.

b) BGH, Beschl. v. 1.12.1985 – Schwarzbuntzüchter

In der BGH-Entscheidung *Schwarzbuntzüchter*[1119] kamen die Bewerber für eine Verbandsmitgliedschaft aus dem Bereich der Landwirtschaft, konkret aus der Rindviehzucht. Der beklagte Verband lehnte die Mitgliedschaft der Antragsteller ab, da er aus organisatorischen und wirtschaftlichen Gründen im Interesse seiner Mitglieder keine Möglichkeit sah, die Bewerber außerhalb seines räumlichen Tätigkeitsgebietes zu betreuen. Die räumliche Beschränkung des Tätigkeitsgebietes des Verbandes war in der Verbandssatzung verankert.

Vorstehender Entscheidung ist insbesondere zu entnehmen, dass eine sachliche Rechtfertigung der Ungleichbehandlung gegeben ist, wenn einem Bewerber die Verbandsmitgliedschaft versagt wird, der nach seinem Zuschnitt nicht in diesen Verband gehört.[1120] So stellte der BGH im Rahmen der in § 20 Abs. 5 GWB durchzuführenden Interessenabwägung fest, dass nicht jedes Interesse des Bewerbers an einer Aufnahme zu berücksichtigen sei.[1121] Der Verband könne nicht gezwungen werden von seiner Satzung zugunsten von Bewerbern abzuweichen, die nicht wegen der Tätigkeit oder Bedeutung des Verbandes als Wirtschafts- und Berufsvereinigung eine Aufnahme anstrebten, sondern wegen sonstiger Tätigkeiten des Verbandes oder individueller wirtschaftlicher Vorteile, die mit einer Mitgliedschaft verbunden seien.[1122]

Zur Gewährleistung einer diskriminierungsfreien Aufnahmepraxis empfiehlt *Lotze*, *„(...) für eine größtmögliche Rechtssicherheit etwaige Ablehnungsgründe explizit in die Satzung mit aufzunehmen“*.[1123]

VI. Wettbewerbsregeln, § 24 GWB

Wirtschaftsverbände können Wettbewerbsregeln aufstellen (§§ 24 ff. GWB).[1124] In der Vergangenheit hat bereits eine Vielzahl von Verbänden, die Mehrzahl stammt aus der Nahrungs- und Genussmittelindustrie[1125], den Weg von der Eintragung bis zur Anerkennung beschritten.[1126]

1119 BGH, Beschl. v. 1.12.1985, KVR 2/84 – *Schwarzbuntzüchter* = WuW/E BGH 2191.

1120 *Dorß*, in: Loewenheim/Meessen/Riesenkampff, Kartellrecht, § 20 GWB Rn. 180.

1121 BGH, Beschl. v. 1.12.1985, KVR 2/84 – *Schwarzbuntzüchter* = WuW/E BGH 2191, 2193 f.

1122 BGH, Beschl. v. 1.12.1985, KVR 2/84 – *Schwarzbuntzüchter* = WuW/E BGH 2191, 2194.

1123 *Lotze*, Kartellrechtliche Restriktionen der Verbandstätigkeit, FIW-Schriftenreihe, Heft 201, 2005, S. 125.

1124 Dazu vertiefend *Köhler*, WuW 2009, 258, 261 f.; *Leßmann*, Die öffentlichen Aufgaben und Funktionen privater Wirtschaftsverbände, S. 90 ff.

1125 U.a. BKartA, Beschl. v. 10.5.1976, B2-Y-154/75 – *Markenverband* = WuW/E BKartA 1633.

1126 *F. Immenga*, in: Immenga/Mestmäcker, Wettbewerbsrecht: GWB, Band 2, § 24 GWB Rn. 48.

1. Überblick

Nach § 24 Abs. 1 GWB ist es Wirtschafts- und Berufsvereinigungen erlaubt, für ihren Bereich Wettbewerbsregeln aufzustellen. Darunter versteht man Bestimmungen einer Branche, die das Verhalten von Unternehmen im Wettbewerb regeln.[1127] Solche Regeln sind *„nichts anderes als private Sammlungen von ‚Vorschriften' über das Verhalten der Unternehmen im Wettbewerb, wie sie grundsätzlich jedermann ‚aufstellen' kann (...)"*.[1128] Jedoch haben nach Maßgabe des § 24 Abs. 3 GWB nur Wirtschafts- und Berufsvereinigungen die Möglichkeit, die Anerkennung der durch sie aufgestellten Wettbewerbsregeln zu beantragen.

Normzweck des § 24 GWB ist sowohl der Schutz und die Förderung des lauteren Wettbewerbs als auch der Schutz und die Förderung eines leistungsgerechten Wettbewerbs.[1129] Da Unternehmen die Zulässigkeit ihrer Handlungsweisen häufig nur schwer bzw. unzureichend einschätzen können – die Anwendung der unbestimmten Rechtsbegriffe des Gesetzes gegen den unlauteren Wettbewerb (UWG) bleibt oft im Unklaren[1130] –, sind Wettbewerbsregeln dazu geeignet, rechtliche Unklarheiten für einzelne Zweige zu beseitigen.[1131] Außerdem wird dadurch die Möglichkeit eröffnet, derartige Regeln mit mitgliedschaftsrechtlichen oder vertragsrechtlichen Sanktionen durchzusetzen.[1132] Dies führt zu einer Entlastung der Gerichte und Kartellbehörden.[1133]

Die durch Verbände aufgestellten Wettbewerbsregeln müssen gem. § 26 Abs. 1 S. 1 GWB durch Verfügung des Bundeskartellamtes anerkannt werden. Wettbewerbsregeln, die gegen das Kartellverbot des § 1 GWB verstoßen und auch nicht nach den §§ 2 f. GWB freistellungsfähig sind, bleibt die Anerkennung versagt.[1134] Ebenso wenig dürfen Regeln anerkannt werden, die andere Bestimmungen, vor allem das UWG, verletzen.[1135]

Das GWB sieht für die Anerkennung ein eigenes Verfahren vor. An die Stelle der konstitutiven Freistellungsentscheidung „nach pflichtgemäßem Ermessen" (§ 26 Abs. 2 GWB a.F.) ist im Zuge der 7. GWB-Novelle, und der mit ihr verbundenen Übernahme des Systems des europäischen Rechts (Einführung des Legalitätsprinzips), die

1127 *Kling/Thomas*, Kartellrecht, § 21 Rn. 1.
1128 *Emmerich*, Kartellrecht, § 24 Rn. 1.
1129 *Bechtold/Bosch*, GWB, § 24 GWB Rn. 1; *Sack*, in: Loewenheim/Meessen/Riesenkampff, Kartellrecht, § 24 GWB Rn. 20.
1130 *Bechtold/Bosch*, GWB, § 24 GWB Rn. 2.
1131 *Schütt/Weidenbach*, in: Frankfurter Kommentar, Band V, § 24 GWB Rn. 2; *Möhlenkamp*, WuW 2008, 428, 439.
1132 *Köhler*, WuW 2009, 258, 261.
1133 *Köhler*, WuW 2009, 258, 261.
1134 *Bechtold/Bosch*, GWB, Vorb. zu § 24 GWB Rn. 2.
1135 *Emmerich*, Kartellrecht, § 24 Rn. 4.

gesetzliche Freistellungsregelung der §§ 2 f. GWB getreten.[1136] Nach Maßgabe des § 26 Abs. 1 S. 2 GWB wirkt die Anerkennung folgerichtig nur dahingehend, dass die Kartellbehörden von den ihnen nach dem 6. Abschnitt eingeräumten Befugnissen keinen Gebrauch machen werden, wenn Unternehmen die Wettbewerbsregeln befolgen.

Durch Verbände aufgestellte Wettbewerbsregeln bedürfen, da sie nicht den Charakter einer Rechtsnorm haben, sondern eher als Richtlinien oder Empfehlungen zu verstehen sind[1137], zu ihrer Wirksamkeit noch einer zusätzlichen Vereinbarung der Beteiligten. Wettbewerbsregeln begründen für die Mitglieder eines Verbandes demzufolge keine direkte zivilrechtliche Verpflichtung zur Einhaltung dieser Regeln.[1138] Hinsichtlich der zusätzlich zu schließenden Vereinbarung sind zwei Vorgehensweisen denkbar: entweder werden die Wettbewerbsregeln durch bzw. in der Verbandssatzung für verbindlich erklärt[1139] oder es wird ein vergleichbarer Verbandsbeschluss getroffen.[1140] Dafür erforderlich ist aber die Existenz einer (ausdrücklichen) Ermächtigungsgrundlage in der Verbandssatzung.[1141] Darüber hinaus kann der Verband eine Empfehlung abgeben.[1142]

2. *Begriff und Gegenstand der Wettbewerbsregeln*

Wettbewerbsregeln sind in § 24 Abs. 2 GWB (legal-)definiert als Bestimmungen, die das Verhalten von Unternehmen im Wettbewerb zu dem Zweck regeln, einem den Grundsätzen des lauteren oder der Wirksamkeit eines leistungsgerechten Wettbewerbs zuwiderlaufenden Verhalten im Wettbewerb entgegenzuwirken und ein diesen Grundsätzen entsprechendes Verhalten im Wettbewerb anzuregen. Nach Maßgabe dieser Definition bestimmen sie, welche Verhaltensweisen in einer Branche als unlauter gelten sollen.[1143] Wettbewerbsregeln können, verfasst in Form von Verboten, Geboten, Richtlinien und Empfehlungen[1144], das gesamte marktbezogene Verhalten der Unternehmen, die Mitglieder in einem Verband sind, definieren.[1145]

1136 *F. Immenga*, in: Immenga/Mestmäcker, Wettbewerbsrecht: GWB, Band 2, § 24 GWB Rn. 103.

1137 *Schütt/Weidenbach*, in: Frankfurter Kommentar, Band V, § 24 GWB Rn. 3.

1138 *Schneider*, in: Langen/Bunte, Kartellrecht, Band 1, § 24 GWB Rn. 6; *Emmerich*, Kartellrecht, § 24 Rn. 2; *Sack*, WRP 2001, 595, 608.

1139 *Schneider*, in: Langen/Bunte, Kartellrecht, Band 1, § 24 GWB Rn. 6.

1140 *Sack*, in: Loewenheim/Meessen/Riesenkampff, Kartellrecht, § 24 GWB Rn. 91; *ders.*, WRP 2001, 595, 613.

1141 *Schneider*, in: Langen/Bunte, Kartellrecht, Band 1, § 24 GWB Rn. 6.

1142 *Sack*, in: Loewenheim/Meessen/Riesenkampff, Kartellrecht, § 24 GWB Rn. 91; *ders.*, WRP 2001, 595, 613; *Schneider*, in: Langen/Bunte, Kartellrecht, Band 1, § 24 GWB Rn. 6.

1143 *Bechtold/Bosch*, GWB, § 24 GWB Rn. 2.

1144 *Timme*, in: Münchener Kommentar zum Europäischen und Deutschen Wettbewerbsrecht, Band 2, § 24 GWB Rn. 16.

1145 *Schneider*, in: Langen/Bunte, Kartellrecht, Band 1, § 24 GWB Rn. 6.

Es sind grundsätzlich vier Arten von Wettbewerbsregeln denkbar: Zum einen können sie einem Verhalten entgegenwirken, das mit den Grundsätzen des lauteren Wettbewerbs oder der Wirksamkeit eines leistungsgerechten Wettbewerbs im Widerspruch steht (sog. „Verbotsregeln"). Zum anderen können sie den Anstoß zu einem Verhalten geben, das mit den Grundsätzen des lauteren Wettbewerbs oder den Grundsätzen über die Wirksamkeit eines leistungsgerechten Wettbewerbs übereinstimmt (sog. „Förderungsregeln").[1146] Es reicht nach allgemeiner Meinung aus, wenn eine dieser vier Zweckbestimmungen gegeben ist und die aufgestellten Regeln das Marktverhalten ihrer Adressaten auch nur mittelbar beeinflussen.[1147]

Wettbewerbsregeln können enorme wettbewerbsbeschränkende Wirkungen haben, da durch sie die Möglichkeit der Unternehmen eingeschränkt werden kann, durch aggressives Wettbewerbsverhalten wichtige Wettbewerbsimpulse zu setzen.[1148] Nach Ansicht von *Bechtold* lassen sich solche Regeln *„wettbewerbspolitisch nur insoweit rechtfertigen, wie man die Lauterkeit und Leistungsgerechtigkeit des Wettbewerbs höher bewertet als den (...) wettbewerbsbeschränkenden Effekt".*[1149]

Für das Verständnis der jeweiligen Wettbewerbsregel ist nicht die subjektive Vorstellung der aufstellenden Wirtschaftsvereinigung maßgeblich, sondern vielmehr der objektive Zweck der Regelung, wie er sich nach dem Wortlaut und der Auslegung der Regel darstellt.[1150] Die subjektive Vorstellung der antragstellenden Wirtschaftsvereinigung oder der handelnden Personen kann aber im Rahmen der Auslegung von Bedeutung sein.[1151]

a) Lauterkeitswettbewerbsregeln

Nach § 24 Abs. 2 GWB ist eine Anerkennung von Wettbewerbsregeln zunächst dann möglich, wenn die Regeln den Zweck haben, einem den Grundsätzen des lauteren Wettbewerbs zuwiderlaufenden Verhalten im Wettbewerb entgegenzuwirken oder ein diesen Grundsätzen entsprechendes Verhalten anzuregen.[1152] Nach § 3 UWG sind Wettbewerbshandlungen unlauter, die geeignet sind, die Interessen von

---

1146 *Timme*, in: Münchener Kommentar zum Europäischen und Deutschen Wettbewerbsrecht, Band 2, § 24 GWB Rn. 17; *F. Immenga*, in: Immenga/Mestmäcker, Wettbewerbsrecht: GWB, Band 2, § 24 GWB Rn. 52.

1147 BGH, Beschl. v. 15.7.1966, KVR 3/65 = BGHZ 46, 168, 174; *F. Immenga*, in: Immenga/Mestmäcker, Wettbewerbsrecht: GWB, Band 2, § 24 GWB Rn. 53; *Timme*, in: Münchener Kommentar zum Europäischen und Deutschen Wettbewerbsrecht, Band 2, § 24 GWB Rn. 17; *Staebe*, in: Schulte/Just, Kartellrecht: GWB, Kartellvergaberecht, EU-Kartellrecht, § 24 GWB Rn. 9.

1148 *Bechtold/Bosch*, GWB, § 24 GWB Rn. 2.

1149 *Bechtold/Bosch*, GWB, § 24 GWB Rn. 2.

1150 *Staebe*, in: Schulte/Just, Kartellrecht: GWB, Kartellvergaberecht, EU-Kartellrecht, § 24 GWB Rn. 10.

1151 *Staebe*, in: Schulte/Just, Kartellrecht: GWB, Kartellvergaberecht, EU-Kartellrecht, § 24 GWB Rn. 10.

1152 *Bechtold/Bosch*, GWB, § 24 GWB Rn. 6; *Emmerich*, Kartellrecht, § 24 Rn. 7.

Mitbewerbern, Verbrauchern oder sonstigen Marktteilnehmern spürbar zu beeinträchtigen. Daran anknüpfend können sich Wettbewerbsregeln grundsätzlich nur gegen Verhaltensweisen richten, die schon nach dem UWG verboten sind.[1153] Solche Wettbewerbsregeln sind insbesondere dann zweckmäßig, wenn sie die Verbote des UWG für einzelne Branchen konkretisieren oder Zweifelsfragen klären, die sich nicht eindeutig anhand der gesetzlichen Vorschriften beantworten lassen.[1154]

Darüber hinaus werden aber auch solche Wettbewerbsregeln als zulässig angesehen, die *„selbst solche Verhaltensweisen erfassen und verbieten, die bei objektiver Beurteilung als lauter erscheinen"*.[1155] Nach heute allgemein geltender Auffassung müssen sich Wettbewerbsregeln also nicht zwingend nur auf die Bekämpfung von Tatbeständen beschränken, die nach dem UWG und seinen Nebengesetzen oder sonstigen rechtlichen Vorschriften verboten sind.[1156] Deshalb geht es *„auch weniger um das Problem, ob Wettbewerbsregeln in den Bereich des an sich zulässigen Wettbewerbs vorstoßen dürfen, sondern darum, in welchem Umfange sie den freien Wettbewerb beschränken können"*.[1157] Insoweit gibt § 24 Abs. 2 Wirtschaftsverbänden bei der Gestaltung von Wettbewerbsregeln einen sehr breiten Spielraum, welcher dann jedoch durch § 26 GWB wiederum eingeschränkt wird.[1158] So kann praktisch *„jedes wettbewerbliche Verhalten geregelt werden, wenn der erforderliche Zweck erfüllt wird, nämlich die Grundsätze des lauteren Wettbewerbs zu erhalten, zu sichern und zu fördern"*.[1159]

b) Leistungswettbewerbsregeln

Maßstab für die Beurteilung der Zulässigkeit von Wettbewerbsregeln ist neben dem lauteren Wettbewerb der leistungsgerechte Wettbewerb. Wirtschafts- und Berufsvereinigungen dürfen danach auch Wettbewerbsregeln aufstellen, deren Zweck es ist, die Voraussetzungen des „Leistungswettbewerbs" aufrechtzuerhalten.[1160] Leistungswettbewerbsregeln sollen mithin *„dazu beitragen, die Funktion der ‚Leistung' in einem wirksamen Wettbewerb zu sichern, besonders zum Schutze kleinerer*

1153 *Emmerich*, Kartellrecht, § 24 Rn. 7.
1154 *Staebe*, in: Schulte/Just, Kartellrecht: GWB, Kartellvergaberecht, EU-Kartellrecht, § 24 GWB Rn. 12; *Emmerich*, Kartellrecht, § 24 Rn. 7.
1155 *F. Immenga*, in: Immenga/Mestmäcker, Wettbewerbsrecht: GWB, Band 2, § 24 GWB Rn. 69.
1156 *F. Immenga*, in: Immenga/Mestmäcker, Wettbewerbsrecht: GWB, Band 2, § 24 GWB Rn. 69.
1157 *F. Immenga*, in: Immenga/Mestmäcker, Wettbewerbsrecht: GWB, Band 2, § 24 GWB Rn. 69.
1158 *F. Immenga*, in: Immenga/Mestmäcker, Wettbewerbsrecht: GWB, Band 2, § 24 GWB Rn. 69.
1159 *F. Immenga*, in: Immenga/Mestmäcker, Wettbewerbsrecht: GWB, Band 2, § 24 GWB Rn. 69.
1160 *Kling/Thomas*, Kartellrecht, § 21 Rn. 19.

und mittlerer Unternehmen".[1161] Durch sie kann versucht werden, machtbedingten Fehlentwicklungen des Wettbewerbs vorzubeugen und leistungsbezogene Kriterien stärker zur Geltung zu bringen.[1162]

Da der Begriff des leistungsgerechten Wettbewerbs ein unbestimmter Rechtsbegriff ist, muss er spezifisch für das Kartellrecht auf Einzelfallbasis interpretiert werden, d.h. von den Rechtsanwendern mit Inhalt versehen werden[1163]. Nach Ansicht des Bundeskartellamtes ist eine Verhaltensweise jedenfalls leistungsfremd, wenn sie nicht den vom Wettbewerb erwarteten oder erwünschten Funktionen entspricht.[1164] Leistungsgerecht soll ein Verhalten sein, bei dem Vorteile einzelner Wettbewerber ausschließlich auf einer mit marktkonformen Mitteln erzielten Überlegenheit der angebotenen Leistungen beruhen.[1165] Das Bundeskartellamt hat in der Vergangenheit beispielsweise Wettbewerbsregeln der pharmazeutischen Industrie als leistungsgerecht angesehen, die das Verbot enthielten, mit der GKV-Verordnungsfähigkeit von Arzneimitteln zu werben.[1166]

Einen Fall unzulässiger Beschränkung des Preiswettbewerbs durch Leistungsregeln hatte der BGH in seiner *Bauindustrie*-Entscheidung[1167] zu beurteilen.[1168] Der Hauptverband der Deutschen Bauindustrie hatte Wettbewerbsregeln aufgestellt, die insbesondere die Preisgestaltung und Preisbildung der Mitglieder zum Gegenstand hatten.[1169] Darin wurden die Unternehmen u.a. verpflichtet, vor der Abgabe eines Angebots ihre Selbstkosten zu ermitteln.[1170] Diese Klausel hielt der BGH für unzulässig und begründete seine Entscheidung im Wesentlichen damit, dass die Festlegung auf kostendeckende Preise geeignet gewesen sei, eine Erstarrung des Preisgefüges auf dem Baumarkt zu fördern und den vom GWB gewollten Wettbewerb zu beschränken.[1171]

1161 *Bechtold/Bosch*, GWB, § 24 GWB Rn. 8.
1162 *Bechtold/Bosch*, GWB, § 24 GWB Rn. 8.
1163 *Sack*, in: Loewenheim/Meessen/Riesenkampff, Kartellrecht, § 24 GWB Rn. 54, 58.
1164 Vgl. BKartA, Beschl. v. 10.5.1976, B2-Y-154/75 – *Markenverband* = WuW/E BKartA 1633; *Staebe*, in: Schulte/Just, Kartellrecht: GWB, Kartellvergaberecht, EU-Kartellrecht, § 24 GWB Rn. 13.
1165 Vgl. BKartA, Beschl. v. 10.5.1976, B2-Y-154/75 – *Markenverband* = WuW/E BKartA 1633; *Staebe*, in: Schulte/Just, Kartellrecht: GWB, Kartellvergaberecht, EU-Kartellrecht, § 24 GWB Rn. 13.
1166 BKartA, Entsch. v. 18.6.1996, B 3-107/97; *Schneider*, in: Langen/Bunte, Kartellrecht, Band 1, § 24 GWB Rn. 22.
1167 BGH, Beschl. v. 15.7.1966, KVR 3/65 (KG) – *Bauindustrie* = NJW 1966, 2261.
1168 *Kling/Thomas*, Kartellrecht, § 21 Rn. 20.
1169 *Kling/Thomas*, Kartellrecht, § 21 Rn. 20.
1170 *Kling/Thomas*, Kartellrecht, § 21 Rn. 20.
1171 BGH, Beschl. v. 15.7.1966, KVR 3/65 (KG) – *Bauindustrie* = NJW 1966, 2261, 2264; dazu auch *Kling/Thomas*, Kartellrecht, § 21 Rn. 20.

3. *Aufstellungsbefugnis*

Die Befugnis zur Aufstellung von Wettbewerbsregeln haben Wirtschafts- und Berufsvereinigungen (§ 24 Abs. 3 GWB). Damit sind nur Unternehmensvereinigungen berechtigt die von ihnen für ihre Branche aufgestellten Wettbewerbsregeln durch die zuständige Kartellbehörden anerkennen zu lassen, die wirtschafts- oder berufspolitische Ziele ihrer Mitgliedsunternehmen durchsetzen wollen.[1172]

4. *Anerkennungsverfahren*

Das Anerkennungsverfahren wird durch einen Antrag der Berufs- oder Wirtschaftsvereinigung eingeleitet. Erfüllt der Antrag die formellen und materiellen Voraussetzungen der §§ 24 ff. GWB, wird er gem. § 27 Abs. 1 GWB im Bundesanzeiger bekannt gemacht. Im Anschluss daran haben Dritte nach § 25 S. 1 GWB die Möglichkeit zur Stellungnahme. Danach und auf Grundlage der abgegebenen Stellungnahmen entscheidet die zuständige Kartellbehörde über die Anerkennung der Wettbewerbsregeln.[1173] Der Antrag auf Anerkennung, insoweit steht der Kartellbehörde kein Ermessensspielraum zu[1174], muss nach Maßgabe des § 26 Abs. 2 GWB abgelehnt werden, wenn die betreffende Wettbewerbsregel eine Vorschrift des GWB, des UWG oder eine andere Rechtsvorschrift verletzt und auch nicht nach den §§ 2 f. GWB freigestellt werden kann. Folglich ist die Behörde im umgekehrten Fall zur Anerkennung verpflichtet, wenn kein Verstoß gegen das GWB oder andere Bestimmungen durch die Wettbewerbsregeln erkennbar ist.

Die Anerkennung erfolgt gem. § 26 Abs. 1 S. 1 GWB durch Verfügung der Kartellbehörde in Form eines feststellenden (begünstigenden) Verwaltungsakts i.S.d § 35 S. 1 VwVfG.[1175] Die Verfügung hat aber keine bindende Wirkung gegenüber Dritten.[1176] Dadurch können Dritte trotz Anerkennung der Wettbewerbsregeln zu Unterlassung oder Schadensersatz nach § 33 GWB berechtigt sein und von den Unternehmen einfordern, die sich zur Einhaltung der Wettbewerbsregeln verpflichtet haben.[1177] Voraussetzung dafür ist, dass die Tatbestandsvoraussetzungen für eine Anerkennung nicht vorlagen, z.B. weil die in Frage stehende Wettbewerbsbeschränkung nicht nach Art. 101 Abs. 3 AEUV oder den §§ 2 f. GWB freigestellt war.[1178]

1172 *Schneider*, in: Langen/Bunte, Kartellrecht, Band 1, § 24 GWB Rn. 4; *Bechtold/Bosch*, GWB, § 24 GWB Rn. 5.

1173 *Emmerich*, Kartellrecht, § 24 Rn. 11.

1174 *Timme*, in: Münchener Kommentar zum Europäischen und Deutschen Wettbewerbsrecht, Band 2, § 26 GWB Rn. 10.

1175 *Schneider*, in: Langen/Bunte, Kartellrecht, Band 1, § 26 GWB Rn. 5; vgl. *Emmerich*, Kartellrecht, § 24 Rn. 12.

1176 BT-Drucks. 15/3640, S. 47; *Emmerich*, Kartellrecht, § 24 Rn. 13.

1177 *Emmerich*, Kartellrecht, § 24 Rn. 13.

1178 *Emmerich*, Kartellrecht, § 24 Rn. 13.

VII. Kooperation im Hinblick auf Normen und Standards

Eine Vielzahl von Verbänden ist im Bereich brancheninterner Normungs- und Standardisierungsprozesse aktiv.[1179] In der Praxis werden diese Prozesse entweder vom Verband selbst initiiert oder der Verband beteiligt sich am Ende des Prozesses, *„wenn sich Wettbewerber einer Branche bereits auf einen bestimmten Standard bzw. bestimmte technische Normen geeinigt haben, um diese gewissermaßen zu autorisieren"*.[1180] Vereinbarungen über Normen und Standards bezwecken in der Regel die Festlegung technischer und qualitativer Anforderungen an bestehende oder zukünftige Produkte, Verfahren und Dienstleistungen bzw. die Kompatibilität bestimmter Produkte und Systeme zu gewährleisten.[1181] Die Europäische Kommission behandelt vorgenannte Formen der Kooperation zusammen mit den herkömmlichen Konditionenkartellen in ihren Horizontalleitlinien, weil sie mit Blick auf das Kartellrecht ambivalent sind.[1182] Der Vorteil solcher Kooperationen liegt in der Kosteneinsparung für die Teilnehmer bei gleichzeitiger Senkung des Marktrisikos.[1183] So ist die Gefahr, dass sich die Entwicklung am Markt nicht durchsetzt, bei mehreren teilnehmenden Partnern deutlich geringer.[1184] Von Normungs- und Standardisierungskooperationen gehen gleichzeitig aber auch Gefahren für das Kartellrecht aus[1185], weil hier häufig Unternehmen zusammenarbeiten, die auf horizontaler Ebene miteinander konkurrieren oder sich auf vertikaler Ebene als Marktteilnehmer im Rahmen von Angebot und Nachfrage nach Produkten gegenüberstehen.[1186] Die damit einhergehende Koordinierung der Beteiligten bei Herausbildung einer Norm oder eines Standards steht damit *„in einem potenziellen Spannungsverhältnis zu dem wettbewerblichen Postulat, durch eigene Leistung gegenüber Wettbewerbern und/oder der Marktgegenseite zu reüssieren"*.[1187] Es drohen vor allem eine Unifizierung der Preise, Konditionen und Produkte sowie die Gefahr der Bildung künstlicher Marktzutrittschranken für Dritte.[1188]

1179 *Kapp/Hummel*, CCZ 2013, 240, 244; *Möhlenkamp*, WuW 2008, 428, 439; *Weck*, NJOZ 2009, 1177, 1184; dazu vertiefend *Leßmann*, Die öffentlichen Aufgaben und Funktionen privater Wirtschaftsverbände, S. 101 ff.

1180 *Kapp/Hummel*, CCZ 2013, 240, 244.

1181 Europäische Kommission, Horizontalleitlinien, ABl. 2011, C 11/1, 55, Rn. 257; *Gehring*, in: Mäger, Europäisches Kartellrecht, 3. Kapitel Rn. 78; *Kapp/Hummel*, CCZ 2013, 240, 244.

1182 Europäische Kommission, Horizontalleitlinien, ABl. 2011, C 11/1, 55 f., Rn. 257 ff.; *Emmerich*, Kartellrecht, § 8 Rn. 39; *Kapp/Hummel*, CCZ 2013, 240, 244.

1183 *Walther/Baumgartner*, WuW 2008, 158, 159.

1184 *Walther/Baumgartner*, WuW 2008, 158, 159.

1185 *Fr. Immenga*, GRUR 2007, 302, 303.

1186 *Koenig/Neumann*, WuW 2009, 382, 383.

1187 *Koenig/Neumann*, WuW 2009, 382, 383.

1188 Europäische Kommission, Horizontalleitlinien, ABl. 2011, C 11/1, 56 ff., Rn. 263 ff.; *Emmerich*, Kartellrecht, § 8 Rn. 39.

Soweit sich Normen und Standards zur Steigerung der Produktqualität und -kompatibilität eignen, werden sie grundsätzlich als wettbewerbsfördernd eingestuft.[1189] Geht mit Normungs- und Standardisierungsprozessen jedoch eine Marktabschottung einher, behindern sie technische Innovationen, verringern sie den Preiswettbewerb oder wird bestimmten Unternehmen die Teilnahme am Normungsprozess verweigert, können sie allerdings auch wettbewerbsbeschränkend sein.[1190] Kartellrechtlich bedenklich können Standardisierungen ferner sein, wenn es um gewerbliche Schutzrechte einzelner Marktteilnehmer geht.[1191] Nach Auffassung der Europäischen Kommission sind diese mit Art. 101 Abs. 1 AEUV vereinbar, wenn allen betroffenen Wettbewerbern die Möglichkeit offensteht, uneingeschränkt am Normungsprozess mitzuwirken, das Verfahren transparent ist, keine Verpflichtung zur Einhaltung der Norm besteht und Dritten der Zugang zur Nutzung der der Norm zugrundeliegenden gewerblichen Schutzrechte zu fairen, zumutbaren und diskriminierungsfreien Bedingungen (sog. „FRAND-Grundsatz"[1192]) gewährt wird.[1193] Um ein angemessenes Verfahren sicherzustellen, besteht die Möglichkeit, die Norm in einer der anerkannten Normungsinstitutionen zu erarbeiten.[1194] Dabei sind angemessene Entgelte für den Normungsaufwand unkritisch.[1195]

Da innerhalb eines Verbandes initiierte und organisierte Normungs- und Standardisierungsprozesse das Risiko einer wettbewerbsbeschränkenden Wirkung mit sich bringen, dürfen Nichtverbandsmitglieder nicht kartellrechtswidrig diskriminiert werden.[1196] So begründet die Verpflichtung von Mitgliedern durch den Verband, bestimmte Standards einzuhalten, häufig das Vorliegen einer Wettbewerbsbeschränkung.[1197] Bringen Standardisierungen und Normungen jedoch Effizienzvorteile für die Verbraucher mit sich und tragen zur Förderung des technischen oder wirtschaftlichen Fortschritts bei, ist eine Freistellung vom Kartellverbot nach Art. 101 Abs. 3 AEUV/§ 2 GWB möglich.[1198] Darüber hinaus dürfen Normungs- und Standardisierungsvereinbarungen nicht dazu führen, dass die Inhaber von Immaterialgüterrechten diese dazu missbrauchen, überhöhte Lizenzgebühren durchzusetzen und so eine marktbeherrschende Stellung zu missbrauchen.[1199]

1189 *Kapp/Hummel*, CCZ 2013, 240, 244.
1190 Europäische Kommission, Horizontalleitlinien, ABl. 2011, C 11/1, 55 ff., Rn. 257, 263 ff.; *Kapp/Hummel*, CCZ 2013, 240, 244.
1191 *Kapp/Hummel*, CCZ 2013, 240, 244.
1192 FRAND meint „fair, reasonable and non-discriminatory".
1193 Europäische Kommission, Horizontalleitlinien, ABl. 2011, C 11/1, 59, Rn. 280; *Kapp/Hummel*, CCZ 2013, 240, 244.
1194 *Möhlenkamp*, WuW 2008, 428, 440.
1195 *Möhlenkamp*, WuW 2008, 428, 440.
1196 *Kapp/Hummel*, CCZ 2013, 240, 244.
1197 *Kapp/Hummel*, CCZ 2013, 240, 244 f.
1198 *Kling/Thomas*, Kartellrecht, § 5 Rn. 140; *Kapp/Hummel*, CCZ 2013, 240, 245.
1199 *Kapp/Hummel*, CCZ 2013, 240, 244; zur missbräuchlichen Ausnutzung einer marktbeherrschenden Stellung durch Erhebung einer patentrechtlichen Unterlassungsklage

VIII. Messen

Verbände sind häufig Veranstalter von Messen, so dass es erforderlich ist, die kartellrechtlichen Rahmenbedingungen dafür näher zu untersuchen.

1. Überblick

Verbandsmessen bieten ausstellenden Unternehmen die Möglichkeit, ihre Produkte vor Publikum zu präsentieren. Für solche Messen gelten die Vorschriften für marktbeherrschende Unternehmen (§§ 18 ff. GWB).[1200] Dabei gilt, dass der Ausschluss gleichartiger Unternehmen von Messen regelmäßig dann sachlich ungerechtfertigt ist, wenn die Veranstaltung eine marktbeherrschende Stellung hat und der Bewerber die sachlichen Voraussetzungen der Veranstaltung erfüllt.[1201]

Grundsätzlich ist es dem Veranstalter einer Messe gestattet ist, die Zulassungsbedingungen nach seinen Vorstellungen festzulegen.[1202] Es ist dabei aber erforderlich, dass eine nachprüfbare Auswahl der Zulassungsbedingungen erfolgt, die frei von Willkür ausgeübt werden müssen.[1203] Auch wird der Gestaltungs- und Zulassungsspielraum des Messeveranstalters durch den Grad der Bedeutung der Messe für die wettbewerbliche Entfaltungsmöglichkeit der Interessenten eingeschränkt.[1204] Messeveranstalter müssen sich bei der Teilnehmerauslese an dem von ihnen gewählten Zuschnitt der Veranstaltung festhalten lassen und dürfen keine Zulassungskriterien festlegen, die mit diesem nicht zusammenhängen.[1205] Die Zulassung darf mithin

---

vgl. LG Düsseldorf, Beschl. v. 21.3.2013, 4b O 104/12 – *LTE-Standard* = WRP 2013, 681; *Körber*, NZKart 2013, 239.

1200 BGH, Beschl. v. 3.3.1969, KVR 6/68 (KG) – *Sportartikelmesse* = NJW 1969, 1716; *Markert*, in: Immenga/Mestmäcker, Wettbewerbsrecht: GWB, Band 2, § 20 GWB Rn. 157 ff.; *Kahlenberg*, in: Martinek/Semler/Habermeier/Flohr, Vertriebsrecht, § 39 Rn. 135; *Möhlenkamp*, WuW 2008, 428, 440.

1201 BGH, Beschl. 3.3.1969, KVR 6/68 (KG) – *Sportartikelmesse* = NJW 1969, 1716, 1717; *Markert*, in: Immenga/Mestmäcker, Wettbewerbsrecht: GWB, Band 2, § 20 GWB Rn. 157; *Loewenheim*, in: Loewenheim/Meessen/Riesenkampff, Kartellrecht, § 20 GWB Rn. 99; *Kahlenberg*, in: Martinek/Semler/Habermeier/Flohr, Vertriebsrecht, § 39 Rn. 132.

1202 OLG Frankfurt a.M., Urt. v. 30.10.1984, 6 U 165/82 – *Kürschnerhandwerk* = WuW/E OLG 3347, 3352.

1203 OLG Düsseldorf, Urt. v. 5.7.2002, U (Kart.) 60/01 – *Stefanelli* = WuW/E DE-R 994, 995; OLG Frankfurt a.M., Beschl. v. 17.3.1992, 6 W 31/92 (Kart.) – *Art Frankfurt* = WuW/E OLG 5027, 5030; *Nothdurft*, in: Langen/Bunte, Kartellrecht, Band 1, 11. Auflage, § 20 GWB Rn. 178.

1204 OLG Frankfurt a.M., Urt. v. 30.10.1984, 6 U 165/82 (Kart.) – *Kürschnerhandwerk* = WuW/E OLG 3347, 3353; *Nothdurft*, in: Langen/Bunte, Kartellrecht, Band 1, 11. Auflage, § 20 GWB Rn. 180.

1205 OLG Düsseldorf, Beschl. v. 30.1.2008, VI-U (Kart.) 28/07 – *Dentalmesse* = WuW/E DE-R 2379, 2382; *Nothdurft*, in: Langen/Bunte, Kartellrecht, Band 1, 11. Auflage, § 20 GWB Rn. 178.

nicht von sachfremden Gesichtspunkten, z.B. dem Beitritt zum ausrichtenden Verband[1206], abhängig gemacht werden.[1207] Denn der Versuch der Ausgrenzung von Nichtverbandsmitgliedern kann weitreichende Konsequenzen für die abgelehnten Interessenten haben.

Kann nur eine begrenzte Zahl an Interessenten zur Messe zugelassen werden, muss der Veranstalter die Plätze nach sachgerechten Gesichtspunkten zuteilen.[1208] Dabei steht ihm ein angemessener Beurteilungsspielraum zu[1209], wobei die Mitglieder des Veranstalters gegenüber Nichtmitgliedern grundsätzlich gleich zu behandeln sind.[1210] Neubewerber dürfen gegenüber bisherigen ständigen Ausstellern nur im Ausnahmefall benachteiligt werden.[1211] Letztlich kann in dieser Situation ein Rotations- oder Losverfahren gerechtfertigt oder sogar geboten sein.[1212]

2. *Rechtsprechungpraxis: BGH, Beschl. v. 3.3.1969 – Sportartikelmesse*

In seinem Beschluss *Sportartikelmesse*[1213] aus dem Jahr 1969 hatte der BGH über folgenden Sachverhalt zu befinden: Ein Verband als Alleingesellschafter der Ausrichterin veranstaltete eine Frühjahrsmesse für Sportartikel in Wiesbaden, auf der für die Messe zugelassene Unternehmen die Möglichkeit hatten, vor Publikum ihre Produkte zu präsentieren.[1214] Eine weitere Konkurrenzmesse für Sportartikel (sog.

1206 BKartA, TB 1967, BT-Drucks. V/4236, S. 75 f.; *Markert*, in: Immenga/Mestmäcker, Wettbewerbsrecht: GWB, Band 2, § 20 GWB Rn. 157; *Kahlenberg*, in: Martinek/Semler/Habermeier/Flohr, Vertriebsrecht, § 39 Rn. 132.

1207 BGH, Beschl. v. 3.3.1969, KVR 6/68 – *Sportartikelmesse II* = WuW/E BGH 1027; OLG Hamburg, Urt. v. 6.8.1998, 3 U 203/97 – *Dentalmesse* = WuW/E DE-R 213; *Loewenheim*, in: Loewenheim/Meessen/Riesenkampff, Kartellrecht, § 20 GWB Rn. 99.

1208 OLG Düsseldorf, Urt. v. 30.7.1987, U (Kart.) 20/86 – *Art Cologne* = WuW/E OLG 4173, 4176 ff.; Urt. v. 5.7.2002, U (Kart) 60/01 – *Stefanelli* = WuW/E DE-R 994, 995; *Markert*, in: Immenga/Mestmäcker, Wettbewerbsrecht: GWB, Band 2, § 20 GWB Rn. 157; *Kahlenberg*, in: Martinek/Semler/Habermeier/Flohr, Vertriebsrecht, § 39 Rn. 132.

1209 OLG Düsseldorf, Urt. v. 5.7.2002, U (Kart.) 60/01 – *Stefanelli* = WuW/E DE-R 994, 995.

1210 OLG Celle, Urt. v. 6.8.1986, 13 U (Kart.) 95/86 – *Kunstmesse* = WuW/E OLG 3897, 3899; *Markert*, in: Immenga/Mestmäcker, Wettbewerbsrecht: GWB, Band 2, § 20 GWB Rn. 157; *Kahlenberg*, in: Martinek/Semler/Habermeier/Flohr, Vertriebsrecht, § 39 Rn. 132.

1211 OLG Celle, Urt. v. 6.8.1986, 13 U (Kart.) 95/86 – *Kunstmesse* = WuW/E OLG 3897, 3899; *Markert*, in: Immenga/Mestmäcker, Wettbewerbsrecht: GWB, Band 2, § 20 GWB Rn. 157.

1212 OLG Düsseldorf, Urt. v. 30.7.1987, U (Kart.) 20/86 – *Art Cologne* = WuW/E OLG 4173, 4176 f.; *Markert*, in: Immenga/Mestmäcker, Wettbewerbsrecht: GWB, Band 2, § 20 GWB Rn. 157; *Kahlenberg*, in: Martinek/Semler/Habermeier/Flohr, Vertriebsrecht, § 39 Rn. 132.

1213 BGH, Beschl. v. 3.3.1969, KVR 6/68 (KG) – *Sportartikelmesse* = NJW 1969, 1716.

1214 BGH, Beschl. v. 3.3.1969, KVR 6/68 (KG) – *Sportartikelmesse* = NJW 1969, 1716.

„Herbstmesse") fand nur einmal jährlich in Köln statt.[1215] Die Veranstalter beider Messen beschlossen, dass die Frühjahrsmessen für den Verkauf von Winterartikeln ausschließlich in Wiesbaden und die Herbstmessen für den Verkauf von Sommerartikeln nur in Köln stattfinden sollten.[1216] Der Zugang zur Frühjahrsmesse stand nur Herstellern und Großhändlern offen, die ihre Waren ausschließlich über den Fachhandel betrieben.[1217]

Das Bundeskartellamt sah in vorstehender Beschränkung eine missbräuchliche Ausnutzung einer marktbeherrschenden Stellung und verfügte eine Untersagung. Dagegen legte der Verband Beschwerde ein, die jedoch durch das Kammergericht zurückgewiesen wurde.[1218] Schließlich wies auch der BGH die durch das Kammergericht zugelassene Rechtsbeschwerde des Verbandes ab. Der Verband machte zwar geltend, es habe nur eine rein private bzw. verbandsinterne Veranstaltung vorgelegen und demzufolge sei der Anwendungsbereich der Norm mangels Unternehmenseigenschaft des Verbandes gar nicht eröffnet gewesen.[1219] Der BGH lehnte diese Auffassung aber ab und stellte fest, dass schon der äußere Rahmen gegen diese Auffassung gesprochen habe, denn die Veranstaltung habe eine Vielzahl von Besuchern und Ausstellern angelockt.[1220] Da es im Gebiet der Bundesrepublik Deutschland nur zwei jährlich stattfindende Messen für die Hersteller von Wintersportartikeln gab, führte dies schließlich auch zur Begründung der marktbeherrschenden Stellung des (klagenden) Verbandes als Alleingesellschafter der Veranstalterin.[1221] Die Teilnahme an der Messe war für Unternehmen dieser Branche mithin von erheblicher Bedeutung. Den Missbrauch der marktbeherrschenden Stellung folgerte der BGH aus dem Ausschluss der Hersteller und Großhändler, die ihre Produkte unmittelbar an die Verbraucher lieferten.[1222] Der Verband behinderte damit, so das Gericht, aufgrund sachlich nicht gerechtfertigter Gründe die geschäftliche Tätigkeit der nicht zugelassenen Unternehmen nach § 26 Abs. 2 a.F.[1223]

Die vorliegende BGH-Entscheidung verdeutlicht, dass die Zulassung zu einer durch einen Verband ausgerichteten Messe nicht von sachfremden Gesichtspunkten abhängig gemacht werden darf, auch nicht von der Einhaltung eines bestimmten Vertriebswegs.[1224]

1215 BGH, Beschl. v. 3.3.1969, KVR 6/68 (KG) – *Sportartikelmesse* = NJW 1969, 1716.
1216 BGH, Beschl. v. 3.3.1969, KVR 6/68 (KG) – *Sportartikelmesse* = NJW 1969, 1716.
1217 BGH, Beschl. v. 3.3.1969, KVR 6/68 (KG) – *Sportartikelmesse* = NJW 1969, 1716.
1218 KG, Beschl. v. 22.7.1968, Kart 2/68 – *Sportartikelmesse* = WuW/E OLG 907.
1219 BGH, Beschl. v. 3.3.1969, KVR 6/68 (KG) – *Sportartikelmesse* = NJW 1969, 1716.
1220 BGH, Beschl. v. 3.3.1969, KVR 6/68 (KG) – *Sportartikelmesse* = NJW 1969, 1716.
1221 BGH, Beschl. v. 3.3.1969, KVR 6/68 (KG) – *Sportartikelmesse* = NJW 1969, 1716.
1222 BGH, Beschl. v. 3.3.1969, KVR 6/68 (KG) – *Sportartikelmesse* = NJW 1969, 1716, 1717.
1223 BGH, Beschl. v. 3.3.1969, KVR 6/68 (KG) – *Sportartikelmesse* = NJW 1969, 1716, 1717.
1224 *Loewenheim*, in: Loewenheim/Meessen/Riesenkampff, Kartellrecht, § 20 GWB Rn. 99.

IX. Selbstverpflichtungen

Verbände können Selbstverpflichtungen abgeben. Das sind einseitige oder mit der Politik vereinbarte Zusagen, die ihren Mitgliedsunternehmen konkrete Verhaltensanforderungen abverlangen. Verbänden ist es aber verboten, durch Selbstverpflichtungen das Wettbewerbsverhalten ihrer Mitgliedsunternehmen so zu lenken, dass es einer kartellrechtswidrigen Verhaltensabstimmung i.S.v. Art. 101 Abs. 1 AEUV oder § 1 GWB entspricht. Praktisch bedeutsam sind Selbstverpflichtungen insbesondere in den Bereichen Umwelt- und Gesundheitsschutz.

X. Beratung von Mitgliedsunternehmen

Auch die Beratung ihrer Mitglieder, insbesondere die nach § 7 RDG erlaubte Rechtsberatung, gehört zu den legitimen Aufgaben der Verbände.[1225] Danach ist es ihnen beispielsweise gestattet, über die kartellrechtliche Zulässigkeit bestimmter Maßnahmen zu beraten.[1226] Die rechtliche Beratung darf jedoch nicht das Marktverhalten der Mitgliedsunternehmen in kartellrechtlich unzulässiger Weise beeinflussen.[1227] Zulässig ist die Rechtsberatung dann, wenn der Verband das Mitgliedsunternehmen lediglich in die Lage versetzt, eine eigenständige Entscheidung auf der Grundlage der ihm zur Verfügung gestellten Informationen zu treffen.[1228] Ein bloßes Beraten und gerade keine Einflussnahme liegt demnach vor, wenn der Adressat die Äußerung des Verbandes lediglich als Entscheidungshilfe verstehen darf.[1229] Hingegen sind solche Beratungen kartellrechtlich kritisch, in denen alle Verbandsmitglieder zu einer bestimmten Frage gleichförmig beraten werden, obwohl mehrere Handlungsalternativen bestehen, und damit letztlich eine horizontale Abstimmung einhergeht (sog. „Hub & Spoke Effekt").[1230] Auch die Beratung der Mitgliedsunternehmen dahingehend, dass die Verkaufspreise um einen bestimmten Betrag anzuheben sind, oder bestimmte Abnehmer nicht (mehr) zu beliefern, stellt jedenfalls im Falle der Befolgung einen Kartellrechtsverstoß dar.[1231]

Die Abgrenzung zwischen zulässiger Beratung und unzulässiger Beeinflussung ist – neben den bereits genannten Konstellationen – außerdem beim Boykottaufruf nach § 21 Abs. 1 GWB problematisch.[1232] Eher gegen einen Aufruf zum Boykott und für eine zulässige Beratung soll insbesondere sprechen, *„wenn Verbandsmitglieder in einer konkreten Entscheidungssituation, ob eine Geschäftsbeziehung aufgenommen*

1225 *Köhler*, WuW 2009, 258, 262; *Leßmann*, Die öffentlichen Aufgaben und Funktionen privater Wirtschaftsverbände, S. 114.
1226 *Kapp/Hummel*, CCZ 2013, 245; *Köhler*, WuW 2009, 258, 262.
1227 *Kapp/Hummel*, CCZ 2013, 245.
1228 *Kapp/Hummel*, CCZ 2013, 245.
1229 *Köhler*, WuW 2009, 258, 263.
1230 *Kapp/Hummel*, CCZ 2013, 245.
1231 *Köhler*, WuW 2009, 258, 262.
1232 *Kapp/Hummel*, CCZ 2013, 245; *Köhler*, WuW 2009, 258, 262 ff.

oder beendet werden soll, um entsprechende Aufklärung und Vorschläge bitten oder solche erwarten; der Verband zu den Vor- und Nachteilen der Eingehung oder Beendigung einer Geschäftsbeziehung für das einzelne Mitglied wertend Stellung nimmt und keinen Druck auf die Mitglieder ausübt und auch nicht den Eindruck erweckt, er erwarte vom Mitglied ein bestimmtes Verhalten".[1233] *Köhler* empfiehlt Verbänden, bei Stellungnahmen den Informationscharakter zu betonen und bei wertenden Entscheidungsvorschlägen die Argumentationskette, die zu einer bestimmten Schlussfolgerung führe, transparent zu machen, um bereits den Anschein eines Boykottaufrufs zu vermeiden.[1234] Aussagen mit Appellcharakter stuft er als kartellrechtlich kritisch ein.[1235]

XI. Lobbyarbeit

Die Lobbyarbeit der Verbände ist ein wesentlicher Bestandteil ihrer Aufgabe der Interessensvertretung nach außen, vor allem im Rahmen von Gesetzgebungsverfahren.[1236] Sie steht als solche unter dem grundgesetzlichen Schutz der Vereinigungsfreiheit (Art. 9 GG) und der Meinungsfreiheit (Art. 5 GG).[1237] Die geheimhin zulässige Lobbyarbeit darf aber nicht als Deckmantel für kartellrechtswidrige Absprachen oder kartellrechtswidrigen Informationsaustausch missbraucht werden.[1238] Das gilt sowohl für den vor- und nachbereitenden Teil der Lobbyarbeit (z.B. Informationsaustausch von Unternehmensvertretern zur Unterstützung der Lobbyarbeit) als auch für den informellen Teil der Lobbyarbeit (z.B. gemeinsame Geschäftsessen).[1239]

G. Zusammenfassung

Anhand einer Vielzahl kartellrechtstypischer Probleme in der Verbandsarbeit wurde aufgezeigt, welche Handlungen mit dem Kartellrecht vereinbar sind und welche nicht. Im Ergebnis ist festzustellen, dass das, was außerhalb der Verbandsarbeit kartellrechtlich verboten ist, in der Regel auch innerhalb der Verbandsarbeit kartellrechtswidrig ist.[1240] Daraus folgt, dass es im Kartellrecht kein Verbands-Privileg gibt.[1241] Daher gewinnen das Kartellrecht betreffende Compliance-Fragen bei Wirtschaftsverbänden mehr und mehr an Bedeutung.[1242] Ein weiterer Grund liegt darin, dass sich kartellrechtliche Zuwiderhandlungen nicht nur für Verbände und

---

1233 *Köhler*, WuW 2009, 258, 264.
1234 *Köhler*, WuW 2009, 258, 264.
1235 *Köhler*, WuW 2009, 258, 264.
1236 *Kapp/Hummel*, CCZ 2013, 246.
1237 *Kapp/Hummel*, CCZ 2013, 246.
1238 *Partikel*, in: Hauschka, Corporate Compliance, § 45 Rn. 75; *Kapp/Hummel*, CCZ 2013, 246.
1239 *Kapp/Hummel*, CCZ 2013, 246.
1240 *Kapp/Hummel*, CCZ 2013, 247.
1241 *Partikel*, in: Hauschka, Corporate Compliance, § 45 Rn. 73.
1242 *Brouwer*, CCZ 2009, 161, 167.

ihre Mitgliedsunternehmen auswirken, sondern auch für die Verbandsleitung und sonstige Mitarbeiter. Kartellrechtscompliance ist somit nicht nur mit Blick auf die Außendarstellung von Verbänden und die Gewinnung neuer Mitglieder wichtig, sondern auch für den Haftungsschutz der Mitgliedsunternehmen und insbesondere der Verbandsleitung.[1243] Auch vor dem Hintergrund des stetig steigenden Gefahrenpotentials, das sich vor allem aus den letzten Reformen im Bereich des europäischen Kartellverfahrensrechts und den damit verbundenen kontinuierlich steigenden Bußgeldsummen ergibt, besteht für Leitungsorgane und Geschäftsführung die Verpflichtung, sich eingehend mit der Möglichkeit der Implementierung eines kartellrechtlichen Compliance-Systems auseinandersetzen. Schließlich ist Kartellrechtscompliance ein zwingender Bestandteil guter Verbandsführung, auch wenn mit der Implementierung eines angemessenen und auf die individuellen Bedürfnisse des jeweiligen Verbandes zugeschnittenen Compliance-Programms nicht unwesentliche Kosten einhergehen können.[1244]

1243 *Brouwer*, CCZ 2009, 161, 167.

1244 So zur AG *Karbaum*, Kartellrechtliche Compliance – Rechtsgrundlagen und Umsetzung, S. 57.

6. Kapitel: Verantwortung zu und praktische Umsetzung von Kartellrechtscompliance in Wirtschaftsverbänden

Die Verantwortung von Wirtschaftsverbänden zu kartellrechtlicher Compliance ist trotz ihrer praktischen Relevanz bislang nur vereinzelt von der vereinsrechtlichen Literatur aufgegriffen worden.[1245] Zum einen geht es darum, ob die Verbandsleitung die Pflicht hat, Compliance-Maßnahmen im Verband zu ergreifen.[1246] Konkret geht es dabei um die Frage, ob die Mitglieder des Vorstands (oder anderer Verbandsorgane) gegenüber dem Verband oder Dritten generell zur Einrichtung einer Compliance-Organisation verpflichtet sind und wenn ja, welchen Umfang eine solche Organisation haben muss und welche Compliance-Instrumente zur Umsetzung dieser Pflicht zur Verfügung stehen. Zum anderen stellt sich speziell für Verbände das Problem, ob und in welchem Umfang ihnen auch gegenüber ihren Untergliederungen (sog. „verbandsdimensionale" oder „verbandsgruppenweite" Compliance-Verantwortung) sowie gegenüber ihren Mitgliedern Compliance-Verantwortung zukommt und wie sie dieser Verantwortung gerecht werden können.[1247] Bestünden vorgenannte Pflichten, könnten sich daraus weitreichende haftungsrechtliche Konsequenzen sowohl für Verbände selbst als auch für ihre Leitungsorgane ergeben. Im Folgenden ist daher zu untersuchen, ob vorgenannte Compliance-Verantwortlichkeiten tatsächlich existieren und auf welcher dogmatischen Grundlage Kartellrechtscompliance-Organisationen im Verband eingebettet sind.

A. Verantwortung der Verbandsleitung zu Kartellrechtscompliance und ihre praktische Umsetzung

Zunächst ist zu erarbeiten, ob die Verbandsleitung grundsätzlich die Rechtspflicht zur Implementierung und Unterhaltung eines (umfassenden) Kartellrechtscompliance-Systems im Verband hat. Dabei ist zu beachten, dass neben dem gesetzlichen Vorstand i.S.d. § 26 BGB nicht selten weitere, fakultative Vereinsorgane mit Geschäftsführungsaufgaben betraut sind.[1248] Demzufolge kann die Compliance-Verantwortlichkeit der

1245 Siehe dazu *Waldner/Wörle-Himmel*, in: Sauter/Schweyer/Waldner, Der eingetragene Verein, Rn. 292c; *Brouwer*, CCZ 2009, 161, 164 ff.

1246 *Brouwer*, CCZ 2009, 161 f., 166 f.

1247 *Brouwer*, CCZ 2009, 161, 165 f.

1248 *Brouwer*, CCZ 2009, 161.

Organmitglieder eines Verbandes zumeist nur durch einen Blick in die jeweilige Vereinssatzung endgültig geklärt werden.[1249]

I. Rechtspflicht zu Kartellrechtscompliance für den Verbandsvorstand?

Es stellt sich zunächst die Frage, ob es gesetzliche Regelungen gibt, die die Verbandsleitung im Innenverhältnis gegenüber dem Verband oder im Außenverhältnis gegenüber Dritten bzw. der Allgemeinheit dazu verpflichten, ein Compliance-System im Verband einzurichten.

1. *Keine Rechtsgrundlage im Kartellrecht*

In der deutschen Rechtsordnung gibt es keine Rechtsvorschrift, die – unabhängig von der Rechtsform, dem Tätigkeitsbereich und anderen relevanten Kriterien – ausdrücklich eine generelle Rechtspflicht für (alle) Unternehmen oder Verbände zur Durchführung von Compliance-Maßnahmen oder zur Einrichtung und Unterhaltung von Compliance-Systemen im Allgemeinen und zur Kartellrechtscompliance bzw. zu Kartellrechtscompliance-Organisationsmaßnahmen im Besonderen festlegt.[1250] Es gibt lediglich sektorspezifische (u.a. § 25a Abs. 1 KWG, § 33 WpHG, § 12 WpDVerOV, § 64a VAG), rechtsformspezifische Regelungen (§ 91 Abs. 2 AktG, §§ 76, 93 AktG) sowie allgemeine Normen des Ordnungswidrigkeitenrechts (§ 130 OWiG), die compliance-relevant sind.[1251] Da mithin auch im deutschen und europäischen Kartellrecht keine kartellrechtsspezifische Regelung kodifiziert ist, die einen Maßnahmenkatalog enthält, um einen Kartellrechtsverstoß im Verband zu vermeiden, kann aus diesem Rechtsgebiet keine allgemeine Rechtspflicht für Verbandsvorstände zur Implementierung eines kartellrechtlichen Compliance-Systems hergeleitet werden.[1252]

2. *Ziff. 4.1.3 DCGK*

Teilweise[1253] wird für börsennotierte Gesellschaften die Pflicht zu Compliance aus Ziff. 4.1.3 DCGK, wonach der Vorstand für die Einhaltung der gesetzlichen Bestimmungen und der unternehmensinternen Richtlinien zu sorgen und auf deren

---

1249 *Brouwer*, CCZ 2009, 161.

1250 *Seeliger/Mross*, in: Frankfurter Kommentar, EG-Kartellrecht, Band II, Allg. Teil E, Rn. 13; *Kasten*, in: Mäger, Europäisches Kartellrecht, 2. Kapitel Rn. 8. Diese sprechen freilich nur von „Unternehmen".

1251 *Seeliger/Mross*, in: Frankfurter Kommentar, EG-Kartellrecht, Band II, Allg. Teil E, Rn. 13.

1252 *Seeliger/Mross*, in: Frankfurter Kommentar, EG-Kartellrecht, Band II, Allg. Teil E, Rn. 14. Diese beziehen sich indes auf die Situation in Unternehmen.

1253 *Bürkle*, BB 2007, 1797 f.; *Campos Nave/Bonenberger*, BB 2008, 734, 735.

Beachtung durch die Konzernunternehmen hinwirkt, mit der Begründung hergeleitet, aus der terminologischen Systematik des Kodex folge, dass Compliance als eine Rechtspflicht für den Vorstand der Aktiengesellschaft angesehen werde. Als Anspruchsgrundlage für eine Compliance-Pflicht in Wirtschaftsverbänden taugt Ziff. 4.1.3 DCGK aber nicht. Abgesehen davon, dass es sich beim Inhalt des Deutschen Corporate Governance Kodex häufig lediglich um „Empfehlungen" ohne zwingenden Charakter handelt, gilt dieser ausschließlich auch nur für börsennotierte Gesellschaften.[1254]

3. *Gesamtanalogie öffentlich-rechtlicher Normen*

Ein Teil des Schrifttums leitet – zumindest für (alle) Unternehmen – eine allgemeine Verpflichtung zur Errichtung einer Compliance-Organisation aus der Gesamtanalogie bestimmter öffentlich-rechtlicher Regelungen ab (u.a. § 25a Abs. 1 KWG, § 64a VAG, § 33 Abs. 1 S. 2 WpHG, § 52a Abs. 2 BImSchG sowie § 53 Abs. 2 KrW-/AbfG).[1255] Dem wird aber zu Recht entgegengehalten, dass diese spezialgesetzlichen Bestimmungen nicht als Grundlage einer „für alle Unternehmen" bestehenden Verpflichtung ausreichen.[1256] Die Vorschriften weisen nämlich keinen über den jeweiligen branchen- bzw. risikospezifischen Normzweck hinausweisenden Regelungsgehalt auf.[1257] Mangels Darlegung der Analogiegrundlagen[1258] sind Normadressaten nur die in dem jeweiligen Sektor agierenden und in den Bestimmungen definierten Unternehmen[1259]. Damit scheidet von vornherein die Übertragung einer allgemeinen Compliance-Pflicht, die sich auf vorstehende Gesamtanalogie stützt, auf die Rechtsform des Vereins aus.

4. *§ 27 Abs. 3 BGB i.V.m. §§ 664 ff. BGB*

Für das Innenverhältnis[1260] könnte sich die (vereinsrechtliche) Compliance-Verantwortung für Verbandsvorstände mit der bei der Geschäftsführung (§ 27 Abs. 3 BGB i.V.m. §§ 664 ff. BGB) anzuwendenden allgemeinen Sorgfaltspflicht eines

1254 Vgl. die Präambel des DCGK in der es heißt: *„(...) gesetzliche Vorschriften zur Leitung und Überwachung deutscher börsennotierter Gesellschaften (...)"*.

1255 *U.H. Schneider*, ZIP 2003, 645, 648 f.

1256 *Hauschka*, in: Hauschka, Corporate Compliance, § 1 Rn. 23; *Strothmeyer*, Compliance – Risikobegrenzung und Imagevorteil, S. 107.

1257 *Seeliger/Mross*, in: Frankfurter Kommentar, EG-Kartellrecht, Band II, Allg. Teil E, Rn. 15; *Kasten*, in: Mäger, Europäisches Kartellrecht, 2. Kapitel Rn. 9.

1258 *Karbaum*, Kartellrechtliche Compliance – Rechtsgrundlagen und Umsetzung, S. 103 f.

1259 *Seeliger/Mross*, in: Frankfurter Kommentar, EG-Kartellrecht, Band II, Allg. Teil E, Rn. 15.

1260 Das Innenverhältnis betrifft das Verhältnis zwischen Verbandsvorstand und Verband.

ordentlichen Vereinsleiters begründen lassen.[1261] Danach haben die Vorstandsmitglieder bei ihrer Geschäftsführung die Sorgfalt eines ordentlichen und gewissenhaften Vereinsleiters anzuwenden.[1262] In der Regel ist der Verbandsvorstand auch geschäftsführendes Organ und zur Geschäftsführung nicht nur berechtigt, sondern auch verpflichtet.[1263] Vorgenannte Sorgfaltspflicht hat eine Doppelfunktion: als Verschuldensmaßstab einerseits und als Pflichtenquelle andererseits.[1264] Für die aufgeworfene Fragestellung interessiert hier nur letztere.

Zur Konkretisierung der organschaftlichen Sorgfaltspflichten ist das Bürgerliche Gesetzbuch wenig aussagekräftig. Daher muss zunächst geklärt werden, welche Verhaltenspflichten dem Verbandsvorstand im Rahmen seiner Leitungsverantwortung[1265] obliegen, aus denen eine (vereinsrechtliche) Compliance-Pflicht abgeleitet werden kann.

a) Verankerung der Compliance-Verantwortung in den allgemeinen Sorgfaltspflichten des Verbandsvorstandes

Im Folgenden wird sich zeigen, dass eine Compliance-Verantwortung des Verbandsvorstandes an mehreren Stellen seines vereinsrechtlichen Pflichtenkatalogs verankert ist. Ihm obliegt eine Vielzahl nicht abschließend festzustellender organschaftlicher Verhaltensanforderungen.[1266] Compliance-relevant sind dabei die organschaftlichen Pflichten in Form der Legalitäts- und Legalitätskontrollpflicht sowie die Pflicht zur Erhaltung des Vereinsvermögens (Schadensabwendungspflicht).[1267]

1261 *Brouwer*, CCZ 2009, 161, 162.

1262 *Brouwer*, CCZ 2009, 161, 162.

1263 *Burgard*, in: Krieger/U.H. Schneider, Handbuch Managerhaftung, § 6 Rn. 11.

1264 *Fleischer*, in: Fleischer, Handbuch des Vorstandsrechts, § 7 Rn. 1. Dieser bezieht sich freilich auf die aktienrechtliche Sorgfaltspflicht.

1265 Die Leitungsverantwortung muss nicht zwingend beim gesetzlichen Vorstand i.S.d. § 26 BGB liegen. So kann nach der Satzung eines Verbandes auch anderen (fakultativen) Organen die Leitungsverantwortung übertragen sein.

1266 Zur Problematik des aktienrechtlichen Pflichtenkatalogs für Vorstände von Aktiengesellschaften siehe *C.H. Müller*, Kartellrechtscompliance in Deutschland, S. 80 f.

1267 Mit anderen Worten: Er trägt aufgrund der ihm obliegenden organschaftlichen Sorgfaltspflicht die Verantwortung dafür, dass sich das Leben nach Gesetz, Satzung und ggf. vorhandenen Nebenordnungen vollzieht, so dass vor allem die Einhaltung des Vereinszwecks sichergestellt wird und jedwede Schäden vom Verein abgehalten werden (*Reichert*, Vereins- und Verbandsrecht, Rn. 3680 f.; *Burgard*, in: Krieger/U.H. Schneider, Handbuch Managerhaftung, § 6 Rn. 11 f.; *Grambow*, in: Fissenewert, Compliance für den Mittelstand, 5. Kapitel Rn. 69).

aa) Legalitäts- und Legalitätskontrollpflicht

Die Legalitätspflicht, die in der allgemeinen Sorgfaltspflicht ihre Grundlage hat[1268], verpflichtet die Mitglieder des Verbandsvorstandes dazu, die zwingenden und für den Verein einschlägigen gesetzlichen Vorschriften sowie die allgemein anerkannten Grundsätze des Vereinsrechts zu beachten.[1269] Die Vorstandsmitglieder haben so für ein rechtmäßiges Verhalten des Verbandes im Außenverhältnis zu sorgen.[1270] Die Legalitätspflicht beinhaltet zunächst die Pflicht, sich selbst im Rahmen der Amtsführung rechtmäßig zu verhalten und umfasst dabei alle Rechtsbereiche einschließlich des Kartellrechts.[1271] Darüber hinaus besteht im Rahmen des Erforderlichen und Zumutbaren auch die Pflicht zur Legalitätskontrolle anderer Personen (Legalitätskontrollpflicht)[1272], d.h. jedes Mitglied des Vorstands ist in seinem Verantwortungsbereich dazu verpflichtet, durch wirksame organisatorische Maßnahmen für ein gesetzestreues Verhalten nachgeordneter Mitarbeiter zu sorgen[1273]. Die Legalitätskontrollpflicht stellt sich dabei als Verlängerung der Legalitätspflicht dar, die sich auf den Grundgedanken der Delegation zurückführen lässt.[1274] Wenn Vereinsleiter ihre Aufgaben durch andere Verbandsangehörige erledigen lassen, führt dies lediglich dazu, dass sich ihre Pflicht in eine Pflicht zur sorgfältigen Auswahl, Einweisung und Überwachung des Delegierenden verwandelt.[1275] Dadurch wird aus der Legalitätspflicht eine Legalitätskontrollpflicht.[1276] Die Legalitäts- und Legalitätskontrollpflicht gilt dabei uneingeschränkt – auch im Hinblick auf Gesetzesverstöße, die im Interesse des Verbandes erfolgen und bei denen das Entdeckungs-, Verfolgungs- und Schadensrisiko im Vergleich zum voraussichtlichen Vorteil vernachlässigbar ist (sog. „nützliche Pflichtverletzungen").[1277]

Als Zwischenfazit lässt sich bereits festhalten, dass der Vorstand eine verbandsweite Organisationsverantwortung dahingehend trägt, für die Sicherstellung der Verhinderung von (Kartell-)Rechtsverletzungen zu sorgen.

1268 *Verse*, ZHR 175 (2011), 401, 404.

1269 *Reichert*, Vereins- und Verbandsrecht, Rn. 3680.

1270 *Burgard*, in: Krieger/U.H. Schneider, Handbuch Managerhaftung, § 6 Rn. 16.

1271 *Verse*, ZHR 175 (2011), 401, 403.

1272 *Fleischer*, NZG 2014, 321, 322; *Verse*, ZHR 175 (2011), 401, 403. Vorstehende Autoren beziehen sich dabei nur auf Unternehmensvorstände.

1273 *Fleischer*, NZG 2014, 321, 322; *Verse*, ZHR 175 (2011), 401, 403.

1274 *Verse*, ZHR 175 (2011), 401, 404.

1275 *Verse*, ZHR 175 (2011), 401, 404. Dieser geht freilich von „Geschäftsleitern" aus.

1276 *Verse*, ZHR 175 (2011), 401, 404.

1277 *Burgard*, in: Krieger/U.H. Schneider, Handbuch Managerhaftung, § 6 Rn. 16; *Pape*, Corporate Compliance – Rechtspflichten zur Verhaltenssteuerung von Unternehmensangehörigen in Deutschland und den USA, S. 111. Letzterer bezieht sich nur auf Unternehmen.

Aus der allgemeinen Legalitätspflicht (die die Legalitätskontrollpflicht einschließt)[1278] leiten weite Teile der Literatur und mittlerweile auch die Rechtsprechung für juristische Personen, ein entsprechendes Gefahrenpotential vorausgesetzt, die Pflicht zu (Kartellrechts-)Compliance ab.[1279] So hat jüngst das LG München I in einem aktienrechtlichen Schadensersatzprozess gegen ein Vorstandsmitglied (vgl. § 93 Abs. 2 S. 1 AktG) wegen mangelhafter Compliance-Organisation entschieden, dass ein Vorstandsmitglied einer Aktiengesellschaft im Rahmen seiner Legalitätspflicht dafür Sorge zu tragen hat, dass das Unternehmen so organisiert und beaufsichtigt wird, dass keine Gesetzesverletzungen stattfinden.[1280] Seiner Organisationspflicht genüge der Vorstand bei entsprechender Gefährdungslage nur dann, wenn er eine auf Schadensprävention und Risikokontrolle angelegte Compliance-Organisation einrichte.[1281] Vorstehende Entscheidung kann durchaus auch als Richtschnur für das Handeln der Leitungsorgane von (großen) Verbänden verstanden werden, da die Anwendung des Sorgfaltsmaßstabes des § 93 Abs. 1 S. 1 AktG – wie erwähnt – ebenfalls im Vereinsrecht befürwortet wird.[1282]

bb) Vereinsvermögenserhalt (Schadensabwendungspflicht)

Der Vorstand ist im Rahmen der Geschäftsführung zur Förderung des Verbandszwecks und zur Abwendungen von Schäden vom Verband verpflichtet. Die Sorgfaltspflicht eines ordentlichen Vereinsleiters beinhaltet damit auch die Pflicht, den Verband vor Vermögens- und Imageschäden zu bewahren.[1283] Zu einer auf Schadensabwendung ausgerichteten Geschäftsführung gehört es, Maßnahmen zu ergreifen, durch welche Risiken identifiziert, analysiert und zeit- und sachgerecht gesteuert und überwacht werden können.[1284] Die Pflicht zum Erhalt des Vereins- bzw. Verbandsvermögens kann damit auch die Pflicht zur Errichtung eines kartellrechtlich geprägten Compliance-Systems umfassen, um den Verband vor vorbeschriebenen Schäden zu bewahren, die insbesondere durch die Verletzung von Verhaltenspflichten der Verbandmitarbeiter verursacht werden können.[1285]

Zusammenfassend lässt sich festhalten, dass die Vorstandsmitglieder eines Verbandes aufgrund des auch im Vereinsrecht geltenden Legalitäts- und

---

1278 Zuweilen wird der Begriff „Legalitätspflicht“ auch als Oberbegriff für die Verpflichtung der Geschäftsleiter, sich selbst rechts- und regelkonform zu verhalten und für ihre Pflicht zur Legalitätskontrolle verwendet. Die oben genannte allgemeine Legalitätspflicht umfasst beide Verpflichtungen.

1279 Vgl. LG München I, Urt. v. 10.12.2013, 5 HK O 1387/10 = NZG 2014, 345; *Meier-Greve*, BB 2009, 2555; *Schmidt*, BB 2009, 1295.

1280 LG München I, Urt. v. 10.12.2013, 5 HK O 1387/10 = NZG 2014, 345, 346.

1281 LG München I, Urt. v. 10.12.2013, 5 HK O 1387/10 = NZG 2014, 345, 346.

1282 Vgl. u.a. *Reichert*, Vereins- und Verbandsrecht, Rn. 3676 f.

1283 *Brouwer*, CCZ 2009, 161, 162.

1284 *Fissenewert*, in: Fissenewert, Compliance für den Mittelstand, 4. Kapitel Rn. 48. Dieser bezieht sich freilich auf die „Unternehmensleitung“.

1285 *Brouwer*, CCZ 2009, 161, 162.

Legalitätskontrollprinzips für ein rechtmäßiges Verhalten des Verbandes im Innen- und Außenverhältnis zu sorgen haben. Im Falle der Delegation von Aufgaben ist in jedem Fall eine angemessene Verbandsorganisation unter Beachtung der Auswahl-, Instruktions-, Informations- und Überwachungssorgfalt sicherzustellen.[1286] Darüber hinaus könnte man anhand einer Zusammenschau vorbeschriebener organschaftlicher Pflichten dogmatisch auch die zwingende Verpflichtung für den Verbandsvorstand ableiten, eine (umfassende) Compliance-Organisation zu errichten, die auch den Bereich des Kartellrechts einschließt.[1287] Dies kann aber erst dann abschließend beurteilt werden, wenn das Spannungsverhältnis zwischen Pflicht und dem in § 93 Abs. 1 S. 2 AktG geregelten (Geschäftsleiter-)Ermessen geklärt worden ist.

b) Vereinsleiterermessen und Kartellrechtscompliance

Es ist möglich, dass die Einrichtung eines Compliance-Systems zugunsten der Verbandsleitung dem in § 93 Abs. 1 S. 2 AktG kodifizierten Geschäftsleiterermessen unterfällt. Es stellt sich insoweit die Frage, ob und in welchem Maße dem Verbandsvorstand ein Ermessensspielraum im Hinblick auf die Einrichtung einer Compliance-Organisation (sog. „Entschließungsermessen") und die Auswahl bestimmter Maßnahmen im Rahmen der Organisation (sog. „Ausgestaltungsermessen") zugestanden wird.[1288] Dafür muss die Vorschrift des § 93 Abs. 1 S. 2 AktG im Vereinsrecht aber zunächst einmal (entsprechend) anwendbar sein.

aa) Vereinsleiterermessen durch entsprechende Anwendung § 93 Abs. 1 S. 2 AktG

Das Handeln des Vorstands einer Aktiengesellschaft unterliegt – in den Grenzen der rechtlichen Rahmenbedingungen – einem weiten Ermessensspielraum.[1289] So liegt nach § 93 Abs. 1 S. 2 AktG dann keine Pflichtverletzung vor, wenn das Vorstandsmitglied bei einer unternehmerischen Entscheidung vernünftigerweise annehmen durfte, auf der Grundlage angemessener Information zum Wohle der Gesellschaft zu handeln. Diese Vorschrift wurde im Jahr 2005 durch das Gesetz zur Unternehmensintegrität und Modernisierung des Anfechtungsrechts (UMAG)[1290] in das deutsche

---

1286 *Pape*, Corporate Compliance – Rechtspflichten zur Verhaltenssteuerung von Unternehmensangehörigen in Deutschland und den USA, S. 116; *Fissenewert*, in: Fissenewert, Compliance für den Mittelstand, 4. Kapitel Rn. 48, 51. Diese beziehen sich indes auf die Situation von „Unternehmen".

1287 Vgl. u.a. *Reichert/Ott*, ZIP 2009, 2173; *C.H. Müller*, Kartellrechtscompliance in Deutschland, S. 84. Diese beziehen sich ausschließlich auf Unternehmensvorstände.

1288 *C.H. Müller*, Kartellrechtscompliance in Deutschland, S. 86. Dieser bezieht sich freilich auf Geschäftsleiter einer AG.

1289 *Meier-Greve*, BB 2009, 2555, 2557.

1290 Gesetz zur Unternehmensintegrität und Modernisierung des Anfechtungsrechts (UMAG) v. 22.9.2005, BGBl. I 2005, 2802.

Aktienrecht eingefügt. Zuvor erkannte der BGH 1997 in seiner Entscheidung *ARAG/Garmenbeck*[1291] erstmals die Figur des Geschäftsleiterermessens an, die ihre Wurzeln in der sog. „Business Judgement Rule" des US-amerikanischen Gesellschaftsrechts hat[1292]. Die Business Judgement Rule besagt, dass Entscheidungsträgern ein Freiraum von Haftungsrisiken gewährt wird, solange sie die Anforderungen[1293] der Business Judgement Rule beachten.[1294] Dies führt aber nicht zu einer Erfolgshaftung, sofern die Voraussetzungen der Business Judgement Rule nicht erfüllt sind.[1295] In diesem Fall wird lediglich eine volle gerichtliche Überprüfung des Organhandelns bewirkt.[1296]

Die Einführung des § 93 Abs. 1 S. 2 AktG brachte erhebliche haftungsrechtliche Konsequenzen mit sich, denn erst wenn der dort festgelegte Spielraum „gesprengt" wird, kann eine Pflichtverletzung und damit eine Schadensersatzpflicht nach § 93 Abs. 2 S. 1 AktG überhaupt in Betracht kommen.[1297] Die Beweislast dafür, ob die Sorgfalt eines ordentlichen und gewissenhaften Geschäftsleiters angewandt worden ist, trifft nach Maßgabe des § 93 Abs. 2 S. 2 AktG das jeweilige Vorstandsmitglied.

Nicht nur Vorstände von Aktiengesellschaften müssen die Grundsätze des § 93 Abs. 1 S. 2 AktG bei ihrer Tätigkeit beachten. Nach allgemeiner Meinung gilt die Vorschrift entsprechend für Mitglieder von Verwaltungsorganen gleich welcher Rechtsform; sie hat also Ausstrahlungswirkung auf das gesamte Zivilrecht.[1298] Die entsprechende Anwendung wird berechtigterweise damit begründet, dass sich das Problem von Entscheidungen unter Unsicherheit bei jeder Verwaltung (auch) fremden Vermögens stelle.[1299]

1291 BGH, Urt. v. 21.04.1997, II ZR 175/95 – *ARAG/Garmenbeck* = BGHZ 135, 244 = NJW 1997, 1926.

1292 *Pape*, Corporate Compliance – Rechtspflichten zur Verhaltenssteuerung von Unternehmensangehörigen in Deutschland und den USA, S. 121.

1293 Voraussetzung für den Ausschluss der Haftung ist, dass der Vorstand bei einer unternehmerischen Entscheidung vernünftigerweise annehmen durfte, auf der Grundlage angemessener Information zum Wohle der Gesellschaft zu handeln (§ 93 Abs. 1 S. 2 AktG).

1294 *Sieg/Zeidler*, in: Hauschka, Corporate Compliance, § 3 Rn. 1.

1295 *Fleischer*, in: Spindler/Stilz, Aktiengesetz, Band 1, § 93 AktG Rn 65; *C.H. Müller*, Kartellrechtscompliance in Deutschland, S. 85 f.

1296 *Spindler*, in: Münchener Kommentar zum Aktiengesetz, Band 2, 3. Auflage, § 93 AktG Rn. 39; *C.H. Müller*, Kartellrechtscompliance in Deutschland, S. 86.

1297 *Meier-Greve*, BB 2009, 2555, 2557.

1298 *Burgard*, in: Krieger/U.H. Schneider, Handbuch Managerhaftung, § 6 Rn. 30; *Grambow*, in: Fissenewert, Compliance für den Mittelstand, 5. Kapitel Rn. 72; *Grützner/Jakob*, Compliance von A-Z, Stichwort: Business Judgment Rule.

1299 *Burgard*, in: Krieger/U.H. Schneider, Handbuch Managerhaftung, § 6 Rn. 30. Auch *Lutter* hält die Business Judgement Rule im Vereinsrecht grundsätzlich für anwendbar. Dies soll zumindest für wirtschaftliche Vereine i.S.d. § 22 BGB und für Vereine gelten, die eigentlich wirtschaftliche Vereine sein müssten, z.B. der ADAC und Vereine der Fußball-Bundesliga, mit Billigung des BGH (BGH, Urt.

Es kann damit festgehalten werden, dass die Vorschrift des § 93 Abs. 1 S. 2 AktG in entsprechender Anwendung grundsätzlich auch im Vereinsrecht gilt; Verbandsvorständen wird damit bei Entscheidungen unter Unsicherheit ein (Vereinsleiter-) Ermessen zugestanden. Darauf aufbauend stellt sich die Frage, ob dieses Ermessen zugunsten der Verbandsleitung auch für Entscheidungen im Hinblick auf die Implementierung eines kartellrechtlichen Compliance-Systems zum Tragen kommt.

bb) Geltung der Business Judgement Rule auf der Ebene der Entschließung („ob")

Im Rahmen des Vereinsleiterermessens ist zwischen zwei Ebenen zu differenzieren: dem Entschließungsermessen und dem Auswahl- bzw. Ausgestaltungsermessen. Auf der Ebene seines Entschließungsermessens muss der Vorstand zunächst prüfen, ob eine Pflicht zur Einrichtung eines (kartellrechtlichen) Compliance-Systems besteht.[1300] Bei Bejahung dieser Frage, muss er daraufhin auf der zweiten Ebene des Auswahlermessens entscheiden, wie er handelt, d.h. welches konkrete Compliance-System er im Verband implementiert.[1301]

Voraussetzung für eine Ermessensentscheidung i.S.d. § 93 Abs. 1 S. 2 AktG ist, dass die Tatbestandsvoraussetzungen der Norm (unternehmerische Entscheidung, angemessene Information, Handeln zum Wohle der Gesellschaft, Freiheit von Interessenkonflikten und Gutgläubigkeit) kumulativ vorliegen. Für die aufgeworfene Frage, ob die Errichtung einer Kartellrechtscompliance-Organisation unter § 93 Abs. 1 S. 2 AktG fällt, ist – da die übrigen Tatbestandsmerkmale keine Probleme aufwerfen – einzig fraglich, ob diesbezüglich eine „unternehmerische Entscheidung" angenommen werden kann. Eine Konkretisierung dieses Begriffs fällt zwar zunächst schwer.[1302] Jedoch gibt der Gesetzgeber einen ersten Anhaltspunkt indem er betont, dass solche Entscheidungen *„infolge ihrer Zukunftsbezogenheit durch Prognosen und nicht justiziable Einschätzungen geprägt [sind]"*.[1303] Dies unterscheide sie von der Beachtung gesetzlicher, satzungsmäßiger oder anstellungsvertraglicher Pflichten ohne tatbestandlichen Beurteilungsspielraum.[1304] Eine unternehmerische Entscheidung ist folglich insbesondere dann abzulehnen, wenn eine gebundene Entscheidung vorliegt, so dass dem Vorstand in diesem Fall von vornherein kein schützenswerter Handlungsspielraum zusteht.[1305] Auch nützliche Pflichtverletzungen fallen aus dem

---

v. 29.9.1982, I ZR 88/80 – *ADAC-Verkehrsrechtsschutz* = BGHZ 85, 84) aber in der Rechtsform des Idealvereins bleiben dürfen (*Lutter*, ZIP 2007, 841, 848).

1300 *Bürkle*, BB 2005, 565, 569.

1301 Vgl. *Bürkle*, BB 2005, 565, 569.

1302 *Spindler*, in: Münchener Kommentar zum Aktiengesetz, Band 2, § 93 AktG Rn. 41.

1303 BT-Drucks. 15/5092, S. 11; *Spindler*, in: Münchener Kommentar zum Aktiengesetz, Band 2, § 93 AktG Rn. 41.

1304 BT-Drucks. 15/5092, S. 11.

1305 *Dauner-Lieb*, in: Henssler/Strohn, Gesellschaftsrecht, § 93 AktG Rn. 21.

Anwendungsbereich der Vorschrift heraus, weil eine gesetzeswidrige Entscheidung keine unternehmerische Entscheidung sein kann.[1306]

Unternehmerische Entscheidungen können – wie bereits erwähnt – nicht nur durch positives Tun getroffen werden, sondern auch durch Unterlassen einer Geschäftschance.[1307] Trotzdem *„darf der Vorstand nicht die Hände in den Schoß legen, vielmehr muss er unternehmerische Chancen nutzen und suchen"*.[1308]

Die Entscheidung des Vorstandsmitglieds beinhaltet ferner, dass es sich um eine bewusste Handlung oder Unterlassen handelt, so dass Maßnahmen, die nicht auf einer Entscheidung beruhen, nicht von § 93 Abs. 1 S. 2 AktG erfasst sind.[1309] Dahingehend ist das unbewusst fahrlässige Verstreichenlassen von Geschäftschancen keine unternehmerische Entscheidung, im Gegensatz zur bewussten Entscheidung, eine Geschäftschance nicht wahrzunehmen.[1310]

Zur Klärung der Compliance-Pflicht von Verbandsvorständen bietet es sich – insbesondere vor dem Hintergrund fehlender einschlägiger vereinsrechtlicher Rechtsprechung – an, neben der zu dieser Problematik vorhandenen vereinsrechtlichen Literatur auch auf die im Aktienrecht geführte Diskussion zur Einrichtung einer Compliance-Organisation in Aktiengesellschaften zurückzugreifen.

Die Vertreter der vereinsrechtlichen Literatur befürworten eine vereinsrechtliche Compliance-Pflicht zur Schaffung einer Compliance-Organisation.[1311] So könne nach Auffassung *Brouwers* die Vereinsleitung nur so ihrer Pflicht nachkommen, *„für die Einhaltung von Recht und Gesetz zu sorgen"*.[1312] Er leitet diese Pflicht für das Innenverhältnis aus der allgemeinen Sorgfaltspflicht eines ordentlichen Vereinsleiters her.[1313] Diese erfasse auch die Pflicht, den Verband vor Vermögens- und Imageschäden zu bewahren, die insbesondere durch die Verletzung von Verhaltenspflichten seiner Mitarbeiter verursacht werden könnten.[1314]

In der aktienrechtlichen Literatur gibt es ein breites Meinungsspektrum zur Problematik der (allgemeinen) Compliance-Pflicht von Vorständen. Eine Vielzahl von Autoren geht davon aus, dass die Business Judgement Rule mit Blick auf die Frage, ob der Vorstand einer Aktiengesellschaft verpflichtet ist, eine umfassende Compliance-Organisation im Unternehmen einzurichten, anwendbar ist.[1315] Diesbezüglich

---

1306 *Dauner-Lieb*, in: Henssler/Strohn, Gesellschaftsrecht, § 93 AktG Rn. 20.
1307 *Spindler*, in: Münchener Kommentar zum Aktiengesetz, Band 2, § 93 AktG Rn. 43.
1308 *Spindler*, in: Münchener Kommentar zum Aktiengesetz, Band 2, § 93 AktG Rn. 43.
1309 *Spindler*, in: Münchener Kommentar zum Aktiengesetz, Band 2, § 93 AktG Rn. 44.
1310 *Spindler*, in: Münchener Kommentar zum Aktiengesetz, Band 2, § 93 AktG Rn. 44.
1311 *Brouwer*, CCZ 2009, 161, 162; *Pischel/Kopp*, CCZ 2014, 198, 203.
1312 *Brouwer*, CCZ 2009, 161, 162.
1313 *Brouwer*, CCZ 2009, 161, 162.
1314 *Brouwer*, CCZ 2009, 161, 162.
1315 *Fleischer*, in: Fleischer, Handbuch des Vorstandsrechts, § 7 Rn. 55 u. § 8 Rn. 45; *Goette*, ZHR 175 (2011), 388, 396 f.; *Hauschka*, AG 2004, 461 ff.; *ders.* ZIP 2004, 877, 880, 882; *Koch*, in: Hüffer, Aktiengesetz, § 76 AktG Rn. 14; *Kremer/Klahold*, ZGR 2010, 113, 120 f.; *Strothmeyer*, Compliance – Risikobegrenzung und Imagevorteil,

stehe dem Vorstand grundsätzlich ein Ermessensspielraum zu – eine gebundene Entscheidung liege also gerade nicht vor. Daraus erfolge die Verpflichtung, anhand einer Risikoanalyse der Geschäftstätigkeit des Unternehmens zu prüfen, ob die Einrichtung eines Compliance-Programms erforderlich sei.[1316] Auf der Grundlage dieser Risikoanalyse habe der Vorstand dann über die Einrichtung eines Compliance-Programms zu entscheiden.[1317] Insoweit habe der Vorstand einer Aktiengesellschaft nur bei entsprechendem Risikopotential des Unternehmens aufgrund der ihm obliegenden Legalitätspflicht die Verpflichtung, eine institutionalisierte Compliance-Organisation einzurichten.[1318] Das Gefahrenpotential könne sich dabei aus der Branchenzugehörigkeit oder Größe des Unternehmens, der Struktur und Lage des Unternehmens, der Anzahl der Mitarbeiter sowie aus seiner weltweiten Marktpräsenz oder aus Missständen in der Vergangenheit ergeben.[1319] Insbesondere in größeren Einzelunternehmen verdichte sich das unternehmerische Ermessen aber dahingehend, dass die Implementierung eines institutionalisierten Compliance-Systems angezeigt sei.[1320] In kleinen, gut überschaubaren Gesellschaften mit geringer Risikoexposition bedürfe es dementsprechend keiner institutionalisierten Compliance-Strukturen, wohl aber eines Minimums an Präventionsmaßnahmen.[1321]

Teilweise wird sogar die Auffassung vertreten, dass eine Rechtspflicht für alle Unternehmen, gleich welcher Größe, Branche etc., besteht, ein umfassendes Compliance-System einzurichten.[1322]

Dagegen geht eine starke Mindermeinung davon aus, dass eine Verpflichtung des Vorstands zur Einführung von Compliance-Systemen nicht besteht. Diese Auffassung argumentiert damit, dass es keine ausreichenden gesetzlichen Vorgaben gebe und die Entscheidung allein der unternehmerischen Freiheit des Vorstands unterliege.[1323]

S. 110 ff. *Zöllner/Noack* gehen auch für Gesellschaften mit beschränkter Haftung davon aus, dass eine Rechtspflicht für Geschäftsführer zur Einrichtung einer Compliance-Organisation nur angenommen werden könne, wenn und soweit ein gewisses „Risikopotential" erreicht werde und die Einrichtung zumutbar sei (*Zöllner/Noack*, in: Baumbach/Hueck, GmbHG, § 43 GmbHG Rn. 17). Siehe dazu auch LG München I, Urt. v. 10.12.2013, 5 HK O 1387/10 = NZG 2014, 345 ff.

1316 *Kremer/Klahold*, ZGR 2010, 113, 120.

1317 *Kremer/Klahold*, ZGR 2010, 113, 121.

1318 *Spindler*, in: Münchener Kommentar zum Aktiengesetz, Band 2, § 91 AktG Rn. 66.

1319 *Fleischer*, in: Spindler/Stilz, Aktiengesetz, Band 1, § 91 AktG Rn. 54; *Seeliger/Mross*, in: Frankfurter Kommentar, EG-Kartellrecht, Band II, Allg. Teil E, Rn. 22; *Spindler*, in: Münchener Kommentar zum Aktiengesetz, Band 2, § 91 AktG Rn. 66.

1320 *Kremer/Klahold*, ZGR 2010, 113, 121; *Grundmeier*, Rechtspflicht zur Compliance im Konzern, S. 122.

1321 *Fleischer*, in: Spindler/Stilz, Aktiengesetz, Band 1, 2. Auflage, § 91 AktG Rn. 50.

1322 U.a. *U.H. Schneider*, ZIP 2003, 645, 648 f.; *C.H. Müller*, Kartellrechtscompliance in Deutschland, S. 89.

1323 *Sieg/Zeidler*, in: Hauschka, Corporate Compliance, § 3 Rn. 24; m.w.N. *Bürkle*, BB 2005, 565 ff. (Fn. 37).

Im Ergebnis ist eine Kartellrechtscompliance-Pflicht für Verbandsvorstände nur bei entsprechendem Risikopotential des Verbandes zu bejahen – auf der Ebene des „ob" ist die Business Judgement Rule somit grundsätzlich anwendbar. Diese Verpflichtung lässt sich aus der (Vorstands-)Pflicht, das Vermögen des Verbandes zu erhalten und diesen demzufolge vor Vermögens- und Imageschäden zu bewahren sowie aus der dem Verbandsvorstand obliegenden Legalitätskontrollpflicht und der damit einhergehenden Organisationsverantwortung herleiten. Darüber hinaus sprechen auch die zunehmende Flut an einzuhaltenden Vorschriften[1324], die bereits aufgezeigten Schwierigkeiten bei der kartellrechtlichen Selbsteinschätzung und die ganz erheblichen Haftungsfolgen bei eingetretenen Kartellrechtsverstößen[1325] dafür, bei entsprechender Risikoexposition ein kartellrechtliches Compliance-System in Verbänden zu implementieren. Eine allgemeine Verpflichtung zur Einführung einer umfassenden Compliance-Organisation für alle Verbände, unabhängig von ihrer Größe etc., ist aber abzulehnen. Eine derartige Pflicht würde für diese Verbände eine unnötige und unzumutbare Überreglementierung darstellen.[1326]

Zur Bestimmung des verbandsindividuellen Risikopotentials sind – weitgehend anknüpfend an die Kriterien, die von der aktienrechtlichen Literatur zur Compliance-Verpflichtung von Vorständen aktienrechtlicher Gesellschaften aufgestellt worden sind – insbesondere folgende Parameter relevant: die Größe und die Struktur des Verbandes sowie seine Lage, die Anzahl der Verbandsmitarbeiter und bereits vorgekommene (eigene) Kartellrechtsverstöße in der Vergangenheit. Darüber hinaus können auch die Anzahl der Verbandsmitglieder, deren Tätigkeitsbereiche und ggf. ihre früher begangenen kartellrechtlichen Zuwiderhandlungen geeignete Parameter zur Bestimmung vorgenannten Risikos sein.

In der Mehrzahl der Fälle dürfte sich aber bereits im Wege einer Ermessensreduzierung aufgrund der Verbandsgröße und der kartellrechtlichen Gefahrgeneigtheit von Verbänden – das Spannungsfeld zwischen Verbandsarbeit und Kartellrecht wurde hinreichend beschrieben – die zwingende Verpflichtung für Verbandsvorstände ergeben, eine kartellrechtlich geprägte Compliance-Organisation zu errichten. Anlehnend an die herrschende (aktienrechtliche) Auffassung besteht also lediglich bei kleinen, gut überschaubaren Verbänden mit begrenztem Risikopotential kein Bedürfnis zur Einrichtung eines institutionalisierten Compliance-Systems. In diesen Fällen verbleibt Verbandsvorständen aber die Pflicht, ein Minimum an Präventionsmaßnahmen durchzuführen. Bedenkt man, dass das Verbandsspektrum von kleinen, sehr spezialisierten Fachverbänden (mit teilweise nur drei Mitarbeitern) über nationale Dachverbände bis hin zu europäischen und internationalen

---

1324 *U.H. Schneider*, ZIP 2003, 645, 646.

1325 *Huber*, Die Reichweite konzernbezogener Compliance-Pflichten des Mutter-Vorstands des AG-Konzerns, S. 71; *C.H. Müller*, Kartellrechtscompliance in Deutschland, S. 89.

1326 *Hauschka*, in: Hauschka, Corporate Compliance, § 1 Rn. 23. Dieser bezieht sich freilich auf „Unternehmen".

Wirtschaftsverbänden reicht[1327], scheint diese flexible und vom jeweiligen Einzelfall abhängige Handhabung folgerichtig.[1328]

In diesem Zusammenhang sei auch noch einmal die Entscheidung des LG München I[1329] erwähnt, wonach die Nicht-Einrichtung eines Compliance-Systems bei entsprechendem Gefahrenpotential einer Aktiengesellschaft eine Pflichtverletzung begründet.[1330] Die Errichtung einer Compliance-Organisation *„wird also längst als hinreichendes aber auch notwendiges Mittel eingestuft, mit der der Vorstand die im Verkehr erforderliche Sorgfalt zur Durchsetzung seiner Legalitätspflicht nachweisen kann"*.[1331]

cc) Geltung der Business Judgement Rule auf der Ebene der inhaltlichen Ausgestaltung der Compliance-Organisation („wie")

Die Frage, „ob" der Vorstand zur Errichtung einer Compliance-Organisation verpflichtet ist, ist von der Frage des „wie", also den Ausgestaltungsmöglichkeiten, die einem Vorstand im Hinblick auf die (kartellrechtliche) Compliance-Organisation zur Verfügung stehen, zu unterscheiden. Die Literatur ist sich diesbezüglich weitgehend darüber einig, dass die Verpflichtung des Vorstands zur Errichtung einer Compliance-Organisation Grenzen hat.[1332] Dabei wird die Pflicht in zweierlei Hinsicht eingeschränkt.[1333] Sie steht einerseits unter dem doppelten Vorbehalt der Erforderlichkeit und Zumutbarkeit.[1334] Zum anderen wird den Vorstandsmitgliedern bei ihrer Entscheidung über proaktive Überwachungsmaßnahmen ein weiter Ermessensspielraum zugestanden.[1335] Damit ist die Business Judgment Rule bei der Ausgestaltung des konkreten Compliance-Systems grundsätzlich anwendbar.[1336]

Auch die vereinsrechtliche Literatur geht mit Blick auf die Frage des Ausgestaltungsermessens davon aus, dass eine Compliance-Organisation Schwerpunkte

---

1327 *Brouwer*, CCZ 2009, 161, 162.

1328 Zur Unternehmenspraxis *Hauschka*, in: Hauschka, Corporate Compliance, § 1 Rn. 23.

1329 LG München I, Urt. v. 10.12.2013, 5 HK O 1387/10 = NZG 2014, 345.

1330 LG München I, Urt. v. 10.12.2013, 5 HK O 1387/10 = NZG 2014, 345 ff. Das LG München bezieht sich indes nur auf „Unternehmen".

1331 LG München I, Urt. v. 10.12.2013, 5 HK O 1387/10 = CCZ 2014, 142, 144 (m. Anm. von *Fett*).

1332 *Fleischer*, CCZ 2008, 1, 3; *Bürkle*, BB 2007, 1797, 1798; *C.H. Müller*, Kartellrechtscompliance in Deutschland, S. 91.

1333 *C.H. Müller*, Kartellrechtscompliance in Deutschland, S. 91.

1334 *Fleischer*, in: Fleischer, Handbuch des Vorstandsrechts, § 8 Rn. 45; *Bussmann/Matschke*, CCZ 2009, 132, 133.

1335 *Fleischer*, in: Spindler/Stilz, Aktiengesetz, Band 1, § 91 AktG Rn. 56; *Koch*, in: Hüffer, Aktiengesetz, § 76 AktG Rn. 14; *Meier-Greve*, BB 2009, 2555, 2557.

1336 *Huber*, Die Reichweite konzernbezogener Compliance-Pflichten des Mutter-Vorstands des AG-Konzerns, S. 73; *C.H. Müller*, Kartellrechtscompliance in Deutschland, S. 90; vgl. *Rieder/Jerg*, CCZ 2010, 201.

setzen dürfe, d.h. nicht alle, sondern nur die sensiblen, schadensanfälligen Verbandsbereiche seien in das Compliance-Programm zu integrieren.[1337] Für die übrigen, weniger haftungsrelevanten Verbandsbereiche genüge es dagegen, wenn sich die Verbandsleitung über die Rechtmäßigkeit in den jeweiligen Bereichen informiert halte und bei gegebenem Anlass einschreite.[1338] Eine sämtliche Verbandsbereiche umfassende Compliance-Organisation ist somit nicht erforderlich.[1339]

Der Umfang der Compliance-Organisation im Einzelnen bestimmt sich nach den gleichen Kriterien, die bei der Analyse des Risikopotentials im Hinblick auf die Frage, ob eine Compliance-Organisation einzurichten ist, eine Rolle spielen. So sollen – auch nach der Auffassung der Rechtsprechung – Art, Größe und Organisation der juristischen Person, die zu beachtenden Vorschriften, die geographische Präsenz sowie die Verdachtsfälle aus der Vergangenheit maßgebend sein.[1340] Darüber hinaus sind auch Parameter wie das Tätigkeitsfeld des Verbandes selbst und seiner angeschlossenen Mitglieder sowie die Anzahl der Mitarbeiter und Mitgliedsunternehmen in die (kartellrechtliche) Beurteilung einzustellen.[1341]

Im Rahmen der Organisation der Kartellrechtscompliance sind verschiedene Möglichkeiten denkbar. Dabei wird zwischen der Compliance-Zuständigkeit, also z.B. der Möglichkeit interne oder externe Beauftragte zur Umsetzung von Compliance-Maßnahmen einzusetzen oder – in größeren Wirtschaftsverbänden – Compliance-Aufgaben auf eine interne Compliance-Abteilung oder einen Compliance-Officer zu übertragen[1342], sowie den Compliance-Instrumenten unterschieden.[1343]

Zu letzteren[1344] gehören u.a. interne Compliance-Leitfäden, in denen die „Verbandspolitik" im Hinblick auf die Einhaltung des geltenden Rechts statuiert ist, regelmäßige Compliance-Schulungen der Mitarbeiter, in denen gesetzeskonformes Verhalten vermittelt wird oder sog. „Whistleblower-Systeme", die es Angestellten ermöglichen, eigene oder mutmaßliche Kartellrechtsverstöße von Kollegen oder Vorgesetzten unter Wahrung von Vertraulichkeit zu melden.[1345] Zwar kann sich das Ausgestaltungsermessen auf den Umfang der einzubeziehenden Rechtsgebiete

---

1337 *Brouwer*, CCZ 2009, 161, 162.

1338 *Brouwer*, CCZ 2009, 161, 162.

1339 *Brouwer*, CCZ 2009, 161, 162.

1340 LG München I, Urt. v. 10.12.2013, 5 HK O 1387/10 = NZG 2014, 345, 347; *Hauschka*, in: Hauschka, Corporate Compliance, § 1 Rn. 23.

1341 Zur Unternehmenspraxis siehe u.a. *Fleischer*, BB 2008, 1070, 1072; *C.H. Müller*, Kartellrechtscompliance in Deutschland, S. 91.

1342 *Eisele/Faust*, in: Schimansky/Bunte/Lwowski, Bankrechts-Handbuch, Band II, § 109 Rn. 107.

1343 Vgl. *Huber*, Die Reichweite konzernbezogener Compliance-Pflichten des Mutter-Vorstands des AG-Konzerns, S. 73 f.

1344 Zur praktischen Umsetzung eines Kartellrechtscompliance-Programms in Wirtschaftsverbänden siehe Kapitel 5, S. 269 ff.

1345 *Huber*, Die Reichweite konzernbezogener Compliance-Pflichten des Mutter-Vorstands des AG-Konzerns, S. 74; *Karbaum*, Kartellrechtliche Compliance

erstrecken[1346], jedoch dürfen Wirtschaftsverbände aufgrund der Vielzahl der ihnen drohenden Haftungsrisiken den Bereich des Kartellrechts in der Regel nicht ausklammern. Überdies wird teilweise eine Reduzierung des Auswahlermessens bei in der Vergangenheit vorgekommenen compliance-relevanten Rechts- oder Regelverstößen diskutiert oder wenn Tatsachen vorliegen, die auf eine konkrete Gefahr solcher Verstöße schließen lassen.[1347] Daraus folgt, dass bei vorgekommenen Compliance-Verstößen auch die Anforderungen an den Vorstand steigen: Er ist nicht nur für die Aufklärung der Verstöße verantwortlich, sondern auch zur Prüfung verpflichtet, ob das bestehende Compliance-System ihnen effektiv begegnen konnte oder ob es infolge der Verstöße nivelliert werden muss.[1348]

Als Zwischenfazit lässt sich festhalten, dass die Business Judgement Rule mit Blick auf die Ausgestaltung der konkreten kartellrechtlichen Compliance-Organisation grundsätzlich anwendbar ist.[1349] In bestimmten Fällen reduziert sich jedoch das Ausgestaltungsermessen (z.B. bei in der Vergangenheit aufgetretenen Kartellrechtsverstößen). Bei der Implementierung eines kartellrechtlichen Compliance-Systems im Verband gilt: *„Compliance ‚von der Stange' erscheint weitgehend nicht sinnvoll, da (...) ein ‚Compliance-Maßanzug' erforderlich sein wird, um Haftungsrisiken zu entgehen"*.[1350]

c) Eingeschränkte Compliance-Verantwortung des gesetzlichen Verbandsvorstands

Die vorbeschriebene Compliance-Verpflichtung des (gesetzlichen) Verbandsvorstands kann vereinsrechtlichen Einschränkungen unterliegen. Die verbandsinterne Compliance-Verantwortung liegt zwar grundsätzlich beim gesetzlichen Vorstand, der im Normalfall für die Geschäftsführung zuständig ist; insoweit korrespondiert der Umfang der Geschäftsführungsbefugnis grundsätzlich mit dem Umfang der Vertretungsmacht und umgekehrt (sog. „Gleichlauf von Geschäftsführungs- und Vertretungsbefugnis")[1351]. Während der Vorstand aber nach § 26 Abs. 1 BGB den Verein zwingend nach außen vertreten muss, kann die Satzung die Geschäftsführung auch ganz oder teilweise einem anderen Organ zuweisen.[1352] So kann sie etwa einem

– Rechtsgrundlagen und Umsetzung, S. 330 f.; *Fleischer*, in: Fleischer, Handbuch des Vorstandsrechts, § 8 Rn. 44.

1346 *C.H. Müller*, Kartellrechtscompliance in Deutschland, S. 90.

1347 U.a. *Fleischer*, in: Spindler/Stilz, Aktiengesetz, Band 1, § 91 Rn. 57 ff.; *Hauschka*, in: Hauschka, Corporate Compliance, § 1 Rn. 33; *Bürkle*, BB 2005, 565, 570.

1348 LG München I, Urt. v. 10.12.2013, 5 HK O 1387/10 = CCZ 2014, 142, 144 (m. Anm. von *Fett*).

1349 Zu den rechtlichen Mindestanforderungen eines Kartellrechtscompliance-Programms siehe S. 270 ff.

1350 *Wiederholt/Walter*, BB 2011, 968, 972. Diese beziehen sich indes auf „Unternehmen".

1351 *Schöpflin*, in: Beck'scher Online-Kommentar BGB, § 27 BGB Rn. 17.

1352 BGH, Beschl. v. 19.9.1977, II ZB 9/76 = BGHZ 69, 250; *Reichert*, Vereins- und Verbandsrecht, Rn. 2606.

nicht als Vorstand benannten Organ übertragen werden, z.B. dem Präsidium.[1353] Daraus ergibt sich für die Compliance-Verantwortung des Verbandsvorstandes die (vereinsrechtliche) Besonderheit, dass mit dieser von den vereinsrechtlichen Vorschriften abweichenden Aufgabenzuteilung *„zugleich eine Beschränkung der Haftung des Vorstands für Compliance-Pflichtverletzungen verbunden [ist], deren Vermeidung Teil der Geschäftsführungsaufgabe ist"*.[1354] Eine vollständige Compliance-Entpflichtung ist aber ausgeschlossen, da dem gesetzlichen Vorstand einige persönliche Pflichten obliegen, die er für den Verband zu erfüllen hat.[1355] So ist er als gesetzliches Vertretungsorgan über § 9 Abs. 1 Nr. 1 OWiG insbesondere verantwortlich für die Erfüllung der Pflichten, die sich aus § 130 Abs. 1 OWiG ergeben.[1356] Dementsprechend verbleiben bestimmte Organisations- und Überwachungsaufgaben zwingend beim gesetzlichen Vorstand.[1357] Ob aus § 130 Abs. 1 OWiG auch eine allgemeine Rechtspflicht zur Schaffung bestimmter Organisationssysteme abgeleitet werden kann, ist allerdings streitig[1358] und daher nachstehend zu erläutern.

5. § 130 OWiG

Ein anderer dogmatischer Ansatz, der teilweise für die Herleitung einer allgemeinen Compliance-Pflicht herangezogen wird, fußt auf der das Außenverhältnis betreffenden Vorschrift des § 130 OWiG.[1359] Danach handelt ordnungswidrig, wer als Inhaber eines Betriebes oder Unternehmens vorsätzlich oder fahrlässig die Aufsichtsmaßnahmen unterlässt, die erforderlich sind, um in dem Betrieb oder Unternehmen Zuwiderhandlungen gegen Pflichten zu verhindern, die den Inhaber treffen und deren Verletzung mit Strafe oder Geldbuße bedroht ist, wenn eine solche Zuwiderhandlung begangen wird, die durch gehörige Aufsicht verhindert oder wesentlich erschwert worden wäre.

Sinn und Zweck der Norm ist es sicherzustellen, dass in Betrieben und Unternehmen Vorkehrungen gegen die Begehung solcher betriebsbezogenen Zuwiderhandlungen getroffen werden.[1360] Insoweit gründet sie sich auf den Gedanken, dass die

---

1353 *Reichert*, Vereins- und Verbandsrecht, Rn. 2606.

1354 *Brouwer*, CCZ 2009, 161, 167.

1355 *Brouwer*, CCZ 2009, 161, 167.

1356 *Brouwer*, CCZ 2009, 161, 167.

1357 *Brouwer*, CCZ 2009, 161, 167. Die interne Zuständigkeitsverteilung büßt nach Ansicht *Brouwers* ohnehin an Bedeutung ein, *„wenn die Vorstandsmitglieder zugleich Mitglieder des (mitgeschäftsführenden) Präsidiums sind, ihnen also eine Doppelfunktion mit entsprechender Pflichtenlast zukommt"* (*Brouwer*, CCZ 2009, 161, 167).

1358 Dazu vertiefend *Koch*, WM 2009, 1013, 1015 f.; siehe auch *Brouwer*, CCZ 2009, 161, 162.

1359 Genannt wird § 130 OWiG als Grundlage einer Compliance-Pflicht u.a. von *Bürkle*, BB 2005, 565, 567; *Fleischer*, BB 2008, 1070, 1071 f.; *Kiethe*, GmbHR 2007, 393, 396; *U.H. Schneider*, ZIP 2003, 645, 649; *Koch*, WM 2009, 1013, 1015 f.

1360 *Rogall*, in: Karlsruher Kommentar zum OWiG, § 130 OWiG Rn. 1.

Inhaber eines Betriebes oder eines Unternehmens verpflichtet sind, Normverstöße zu verhindern, die ihrem Organisationskreis entstammen.[1361]

Im Bereich des Kartellrechts gibt es zahlreiche Entscheidungen des Bundeskartellamtes sowie der Gerichtsbarkeiten, in denen die Anforderungen an die Aufsichtsmaßnahmen i.S.d. § 130 OWiG konkretisiert worden sind.[1362] So hat etwa das OLG Düsseldorf in seiner *Transportbeton*-Entscheidung[1363] festgestellt, dass die Aufsichtsmaßnahmen objektiv erforderlich und zumutbar sein müssen, wobei der Maßstab dafür die konkreten Zuwiderhandlungsgefahren im jeweiligen Betrieb seien[1364]. Zu den erforderlichen Aufsichtsmaßnahmen gehörten die sorgfältige Auswahl der Mitarbeiter, die sachgerechte Instruktion und Aufgabenverteilung, Aufklärung, Belehrung sowie die Überwachung der Mitarbeiter und Aufsichtspersonen.[1365] Eine hinreichende Überwachung setze jedenfalls stichprobenartige, überraschende Prüfungen voraus, um deutlich zu machen, dass Rechtsverstöße entdeckt und ggf. sanktioniert würden.[1366] Des Weiteren hat das Kammergericht für den Bereich des Kartellrechts explizit klargestellt, dass hinreichende organisatorische Vorkehrungen getroffen werden müssen, um Kartellrechtsverstöße rechtzeitig aufzudecken und zu verhindern.[1367]

Aus den Entscheidungen der Kartellrechtspraxis folgert ein Teil der gesellschaftsrechtlichen Literatur, dass die nach § 130 OWiG erforderlichen Aufsichtsmaßnahmen zu einer Vorstandspflicht zur Errichtung einer (kartellrechtlichen) Compliance-Organisation führen.[1368] Zwar spreche § 130 OWiG nicht ausdrücklich

---

1361 *Rogall*, in: Karlsruher Kommentar zum OWiG, § 130 OWiG Rn. 1.

1362 BKartA, Bußgeldbescheid v. 9.12.1997, B2–21/96 – *Rolli* = WuW/E DE-V 21, 24; Bußgeldbescheid v. 13.11.1998, B2–21/96 – *Preisetiketten* = WuW/E DE-V 85; KG, Urt. v. 25.7.1980, Kart 26/79 – *Revisionsabteilung* = WuW/E OLG 2330; KG, Urt. v. 21.1.1981, Kart 12/80 – *japanische Hifi-Geräte* = WuW/E OLG 2476; KG, Beschl. v. 21.9.1984, Kart a 29/84 – *Bauvorhaben U-Bahn-Linie 6-West* = WuW/E OLG 3399; m.w.N. *Pampel*, BB 2007, 1636, 1637 (Fn. 8).

1363 OLG Düsseldorf, Urt. v. 5.4.2006, VI-2 Kart 5 u. 6/05 OWi – *Transportbeton* = WuW DE-R 1893.

1364 OLG Düsseldorf, Urt. v. 5.4.2006, VI-2 Kart 5 u. 6/05 OWi – *Transportbeton* = WuW DE-R 1893, 1896; *Pampel*, BB 2007, 1636, 1637.

1365 OLG Düsseldorf, Urt. v. 5.4.2006, VI-2 Kart 5 u. 6/05 OWi – *Transportbeton* = WuW DE-R 1893, 1896.

1366 BGH, Beschl. v. 25.6.1985, KRB 2/85 – *Brückenbau Hopener Mühlenbach* = WuW/E BGH 2202, 2203; *Pape*, Corporate Compliance – Rechtspflichten zur Verhaltenssteuerung von Unternehmensangehörigen in Deutschland und den USA, S. 105.

1367 KG, Urt. v. 25.7.1980, Kart 26/79 – *Revisionsabteilung* = WuW/E OLG 2330, 2332; *Fleischer*, BB 2008, 1070, 1071 f.

1368 *Kort*, NZG 2008, 81, 82; *Moosmayer*, Compliance, Rn. 10; *C.H. Müller*, Kartellrechtscompliance in Deutschland, S. 132 f.; vertiefend zum Meinungsstand *Hauschka*, in: Hauschka, Corporate Compliance, § 1 Rn. 23; *Pampel*, BB 2007, 1636 ff.; *Koch*, WM 2009, 1013, 1016.

von Compliance, sondern nur von „erforderlichen Aufsichtsmaßnahmen".[1369] Die Reichweite dieser Aufsichtsmaßnahmen sei im Gesetz nicht konkretisiert, werde aber durch Entscheidungen der Kartellgerichte und durch die Verwaltungspraxis des Bundeskartellamts präzisiert.[1370]

Als Vertreter der vereinsrechtlichen Literatur geht *Brouwer* davon aus, dass die in § 130 Abs. 1 S. 1 OWiG verankerte Aufsichtspflicht als Rechtsgrundlage einer Pflicht zur Einrichtung einer Compliance-Organisation taugt.[1371] Danach treffe den gesetzlichen Vorstand i.S.d. § 26 BGB – auch in der Konstellation mangelnder Geschäftsführungsbefugnis – eine Compliance-Verantwortung als gesetzliches Vertretungsorgan über § 9 Abs. 1 Nr. 1 OWiG.[1372] Er sei nach Maßgabe des § 130 Abs. 1 OWiG (mit-) verantwortlich für die Erfüllung der allgemeinen Compliance-Pflicht.[1373] *Brouwer* lässt letztlich aber offen, ob eine Rechtspflicht gerade zur Schaffung bestimmter Organisationssysteme besteht. Nach seiner Auffassung büße diese Frage aber ohnehin an Bedeutung ein, je größer der jeweilige Verband ist, da sich *„ab einem gewissen Verbandszuschnitt die Einhaltung von Recht und Gesetz nur noch mit Hilfe bestimmter Organisationssysteme sicherstellen [lässt], mag der Verbandsleitung bei der individuellen Ausgestaltung solcher Systeme auch ein weiter Ermessensspielraum zukommen".*[1374]

Andere lehnen eine allgemeine Pflicht zur Durchführung umfassender kartellrechtlicher Compliance-Maßnahmen ab.[1375] Die Frage, ob die Unternehmensleitung verpflichtet ist, bestimmte Vorkehrungen zur Vermeidung von Rechtsverstößen zu treffen, könne nicht losgelöst von dem jeweiligen Risiko beantwortet werden, inwieweit es im jeweiligen Unternehmen überhaupt zu Rechtsverstößen kommen könne.[1376] Dieses Risiko wiederum hänge von einer Vielzahl von Umständen, wie beispielsweise Größe, Branche, Anzahl der Mitarbeiter, Frequenz früherer Missstände und Unregelmäßigkeiten, etc. ab.[1377]

Im Ergebnis ist eine allgemeine Verpflichtung für Vorstände von Verbänden (und Unternehmen) zur Einrichtung einer umfassenden Compliance-Organisation auf Grundlage des § 130 Abs. 1 OWiG abzulehnen. Es gibt eine Vielzahl von

---

1369 *Kort*, NZG 2008, 81, 82.
1370 *Kort*, NZG 2008, 81, 82.
1371 *Brouwer*, CCZ 2009, 161, 162.
1372 *Brouwer*, CCZ 2009, 161, 166 f.
1373 *Brouwer*, CCZ 2009, 161, 167.
1374 *Brouwer*, CCZ 2009, 161, 162.
1375 U.a. *Hauschka*, in: Hauschka, Corporate Compliance, § 1 Rn. 23; *Seeliger/Mross*, in: Frankfurter Kommentar, EG-Kartellrecht, Band II, Allg. Teil E, Rn. 19 ff.; *Zöllner/Noack*, in: Baumbach/Hueck, GmbHG, § 43 GmbHG Rn. 17; *Strothmeyer*, Compliance – Risikobegrenzung und Imagevorteil, S. 102 ff.
1376 *Hauschka*, in: Hauschka, Corporate Compliance, § 1 Rn. 23; *Zöllner/Noack*, in: Baumbach/Hueck, GmbHG, § 43 GmbHG Rn. 17.
1377 *Hauschka*, in: Hauschka, Corporate Compliance, § 1 Rn. 23; *Seeliger/Mross*, in: Frankfurter Kommentar, EG-Kartellrecht, Band II, Allg. Teil E, Rn. 22; *Zöllner/Noack*, in: Baumbach/Hueck, GmbHG, § 43 GmbHG Rn. 17.

Unternehmensvereinigungen (und Gesellschaften), die aufgrund ihrer Betriebsgröße, ihres Tätigkeitsfelds oder ihrer Mitarbeiterstruktur lediglich eine geringe Risikoexposition wegen etwaiger Rechtsverstöße aufweisen.[1378] Dementsprechend würde eine allgemeine Verpflichtung zur Errichtung einer umfassenden Compliance-Organisation für diese eine unnötige und unzumutbare Belastung darstellen.[1379] Daher steht es grundsätzlich im Ermessen der Unternehmens- und Verbandsleitungen, auf Basis des identifizierten Risikoprofils die erforderlichen Compliance-Maßnahmen, die auch den speziellen Bereich des Kartellrechts einschließen, vorzunehmen und eine entsprechende Organisation zu schaffen.[1380] Häufig dürfte sich dieses Ermessen aber dahingehend reduzieren, dass die Schaffung eines Compliance-Systems angezeigt ist. Die Einrichtung einer kartellrechtlichen Compliance-Organisation ist in jedem Fall sinnvoll[1381], um das von § 130 OWiG und der dazu ergangenen Rechtsprechung geforderte Mindestmaß an Compliance sicherzustellen.[1382]

Wie bereits eingangs erwähnt, ist mittlerweile der Ruf nach einer Reformierung des § 130 OWiG durch den Bundesverband der Unternehmensjuristen laut geworden.[1383] Danach soll in § 130 Abs. 1 OWiG n.F. zum ersten Mal der Inhalt der Aufsichts- und Organisationspflichten im Unternehmen gesetzlich konkretisiert werden.[1384] Der Regelungsvorschlag beinhaltet, die grundlegenden Anforderungen an ein wirksames Compliance-System gesetzlich zu normieren, um die erforderliche Rechtssicherheit für Unternehmen zu erzielen.[1385] Nach dem Gesetzgebungsvorschlag sollen die Maßnahmen in einem angemessenen Verhältnis zur Größe des Betriebs und des von ihm ausgehenden Risikos stehen.[1386]

II. Rechtspflicht zur Kartellrechtscompliance für andere Verbandsorgane?

Neben dem gesetzlichen Vorstand i.S.d. § 26 BGB müssen sich möglicherweise auch andere Verbandsorgane mit Kartellrechtscompliance befassen. Zwar ist grundsätzlich der Verbandsvorstand geschäftsführungsbefugt, und damit originär

---

1378 *Hauschka*, in: Hauschka, Corporate Compliance, § 1 Rn. 23; *Seeliger/Mross*, in: Frankfurter Kommentar, EG-Kartellrecht, Band II, Allg. Teil E, Rn. 22. Die Ausführungen vorstehender Autoren beziehen sich freilich nur auf „Unternehmen".

1379 *Hauschka*, in: Hauschka, Corporate Compliance, § 1 Rn. 23; *Seeliger/Mross*, in: Frankfurter Kommentar, EG-Kartellrecht, Band II, Allg. Teil E, Rn. 22.

1380 *Seeliger/Mross*, in: Frankfurter Kommentar, EG-Kartellrecht, Band II, Allg. Teil E, Rn. 24.

1381 *Strothmeyer*, Compliance – Risikobegrenzung und Imagevorteil, S. 104.

1382 Vgl. *Seeliger/Mross*, in: Frankfurter Kommentar, EG-Kartellrecht, Band II, Allg. Teil E, Rn. 24.

1383 Vertiefend *Beulke/Moosmayer*, CCZ 2014, 146 ff.

1384 *Beulke/Moosmayer*, CCZ 2014, 146, 147.

1385 *Beulke/Moosmayer*, CCZ 2014, 146, 151.

1386 *Beulke/Moosmayer*, CCZ 2014, 146, 147.

verantwortlich für Compliance. Wird aber von diesem Grundsatz aufgrund satzungsrechtlicher Bestimmungen abgewichen – der Verband kann wegen der in Art. 9 Abs. 1 GG garantierten Vereinsautonomie seine Organisation frei gestalten[1387] und andere geschäftsführende Organe in der Satzung vorsehen –, ist folglich die Geschäftsführung zugunsten eines anderen Verbandsorgans reduziert worden[1388], so kann die Compliance-(Mit-)Verantwortung in den Zuständigkeitsbereich auch dieses (anderen) Organs, zumeist dem Präsidium, fallen. In diesem Fall gelten für die Geschäftsführung dieser (fakultativen) Verbandsorgane die gleichen Grundsätze, die auch für den Vorstand maßgeblich sind.[1389]

In der Verbandssatzung können neben dem Präsidium weitere fakultative Organe wie ein Aufsichtsrat, Beirat, Ausschuss oder Vereinsgericht vorgesehen sein[1390]. Diesen Organen können grundsätzlich alle Befugnisse eingeräumt werden, soweit diese nicht gesetzlich zwingend dem Vorstand[1391] oder der Mitgliederversammlung vorbehalten sind.[1392] Möglich sind insoweit die Überwachung des Vorstands, ein Weisungsrecht gegenüber dem Vorstand, einzelne Bereiche der Geschäftsführung sowie – wie erwähnt – die Übertragung der gesamten Geschäftsführung des Vereins.[1393]

Weit verbreitet sind insbesondere die Ausschüsse (Satzungsausschuss, Richtlinienausschuss) mit vorbereitenden Aufgaben, die der Mitgliederversammlung oder dem Vorstand zuarbeiten.[1394] Ebenso häufig findet sich in der Satzung die Möglichkeit der Einsetzung eines Aufsichtsrates. Damit ist im Zweifel ein Kontrollorgan gemeint, welches den Verband in einem etwaigen Streit mit dem Vorstand vertreten soll.[1395]

Im Folgenden wird untersucht, welche weiteren Verbandsorgane mit Kartellrechtscompliance in Berührung kommen können. Wegen der Vielzahl an satzungsrechtlichen Gestaltungsmöglichkeiten kann dabei nur auf das Präsidium, die Geschäftsführung, den Aufsichtsrat und die Mitgliederversammlung eingegangen werden.

1387 *Reichert*, Vereins- und Verbandsrecht, Rn. 2865.

1388 *Stöber/Otto*, Handbuch zum Vereinsrecht, Rn. 548.

1389 *Stöber/Otto*, Handbuch zum Vereinsrecht, Rn. 559.

1390 *Reichert*, Vereins- und Verbandsrecht, Rn. 2865.

1391 Wo das Gesetz bestimmte mit Strafe oder Geldbuße unterlegte Ge- und Verbote unmittelbar an den Vorstand adressiert, kann die Leitungsaufgabe nicht außenwirksam an andere Organe übertragen werden, so dass der Vorstand zwingend die Geschäftsführungsverantwortung trägt (*Brouwer*, CCZ 2009, 161, 167).

1392 *Waldner/Wörle-Himmel*, in: Sauter/Schweyer/Waldner, Der eingetragene Verein, Rn. 309.

1393 *Waldner/Wörle-Himmel*, in: Sauter/Schweyer/Waldner, Der eingetragene Verein, Rn. 309.

1394 *Stöber/Otto*, Handbuch zum Vereinsrecht, Rn. 552.

1395 *Stöber/Otto*, Handbuch zum Vereinsrecht, Rn. 552.

1. *Präsidium und Geschäftsführer*

In Wirtschaftsverbänden gibt es neben dem gesetzlichen Vorstand häufig ein Präsidium sowie ein oder mehrere Geschäftsführer in Führungsverantwortung.[1396] Nach dem Vereinsrecht besteht die Möglichkeit, dem Präsidium ganz oder teilweise die Leitung des Verbandes zu übertragen. So finden sich in der Praxis nicht selten Satzungsbestimmungen, nach denen dem gesetzlichen Vorstand nur die Vertretung des Verbandes obliegt[1397], während die „eigentliche" Leitung des Verbandes dem Präsidium übertragen ist.[1398] Das hat zur Folge, dass sich das Präsidium für die allgemeine Organisation des Verbandes (mit-)verantwortlich zeichnet und für ein geeignetes Kartellrechtscompliance-System zu sorgen hat[1399]; insoweit kann für ein geschäftsführendes Präsidium nichts anderes gelten als das zum Verbandsvorstand Gesagte. Mit anderen Worten: Ist das Präsidium für die „eigentliche" Leitung des Verbandes verantwortlich und kommt ihm nach der Ausgestaltung der Satzung die (Geschäftsführungs-)Befugnis zur Errichtung einer Compliance-Organisation zu, so hat dieses – ein entsprechendes Risikopotential des Verbandes vorausgesetzt – auch die Pflicht zur Errichtung einer effektiven Compliance-Organisation. Darüber hinaus muss das Präsidium die Einhaltung der Vorgaben wenigstens stichprobenartig überwachen.[1400]

Während dem Präsidium in dieser Konstellation die allgemeine Organisationspflicht obliegt, ist die Geschäftsführung für die tägliche Umsetzung der Compliance-Vorgaben, mithin zur Sicherstellung der Einhaltung von Recht und Gesetz auf allen Verbandsebenen zuständig.[1401] Zur Unterstützung bei der Erledigung der anfallenden Compliance-Aufgaben können – was in der Praxis häufig anzutreffen ist – sowohl Verbandsmitarbeiter als auch externe Dienstleister hinzugezogen werden, wobei jedoch die Compliance-Verantwortlichkeit nach wie vor bei den geschäftsführenden Organmitgliedern verbleibt.[1402]

Als Fazit lässt sich damit Folgendes festhalten: Sind nach der Verbandssatzung andere Leitungsorgane als der gesetzliche Vorstand i.S.d. § 26 BGB, häufig vor allem das Präsidium, mit der Geschäftsführung betraut, folgt daraus auch deren Kartellrechtscompliance-Verantwortung. Somit hat das geschäftsführende (fakultative) Organ aufgrund seiner Leitungspflicht und seiner Organisationsverantwortung bei entsprechendem Gefahrenpotential auf die Errichtung eines verbandsindividuellen Compliance-Systems hinzuwirken.

1396 Vgl. u.a. die Organisationsstruktur des Verbandes der Automobilindustrie e.V. Diese ist abrufbar unter http://www.vda.de/de/verband/organisation/index.html (6.2.2016).

1397 §§ 22 i.V.m. 20 Abs. 1 S. 1 des VCI; *Brouwer*, CCZ 2009, 161, 166.

1398 § 20 Abs. 1 des VCI; *Brouwer*, CCZ 2009, 161, 166.

1399 *Brouwer*, CCZ 2009, 161, 167.

1400 *Brouwer*, CCZ 2009, 161, 167.

1401 *Brouwer*, CCZ 2009, 161, 167.

1402 *Brouwer*, CCZ 2009, 161, 167.

2. *Aufsichtsrat*

In einem Verband müssen wenigstens zwei Organe existieren: der gesetzliche Vorstand sowie die Mitgliederversammlung.[1403] Häufig sehen Verbandssatzungen ein weiteres Organ in Form eines Aufsichtsrates vor.[1404] Dessen Befugnisse sind dann in der Satzung geregelt. Dabei können dem Aufsichtsrat vielfältigste Rechte eingeräumt werden, welche von der Überwachung des Vorstands, einem Weisungsrecht gegenüber dem Vorstand bis hin zur Geschäftsführung des Verbandes reichen.[1405] Stehen dem Aufsichtsrat nach der Verbandssatzung konkrete Weisungsrechte gegenüber dem Vorstand zu oder ist er ggf. selbst in der Position den Verband geschäftsführend zu leiten, so können seine Mitglieder verpflichtet sein, auf die Einführung einer Kartellrechtscompliance-Organisation im Verband hinzuwirken.

Oftmals wird der Aufsichtsrat aber das Kontroll- bzw. Überwachungsgremium im Verband sein und diesen in einem etwaigen Streit mit dem Vorstand vertreten. Diese Funktion ist vergleichbar mit derjenigen des Aufsichtsrates in einer Aktiengesellschaft. Dieser hat im Rahmen seiner Überwachungsaufgabe nach § 111 AktG u.a. die Verantwortung, sich um Compliance in der Gesellschaft zu bemühen.[1406] Den Aufsichtsrat (einer Aktiengesellschaft) trifft danach, wie auch den Vorstand, die Verantwortung zu Compliance-Maßnahmen. Er hat die aus §§ 76, 93 AktG abgeleitete Compliance-Aufgabe des Vorstands zu überwachen und sich hinsichtlich der Wirksamkeit eines Compliance-Systems informiert zu halten, um auf Grundlage angemessener Informationen die Lage der Gesellschaft ausreichend beurteilen zu können.[1407] Der Aufsichtsrat ist aber grundsätzlich nicht, auch nicht (mittelbar) aus § 111 AktG i.V.m. § 93 Abs. 1 S. 1 AktG verpflichtet, für die Errichtung einer Compliance-Organisation im Unternehmen zu sorgen.[1408] Diese Aufgabe kommt weiterhin dem Vorstand zu, dem die grundsätzliche Kontrollverantwortung in der Gesellschaft obliegt.[1409] Eine Ausnahme wird in der aktienrechtlichen Literatur aber dann gemacht, wenn der Aufsichtsrat zu dem Schluss kommt, dass der Vorstand kein Compliance-System implementiert hat, obwohl er aufgrund der individuell-konkreten Umstände dazu verpflichtet gewesen wäre.[1410] In einem solchen Fall soll

---

1403 *Arnold*, in: Münchener Kommentar zum BGB, Band 1, § 32 BGB Rn. 1.

1404 *Waldner/Wörle-Himmel*, in: Sauter/Schweyer/Waldner, Der eingetragene Verein, Rn. 308.

1405 *Waldner/Wörle-Himmel*, in: Sauter/Schweyer/Waldner, Der eingetragene Verein, Rn. 309.

1406 *Vetter*, in: Wecker/Ohl, Compliance in der Unternehmerpraxis, S. 10.

1407 *C.H. Müller*, Kartellrechtscompliance in Deutschland, S. 99; *Habersack*, AG 2014, 1 ff.

1408 *C.H. Müller*, Kartellrechtscompliance in Deutschland, S. 100.

1409 U.a. *C.H. Müller*, Kartellrechtscompliance in Deutschland, S. 100.

1410 *C.H. Müller*, Kartellrechtscompliance in Deutschland, S. 100; *Habersack*, AG 2014, 1, 4.

der Aufsichtsrat verpflichtet sein, daraufhin hinzuwirken, dass der Vorstand eine Compliance-Organisation in der Gesellschaft einrichtet.[1411]

Vorgenannte Grundsätze lassen sich auch auf Aufsichtsräte in Verbänden übertragen, die als Kontrollorgan das Handeln des Verbandsvorstands überwachen. Denn soweit ein solches Kontrollorgan im Verband vorgesehen ist, lassen sich mangels abweichender Regelung in der Verbandssatzung die aktienrechtlichen Regelungen über die Zuständigkeiten, Rechte und Pflichten des Aufsichtsrats analog heranziehen.[1412] Daran anknüpfend ergibt sich hinsichtlich der Compliance-Pflicht des Aufsichtsrates eines Wirtschaftsverbandes, dass diesem neben dem geschäftsführenden Organ die Verantwortung zu (kartellrechtlicher) Compliance in entsprechender Anwendung des § 111 AktG zukommt. Der Aufsichtsrat hat – wie sein aktienrechtliches Pendant – die Compliance-Aktivitäten der Verbandsleitung zu überwachen und sich über die Wirksamkeit des implementierten Compliance-Systems informiert zu halten. Hat der Verbandsvorstand bzw. das geschäftsführende Organ ein solches System nicht implementiert, obwohl er aufgrund einer vorhandenen Risikoexposition des Verbandes dazu verpflichtet war, so ergibt sich für den Aufsichtsrat die Pflicht, daraufhin hinzuwirken, dass der Verbandsvorstand die notwendigen Compliance-Maßnahmen ergreift. Anderenfalls drohen den Mitgliedern des Aufsichtsrates selbst haftungsrechtliche Konsequenzen.

Im Ergebnis folgt daraus, dass für den Fall, dass nach der Verbandssatzung ein Aufsichtsrat als Kontrollgremium zur Überwachung der Leitungsaktivitäten des geschäftsführenden Organs (zumeist der gesetzliche Vorstand oder das Präsidium) vorgesehen ist, diesem eine Überwachungs- und Informationspflicht hinsichtlich Kartellrechtscompliance sowie eine Hinwirkungspflicht betreffend die Errichtung einer auf das Kartellrecht ausgerichteten Compliance-Organisation obliegen kann.

3. *Mitglieder- bzw. Delegiertenversammlung*

Nicht nur der gesetzliche Vorstand, das Präsidium, die Geschäftsführung oder der Aufsichtsrat können mit Kartellrechtscompliance in Berührung kommen, sondern auch die Mitglieder- bzw. Delegiertenversammlung. Diese kann als das unentbehrliche „Willensbildungsorgan des Verbandes“[1413] gegenüber Verbandsvorstand oder geschäftsführendem Organ (zumindest) eine Empfehlung zur Einführung einer auf das Kartellrecht ausgerichteten Compliance-Organisation aussprechen.

1411 *Karbaum*, Kartellrechtliche Compliance – Rechtsgrundlagen und Umsetzung, S. 212, 238 f.; *C.H. Müller*, Kartellrechtscompliance in Deutschland, S. 100.

1412 *Arnold*, in: Münchener Kommentar zum BGB, Band 1, § 27 BGB Rn. 51.

1413 Zur Stellung und zu den Kompetenzen der Mitgliederversammlung siehe die §§ 32 ff. BGB.

III. Umsetzung eines Kartellrechtscompliance-Programms im Verband (Compliance-Instrumente)

Mit der Einführung eines Kartellrechtscompliance-Programms wird vor allem das Ziel verfolgt, Gefahren, die von Verstößen gegen geltendes Kartellrecht ausgehen, einzudämmen.[1414] Voraussetzungen für eine möglichst effektive Reduzierung bestehender Haftungsrisiken für Verbände und deren Leitungsorgane ist die Entwicklung eines für jeden Verband „maßgeschneiderten" Compliance-Systems und dessen anschließende Implementierung.[1415] Dass solche Systeme tatsächlich auf die individuellen Bedürfnisse ihrer Adressaten ausgerichtet sein müssen, hat eine Studie der britischen Kartellbehörde[1416] ergeben, die besagt, dass derartige Programme ihre Aufgabe nur dann erfüllen können, wenn sie für den bestimmten Bedarf zugeschnitten sind.[1417] Die wesentlichen Eckpfeiler von Kartellrechtscompliance-Programmen sind die Analyse kartellrechtlicher Risikofelder, das sog. „Mission Statement" der Verbandsleitung, die eigentliche Organisation der Kartellrechtscompliance, die sich aus einer Vielzahl weiterer Elemente zusammensetzt, und die Dokumentation der durchgeführten Maßnahmen.[1418] Diese Grundelemente haben sich beim Aufbau und Umsetzung in der Praxis bewährt, wobei einzelne Bestandteile *„durchaus modular verstanden und eingesetzt werden können"*.[1419] Obwohl die inhaltliche Ausgestaltung weitgehend im Ermessen der für Compliance-Maßnahmen verantwortlichen Leitungsorgane steht, sind bestimmte Mindestanforderungen zu beachten[1420], die von der Rechtsprechung insbesondere zu § 130 OWiG in der Vergangenheit aufgestellt worden sind.

Nachfolgend werden daher zunächst diese Mindestanforderungen dargestellt und erst im Anschluss daran die wesentlichen Grundelemente eines kartellrechtlichen Compliance-Systems erläutert.

1414 *Strothmeyer*, Compliance – Risikobegrenzung und Imagevorteil, S. 51.

1415 *Kasten*, in: Mäger, Europäisches Kartellrecht, 2. Kapitel Rn. 34. Dieser bezieht sich freilich nur auf „Unternehmen".

1416 OFT, Drivers of Compliance and Non-compliance with Competition Law, S. 51 f., 93. Die Studie ist abrufbar unter http://www.oft.gov.uk/shared_oft/reports/comp_policy/oft1227.pdf (20.8.2014).

1417 *Kasten*, in: Mäger, Europäisches Kartellrecht, 2. Kapitel Rn. 34; vgl. zum konkret-individuellen Ansatz einer Compliance-Organisation auch *Lampert/Matthey*, in: Hauschka, Corporate Compliance, § 26 Rn. 49.

1418 *Hauschka*, in: Hauschka, Corporate Compliance, § 1 Rn. 33 ff.; *Bürkle*, BB 2005, 565 f.; *Mengel/Hagemeister*, BB 2007, 1386; *Pape*, Corporate Compliance – Rechtspflichten zur Verhaltenssteuerung von Unternehmensangehörigen in Deutschland und den USA, S. 45 ff. Diese beschreiben indes die Einrichtung einer Compliance-Organisation in Unternehmen.

1419 *Lampert*, in: Hauschka, Corporate Compliance, § 9 Rn. 7.

1420 *Kasten*, in: Mäger, Europäisches Kartellrecht, 2. Kapitel Rn. 34.

1. *Rechtliche Mindestanforderungen*

Kartellrechtliche Compliance-Maßnahmen sind fallabhängig jeweils unterschiedlich auszugestalten. Diesbezüglich treffen zwar weder das europäische noch das deutsche Kartellrecht konkrete Vorgaben. Jedoch hat die Europäische Kommission in dem von ihr im Jahre 2011 veröffentlichten Leitfaden „Wettbewerbsrechtliche Compliance" die Voraussetzungen an ein ernstzunehmendes kartellrechtliches Compliance-Programm skizziert.[1421] Ohne dabei zu sehr ins Detail zu gehen ist danach für die Umsetzung eines Kartellrechtscompliance-Programms zunächst eine klare Strategie notwendig, um die Einhaltung der EU-Wettbewerbsvorschriften sicherzustellen.[1422] So solle vorausschauend gehandelt und nicht erst auf Probleme reagiert werden, wenn sie auftreten.[1423] Ferner solle ein für die jeweilige juristische Person zugeschnittener Ansatz entwickelt und dieser schriftlich festhalten werden.[1424] Oberstes Ziel einer solchen Strategie ist nach Ansicht der europäischen Wettbewerbsbehörde *„die Sensibilisierung für potenzielle wettbewerbsrechtliche Probleme und die Vermittlung einschlägigen Wissens darüber, wie diese auf allen Unternehmensebenen – von den Mitarbeitern bis zur mittleren und oberen Führungsebene – verhindert werden können"*.[1425] Des Weiteren schlägt sie die ausdrückliche Anerkennung durch die Mitarbeiter und Berücksichtigung der Compliance-Bemühungen bei Personalbeurteilungen vor, um die Gewährleistung der Einhaltung der Compliance-Strategie sicherzustellen.[1426] Ersteres könne etwa durch die schriftliche Bestätigung des Erhalts der einschlägigen Informationen über die Einhaltung des EU-Wettbewerbsrechts erreicht werden.[1427]

Überdies fordert die Europäische Kommission in ihrem Leitfaden eine ständige Aktualisierung, Beratung und Fortbildung.[1428] So solle es beispielsweise eine allgemein bekannte Kontaktstelle geben, wo Mitarbeiter sich Rat einholen können, falls sie Zweifel an der Vereinbarkeit bestimmter Verhaltensweisen oder Vereinbarungen mit dem EU-Wettbewerbsrecht haben.[1429]

1421 Europäische Kommission, Leitfaden „Wettbewerbsrechtliche Compliance". Der Leitfaden ist abrufbar unter http://www.bookshop.europa.eu/is-bin/INTERSHOP.enfinity/WFS/EU-Bookshop-Site/en_GB/-/EUR/ViewPublication-Start?PublicationKey=KD3211985 (20.8.2014).

1422 Europäische Kommission, Leitfaden „Wettbewerbsrechtliche Compliance", S. 14 f.

1423 Europäische Kommission, Leitfaden „Wettbewerbsrechtliche Compliance", S. 14.

1424 Vgl. Europäische Kommission, Leitfaden „Wettbewerbsrechtliche Compliance", S. 14.

1425 Europäische Kommission, Leitfaden „Wettbewerbsrechtliche Compliance", S. 14.

1426 Europäische Kommission, Leitfaden „Wettbewerbsrechtliche Compliance", S. 15.

1427 Europäische Kommission, Leitfaden „Wettbewerbsrechtliche Compliance", S. 15.

1428 Europäische Kommission, Leitfaden „Wettbewerbsrechtliche Compliance", S. 16.

1429 Europäische Kommission, Leitfaden „Wettbewerbsrechtliche Compliance", S. 16.

Neben einer klaren Strategie und ständiger Aktualisierung, Beratung und Fortbildung werden das sog. „Monitoring“[1430] und sog. „Audits“[1431] als wirksame Instrumente zur Vermeidung und Aufdeckung von wettbewerbswidrigem Verhalten innerhalb juristischer Personen empfohlen.[1432]

Den Abschluss des Leitfadens bildet die Erklärung der Wettbewerbsbehörde, dass sie ausdrücklich alle Bemühungen, die der Einhaltung und Befolgung der einschlägigen Wettbewerbsvorschriften dienen, begrüße und unterstütze, da sie dazu geeignet seien, dass in allen Bereichen der europäischen Wirtschaft eine echte Wettbewerbskultur entstehe.[1433]

Im Gegensatz zur Europäischen Kommission hat das Bundeskartellamt keine Handlungsempfehlungen für die Errichtung einer Kartellrechtscompliance-Organisation ausgesprochen.[1434] Es lassen sich aber in der deutschen Rechtsprechungspraxis, insbesondere zur Aufsichtspflicht nach § 130 OWiG[1435], allgemeine Handlungsanleitungen finden, die auch für die Ausgestaltung eines Kartellrechtscompliance-Programms fruchtbar gemacht werden können.[1436]

Danach steht die Ausgestaltung eines solchen Programms grundsätzlich unter den Vorbehalten von objektiver Eignung, Erforderlichkeit und Zumutbarkeit, wobei das Ausmaß der Aufsichtspflicht von den Umständen des jeweiligen Einzelfalls abhängig ist.[1437] So führt das OLG Düsseldorf in seiner *Transportbeton*-Entscheidung Folgendes aus[1438]: *„Die Aufsichtspflicht soll die Beachtung der bestehenden Gebote und Verbote gewährleisten und muss folglich so ausgeübt werden, dass die betriebsbezogenen Pflichten aller Voraussicht nach eingehalten werden. Zu den erforderlichen Aufsichtsmaßnahmen gehören insbesondere die sorgfältige Auswahl der Mitarbeiter und gegebenenfalls die Bestellung von Aufsichtspersonen, sachgerechte Instruktion und Aufgabenverteilung, Aufklärung, Belehrung und Überwachung der Mitarbeiter und Aufsichtspersonen, unter Umständen auch Androhung und Vollzug zulässiger*

1430 Der Begriff des Monitoring ist ein Sammelbegriff für Compliance-Kontrollen.

1431 Im Bereich der Compliance sollen Audits die Einhaltung von Compliance-Standards sicherstellen. Sie sind systematisch geplant und nicht ad-hoc durch ein bestimmtes Ereignis veranlasst (*Grützner/Jakob*, Compliance von A-Z, Stichwort: Compliance Audit).

1432 Vgl. Europäische Kommission, Leitfaden „Wettbewerbsrechtliche Compliance“, S. 16 f.

1433 Europäische Kommission, Leitfaden „Wettbewerbsrechtliche Compliance“, S. 18.

1434 *Lampert/Matthey*, in: Hauschka, Corporate Compliance, § 26 Rn. 50.

1435 U.a. KG, Urt. v. 25.7.1980, Kart. 26/79 = WuW/E OLG 2330 – *Revisionsabteilung*.

1436 *Lampert/Matthey*, in: Hauschka, Corporate Compliance, § 26 Rn. 50.

1437 OLG Düsseldorf, Urteil v. 5.4.2006, VI-2 Kart 5 u. 6/05 OWi – *Transportbeton* = WuW/E DE-R 1893, 1896; *Kasten*, in: Mäger, Europäisches Kartellrecht, 2. Kapitel Rn. 37.

1438 OLG Düsseldorf, Urteil v. 5.4.2006, VI-2 Kart 5 u. 6/05 OWi – *Transportbeton* = WuW/E DE-R 1893, 1896 f.

Sanktionen. (...) Erforderlich sind von vornherein nur solche Aufsichtsmaßnahmen, die auch geeignet sind, betriebsbezogene Verstöße zu verhindern.“

Im Hinblick auf die erforderlichen Überwachungsmaßnahmen müssen sowohl eine regelmäßige Überprüfung der Angemessenheit der Überwachungsorganisation selbst als auch die Überwachung der Aufsichtspersonen sichergestellt werden.[1439] Diese Maßnahmen umfassen insbesondere auch stichprobenartige und überraschende Kontrollen, die in regelmäßigen Abständen durchgeführt werden.[1440] Den Kontrollmaßnahmen muss nach der Rechtsprechung eine gewisse Häufigkeit und Kontrolltiefe innewohnen, so dass ein realistisches Entdeckungsrisiko für die kartellrechtswidrig handelnden Mitarbeiter besteht.[1441] Derartige Überprüfungen sind nach Ansicht des BGH geeignet, um vorsätzliche Zuwiderhandlungen gegen gesetzliche Vorschriften und Anweisungen der Betriebsleitung zu verhindern, denn sie hielten den Betriebsangehörigen vor Augen, dass solche Verstöße entdeckt und ggf. geahndet werden könnten.[1442] Es sei aber nicht erforderlich, den Betriebsangehörigen für den Fall eines Verstoßes gegen Kartellvorschriften von vornherein arbeitsrechtliche Sanktionen anzudrohen.[1443] Das Kammergericht hat es insoweit aber grundsätzlich als zulässig erachtet, derartige allgemeine Androhungen auszusprechen.[1444] Dies koinzidiert mit der Ansicht, dass es bei festgestellten – insbesondere wiederholten – Zuwiderhandlungen notwendig sein kann, arbeitsrechtliche Sanktionen wie Abmahnung, Versetzung oder Kündigung auszusprechen.[1445]

Nach Auffassung der Rechtsprechung sind ferner Schulungsmaßnahmen durchzuführen, um den Anforderungen des § 130 OWiG zu genügen.[1446] Diese Instruktionsmaßnahmen umfassen die Unterrichtung der Mitarbeiter über kartellrechtliche Verhaltenspflichten.[1447] Hierzu zählen regelmäßige Fortbildungsmaßnahmen, schriftliche Belehrungen und Hinweise mit konkreten, praxisorientierten Erläuterungen, ggf. anhand typischer Fälle unzulässiger Kartellabsprachen.[1448] Insbesondere reiche es nicht aus, wenn Mitarbeiter lediglich angehalten werden, die gesetzlichen Bestimmungen zu beachten oder wenn sie darauf hingewiesen werden, gegen

1439 *Wirtz*, WuW 2001, 342, 343.

1440 *Wirtz*, WuW 2001, 342, 343.

1441 KG, Urt. v. 8.2.1974, Kart. 15/73 – *Bitumenhaltige Bautenschutzmittel II* = WuW/E OLG 1449, 1457; KG, Urt. v. 25.7.1980, Kart 26/79 – Revisionsabteilung = WuW/E OLG 2330, 2332 f.; BGH, Beschl. v. 24.3.1981, KRB 4/80 – *Revisionsabteilung* = WuW/E BGH 1799; *Wirtz*, WuW 2001, 342, 343.

1442 BGH, Beschl. v. 24.3.1981, KRB 4/80 – *Revisionsabteilung* = WuW/E BGH 1799.

1443 BGH, Beschl. v. 24.3.1981, KRB 4/80 – *Revisionsabteilung* = WuW/E BGH 1799.

1444 KG, Urt. v. 25.7.1980, Kart 26/79 – *Revisionsabteilung* = WuW/E OLG 2330, 2333.

1445 Vgl. BGH, Beschl. v. 24.3.1981, KRB 4/80 – Revisionsabteilung = WuW/E BGH 1799 – *Revisionsabteilung.*

1446 KG, Urt. v. 25.7.1980, Kart 26/79 – *Revisionsabteilung* = WuW/E OLG 2330, 2332.

1447 *Wirtz*, WuW 2001, 342, 343.

1448 KG, Urt. v. 25.7.1980, Kart 26/79 – *Revisionsabteilung* = WuW/E OLG 2330, 2332.

kartellrechtliche Bestimmungen dürfe nicht verstoßen werden, da diese Aussagen nur zur Wiedergabe von Selbstverständlichem taugten.[1449]

Das Schrifttum hält es teilweise auch für erforderlich, sich von den Adressaten den Empfang und die Kenntnisnahme von schriftlichen Vorgaben schriftlich bestätigen zu lassen.[1450] Ferner sei es erforderlich, die schriftlichen Belehrungen regelmäßig zu wiederholen, wobei die eingeforderte Regelmäßigkeit dann vorliegen solle, wenn die Belehrungen in zeitlichem Abstand von 12–24 Monaten durchgeführt werden.[1451]

Im Zusammenhang mit der Durchführung von Compliance-Maßnahmen hat das LG München I jüngst im Rahmen eines Schadensersatzprozesses einer Aktiengesellschaft gegen ein Vorstandsmitglied entschieden, dass ein Compliance-System in seiner Funktionalität so angelegt sein muss, dass Verstöße gegen zwingendes Gesetzesrecht verhindert werden.[1452] Vorstände sind danach u.a. auch verpflichtet, die Effizienz dieses Systems zu überprüfen und bei entsprechend negativer Entwicklung eine Nachjustierung zu veranlassen.[1453]

2. Analyse kartellrechtlicher Risikofelder („Risikoinventur")

Ausgangspunkt für den Aufbau einer Kartellrechtscompliance-Organisation ist die Analyse des individuellen kartellrechtlichen Risikos.[1454] Die kartellrechtliche Bestandsaufnahme kann durch Mitarbeiter der verbandsinternen Rechtsabteilung oder durch externe Rechtsberater erfolgen. In die Analyse sind nicht nur Risiken, die aus Gesetzesverstößen drohen können, einzubeziehen, sondern auch die Bereiche, *„in denen es infolge einer nicht konsequenten Durchführung selbst auferlegter Standards oder Regeln (...) zu Schäden"*[1455] kommen kann. Die Beurteilung des verbandsspezifischen Risikos sowie die Erstellung eines Risikoprofils sind zwingend, weil nur die rechtlichen Risiken ausgeschlossen werden können, die zuvor erkannt worden sind.[1456] Eine breit angelegte und eingehende Analyse zahlt sich vor allem im späteren Stadium des Aufbaus der Compliance-Organisation aus, da Verbände mit geringem kartellrechtlichem Gefahrenpotential weniger Ressourcen

1449 KG, Urt. v. 25.7.1980, Kart 26/79 – *Revisionsabteilung* = WuW/E OLG 2330, 2332.

1450 *Dreher*, ZWeR 2004, 75, 98.

1451 *Dreher*, ZWeR 2004, 75, 98; *Klusmann*, in: Wiedemann, Handbuch des Kartellrechts, § 55 Rn. 36; *Kasten*, in: Mäger, Europäisches Kartellrecht, 2. Kapitel Rn. 38.

1452 LG München I, Urt. v. 10.12.2013, 5 HK O 1387/10 = CCZ 2014, 142, 143. (m. Anm. *Fett*).

1453 LG München I, Urt. v. 10.12.2013, 5 HK O 1387/10 = CCZ 2014, 142, 143 f. (m. Anm. *Fett*).

1454 *Moosmayer*, Compliance, Rn. 88 ff.; *Bergmoser/Theusinger/Gushurst*, BB-Spezial 5/2008, 1, 9; *Lampert*, BB 2002, 2237, 2239; *Vetter*, in: Wecker/Ohl, Compliance in der Unternehmerpraxis, S. 12; vgl. *Salvenmoser/Hauschka*, NJW 2010, 331, 333.

1455 *Strothmeyer*, Compliance – Risikobegrenzung und Imagevorteil, S. 62.

1456 Vgl. *Hauschka*, in: Hauschka, Corporate Compliance, § 1 Rn. 34; *Hauschka/Greeve*, BB 2007, 165, 166 f.

für Compliance-Maßnahmen freimachen müssen als stärker gefährdete. Die Abschichtung der vorhandenen Ressourcen ist auch notwendig, um eine verbandsinterne Überregulierung zu verhindern.[1457]

Die eingehende Analyse kartellrechtlicher Risikofelder gliedert sich dabei in folgende Schritte: (a) Überblick über den Verband und die Mitglieder, (b) Sichtung und Analyse problematischer Dokumente, (c) Einbeziehung der Mitarbeiter und (d) Dokumentation des bisherigen Verlaufs.

a) Überblick über den Verband und die Mitglieder

Zunächst müssen die kartellrechtlich kritischen Risikobereiche genauestens herausgearbeitet werden, um im weiteren Verlauf den Aufbau einer „maßgeschneiderten" Compliance-Organisation zu ermöglichen.[1458] Die „Compliance-Inventur" umfasst die Ermittlung des Ist-Zustands und soll im Anschluss an die aufgedeckten Lücken die richtigen Schlüsse für ein funktionierendes Compliance-System ziehen.[1459] Dabei empfiehlt es sich, die Risikoanalyse verbands- und verbandsgruppenweit durchzuführen.[1460] Maßgebliche Faktoren im Rahmen der Analyse sind insbesondere die Art der Betätigung des Verbandes, seine Größe und Struktur, die Anzahl der Verbandsmitarbeiter und der Mitgliedsunternehmen sowie die konkreten Umstände des Einzelfalles.[1461] Weitere Faktoren können bereits in der Vergangenheit vorgekommene Kartellrechtsverletzungen und die Gefahr der Verursachung von außerordentlich hohen Schäden sein.[1462]

Für Verbände bietet es sich zusätzlich an, die Strukturen und vor allem die Betätigungsfelder der Verbandsmitglieder (soweit wie möglich) zu analysieren, um anschließend zu den richtigen Schlüssen für den Aufbau der eigenen Kartellrechtscompliance zu gelangen. Dabei ist u.a. zu analysieren, auf welchen Märkten die Mitgliedsunternehmen tätig sind, wie viel Konkurrenz auf dem jeweiligen Markt existiert oder ob möglicherweise die Gefahr eines Marktmissbrauchs besteht.[1463] Diese Fragen sind für Verbände elementar, da sie ihren Mitgliedern, insbesondere bei Verbandstreffen, eine Diskussionsplattform bieten und ihnen damit eigene Bußgeldrisiken drohen.[1464]

1457 *Lampert*, in: Hauschka, Corporate Compliance, § 9 Rn. 8. Dieser spricht freilich von einer Überreglementierung in „Unternehmen".

1458 *Lampert*, BB 2002, 2237, 2239; vgl. *Bürkle*, BB 2005, 565, 566; *Hauschka*, BB 2004, 1178, 1179.

1459 *Geiser*, Leitungspflichten des Vorstands in der AG, S. 214.

1460 *Brouwer*, CCZ 2009, 161, 162; zur Risikoanalyse in Konzernen *Kasten*, in: Mäger, Europäisches Kartellrecht, 2. Kapitel Rn. 46.

1461 Vgl. *Brouwer*, CCZ 2009, 161, 162.

1462 *Lampert*, in: Hauschka, Corporate Compliance, § 9 Rn. 8.

1463 *Lampert*, BB 2002, 2237, 2239.

1464 Zur Koordination von Marktgesprächen siehe S. 170 ff.

b) *Sichtung und Analyse problematischer Dokumente*

Nach der Erfassung der verbandsspezifischen Probleme folgen die Durchsicht risikobehafteter Dokumente sowie die Befragung von Mitarbeitern.[1465] Es werden – falls vorhanden – diejenigen Dokumente gesichtet und ausgewertet, die im Zusammenhang mit den problematischen Bereichen der Verbandstätigkeit stehen. Hierzu zählen vor allem Dokumente, die die Bereiche Marktinformationsverfahren, Verbandstreffen und Verbandsempfehlungen betreffen sowie solche, in denen der Meinungsaustausch zwischen den Verbandsmitgliedern niedergelegt ist. Ferner sind Unterlagen, die ein Verband seinen Mitgliedern im Rahmen von Verbandstreffen zur Verfügung gestellt hat und der Schriftverkehr zu anderen Wirtschaftsverbänden kritisch zu untersuchen.

c) *Einbeziehung der Mitarbeiter*

Ein weiterer Baustein im Rahmen der Risikoanalyse ist die Einbeziehung der mit dem Kartellrecht in Berührung kommenden Führungskräfte und Mitarbeiter. Ihnen sind die notwendigen Informationen zuzuleiten[1466], um den Informationsfluss von der Verbandsspitze nach unten zu gewährleisten. Später, bei Aufdeckung etwaiger Verstöße, fließen die Informationen in einem effektiven Compliance-System in die entgegengesetzte Richtung, also von unten nach oben.[1467] Dies bietet Verbänden die Möglichkeit, Kartellrechtsverstöße vollständig zu verhindern oder, bei bereits begangenen kartellrechtlichen Zuwiderhandlungen, zumindest Schadensbegrenzung zu betreiben.

d) *Dokumentation des bisherigen Verlaufs*

Am Ende der Risikoinventur steht die Dokumentation des bisherigen Verlaufs. Diese umfasst alle Schritte der Risikoanalyse, einschließlich der Beurteilung der verbandsspezifischen Risikobewertung.

3. *„Mission Statement" der Verbandsleitung*

Die Effizienz einer Compliance-Organisation hängt maßgeblich von der unmissverständlichen Botschaft der Verbandsleitung zur Rechtstreue ab.[1468] Deshalb ist das sog. „Mission Statement" ein wesentlicher Bestandteil einer funktionierenden Compliance-Organisation.[1469] Für das Mission Statement werden bisweilen auch andere

1465 *Lampert*, BB 2002, 2237, 2239.
1466 *Lampert,* in: Hauschka, Corporate Compliance, § 9 Rn. 8.
1467 Vgl. *Lampert,* in: Hauschka, Corporate Compliance, § 9 Rn. 16.
1468 Vgl. *Lampert,* in: Hauschka, Corporate Compliance, § 1 Rn. 35; *Moosmayer*, Compliance, Rn. 144; *Schürrle/Olbers*, CCZ 2010, 102.
1469 *Geiser*, Leitungspflichten des Vorstands in der AG, S. 216.

Begrifflichkeiten wie das „Policy Statement" bzw. „tone from the top" benutzt.[1470] Hinter diesen Begriffen steht das vorbehaltlose und uneingeschränkte Bekenntnis der Verbandsleitung, Missstände im Verband abzustellen und bestimmte Praktiken, insbesondere Kartellrechtsverstöße, nicht mehr zu dulden, unabhängig davon, ob diese Praktiken sich lohnen oder nicht.[1471] Das Bekenntnis der Leitung kann mit dem Hinweis auf die möglichen Konsequenzen eines Kartellverstoßes verbunden werden.[1472] Das Benennen konkreter Auswirkungen bei kartellrechtlichen Zuwiderhandlungen stellt sich dabei als besonders wirkungsvoll dar.[1473] Das Mission Statement kann in das Mitarbeiterhandbuch[1474], jährlich oder in regelmäßigen Abständen erscheinende Compliance-Berichte oder Plattformen wie die verbandseigene Homepage, das verbandsinterne Intranet oder in Rundschreiben an die Mitarbeiter integriert werden.[1475]

4. *Organisation der Kartellrechtscompliance*

Die allgemeine Leitungs- und Sorgfaltspflicht des Verbandsvorstandes bzw. der mit der Geschäftsführung betrauten (fakultativen) Verbandsorgane verlangt diesen präventive Maßnahmen ab, wenn die Risikoanalyse zu dem Ergebnis geführt hat, dass kartellrechtliche Risiken vorliegen und demzufolge mögliche Kartellrechtsverstöße nicht auszuschließen sind[1476]. So sind innerorganisatorische Maßnahmen (Aufgaben und Verantwortlichkeiten) durch diese zu treffen, um den Aufbau einer effektiven Kartellrechtscompliance im Verband sicherzustellen. Anschließend sind die Verbandsmitarbeiter über die möglichen Compliance-Risiken umfassend zu informieren.[1477] Dies kann z.B. durch Merkblätter, Richtlinien oder Beratungshotlines umgesetzt werden.[1478] Nachfolgend werden die einzelnen Schritte vertieft dargestellt.[1479]

1470 *Kasten*, in: Mäger, Europäisches Kartellrecht, 2. Kapitel Rn. 62; *Lampert*, in: Hauschka, Corporate Compliance, § 1 Rn. 35; *Strothmeyer*, Compliance – Risikobegrenzung und Imagevorteil, S. 63.

1471 *Geiser*, Leitungspflichten des Vorstands in der AG, S. 216 f.; *Lampert*, in: Hauschka, Corporate Compliance, § 1 Rn. 35; vgl. *Moosmayer*, Compliance, Rn. 144. Diese beziehen sich jedoch ausschließlich auf die Situation in Unternehmen.

1472 *Lampert/Matthey*, in: Hauschka, Corporate Compliance, § 26 Rn. 53.

1473 Vgl. *Lampert/Matthey*, in: Hauschka, Corporate Compliance, § 26 Rn. 53.

1474 Zum Mitarbeiterhandbuch siehe S. 283 ff.

1475 Vgl. *Strothmeyer*, Compliance – Risikobegrenzung und Imagevorteil, S. 64.

1476 *Karbaum*, Kartellrechtliche Compliance – Rechtsgrundlagen und Umsetzung, S. 289. Dieser bezieht sich jedoch auf „Unternehmen".

1477 *Lampert/Matthey*, in: Hauschka, Corporate Compliance, § 26 Rn. 51.

1478 *Lampert/Matthey*, in: Hauschka, Corporate Compliance, § 26 Rn. 54 ff.

1479 Die Darstellung ist angelehnt an *Lampert*, in Hauschka, Corporate Compliance, § 9 Rn. 7 ff.

a) *Einbindung der Entscheidungsträger*

In einem ersten Schritt erfolgt die Einbindung der für den Verband verantwortlichen Personen.[1480] Denn ohne deren Akzeptanz gegenüber Compliance-Maßnahmen sind diese von Anfang an zum Scheitern verurteilt. *Lampert* spricht in diesem Zusammenhang von einer „Vorbildfunktion“[1481] des Vorstands. Die Einbindung der Entscheidungsträger ist demnach unumgänglich, um den Erfolg des Compliance-Programms nicht zu gefährden.[1482]

Die Initiative zu einem Compliance-Programm sollte grundsätzlich von den Leitungsverantwortlichen selbst ausgehen, wann immer möglich in Zusammenarbeit mit der Rechtsabteilung des Verbandes oder mit externen Beratern.[1483] In der Praxis ist dies jedoch häufig nicht der Normalfall, sondern eher die Ausnahme.[1484] In vielen Fällen wird die Verbandsleitung erst durch die interne Rechtsabteilung oder externe Berater auf die Möglichkeit einer Compliance-Organisation aufmerksam gemacht.[1485]

b) *Zuweisung von Aufgaben und Verantwortlichkeit*

Ein anderer wichtiger Baustein bei der Errichtung einer Compliance-Organisation ist die klare Zuweisung von Aufgaben und Verantwortungsbereichen („Ressortaufteilung“).[1486] Dazu können ein oder mehrere Vorstandsmitglieder oder andere Leitungsorgane des Verbandes mit Compliance-Aufgaben betraut werden.[1487] Die Zuweisung der Compliance-Verantwortlichkeit auf der Vorstandsebene wird regelmäßig in der Geschäftsordnung des Vorstands festgelegt.[1488] In jedem Fall ist die Aufgabenverteilung schriftlich zu fixieren, um etwaigen späteren Beweisschwierigkeiten von Anfang an entgegenwirken. Dadurch können sich andere Mitglieder der Verbandsleitung – bei weiterhin vorhandener Pflicht zur stichprobenartigen Kontrolle – entlasten.[1489]

1480 *Hauschka*, BB 2004, 1178, 1179; *Lampert*, BB 2002, 2237, 2239 f.

1481 *Lampert*, in: Hauschka, Corporate Compliance, § 9 Rn. 10.

1482 *Dreher*, ZWeR 2004, 75, 94; *Vetter*, in: Wecker/Ohl, Compliance in der Unternehmenspraxis, S. 13.

1483 *Kasten*, in: Mäger, Europäisches Kartellrecht, Kapitel 2 Rn. 62. Dieser spricht indes freilich von der „Unternehmensleitung“.

1484 *Lampert*, in: Hauschka, Corporate Compliance, § 9 Rn. 9.

1485 *Lampert*, in: Hauschka, Corporate Compliance, § 9 Rn. 9. Dieser spricht freilich von der „Geschäftsleitung“.

1486 *Bürkle*, BB 2005, 565; *Strothmeyer*, Compliance – Risikobegrenzung und Imagevorteil, S. 62.

1487 *Lampert*, in: Hauschka, Corporate Compliance, § 9 Rn. 14. Dieser bezieht sich jedoch ausschließlich auf die Situation in Unternehmen.

1488 *Lampert*, in: Hauschka, Corporate Compliance, § 9 Rn. 14.

1489 *Hauschka*, NJW 2004, 257, 259. Dieser spricht freilich von Unternehmensvorständen.

Einzelne Aufgaben können durch Delegation an sachgerecht ausgewählte, kompetente, belehrte und eingearbeitete Mitarbeiter übertragen werden, denen zur Erfüllung der delegierten Pflicht ausreichende Mittel zur Verfügung zu stellen sind.[1490] Zwar ist eine vollständige Delegation der Aufgaben in Bereichen von grundlegender Bedeutung nicht möglich, dennoch kann eine spürbare Haftungserleichterung erreicht werden.[1491]

Zur Frage der Compliance-Verantwortlichkeit auf Vorstandsebene einer Aktiengesellschaft hat das LG München I entschieden, dass für den gesamten Vorstand die Verpflichtung besteht, eine klare Regelung zu schaffen, wer auf der Ebene des Gesamtvorstands die Hauptverantwortung für Compliance zu tragen hat. Ferner müssen die mit der Überwachung der Compliance-Vorgaben beauftragten Personen hinreichende Befugnisse haben, Konsequenzen aus Verstößen zu ziehen.[1492] Die Verpflichtung zur Einrichtung eines funktionierenden Compliance-Systems wie auch zur Überwachung von dessen Existenz treffe den Gesamtvorstand.[1493] Dieser ist danach auch verpflichtet, sich umfassend über bekanntgewordene Vorfälle zu informieren und ein geeignetes Berichtswesen zu installieren.[1494] Dabei hat das für Compliance verantwortliche Vorstandsmitglied die Pflicht, sich kontinuierlich darüber in Kenntnis setzen zu lassen, welche Ergebnisse interne Ermittlungen brachten, ob personelle Konsequenzen gezogen worden sind und insbesondere ob und wie ein dahinterstehendes System bekämpft wird.[1495] Der Gesamtvorstand hat zudem die Verpflichtung zu überprüfen, ob das implementierte System geeignet ist, Verstöße gegen zwingendes Gesetzesrecht zu unterbinden.[1496] Darüber hinaus komme jedem einzelnen Vorstandsmitglied die Aufgabe zu, im Rahmen seiner Überwachungspflicht darauf hinzuwirken, dass innerhalb des Vorstands ein funktionierendes Compliance-System beschlossen werde.[1497] Dringe ein Vorstandsmitglied mit Vorschlägen zur Verbesserung der Compliance-Organisation bei seinen

1490 *Hauschka*, in: Hauschka, Corporate Compliance, § 1 Rn. 30.

1491 *Hauschka*, NJW 2004, 257, 259; *Dreher*, VersR 2004, 1, 5; *Spindler*, in: Münchener Kommentar zum Aktiengesetz, Band 2, § 91 AktG Rn. 68; *Lampert*, in: Hauschka, Corporate Compliance, § 9 Rn. 14.

1492 LG München I, Urt. v. 10.12.2013, 5 HK O 1387/10 = NZG 2014, 345, 347 = CCZ 2014, 142 (m. Anm. von *Fett*).

1493 LG München I, Urt. v. 10.12.2013, 5 HK O 1387/10 = NZG 2014, 345, 348.

1494 LG München I, Urt. v. 10.12.2013, 5 HK O 1387/10 = CCZ 2014, 142 ff. (m. Anm. von *Fett*).

1495 LG München I, Urt. v. 10.12.2013, 5 HK O 1387/10 = CCZ 2014, 142, 143 (m. Anm. von *Fett*).

1496 LG München I, Urt. v. 10.12.2013, 5 HK O 1387/10 = CCZ 2014, 142, 143 (m. Anm. von *Fett*).

1497 LG München I, Urt. v. 10.12.2013, 5 HK O 1387/10 = CCZ 2014, 142, 143 (m. Anm. von *Fett*).

Vorstandskollegen nicht durch, so habe er entsprechende Gegenvorstellungen bei seinen Kollegen anzubringen und ggf. den Aufsichtsrat zu informieren.[1498]

Bei Nichtbeachtung dieser Grundsätze droht bei vorgekommenen Rechtsverletzungen ein Regress des Verbandes gegenüber Vorstandsmitgliedern nach Maßgabe des § 280 Abs. 1 BGB.

c) Mitarbeiterhandbuch (sog. „Compliance Manual")

Für Verbände ab einer bestimmten Größe wird in der vereinsrechtlichen Literatur die Erstellung eines umfassenden Compliance-Handbuchs empfohlen, um *„den Blick für die eigene Risikolandschaft [zu] schärf[en] und das Vertrauen der Mitglieder und anderer Interessierter in die Verbandsarbeit [zu] stärk[en]"*.[1499] Solche Handbücher bzw. Leitfäden werden nicht selten auch unter Einbeziehung der Verbandsunternehmen erarbeitet.[1500] Diese sollen nicht nur *„der Vertiefung der in Schulungen erlangten Kenntnisse [dienen], sondern verkörpern zugleich auch ein Bekenntnis des Verbands und des Unternehmens zur Kartellrechts-Compliance"*.[1501]

aa) Überblick

Aufgabe des sog. „Compliance Manual" ist es, Verbandsmitarbeiter, aber auch die Angestellten der Mitgliedsunternehmen für das Kartellrecht zu sensibilisieren. So setzt eine effektive Präventionwettbewerbswidrigen Verhaltens voraus, dass die an der Verbandsarbeit beteiligten Mitarbeiter eines Unternehmens sowie die Verbandsmitarbeiter selbst die Grundlagen des Kartellrechts beherrschen.[1502] Das Handbuch soll leicht verständlich die wesentlichen verbandsspezifischen Eckpfeiler und Gefahrenpunkte des deutschen und europäischen Kartellrechts beschreiben.[1503] Neben dem Bereich des Kartellrechts wird häufig empfohlen, sämtliche Verbandsrisiken im Mitarbeiterhandbuch, etwa den Umgang mit Einladungen und Zuwendungen, darzustellen.[1504]

Um die Verständlichkeit des Handbuchs sicherzustellen, ist eine einfache und prägnante Wortwahl essentiell.[1505] Wichtige kartellrechtliche Vorschriften können, wie auch die dazugehörigen Verhaltensanweisungen zur Einhaltung dieser Normen, deutlich sichtbar gemacht werden.[1506] So kann insbesondere auch für die Darstellung der verbandsspezifischen Gefahrenbereiche verfahren werden. Zudem können die

---

1498 LG München I, Urt. v. 10.12.2013, 5 HK O 1387/10 = CCZ 2014, 142, 143 (m. Anm. von *Fett*).
1499 *Brouwer*, CCZ 2009, 161, 164.
1500 Vgl. *Brouwer*, CCZ 2009, 161, 164; *Kapp/Hummel*, CCZ 2013, 240, 246.
1501 *Kapp/Hummel*, CCZ 2013, 240, 246.
1502 *Kapp/Hummel*, CCZ 2013, 240, 246.
1503 *Brouwer*, CCZ 2009, 161, 164.
1504 *Brouwer*, CCZ 2009, 161, 164.
1505 *Moosmayer*, Compliance, Rn. 155.
1506 *Kasten*, in: Mäger, Europäisches Kartellrecht, Kapitel 2 Rn. 85.

(teilweise) gravierenden Rechtsfolgen bei Nichteinhaltung der Regeln aufgezeigt werden.

Das Mitarbeiterhandbuch kann nach Schulungen an alle Mitarbeiter ausgeteilt werden, die in kartellrechtlich relevanten Bereichen arbeiten. Der Umfang des Handbuchs hängt von Faktoren wie Größe, Betätigungsart und den Strukturen des jeweiligen Verbandes sowie von der Betätigung der Verbandsmitglieder ab.[1507] „Allgemeine Blaupausen" von Compliance-Vorgaben oder standardisierte „Beamer-Shows" von externen Beratern reichen aber nicht aus, um die Anforderungen an eine funktionierende Kartellrechtscompliance zu erfüllen.[1508]

bb) Verbandsinterne Richtlinien für das Verhalten der Mitarbeiter, insbesondere bei Verbandstreffen

Aufgrund der erheblichen Risiken, die vom Kartellrecht für Wirtschaftsverbände ausgehen, empfiehlt die Literatur, in das Mitarbeiterhandbuch konkrete Richtlinien für ein kartellrechtskonformes Verhalten der Verbandsmitarbeiter einzuarbeiten.[1509] Vorteilhaft sei insoweit die Darstellung der Kartellrechtsvorschriften mit *„DOs"* und *„DON' Ts"* der praxisrelevantesten Beispiele aus dem Arbeitsumfeld der Mitarbeiter.[1510] Für die Mitarbeiter muss ersichtlich sein, wie sie sich in der konkreten (Gefahren-)Situation zu verhalten haben und welche Auswirkungen einem Fehlverhalten nachfolgen. In den Richtlinien ist explizit darauf hinzuweisen, dass bei Zweifeln der Mitarbeiter über rechtliche Fragestellungen die Rechtsabteilung oder – wenn vorhanden – der Compliance-Officer in die Beurteilung einzubeziehen sind.[1511] Die kartellrechtlichen Richtlinien gelten nicht nur im Rahmen offizieller Verbandstreffen, sondern sind auch bei sonstigen Treffen und Gelegenheiten, bei denen Informationen ausgetauscht werden (können), von den Mitarbeitern und den Vertretern der Mitgliedsunternehmen zu beachten.[1512]

Insbesondere bei Verbandstreffen brauchen die Betreuer der Sitzung konkrete Handlungsanweisungen wie vorzugehen ist, wenn Verbandsmitglieder gegen geltendes Kartellrecht verstoßen. In solchen Situationen sind der oder die Sitzungsleiter verpflichtet, sofort auf den Regelverstoß hinzuweisen, notfalls das Treffen zu beenden und zusätzlich eine Protokollierung der Geschehnisse durchzuführen.[1513]

1507 Vgl. *Kasten*, in: Mäger, Europäisches Kartellrecht, Kapitel 2 Rn. 84 f.

1508 *Dreher*, VersR 2004, 1, 6.

1509 *Runte/Eckert*, in: Bürgers/Körber, Aktiengesetz, § 161 AktG Rn. 102. Diese beziehen sich indes auf die Situation in Unternehmen.

1510 *Lampert* in: Hauschka, Corporate Compliance, § 9 Rn. 23; *ders.*, BB 2002, 2237, 2240.

1511 *Bürkle*, BB 2005, 565, 566; *Lampert*, BB 2002, 2237, 2240.

1512 *Lampert*, BB 2002, 2237, 2242.

1513 *Pautke*, in: Schultze, Compliance-Handbuch Kartellrecht, Teil A Rn. 135; siehe dazu auch den Leitfaden für Verbandstreffen in: Schultze, Compliance-Handbuch Kartellrecht, S. 278 f.

Die Verbandsmitarbeiter sind angehalten, sich noch während der Sitzung aktiv und deutlich von den ausgetauschten gesetzeswidrigen Inhalten ihrer Mitglieder zu distanzieren. Dies ist nicht nur für den Verband und dessen Mitarbeiter wegen drohender Bußgeldrisiken wichtig, sondern ebenso für die Mitgliedsunternehmen, die sich auf kartellrechtlich zulässige Art und Weise mit ihren Konkurrenten austauschen wollen.[1514]

Generell gilt, dass bei vorgekommenen Kartellrechtsverstößen neben der verbandseigenen Rechtsabteilung auch die Verbandsleitung zu informieren ist. Unbedenklich und damit nicht zu melden sind Erörterungen bei Verbandstreffen über die künftige Strategie des Verbandes, z.B. bezüglich künftiger Gesetzesvorhaben.[1515] Ein allgemeiner Erfahrungsaustausch über die politische, wirtschaftliche oder gesellschaftliche Lage ist ebenso erlaubt.[1516] Insbesondere bei Anwesenheit von Unternehmensmitarbeitern, die in den sensiblen Bereichen des Einkaufs und des Vertriebs tätig sind, müssen Verbandsmitarbeiter aber besonders sensibilisiert sein. Konkurrierende Verbandsmitglieder sind vom Sitzungsleiter in jedem Fall davon abzuhalten, sich über aktuelle oder künftige Strategien, wie beispielsweise über die eigene konkrete Preisgestaltung, auszutauschen. In der kartellrechtlichen Literatur wird zusätzlich vorgeschlagen, vor dem Verbandstreffen eine Tagesordnung festzulegen, an der sich die Sitzungsleiter orientieren können.[1517]

d) Der Compliance-Officer

Ein weiteres zentrales Element in der Compliance-Organisation ist die Position des sog. „Compliance-Officers“ oder „Compliance-Beauftragten“.[1518] Dieser ist ein Funktionsträger, der aufgrund den Verband verpflichtender Regelungen zum Schutz bestimmter Allgemeinbelange bestellt ist und eine exponierte Stellung innehat.[1519] Häufig wird er in den Bereichen des Kartell-, Umweltschutz- und Arbeitssicherheitsrechts oder dem Korruptionssektor eingesetzt. Die Einrichtung einer solchen Position steht mittlerweile in den meisten großen Industrie- und Dienstleistungsunternehmen ganz oben auf der Tagesordnung, damit diese ihrer Compliance-Verantwortung genügen können.[1520] Nicht selten werden auch ganze Compliance-Abteilungen in Unternehmen installiert.[1521] Aber auch in (großen)

1514 Vgl. *Kapp/Hummel*, CCZ 2013, 240, 242.

1515 Vgl. den Leitfaden für Verbandstreffen in: *Schultze, Compliance-Handbuch Kartellrecht,* S. 279.

1516 Vgl. den Leitfaden für Verbandstreffen in: Schultze, Compliance-Handbuch Kartellrecht, S. 279; *Kapp/Hummel*, CCZ 2013, 240, 241 f.

1517 *Lampert*, BB 2002, 2237, 2242.

1518 *Dreher*, in: Krieger/Uwe H. Schneider Handbuch Managerhaftung, § 29 Rn. 67.

1519 Vgl. *Strothmeyer*, Compliance – Risikobegrenzung und Imagevorteil, S. 66.

1520 *Brouwer*, CCZ 2009, 161, 164; vgl. *Hauschka*, NJW 2004, 257, 260.

1521 *Strothmeyer*, Compliance – Risikobegrenzung und Imagevorteil, S. 66.

Wirtschaftsverbänden hat der Compliance-Officer seine Berechtigung.[1522] Dabei ist maßgeblich, dass die Verantwortlichkeiten für die jeweiligen Risikobereiche des Verbandes sowohl auf Leitungs- als auch auf Mitarbeiterebene festgelegt und geeigneten Personen zugewiesen sind.[1523]

Die (Kern-)Aufgabe des Compliance-Officers liegt in der Verhinderung von Rechtsverstößen die aus dem Verband heraus begangen werden und erhebliche Folgen wie Haftungsrisiken oder Ansehensverluste auslösen können.[1524] Er ist insbesondere bei der Implementierung, Umsetzung, Fortentwicklung[1525], Überwachung und Dokumentation des Compliance-Programms tätig.[1526] Des Weiteren muss er sich regelmäßig mit den Änderungen im Bereich des Kartellrechts auseinandersetzen[1527] und ist erster Ansprechpartner sowohl für die Mitarbeiter im Verband als auch für die Verbandsmitglieder[1528].

Häufig ist der Compliance-Officer ein Teil der Rechtsabteilung. Gekennzeichnet ist seine Position durch ihre Unabhängigkeit, d.h. der Compliance-Officer ist an keinerlei Weisungen gebunden und vollkommen frei in seinen Entscheidungen.[1529] Er muss einen weitläufigen Einblick in den Verband erhalten und darf von relevanten Informationen nicht ausgeschlossen sein. Er ist zur absoluten Verschwiegenheit verpflichtet und muss jede Information vertraulich behandeln.[1530]

Den mit Compliance-Aufgaben betrauten Personen sind die für eine ordnungsgemäße Kartellrechtscompliance notwendigen Mittel und Befugnisse zur Verfügung zu stellen.[1531] Denn für eine dauerhaft effektive Compliance-Organisation bedarf es neben einer ständigen Aktualisierung der Gefahrenanalyse auch einer Überwachung der Mitarbeiter, die – wie schon erwähnt – meist dem Zuständigkeitsbereich des Compliance-Officers unterfällt.[1532] Dazu bieten sich unangekündigte, stichprobenartige Überprüfungen in den kartellrechtlich kritischen Bereichen des

---

1522 *Brouwer*, CCZ 2009, 161, 164.

1523 *Brouwer*, CCZ 2009, 161, 164.

1524 *Moosmayer*, Compliance, Rn. 124 f. Dieser bezieht sich auf Compliance Officer in Unternehmen.

1525 Zur Fortentwicklungstätigkeit des Compliance-Officer zählen insbesondere die Schulungstätigkeit und die Vermittlung und Weitergabe von Informationen an die Verbandsmitarbeiter (vgl. *Runte/Eckert*, in: Bürgers/Körber, Aktiengesetz, § 161 AktG Rn. 103).

1526 *Grützner/Jakob*, Compliance von A-Z, Stichwort: Compliance Officer.

1527 Vgl. *Dreyer* in: Wissmann/Dreyer/Witting, Kartell- und regulierungsbehördliche Ermittlungen im Unternehmen und Risikomanagement, § 7 Rn. 24.

1528 *Kapp/Hummel*, CCZ 2013, 240, 246; vgl. auch *Bürkle*, in: Hauschka, Corporate Compliance, § 8 Rn. 28.

1529 *Runte/Eckert*, in: Bürgers/Körber, Aktiengesetz, § 161 AktG Rn. 103; *Karbaum*, Kartellrechtliche Compliance – Rechtsgrundlagen und Umsetzung, S. 294.

1530 *Bürkle*, in: Hauschka, Corporate Compliance, § 8 Rn. 26.

1531 Vgl. LG München I, Urt. v. 10.12.2013, 5 HK O 1387/10 = CCZ 2014, 142 ff. (m. Anm. *Fett*).

1532 *Bürkle*, in: Hauschka, Corporate Compliance, § 8 Rn. 25.

Verbandes an.[1533] Diese Vorgänge sind nicht nur zu dokumentieren, sondern der Verbandsleitung in regelmäßigen Abständen auch im Rahmen eines Reportings zu übermitteln.[1534]

Entdeckt der Compliance-Beauftragte rechtliche Risiken im Verband, ist er verpflichtet, sowohl die Verbandsleitung als auch die betroffenen Mitarbeiter darüber in Kenntnis setzen und geeignete Vorschläge zur Eindämmung dieser Risiken vorbringen.[1535] Unternimmt er keinen Versuch verbandsinterner Aufklärung und Abhilfe, kann er sich durch dieses Unterlassen mit Blick auf seine mögliche Garantenstellung (§ 13 StGB) strafbar machen.[1536]

Ist es, aller präventiven Maßnahmen zum Trotz, zu einem Kartellrechtsverstoß gekommen und führt die Kartellbehörde bereits Untersuchungsmaßnahmen durch, gehört auch die Begleitung solcher Durchsuchungsmaßnahmen zum Aufgabenkreis des Compliance-Officers.

e) Mitarbeiterschulungen

Ein Kartellrechtscompliance-Programm muss konsequent umgesetzt werden.[1537] Dafür sind insbesondere Mitarbeiterschulungen durchzuführen, deren Ziel es ist, die Mitarbeiter für die Gefahrenbereiche ihrer Verbandstätigkeit zu sensibilisieren.[1538] Eine neue Form der Wissensvermittlung stellen sog. „E-Learning-Programme“ dar, die zumindest schulungsbegleitend zum Einsatz kommen können. Der Vorteil von „E-Learning-Tools“ liegt in ihrer Flexibilität, da ihre Anwendung an keine starren Zeiten geknüpft ist.[1539]

Inhaltlich sollen die Kartellrechtsschulungen den Mitarbeitern zunächst einen kurzen Überblick über das Kartellecht und die damit einhergehenden rechtlichen Anforderungen geben.[1540] Im weiteren Verlauf einer Schulung kann dann auf die aktuellen Entwicklungen in diesem Bereich eingegangen und in diesem Zusammenhang auf die Inhalte der Compliance-Richtlinien verwiesen werden.[1541]

1533 Vgl. *Bürkle*, in: Hauschka, Corporate Compliance, § 8 Rn. 25.

1534 Vgl. *Dreher*, VersR 2004, 1, 8; *Wybitul*, BB 2009, 2590, 2593.

1535 Vgl. *Bürkle*, Hauschka, Corporate Compliance, § 8 Rn. 25.

1536 BGH, Urt. v. 17.07.2009, 5 StR 394/08 = NZG 2009, 1356; *Bürkle*, in: Hauschka, Corporate Compliance, § 8 Rn. 30; zur Garantenpflicht des Compliance-Officers siehe auch *Held*, CCZ 2009, 231 ff.

1537 *Spindler*, in: Münchener Kommentar zum Aktiengesetz, Band 2, 3. Auflage, § 91 AktG Rn. 38; *Salvenmoser/Hauschka*, NJW 2010, 331, 334; *Dreyer* in: Wissmann/Dreyer/Witting, Kartell- und regulierungsbehördliche Ermittlungen im Unternehmen und Risikomanagement, § 7 Rn. 14 ff.

1538 Vgl. *Lampert/Matthey*, in: Hauschka, Corporate Compliance, § 26 Rn. 74; *Moosmayer*, Compliance, Rn. 175.

1539 *Lampert/Matthey*, in: Hauschka, Corporate Compliance, § 26 Rn. 76.

1540 *Lampert/Matthey*, in: Hauschka, Corporate Compliance, § 26 Rn. 74.

1541 Vgl. *Bürkle*, VW 2004, 830 ff.

Es wird seitens der Literatur empfohlen, dass die Schulungsgruppen mit einer überschaubaren Anzahl von Teilnehmern zu besetzen sind. Durch die Begrenzung der Teilnehmerzahl werde eine intensivere Wissensvermittlung sichergestellt und damit eine effektivere Informationsvermittlung.[1542] Im Übrigen können auch die Mitglieder der Verbandsleitung oder die Mitarbeiter von Mitgliedsunternehmen in die (verbandseigenen) Schulungsaktivitäten einbezogen werden.

Die Verbandsschulungen sind in bestimmten Zeitabständen, in der Regel innerhalb von ein bis zwei Jahren, zu wiederholen.[1543] Dadurch wird zum einen dem Vergessen der Mitarbeiter vorgebeugt, zum anderen können ggf. neu zum Verband gestoßene Mitarbeiter erreicht werden. Am Ende einer Schulung ist eine Teilnahmebestätigung von den Mitarbeitern einzuholen.[1544] Die Teilnehmer unterschreiben ggf. auch für den Erhalt des Compliance-Handbuchs und bekennen sich zu den internen Verbandsvorgaben.[1545]

f) Überwachungssysteme

Eine Kartellrechtscompliance-Organisation bedarf einer adäquaten Überwachung, um das Gelingen des Programms zu gewährleisten. Dabei sind „einmalige Strohfeuer" wenig nutzbringend.[1546] *Lampert/Matthey* führen in diesem Zusammenhang Folgendes aus[1547]: *„Zu einem umfassenden kartellrechtlichen Compliance Programm gehört neben der Information an die Mitarbeiter über die Unternehmensvorgaben im Bereich des Kartellrechts auch die fortlaufende Überwachung, ob diese Vorgaben eingehalten werden, und bei Verdachtsfällen die Aufdeckung möglicher Kartellverstöße. Nach der Rechtsprechung zu § 130 OWiG gehört es zur Aufsichtspflicht der Unternehmensführung, zumindest stichprobenartige Kontrollen im Unternehmen durchzuführen. Dies erfolgt im Rahmen von sogenannten Compliance Audits. Ein weiteres mögliches Mittel zur Aufdeckung von Kartellverstößen kann die Einrichtung einer Meldestelle für Kartellverstöße sein."*

aa) „Audits"

Ein effektives Überwachungsinstrument im Rahmen von Compliance-Anstrengungen stellen sog. „Audits" dar. Diese beinhalten regelmäßige Befragungen von Mitarbeitern oder die fortlaufende Überprüfung von Geschäftsvorgängen.[1548] Audits sind insoweit von Vorteil, dass sie nicht nur zur Aufdeckung von Kartellrechtsverstößen

1542 Vgl. dazu auch *Runte/Eckert*, in: Bürgers/Körber, Aktiengesetz, § 161 AktG Rn. 105.
1543 *Kasten*, in: Mäger, Europäisches Kartellrecht, 2. Kapitel Rn. 100.
1544 *Lampert*, BB 2002, 2237, 2241.
1545 *Lampert*, BB 2002, 2237, 2241.
1546 *Lampert*, in: Hauschka, Corporate Compliance, § 9 Rn. 34.
1547 *Lampert/Matthey*, in: Hauschka, Corporate Compliance, § 26 Rn. 77.
1548 *Lampert*, in: Hauschka, Corporate Compliance, § 9 Rn. 34; *van Vormizeele*, CCZ 2009, 41, 43.

im Verband beitragen können, sondern den Mitarbeitern auch vergegenwärtigen, dass sich Verstöße gegen geltendes Kartellrecht nicht lohnen[1549].

Bei kartellrechtlichen Compliance-Audits wird zwischen anlassbezogenen Audits, bei denen konkrete Verdachtsmomente für einen Kartellverstoß vorliegen, und nicht anlassbezogenen Audits, bei denen konkrete Anhaltspunkte für eine kartellrechtliche Zuwiderhandlung gerade fehlen, unterschieden.[1550] Schon mit Blick auf die Rechtsprechung zu § 130 OWiG sind Audits durchzuführen, um den dort verankerten Aufsichtspflichten nachzukommen, die stichprobenartige Kontrollen einschließen.[1551]

Oft werden umfangreichere Überprüfungen – wenn einzelne Stichproben beispielsweise nicht als ausreichend erachtet werden – in Form sog. „unechten Mock Dawnraids" durchgeführt.[1552] Dabei handelt es sich um häufig von beauftragten externen Rechtsanwälten vorgetäuschte behördliche Durchsuchungen, die auch Befragungen der Mitarbeiter einschließen.[1553] Diese Durchsuchungen zielen darauf ab, mögliche kartellrechtliche Gefahren zu entdecken sowie das Verhalten der Verbandsmitarbeiter bei Durchsuchungen zu überprüfen.[1554] Mock Dawnraids werden in der Regel unter der Leitung des Compliance-Officers durchgeführt und sind vorher mit der Verbandsleitung abgestimmt worden.[1555]

bb) „Whistleblowing"

Ein weiteres Überwachungsinstrument, das zur Aufdeckung von Kartellrechtsverstößen geeignet ist, ist das sog. „Whistleblowing".[1556] Dieses dient der Einhaltung

---

1549 *Karbaum*, Kartellrechtliche Compliance – Rechtsgrundlagen und Umsetzung, S. 329. Dieser spricht indes von den Vorteilen eines Audits in „Unternehmen".

1550 *Lampert/Matthey*, in: Hauschka, Corporate Compliance, § 26 Rn. 78.

1551 *Lampert/Matthey*, in: Hauschka, Corporate Compliance, § 26 Rn. 78; *Hauschka*, BB 2004, 1178, 1181; *Strothmeyer*, Compliance – Risikobegrenzung und Imagevorteil, S. 89.

1552 *Dreyer* in: Wissmann/Dreyer/Witting, Kartell- und regulierungsbehördliche Ermittlungen im Unternehmen und Risikomanagement, § 7 Rn. 38; *Lampert*, BB 2002, 2237, 2242; *Karbaum*, Kartellrechtliche Compliance – Rechtsgrundlagen und Umsetzung, S. 330; zu sog. „echten Mock Dawnraids" siehe *Gildhoff/Zumdick*, BB 2012, 1178, 1179 ff.

1553 *Moosmayer*, Compliance, Rn. 310; vgl. *Karbaum*, Kartellrechtliche Compliance – Rechtsgrundlagen und Umsetzung, S. 329.

1554 *Lampert/Matthey*, in: Hauschka, Corporate Compliance, § 26 Rn. 84; *Moosmayer*, Compliance, Rn. 310.

1555 Solche Überprüfungen werden aber teilweise kritisch gesehen. So ist etwa *Moosmayer* der Ansicht, dass es letztlich auch eine Frage der Unternehmenskultur wäre, ob man der Auffassung sei, Mitarbeiter durch diesen pauschalen Beweis des Misstrauens für die Sache der Compliance im Unternehmen zu gewinnen (*Moosmayer*, Compliance, Rn. 310).

1556 Vgl. *Moosmayer*, Compliance, Rn. 181.

interner Compliance-Vorgaben und beinhaltet die Errichtung einer verbandsinternen Hotline, die es Mitarbeitern anonymisiert gestattet, auf Missstände im Verband aufmerksam zu machen, ohne jedoch Repressalien ausgesetzt zu sein.[1557] Das Whistleblowing kann so eine zentrale Informationsquelle für ein effektives Compliance-System darstellen.[1558] In den USA ist das dieses Verfahren seit Einführung des SOA im Jahr 2002 für börsennotierte Gesellschaften verpflichtend. Hierzulande gibt es hingegen keine Vorschriften[1559], die eine derartige Pflicht kodifizieren.

Dabei zu unterscheiden sind das interne und externe Whistleblower-Verfahren. Beim relevanteren internen Verfahren wendet sich der sog. „Whistleblower", d.h. der Hinweisgeber, an eine Vertrauensperson und überspringt damit die Ebenen der Hierarchie.[1560] Die Vertrauensperson leitet nach Erhalt der Informationen selbige nach einer Plausibilitätsprüfung an den oder die zuständigen Verantwortlichen weiter. Häufig wird mit dieser Aufgabe der Compliance-Beauftragte als zentrale Vertrauensperson betraut. Möglich ist aber auch die Einrichtung einer externen Meldestelle, z.B. bei einer extern beauftragten Rechtsanwaltskanzlei, an die die Verbandsmitarbeiter sowie Dritte Kartellrechtsverstöße anonymisiert melden können.[1561]

g) Handeln bei Aufdeckung eines Kartellrechtsverstoßes

Bei Aufdeckung eines Kartellrechtsverstoßes im Verband werden folgende Maßnahmen von der gesellschafts- und kartellrechtlichen Literatur als zweckmäßig angesehen[1562]: (1.) das Abstellen des Verstoßes, (2.) die Zusammenarbeit mit den Kartellbehörden und (3.) interne disziplinarische Maßnahmen.

aa) Abstellen des Verstoßes

Der erste Schritt nach der Entdeckung eines Kartellrechtsverstoßes besteht im Abstellen der kartellrechtlichen Zuwiderhandlung. In der Literatur wird die möglichst unauffällige Einstellung der bisherigen Kartellaktivitäten empfohlen, wenn die Stellung eines Kronzeugenantrags bei den Kartellbehörden nicht in Betracht gezogen wird.[1563] Dabei kommen Kartellanten jedoch nicht umhin, den Verstoß vollständig abzustellen, denn ein halbherziges Zurückziehen aus den Kartellaktivitäten, etwa durch eine rein passive Teilnahme an Kartelltreffen, genügt dafür nicht.[1564] Die Beendigung des Verstoßes ist für den Beginn der Verjährung relevant und damit

---

1557 Vgl. *Berndt/Hoppler*, BB 2005, 2623 ff.; *Weber-Rey*, AG 2006, 406.

1558 *Berndt/Hoppler*, BB 2005, 2623, 2628.

1559 *Berndt/Hoppler*, BB 2005, 2623.

1560 *Weber-Rey*, AG 2006, 406, 407.

1561 *Lampert/Matthey*, in: Hauschka, Corporate Compliance, § 26 Rn. 85.

1562 *Moosmayer*, Compliance, Rn. 338 ff.; *Lampert/Matthey*, in: Hauschka, Corporate Compliance, § 26 Rn. 86 ff.

1563 *Lampert/Matthey*, in: Hauschka, Corporate Compliance, § 26 Rn. 87.

1564 *Lampert/Matthey*, in: Hauschka, Corporate Compliance, § 26 Rn. 87.

z.B. für Schadensersatzansprüche nach § 33 GWB. So beginnt die Verjährung erst zu laufen, wenn keine Ausführungshandlungen mehr erfolgen.[1565]

bb) Zusammenarbeit mit den Kartellbehörden?

Bei festgestellten Zuwiderhandlungen ist zu entscheiden, ob unter Stellung eines Kronzeugenantrags mit den Kartellbehörden zusammengearbeitet werden soll. Ziel einer solchen Kooperation ist es, das Bußgeldrisiko zu senken. Soweit ersichtlich, gibt es bislang aber keinen (veröffentlichten) Fall, in dem ein Wirtschaftsverband einen Kronzeugenantrag gestellt hat.

cc) Disziplinarische Maßnahmen

Neben dem Abstellen des Kartellrechtsverstoßes und der – für Verbände wohl wenig praxisrelevanten – Möglichkeit der Zusammenarbeit mit den Kartellbehörden kommen disziplinarische Maßnahmen gegenüber den eigenen Mitarbeitern auf der einen Seite und gegenüber den Mitgliedern und deren Mitarbeitern auf der anderen Seite in Betracht.

(1) Disziplinarische Maßnahmen gegenüber den Verbandsmitarbeitern

Zur Glaubwürdigkeit eines Kartellrechtscompliance-Programms gehört, dass Kartellrechtsverstöße auch verbandsintern geahndet werden.[1566] Folgende disziplinarische Maßnahmen kommen bei kartellrechtlichen Zuwiderhandlungen der Mitarbeiter in Betracht: eine Ermahnung oder Abmahnung, der Verlust von freiwilligen oder variablen Entgeltbestandteilen und die Versetzung auf eine andere Position.[1567] Als ultima ratio ist auch die ordentliche oder außerordentliche Kündigung des Arbeitsvertrages von Mitarbeitern möglich, die den Kartellrechtsverstoß durch ihre Handlungen verursacht haben.[1568]

(2) Disziplinarische Maßnahmen gegenüber den Verbandsmitgliedern und deren Mitarbeitern

Mittlerweile werden seitens der vereinsrechtlichen Literatur auch Reaktionen von Verbänden gegebüber ihren Mitgliedern auf Kartellrechtsverstöße diskutiert, um die

---

1565 EuGH, Urt. v. 3.7.1985, Rs. 243/83, Slg. 1985, 2015, 2040, Rn. 17 – *Binon/AMP*; EuG, Urt. v. 13.12.2001, verb. Rss. T-45/98 u.a., Slg. 2001, II-3757, II-3818, Rn. 181 – *Krupp Thyssen Stainless/Kommission*; vgl. *Lampert/Matthey*, in: Hauschka, Corporate Compliance, § 26 Rn. 87.

1566 *Lampert/Matthey*, in: Hauschka, Corporate Compliance, § 26 Rn. 93; *Dreher*, in: Krieger/U.H. Schneider, Handbuch Managerhaftung, § 31 Rn. 73. Diese beziehen sich auf die Situation in Unternehmen.

1567 Vgl . *Moosmayer*, Compliance, Rn. 339; zu möglichen Sanktionen siehe auch *Dreher*, VersR 2004, 1, 8.

1568 Vgl. *Moosmayer*, Compliance, Rn. 339.

Interessen ihrer Mitglieder, deren Mitarbeiter, der eigenen Mitarbeiter und Organe zu sichern.[1569] Dies ist rechtlich nicht unproblematisch, da Verbände – anders als die die Mitarbeiter beschäftigenden (Mitglieds-)Unternehmen – keine arbeitsrechtlichen Sanktionsinstrumente zur Verfügung stehen, gegen die in ihre Gremien entsandten Mitarbeiter der an kartellrechtswidrigen Maßnahmen beteiligten Mitglieder vorzugehen.[1570] Dementsprechend müssen vereinsrechtliche Voraussetzungen vor Ergreifung entsprechender Reaktionen durch den Verband geschaffen werden und ggf. Beschränkungen, denen Verbände unterworfen sein können, beachtet werden.[1571] So sind möglichen Verbandsreaktionen vereinsrechtliche Grenzen gesetzt, da einschneidende Maßnahmen einer Ermächtigungsgrundlage in oder zumindest auf Basis der Satzung bedürfen.[1572] Dabei muss die Satzung Zweck und Reichweite der Reaktions- und Sanktionskompetenz des dafür zuständigen Organs regeln.[1573] Eine weitere Restriktion ergibt sich aus den Grundsätzen der Verhältnismäßigkeit und der Erforderlichkeit, was vor allem dann gilt, wenn ein Verband eine marktbeherrschende oder marktmächtige Stelle innehat.[1574] Danach müssen Abhilfemaßnahmen eine auf die jeweilige Schwere des möglichen Kartellrechtsverstoßes angemessene Antwort gegenüber den Mitgliedsunternehmen und den beteiligten Angestellten dieser Unternehmen darstellen.[1575] Daneben dürfen einzelne Unternehmen auch nicht ungleich behandelt oder behindert werden. Denn zum zwingenden Vereinsrecht gehören neben der Satzungsautonomie auch ungeschriebene Rechtsgrundsätze wie beispielsweise der Gleichbehandlungsgrundsatz der Mitglieder.[1576] Insoweit wird der Verband aber *„regelmäßig erheblichen Spielraum besitzen, da jeder Fall anders ist und damit anders zu beurteilen sein wird, solange die Schwere eines Verstoßes die Rechtfertigung der jeweiligen Reaktion ermöglicht"*.[1577]

Pischel/Kopp schlagen – eine Ermächtigungsgrundlage in der Verbandssatzung vorausgesetzt[1578] – konkret folgende Reaktionsmöglichkeiten eines Verbandes gegenüber seinen Mitgliedern auf Kartellrechtsverstöße im Rahmen eines abgestuften Verfahrens vor: (1.) Gespräch und Information, (2.) Schulungsangebot und

---

1569 *Pischel/Kopp*, CCZ 2014, 198.
1570 *Pischel/Kopp*, CCZ 2014, 198.
1571 *Pischel/Kopp*, CCZ 2014, 198, 200 f.
1572 *Pischel/Kopp*, CCZ 2014, 198, 200.
1573 *Pischel/Kopp*, CCZ 2014, 198, 203.
1574 *Pischel/Kopp*, CCZ 2014, 198, 200.
1575 *Pischel/Kopp*, CCZ 2014, 198, 200 f.
1576 *Waldner/Wörle-Himmel*, in: Sauter/Schweyer/Waldner, Der eingetragene Verein, Rn. 335a; *Pischel/Kopp*, CCZ 2014, 198, 201.
1577 *Pischel/Kopp*, CCZ 2014, 198, 201.
1578 Ob insoweit auch Vereinsgewohnheitsrecht bzw. eine Regelung ausweislich einer langdauernden, von Rechtsüberzeugungen getragenen Übung als für sich verbindlich zu akzeptieren ist, ist streitig. Dafür *Pischel/Kopp*, CCZ 2014, 198, 203; wohl dagegen BGH, Urt. v. 25.10.1983, KZR 27/82 = NJW 1984, 1355; BGH, Urt. v. 6.3.1967, II ZR 231/64 = NJW 1967, 1268.

Schulungspflicht, (3.) zeitweise Suspendierung sowie (4.) Ausschluss aus dem Verband.[1579] Dabei komme als mildestes Mittel zunächst in Betracht, mit dem betreffenden Mitarbeiter des Unternehmens, der möglicherweise kartellrechtssensible Handlungen begangen habe, zu sprechen und ihn nachdrücklich aufzufordern, zukünftig diesbezügliche Handlungen zu unterlassen.[1580] Daneben sei auf der zweiten Stufe durch den Verband das Angebot oder die Pflicht zur Teilnahme an einer kartellrechtlichen Schulung für Mitarbeiter der Mitgliedsunternehmen ein mögliches Reaktionsmittel.[1581] Bei wiederholten oder erstmalig auftretenden, eindeutigen kartellrechtswidrigen Maßnahmen sei als dritte Reaktionsstufe *„je nach Schwere oder Wiederholung eines Verstoßes angemessen, für einen gewissen Zeitraum die Teilnahme eines bestimmten Mitarbeiters oder – insoweit schärfer – sämtlicher Mitarbeiter eines Unternehmens an bestimmten Sitzungen oder – abermals eskalierend – für sämtliche Gremien des Verbandes zu suspendieren“*.[1582] Bei gravierenden – auch lediglich einmaligen – Zuwiderhandlungen durch Mitarbeiter eines Unternehmens könne es als ultima ratio sogar angezeigt sein, das betroffene Mitgliedsunternehmen dauerhaft aus dem Verband auszuschließen (vierte Reaktionsstufe).[1583]

Denkbar seien darüber hinaus auf jeder Stufe auch Ordnungsgelder gegenüber dem Unternehmen.[1584] Diese Reaktion sei aber ohne vereinsrechtliche Verankerung mittels einer besonderen Nebenordnung nicht durchführbar und müsse zudem angemessen sein, *„so dass diese Möglichkeit in der Mehrzahl der Fälle nicht in Betracht kommen wird“*.[1585]

Im Ergebnis ist der von *Pischel/Kopp* vorgeschlagene Sanktionskatalog konsequent und richtig. Als Begründung dafür lässt sich anführen, dass durch kartellrechtswidrige Verhaltensweisen erhebliche Schäden in Form von Bußgeldern und Ansehensverlusten für Wirtschaftsverbände drohen. Neben den ohnehin bestehenden Haftungsrisiken für juristische und natürliche Personen bei begangenen Kartellrechtsverstößen können (zusätzlich) in der Verbandssatzung geregelte Sanktions- bzw. Reaktionsmöglichkeiten gegenüber den Mitgliedsunternehmen sowie deren Angestellten eine abschreckende Wirkung entfalten und so (Kartellrechts-) Verstöße ggf. bereits im Vorfeld verhindert werden. Insofern können vorgenannte Sanktionsinstrumtente geeignet sein, ein verbandsinternes Compliance-System zu ergänzen, das in der Regel nur die Mitarbeiter des Verbandes erreicht.[1586]

1579 *Pischel/Kopp*, CCZ 2014, 198, 201 f.
1580 *Pischel/Kopp*, CCZ 2014, 198, 201 f.
1581 *Pischel/Kopp*, CCZ 2014, 198, 202.
1582 *Pischel/Kopp*, CCZ 2014, 198, 202.
1583 *Pischel/Kopp*, CCZ 2014, 198, 202.
1584 *Pischel/Kopp*, CCZ 2014, 198, 202.
1585 *Pischel/Kopp*, CCZ 2014, 198, 202.
1586 *Pischel/Kopp*, CCZ 2014, 198, 200.

5. Dokumentation

Um bei später aufgedeckten Kartellrechtsverstößen den Entlastungsbeweis führen zu können und eine Haftungsbeschränkung zu erreichen, sind sowohl alle mit Kartellrechtscompliance im Zusammenhang stehenden Vorgänge als auch die im Verband angelegte Compliance-Struktur selbst zu dokumentieren.[1587] In diesem Zusammenhang ist insbesondere die datenschutzrechtliche Vorschrift des § 32 BDSG zu beachten. Danach dürfen personenbezogene Daten eines Beschäftigten für Zwecke des Beschäftigungsverhältnisses erhoben, verarbeitet oder genutzt werden, wenn dies für die Entscheidung über die Begründung eines Beschäftigungsverhältnisses oder nach Begründung des Beschäftigungsverhältnisses für dessen Durchführung oder Beendigung erforderlich ist. Der in dieser Regelung kodifizierte Datenschutz des Arbeitnehmers kann aber nicht endlos für Maßnahmen im Rahmen von Compliance „gedehnt" werden. So ist etwa die präventive Erhebung von Arbeitnehmerdaten grundsätzlich rechtswidrig.[1588] Zur Aufdeckung von Straftaten dürfen gemäß § 32 Abs. 1 S. 2 BDSG jedenfalls dann Daten erhoben werden, wenn tatsächliche Anhaltspunkte den Verdacht begründen.[1589]

B. Verantwortung von Wirtschaftsverbänden zu Kartellrechtscompliance gegenüber ihren Untergliederungen und Mitgliedern

Neben der internen (Kartellrechts-)Compliance-Verantwortung der Verbandsleitung ergibt sich die Problematik, ob Wirtschaftsverbände verpflichtet sind, auf ein verbandsdimensionales kartellrechtliches Compliance-System, also ein System im Hinblick auf ihre Untergliederungen, hinzuwirken.[1590] Um diese Problemstellung einer rechtlichen Lösung zuzuführen, ist in einem ersten Schritt zu untersuchen, in welchen Organisationsformen Wirtschaftsverbände typischerweise vorkommen. Erst danach können eine möglicherweise bestehende verbandsdimensionale Compliance-Pflicht, deren Reichweite und geeignete Compliance-Instrumente zur Durchsetzung dieser Pflicht bestimmt werden. Darüber hinaus ist der Frage nachzugehen, ob Verbände eine Compliance-Verantwortung gegenüber ihren Mitgliedern tragen.[1591]

1587 *Lampert* in: Hauschka, Corporate Compliance, § 9 Rn. 34. Dieser bezieht sich jedoch nur auf Unternehmen.
1588 *U.H. Schneider*, NZG 2009, 1321, 1326.
1589 Siehe dazu auch *U.H. Schneider*, NZG 2009, 1321, 1326.
1590 *Brouwer*, CCZ 2009, 161, 164 ff.
1591 Dazu *Brouwer*, CCZ 2009, 161, 165 f.

I. Mögliche Organisationformen von Wirtschaftsverbänden

Mitgliederstarke Großverbände sind in der Regel keine Vereine, die sich nach der Typusbeschreibung des BGB in einer zweigliedrigen Organisation – Mitgliederversammlung und Vorstand – erschöpfen.[1592] Daher sind zunächst die verschiedenen Organisationsformen auszuloten, in denen Wirtschaftsverbände strukturiert sein können. Denn hinter dem Verbandsbegriff *„verbergen sich zwei grundlegend unterschiedliche Organisationsmodelle: der Dachverband*[1593] *und der Gesamtverein"*.[1594] Während der Dach- bzw. Vereinsverband[1595] eine Vereinigung ist, die als Dachorganisation die gemeinsamen Interessen anderer Vereine oder Körperschaften des privaten oder öffentlichen Rechts vertritt, bildet der Gesamtverein Untergliederungen (auch Orts-, Bezirks- oder Landesverein, Ortsgruppe, Ortsverband, Ortssektion oder Zweigstelle genannt), die entweder als selbstständige Zweigvereine oder als unselbstständige Untergliederungen des Gesamtvereins agieren.[1596] *Schöpflin* stellt insoweit folgenden Vergleich an: *„Vergleicht man Großverein und [Vereins-]Verband mit den aus der Staatslehre bekannten Staatsorganisationsformen, dann wäre der Großverein einem Bundesstaat, der [Vereins-]Verband einem Staatenbund ähnlich"*.[1597] Darüber hinaus gibt es in der Praxis auch Mischformen zwischen Vereinsverband und Gesamtverein.[1598]

1. Vereinsverband

Der Vereinsverband entsteht durch die Gründungssatzung, die ihrerseits auf einem Normenvertrag der Gründungsmitglieder basiert, und die Bestellung des Vorstands.[1599] Die Gründungsmitglieder sind in der Regel rechtlich selbständige Vereine, die sich zu einem neuen Verein zur Verfolgung eines gemeinsamen Zwecks zusammenschließen.[1600] Der Vereinsverband kann dementsprechend definiert werden als ein Verein, dessen Mitglieder ausnahmslos oder überwiegend Körperschaften (und

---

1592 *Reuter*, in: Münchener Kommentar zum BGB, Band 1, Vorb. zu § 21 BGB Rn. 128.

1593 Im Folgenden wird für den Begriff „Dachverband" ausschließlich der Terminus „Vereinsverband" verwendet.

1594 *Steinbeck*, in: Münchener Handbuch des Gesellschaftsrechts, Band V, § 5 Rn. 4.

1595 Als Vereinsverband organisiert ist etwa der Deutsche Gewerkschaftsbund (*Reuter*, in: Münchener Kommentar zum BGB, Band 1, Vorb. zu § 21 BGB Rn. 128).

1596 *Schöpflin*, in: Beck'scher Online-Kommentar BGB, Hrsg.: Bamberger/Roth, § 21 BGB Rn. 42; vgl. *Steinbeck*, in: Münchener Handbuch des Gesellschaftsrechts, Band V, § 5 Rn. 6.

1597 *Schöpflin*, in: Beck'scher Online-Kommentar BGB, Hrsg.: Bamberger/Roth, § 21 BGB Rn. 42.

1598 *Reuter*, in: Münchener Kommentar zum BGB, Band 1, Vorb. zu § 21 BGB Rn. 128.

1599 *Reuter*, in: Münchener Kommentar zum BGB, Band 1, Vorb. zu § 21 BGB Rn. 129.

1600 *Steinbeck*, in: Münchener Handbuch des Gesellschaftsrechts, Band V, § 5 Rn. 5; vgl. *Reuter*, in: Münchener Kommentar zum BGB, Band 1, Vorb. zu § 21 BGB Rn. 129.

folglich keine natürlichen Personen) sind.[1601] Die Gründung eines Vereinsverbandes ist vor allem in den Fällen sinnvoll, in denen mehrere Vereine den gleichen oder einen ähnlichen Zweck verfolgen und so die gemeinsamen Interessen durch einen Zusammenschluss der Vereine auf überörtlicher, überregionaler, Landes- oder Bundesebene besser vertreten werden können.[1602] Folglich vollzieht sich der Zusammenschluss „horizontal". Ein Beispiel für den Vereinsverband ist der Verband „Deutsche Gesetzliche Unfallversicherung e.V." (DGUV).

Der Rechtsform nach kann der Vereinsverband ein eingetragener oder nicht eingetragener Verein sein.[1603] Ein rein korporativer Vereinsverband liegt vor, wenn ausschließlich körperschaftliche organisierte Rechtsträger zu den Mitgliedern des Vereinsverbandes zählen, die als sog. „Mitgliedsvereine" oder „angeschlossene Vereine" in der Regel Vereine i.S.d. §§ 21 ff. BGB sind.[1604] Wie bereits angedeutet, sind ferner Mischformen zulässig, d.h. dass Vereinsverbände so gestaltet sein können, dass sowohl Körperschaften (z.B. GmbH oder AG) als auch natürliche Personen als Einzelmitglieder aufgenommen werden (sog. „gemischter Vereinsverband").[1605]

Das Verhältnis von Vereinsverband und Anschlussverein ist davon abhängig, wie die Satzungen von Vereinsverband und Mitgliedsverein aufeinander abgestimmt sind.[1606] So kann die Satzung des Mitgliedsvereins in den Grenzen der Vereinsautonomie Teile der Satzung des Vereinsverbandes übernehmen oder auf sie verweisen.[1607] Die Vereine, die sich mit anderen Vereinen zu einem Vereinsverband zusammenschließen, behalten alle Kompetenzen, die sie nicht explizit aufgeben und auf den Vereinsverband übertragen.[1608] Die Mitgliedsvereine dürfen dabei aber nicht in eine totale Abhängigkeit vom Vereinsverband geraten.[1609] Im Normalfall geben die Mitgliedsvereine einen Teil ihrer Autonomie an den Vereinsverband ab, um den mit dem Zusammenschluss erstrebten Zweck zu erreichen.[1610]

1601 *Reichert*, Vereins- und Verbandsrecht, Rn. 5671.

1602 *Steinbeck*, in: Münchener Handbuch des Gesellschaftsrechts, Band V, § 5 Rn. 5; *Waldner/Wörle-Himmel*, in: Sauter/Schweyer/Waldner, Der eingetragene Verein, Rn. 323.

1603 *Waldner/Wörle-Himmel*, in: Sauter/Schweyer/Waldner, Der eingetragene Verein, Rn. 323.

1604 *Steinbeck*, in: Münchener Handbuch des Gesellschaftsrechts, Band V, § 5 Rn. 7.

1605 *Steinbeck*, in: Münchener Handbuch des Gesellschaftsrechts, Band V, § 5 Rn. 7.

1606 BGH, Urt. v. 18.9.1958, II ZR 332/56 = NJW 1958, 1867; *Schöpflin*, in: Beck'scher Online-Kommentar BGB, Hrsg.: Bamberger/Roth, § 21 BGB Rn. 50.

1607 *Schöpflin*, in: Beck'scher Online-Kommentar BGB, Hrsg.: Bamberger/Roth, § 21 BGB Rn. 50; *Waldner/Wörle-Himmel*, in: Sauter/Schweyer/Waldner, Der eingetragene Verein, Rn. 323.

1608 *Steinbeck*, in: Münchener Handbuch des Gesellschaftsrechts, Band V, § 5 Rn. 5.

1609 Vgl. OLG Frankfurt, Beschl. v. 9.3.1982, 20 W 577/81 = NJW 1983, 2576; *Waldner/Wörle-Himmel*, in: Sauter/Schweyer/Waldner, Der eingetragene Verein, Rn. 323.

1610 *Waldner/Wörle-Himmel*, in: Sauter/Schweyer/Waldner, Der eingetragene Verein, Rn. 323.

Die Mitglieder der Mitgliedsorganisationen des Vereinsverbandes stehen – im Gegensatz zum Gesamtverein – zu diesem in keinem mitgliedschaftlichem Verhältnis, sondern sind allein Mitglied der einzelnen Mitgliedsvereine.[1611] Eine sog. „Doppelmitgliedschaft" ist aber dann möglich, wenn in den Satzungen des Vereinsverbandes und des Mitgliedsvereins geregelt ist, dass der Erwerb der Mitgliedschaft im Mitgliedsverein zugleich die Mitgliedschaft im (Vereins-)Verband begründet.[1612]

Sieht die Satzung des Vereinsverbandes keine abweichende Regelung vor, werden die Mitgliedsrechte der Mitgliedsvereine im Vereinsverband durch ihre Vorstände ausgeübt.[1613]

Bei Auflösung des Vereinsverbandes werden die Bestimmungen in den Satzungen der Mitgliedsvereine, die die Kompetenzen des Vereinsverbandes regeln, gegenstandslos, so dass die Mitgliedsvereine wieder vollständig autonom werden.[1614]

2. *Gesamtverein*

Neben dem Vereinsverband können sich Verbände in der Form des Gesamtvereins organisieren[1615], so z.B. der Gesamtverband Textil und Mode. Ein Gesamtverein entsteht entweder durch die innere Umstrukturierung eines bestehenden Vereins oder durch einen Zusammenschluss mehrerer einzelner Vereine, wobei die erste Möglichkeit in der Praxis häufiger vorkommt.[1616]

Vor allem Wirtschaftsverbände (z.B. der Verband der Chemischen Industrie e.V.) sind häufig Gesamtvereine.[1617] Die Gründe dafür liegen in dem zunehmenden Umfang der Vereinsgeschäfte und in den steigenden Mitgliederzahlen (des Haupt- oder Zentralvereins)[1618], so dass sich die Anforderungen an die Organisation des Vereins verändern.[1619] Mitgliederstarke Verbände fassen infolgedessen ihre Mitglieder im Nachhinein in Untergliederungen zusammen, um ihnen einerseits eine Teilnahme am Verbandsleben zu ermöglichen und andererseits die Ziele des Verbandes

1611 *Steinbeck*, in: Münchener Handbuch des Gesellschaftsrechts, Band V, § 5 Rn. 6.

1612 BGH, Urt. v. 24.10.1988, II ZR 311/87 = BGHZ 105, 306; *Schöpflin*, in: Beck'scher Online-Kommentar BGB, Hrsg.: Bamberger/Roth, § 21 BGB Rn. 49; *Waldner/Wörle-Himmel*, in: Sauter/Schweyer/Waldner, Der eingetragene Verein, Rn. 324.

1613 *Steinbeck*, in: Münchener Handbuch des Gesellschaftsrechts, Band V, § 5 Rn. 21; *Waldner/Wörle-Himmel*, in: Sauter/Schweyer/Waldner, Der eingetragene Verein, Rn. 326.

1614 *Waldner/Wörle-Himmel*, in: Sauter/Schweyer/Waldner, Der eingetragene Verein, Rn. 327.

1615 Teilweise wird der Gesamtverein auch als Hauptverein oder Zentralverein bezeichnet.

1616 *Steinbeck*, in: Münchener Handbuch des Gesellschaftsrechts, Band V, § 5a Rn. 4.

1617 *Brouwer*, CCZ 2009, 161, 165.

1618 *Schöpflin*, in: Beck'scher Online-Kommentar BGB, Hrsg.: Bamberger/Roth, § 21 BGB Rn. 42.

1619 *Steinbeck*, in: Münchener Handbuch des Gesellschaftsrechts, Band V, § 5a Rn. 1.

wirksamer in kleineren Organisationseinheiten zu erreichen.[1620] Dabei werden die Mitglieder des Gesamtverbandes häufig nach räumlichen Kriterien zusammengefasst.[1621] Hat ein Verband mehrere Gliederungsstufen, so werden diese z.B. als Orts-, Kreis-, Bezirks- und Regionalverband bezeichnet.[1622] Dadurch werden die Organe des Gesamtvereins in die Lage versetzt, eine Reihe von Aufgaben an örtliche Repräsentanten zu übertragen, wodurch eine sachnähere Bewältigung der Aufgaben und eine größere Mitgliedernähe gewährleistet werden.[1623]

Der Gesamtverein selbst kann eingetragener oder nicht eingetragener Verein sein.[1624] Seine Untergliederungen sind entweder als rechtlich selbständige (eingetragene oder nicht eingetragene) Vereine organisiert oder sind bloße rechtlich unselbständige Außenstelle des Gesamtvereins.[1625] Welche Erscheinungsform besteht, bestimmt sich danach, ob die Untergliederung eine eigene körperschaftliche Organisation und einen eigenen Aufgabenbereich hat.[1626] Die Unterorganisation ist rechtlich unselbstständig, wenn diese Merkmale fehlen.[1627]

Zwischen dem Gesamtverein und den Untergliederungen gibt es keine mitgliedschaftlichen Beziehungen.[1628] Betreffend die Mitglieder liegt eine sog. „gestufte Mehrfachmitgliedschaft“ oder „Doppelmitgliedschaft“ vor, d.h. die Mitglieder sind zum einen Mitglieder des Gesamtvereins und zum anderen Mitglieder der zumeist örtlich für das Mitglied zuständigen selbständigen Untergliederung.[1629] So entsteht letztlich ein vertikaler Aufbau, der bei bundesweit agierenden Gesamtvereinen regelmäßig über drei bis fünf Stufen reicht.[1630] Sofern die Untergliederung unselbständig ist, sind die natürlichen Personen nur Mitglied im Gesamtverein.[1631]

1620 *Steinbeck*, in: Münchener Handbuch des Gesellschaftsrechts, Band V, § 5a Rn. 1.

1621 *Schöpflin*, in: Beck'scher Online-Kommentar BGB, Hrsg.: Bamberger/Roth, § 21 BGB Rn. 42; *Steinbeck*, in: Münchener Handbuch des Gesellschaftsrechts, Band V, § 5a Rn. 1.

1622 *Steinbeck*, in: Münchener Handbuch des Gesellschaftsrechts, Band V, § 5a Rn. 1.

1623 *Steinbeck*, in: Münchener Handbuch des Gesellschaftsrechts, Band V, § 5a Rn. 1.

1624 *Steinbeck*, in: Münchener Handbuch des Gesellschaftsrechts, Band V, § 5a Rn. 2.

1625 *Steinbeck*, in: Münchener Handbuch des Gesellschaftsrechts, Band V, § 5a Rn. 2.

1626 *Schöpflin*, in: Beck'scher Online-Kommentar BGB, Hrsg.: Bamberger/Roth, § 21 BGB Rn. 43. Zur im Einzelfall schwierigen Abgrenzung zwischen selbständigen und unselbständigen Untergliederungen siehe 308 ff.

1627 *Schöpflin*, in: Beck'scher Online-Kommentar BGB, Hrsg.: Bamberger/Roth, § 21 BGB Rn. 43.

1628 *Steinbeck*, in: Münchener Handbuch des Gesellschaftsrechts, Band V, § 5a Rn. 3.

1629 BGH, Urt. v. 5.10.1978, II ZR 177/76 = NJW 1979, 1402; *Schöpflin*, in: Beck'scher Online-Kommentar BGB, Hrsg.: Bamberger/Roth, § 21 BGB Rn. 46; *Steinbeck*, in: Münchener Handbuch des Gesellschaftsrechts, Band V, § 5a Rn. 3.

1630 *Steinbeck*, in: Münchener Handbuch des Gesellschaftsrechts, Band V, § 5a Rn. 3.

1631 *Steinbeck*, in: Münchener Handbuch des Gesellschaftsrechts, Band V, § 5a Rn. 3.

3. Bedeutende Unterschiede zwischen Gesamtverein und Vereinsverband

Gesamtverein bzw. -verband und Vereinsverband unterscheiden sich zunächst durch die Entstehung.[1632] Während Vereinsverbände durch Vereine oder sonstige Körperschaften gebildet werden, ist der Gesamtverein in der Regel zunächst als Verein zur Entstehung gelangt, in dem es gleichzeitig oder im Nachhinein zur Bildung von Untergliederungen gekommen ist.[1633] Beim Gesamtverein vollzieht sich der Zusammenschluss – im Gegensatz zum Vereinsverband – also nicht „horizontal", sondern seine Entstehung ist dadurch gekennzeichnet, dass dieser durch gebietsweise Erfassung seiner Mitglieder seine Organisation „vertikal" untergliedert.[1634]

Beide Organisationsformen weisen ferner Unterschiede dergestalt auf, dass Vereinsverbände – im Gegensatz zu Gesamtvereinen – grundsätzlich nur korporative Mitglieder haben – die Mitgliedschaft von natürlichen Personen stellt eine seltene Ausnahme dar.[1635] Die Einzelmitglieder der den Vereinsverband bildenden Vereine haben in diesem keine Mitgliedschaft. Hingegen sind die Mitglieder des Gesamtvereins alle Mitglieder von selbständigen Untergliederungen, so dass dieser Verbandsaufbau zu Doppelmitgliedschaften führt.[1636] Sie sind dann sowohl Mitglied im Gesamtverband als auch im Zweigverein, woraus sich der bereits erwähnte typische vertikale Aufbau ergibt.[1637] Gesamtverein und Vereinsverband nähern sich aber insofern wieder an, als im Gesamtverein auch korporative Mitglieder in Mittel- oder Zwischenstufen, etwa Landes- oder Bezirksverbände, Träger des Gesamtvereins sind.[1638]

Ein weiterer Unterschied besteht darin, dass die Mitgliederversammlung eines Vereinsverbandes durch die korporativen Mitglieder bzw. deren vertretungsberechtigten Organe gebildet wird, während die Bildung einer Mitgliederversammlung im Gesamtverband aufgrund der vielen Mitglieder nicht möglich ist, was zur Folge hat, dass diese durch Delegierte vertreten werden müssen.[1639] So ist die Mitgliederversammlung in einem Gesamtverband in der Regel eine Delegiertenversammlung.[1640]

1632 *Reichert*, Vereins- und Verbandsrecht, Rn. 5725.

1633 *Reichert*, Vereins- und Verbandsrecht, Rn. 5725.

1634 *Waldner/Wörle-Himmel*, in: Sauter/Schweyer/Waldner, Der eingetragene Verein, Rn. 328; *Reichert*, Vereins- und Verbandsrecht, Rn. 5673.

1635 *Reichert*, Vereins- und Verbandsrecht, Rn. 5726; *Waldner/Wörle-Himmel*, in: Sauter/Schweyer/Waldner, Der eingetragene Verein, Rn. 323.

1636 BGH, Urt. v. 5.10.1978, II ZR 177/76 = NJW 1979, 1402 f.; *Reichert*, Vereins- und Verbandsrecht, Rn. 5676; *Schöpflin*, in: Beck'scher Online-Kommentar BGB, Hrsg.: Bamberger/Roth, § 21 BGB Rn. 46; *Steinbeck*, in: Münchener Handbuch des Gesellschaftsrechts, Band V, § 5a Rn. 3.

1637 *Steinbeck*, in: Münchener Handbuch des Gesellschaftsrechts, Band V, § 5a Rn. 3.

1638 *Reichert*, Vereins- und Verbandsrecht, Rn. 5726.

1639 *Reichert*, Vereins- und Verbandsrecht, Rn. 5727.

1640 *Reichert*, Vereins- und Verbandsrecht, Rn. 5727.

II. Verantwortung zu Kartellrechtscompliance im Gesamtverband

Mitgliederstarke Wirtschaftsverbände sind – wie eingangs erwähnt – regelmäßig in der Form des Gesamtvereins organisiert. Daher soll zunächst die Problemstellung der verbandsdimensionalen Compliance-Verantwortung konkret für diese Organisationsform untersucht werden. Dazu ist es erforderlich, noch einmal genauer auf die (vertikale) Struktur von Gesamtverbänden einzugehen. Im Anschluss an die Klärung vorgenannter Fragestellung ist abschließend noch die Compliance-Verantwortung des Gesamtverbandes gegenüber seinen Mitgliedsunternehmen näher zu ergründen.

1. Untergliederungen des Gesamtverbandes

Ein Gesamtverein bildet kraft Satzung Untergliederungen. Diese Untergliederungen können – wie bereits erwähnt – als Teile der Gesamtorganisation entweder selbständige Vereine oder unselbständige Verwaltungsstelle sein.[1641] Der Gesamtverband kann als Hauptverband folglich entweder mit rechtlich selbstständigen oder aber mit unselbstständigen Untergliederungen agieren.[1642] Selbständige Untergliederungen (sog. „Zweigvereine") können ihrerseits in Form eines eingetragenen oder nicht eingetragenen Vereins organisiert sein.[1643] Ob die Untergliederungen lediglich örtlich vom Zentrum der Vereinsverwaltung abgesetzte (unselbständige) Verwaltungsstellen des Gesamtverbandes sind oder die Qualität von Vereinen besitzen, ist anhand der Satzungen des Verbandes und der Untergliederung sowie anhand der tatsächlichen Umstände zu beurteilen.[1644] Die Bezeichnung der Untergliederung ist für die Frage der Selbständigkeit jedenfalls nicht von Belang.[1645] Die im Einzelfall schwierige Abgrenzung[1646] ist mit Blick auf die unterschiedlichen Einflussmöglichkeiten des Hauptverbandes auf seine Zweigvereine und unselbständigen Untergliederungen für die hier aufgeworfene Problematik der verbandsdimensionalen Compliance-Verantwortung von Bedeutung und daher kurz zu skizzieren.

1641 *Schöpflin*, in: Beck'scher Online-Kommentar BGB, Hrsg.: Bamberger/Roth, § 21 BGB Rn. 43.

1642 *Schöpflin*, in: Beck'scher Online-Kommentar BGB, Hrsg.: Bamberger/Roth, § 21 BGB Rn. 43.

1643 *Reuter*, in: Münchener Kommentar zum BGB, Band 1, Vorb. zu § 21 BGB Rn. 138; *Schöpflin*, in: Beck'scher Online-Kommentar BGB, Hrsg.: Bamberger/Roth, § 21 BGB Rn. 43; *Brouwer*, CCZ 2009, 161, 165.

1644 *Steinbeck*, in: Münchener Handbuch des Gesellschaftsrechts, Band V, § 5a Rn. 15.

1645 *Schöpflin*, in: Beck'scher Online-Kommentar BGB, Hrsg.: Bamberger/Roth, § 21 BGB Rn. 43.

1646 *Steinbeck*, in: Münchener Handbuch des Gesellschaftsrechts, Band V, § 5a Rn. 2.

a) Selbständige Untergliederungen (Zweigvereine)

Die Bildung eines Zweigvereins erfordert einen auf gewisse Dauer angelegten, körperschaftlich organisierten Zusammenschluss von Personen, der vom Wechsel der Mitglieder unabhängig ist, einen Vereinsnamen führt und über die unerlässlichen (Vereins-)Organe verfügt.[1647] Der Zweigverein muss demnach alle Merkmale eines „normalen" Vereins erfüllen.[1648] Dazu gehört zunächst eine eigene körperschaftliche Organisation, die dadurch gekennzeichnet ist, dass die Untergliederung in der Lage ist, auf Dauer nach außen Aufgaben im eigenen Namen durch eine eigene, dafür handlungsfähige Organisation wahrzunehmen.[1649] Die Selbständigkeit einer Untergliederung bleibt z.B. bei einem nicht rechtsfähigen Verein gewahrt, wenn Zweck und Organisation nicht in einer von ihm selbst beschlossenen Satzung festgelegt sind.[1650] Es ist mithin ausreichend, wenn der Gesamtverband dem Zweigverein eine Satzung gibt oder wenn in der Satzung des Gesamtverbandes geregelt ist, dass seine Satzung auch für den Zweigverein gelten soll.[1651] Tatsächlich verfügen Zweigvereine jedoch regelmäßig über eine eigene Satzung und haben eigene Mitglieder.[1652] Beschränkungen der Satzungsautonomie der Zweigvereine sind zulässig und haben ihren Ursprung darin, dass ihre Mitglieder kraft ihrer Mehrfachmitgliedschaft an die in der Satzung des Gesamtverbandes geregelte Zuständigkeitsverteilung gebunden sind.[1653] Die Eingriffe des Gesamtverbandes in die Selbständigkeit des Zweigvereins dürfen aber nicht dazu führen, dass dem Zweigverein jede eigene Willensbildung und autonome Entfaltung eines Vereinslebens verwehrt werden.[1654] So muss der

---

1647 RG, Urt. v. 29.10.1940, VII 44/40 = 165, 140, 143; *Reichert*, Vereins- und Verbandsrecht, Rn. 5681; *Steinbeck*, in: Münchener Handbuch des Gesellschaftsrechts, Band V, § 5a Rn. 15; *Waldner/Wörle-Himmel*, in: Sauter/Schweyer/Waldner, Der eingetragene Verein, Rn. 329.

1648 *Schöpflin*, in: Beck'scher Online-Kommentar BGB, Hrsg.: Bamberger/Roth, § 21 BGB Rn. 45.

1649 BGH, Urt. v. 2.7.2007, II ZR 111/05 = NJW 2008, 69, 73; *Reuter*, in: Münchener Kommentar zum BGB, Band 1, Vorb. zu § 21 BGB Rn. 145; *Schöpflin*, in: Beck'scher Online-Kommentar BGB, Hrsg.: Bamberger/Roth, § 21 BGB Rn. 45; *Steinbeck*, in: Münchener Handbuch des Gesellschaftsrechts, Band V, § 5a Rn. 16.

1650 BGH, Urt. v. 19.3.1984, II ZR 168/83 = BGHZ 90, 331; *Stöber/Otto*, Handbuch zum Vereinsrecht, Rn. 1200; *Waldner/Wörle-Himmel*, in: Sauter/Schweyer/Waldner, Der eingetragene Verein, Rn. 329.

1651 BGH, Urt. v. 2.7.2007, II ZR 111/05 = NJW 2008, 69, 74; Urt. v. 19.3.1984, II ZR 168/83 = BGHZ 90, 331, 334; *Steinbeck*, in: Münchener Handbuch des Gesellschaftsrechts, Band V, § 5a Rn. 18; *Waldner/Wörle-Himmel*, in: Sauter/Schweyer/Waldner, Der eingetragene Verein, Rn. 329.

1652 *Brouwer*, CCZ 2009, 161, 165.

1653 *Reuter*, in: Münchener Kommentar zum BGB, Band 1, Vorb. zu § 21 BGB Rn. 148; vgl. *Schöpflin*, in: Beck'scher Online-Kommentar BGB, Hrsg.: Bamberger/Roth, § 21 BGB Rn. 46.

1654 *Waldner/Wörle-Himmel*, in: Sauter/Schweyer/Waldner, Der eingetragene Verein, Rn. 329.

Zweigverein aufgrund seiner Satzung z.B. selbst in der Lage sein, seine Mitgliederversammlung und den Vorstand personell zu bestimmen.[1655] Generell gilt, dass ein Gesamtverband nur dann durch seine Mitglieder- bzw. Delegiertenversammlung oder seinen Vorstand in der Lage ist die Aktivitäten eines Zweigvereins zu regeln oder in diese einzugreifen, als dies nach der Satzung des Zweigvereins zulässig ist.[1656]

Ein weiteres Merkmal bei der Prüfung der Vereinseigenschaft ist die „Unabhängigkeit vom Mitgliederbestand". In der Praxis bereit diese Voraussetzung selten Schwierigkeiten, weil der Wechsel der Mitglieder in der Regel keine Folgen für den Fortbestand einer Untergliederung hat[1657].

Ein Verein muss einen Zweck haben (vgl. §§ 21, 54 S. 1 BGB). Da Zweigvereine Teil der Organisation des Gesamtverbandes sind, muss der gesetzte oder verfolgte Zweck eines Zweigvereins mit dem des Gesamtverbandes übereinstimmen.[1658] Ausdrücklich geregelt ist der Zweck eines (Zweig-)Vereins in den Satzungen der Untergliederungen regelmäßig zwar nicht.[1659] Jedoch dürften Untergliederungen häufig den Zweck haben, die Aufgaben des Gesamtverbandes auf lokaler Ebene wahrzunehmen, um so zu seiner Entlastung beizutragen.[1660] Das Merkmal des Vereinszwecks soll auch bei einer lediglich dienenden Funktion erfüllt sein.[1661]

Neben den bereits genannten Merkmalen muss ein Verein auch einen eigenen Namen haben.[1662] So kann der Name der Untergliederung im Kern mit dem Namen des Gesamtverbandes koinzidieren, wenn ein die Untergliederung kennzeichnender Zusatz vorhanden ist.[1663]

Um die Voraussetzungen der Vereinseigenschaft zu erfüllen, sind folgende Merkmale hingegen nicht zwingend: ein eigener, vom Gesamtverein verschiedener Sitz[1664] sowie ein eigenes Vermögen.[1665]

1655 Vgl. RG, Urt. v. 20.1.1910, VI. 660/08 = RGZ 73, 92, 97; *Waldner/Wörle-Himmel*, in: Sauter/Schweyer/Waldner, Der eingetragene Verein, Rn. 329.

1656 *Reichert*, Vereins- und Verbandsrecht, Rn. 5706.

1657 *Steinbeck*, in: Münchener Handbuch des Gesellschaftsrechts, Band V, § 5a Rn. 30.

1658 *Schöpflin*, in: Beck'scher Online-Kommentar BGB, Hrsg.: Bamberger/Roth, § 21 BGB Rn. 45; *Reichert*, Vereins- und Verbandsrecht, Rn. 5682; *Steinbeck*, in: Münchener Handbuch des Gesellschaftsrechts, Band V, § 5a Rn. 31; *Waldner/Wörle-Himmel*, in: Sauter/Schweyer/Waldner, Der eingetragene Verein, Rn. 329.

1659 *Steinbeck*, in: Münchener Handbuch des Gesellschaftsrechts, Band V, § 5a Rn. 31.

1660 *Steinbeck*, in: Münchener Handbuch des Gesellschaftsrechts, Band V, § 5a Rn. 31.

1661 *Steinbeck*, in: Münchener Handbuch des Gesellschaftsrechts, Band V, § 5a Rn. 31.

1662 RG, Urt. v. 13.12.1911, V 257/11 = RGZ 78, 101, 102; *Steinbeck*, in: Münchener Handbuch des Gesellschaftsrechts, Band V, § 5a Rn. 32.

1663 BGH, Urt. v. 19.03.1984, II ZR 168/83 = NJW 1984, 2223; *Steinbeck*, in: Münchener Handbuch des Gesellschaftsrechts, Band V, § 5a Rn. 32.

1664 *Reuter*, in: Münchener Kommentar zum BGB, Band 1, Vorb. zu § 21 BGB Rn. 146.

1665 *Steinbeck*, in: Münchener Handbuch des Gesellschaftsrechts, Band V, § 5a Rn. 34.

b) *Unselbständige Untergliederungen*

Keine selbständige, sondern eine unselbständige Untergliederung liegt vor, wenn diese keine vereinsmäßige Verfassung aufweist.[1666] Sie tritt nach außen nur im Namen des Gesamtvereins auf, welcher allein berechtigt und verpflichtet sein kann.[1667] Unselbständige Untergliederungen haben – im Gegensatz zu Zweigvereinen – keine Vereinseigenschaft und keine Mitglieder.[1668] Sie sind lediglich organisatorische Außenstellen[1669] oder Verwaltungseinheiten des Gesamtverbandes[1670], so dass die vereinsrechtlichen Vorschriften des BGB nicht anwendbar sind[1671]. Ihnen können aber bestimmte Selbstordnungsbefugnisse seitens des Gesamtverbandes eingeräumt werden, in der Folge sie Organe des Hauptverbandes sind.[1672]

Da unselbständige Untergliederungen keine eigene Satzung haben, gilt für sie die Satzung des Gesamtverbandes[1673]; sie müssen sich unmittelbar dessen Weisungen unterordnen.[1674] Unselbständige Untergliederungen nehmen auch keine eigenständigen Aufgaben, sondern Teilaufgaben des Gesamtverbandes wahr.[1675] Für die Willensbildung und Geschäftsführung der unselbständigen Untergliederungen sind die Organe des Gesamtverbandes zuständig, da sie selbst keine eigenen Organe haben.[1676]

Die Mitgliedschaft besteht beim Gesamtverband.[1677] Mitglieder des Gesamtverbandes sind immer die Einzelmitglieder und nicht die Untergliederungen.[1678]

Für eine (Grob-)Abgrenzung zwischen Zweigverein und unselbständiger Untergliederung gelten folgende Regeln: Sind die Untergliederungen im Vereinsregister eingetragen, haben sie wegen der konstitutiven Wirkung der Eintragung notwendigerweise Vereinscharakter. In weniger einfach gelagerten Fällen ist wie

---

1666 *Waldner/Wörle-Himmel*, in: Sauter/Schweyer/Waldner, Der eingetragene Verein, Rn. 330.

1667 *Waldner/Wörle-Himmel*, in: Sauter/Schweyer/Waldner, Der eingetragene Verein, Rn. 330.

1668 *Brouwer*, CCZ 2009, 161, 165; *Stöber/Otto*, Handbuch zum Vereinsrecht, Rn. 1201.

1669 Außenstellen sind beispielsweise die Büros der Hauptstadtrepräsentanzen des Hauptverbandes (*Brouwer*, CCZ 2009, 161, 165).

1670 *Schöpflin*, in: Beck'scher Online-Kommentar BGB, Hrsg.: Bamberger/Roth, § 21 BGB Rn. 44; *Steinbeck*, in: Münchener Handbuch des Gesellschaftsrechts, Band V, § 5a Rn. 38.

1671 *Reichert*, Vereins- und Verbandsrecht, Rn. 5711.

1672 *Brouwer*, CCZ 2009, 161, 165.

1673 *Stöber/Otto*, Handbuch zum Vereinsrecht, Rn. 1203.

1674 *Steinbeck*, in: Münchener Handbuch des Gesellschaftsrechts, Band V, § 5a Rn. 38.

1675 *Stöber/Otto*, Handbuch zum Vereinsrecht, Rn. 1203.

1676 BGH, Urt. v. 15.1.1985, VI ZR 8/83 = BGH WM 1985, 570; *Schöpflin*, in: Beck'scher Online-Kommentar BGB, Hrsg.: Bamberger/Roth, § 21 BGB Rn. 44.

1677 *Schöpflin*, in: Beck'scher Online-Kommentar BGB, Hrsg.: Bamberger/Roth, § 21 BGB Rn. 44.

1678 BGH, Urt. v. 5.12.1983, II ZR 252/82 = BGHZ 89, 153, 155 f.; *Schöpflin*, in: Beck'scher Online-Kommentar BGB, Hrsg.: Bamberger/Roth, § 21 BGB Rn. 44.

folgt zu unterscheiden: Kann die Leitung der Untergliederung vom Vorstand des Gesamtverbandes eingesetzt werden und ist sie ohne eigene Entscheidungsbefugnis tätig, ist dies ein wichtiges Indiz für die Unselbständigkeit der Untergliederung.[1679] Gleiches gilt, wenn dem Hauptverband die alleinige Entscheidungszuständigkeit über Bestand oder Auflösung der Untergliederung zukommt.[1680]

2. *Verbandsdimensionale Verantwortung zu Kartellrechtscompliance im Gesamtverband und Instrumente der Verbands-Compliance*

Der Bereich der verbandsdimensionalen bzw. verbandsgruppenweiten Compliance-Verantwortung von Gesamtverbänden ist soweit ersichtlich bislang nur von *Brouwer* aufgegriffen worden.[1681] Die Problematik dreht sich im Kern um die Frage, ob die Verbandsleitung des Hauptverbandes dafür zu sorgen hat, dass seine Untergliederungen entweder selbst ein eigenes (kartellrechtliches) Compliance-Programm auflegen oder (zumindest) in das Compliance-System des Hauptverbandes integriert sind.[1682] *Brouwer* befürwortet eine solche Pflicht und differenziert dabei aufgrund der unterschiedlichen Einflussmöglichkeiten des Hauptverbandes auf seine Untergliederungen zu Recht zwischen der Compliance-Verantwortung gegenüber seinen Zweigvereinen auf der einen Seite und der Compliance-Verantwortung gegenüber seinen unselbständigen Untergliederungen auf der anderen Seite.[1683] Diese Unterscheidung bildet die Grundlage der nachfolgenden Darstellung.

a) *Verbandsdimensionale Compliance-Verantwortung eines Hauptverbandes gegenüber seinen selbständigen Untergliederungen (Zweigvereinen)*

Bei der Bestimmung der verbandsdimensionalen Compliance-Verantwortung gegenüber selbständigen Untergliederungen bietet sich ein Blick in das Aktienrecht an, wo die Diskussion zur konzernweiten Compliance-Pflicht einer Muttergesellschaft weit fortgeschritten ist.[1684] Dies ist schon deshalb erforderlich, weil die vereinsrechtlichen Bestimmungen des BGB – im Gegensatz zum Bank- und Kapitalmarktrecht[1685] – keine Hinweise auf eine verbandsdimensionale Compliance-Pflicht des Hauptverbandes enthalten und auch einschlägige vereinsrechtliche Rechtsprechung zur Klärung des fraglichen Compliance-Radius nicht vorhanden ist.[1686] Das

1679 *Schöpflin*, in: Beck'scher Online-Kommentar BGB, Hrsg.: Bamberger/Roth, § 21 BGB Rn. 44.
1680 *Schöpflin*, in: Beck'scher Online-Kommentar BGB, Hrsg.: Bamberger/Roth, § 21 BGB Rn. 44.
1681 *Brouwer*, CCZ 2009, 161, 164 ff.
1682 *Brouwer*, CCZ 2009, 161, 165.
1683 *Brouwer*, CCZ 2009, 161, 165.
1684 *Brouwer*, CCZ 2009, 161, 165.
1685 §§ 25a Abs. 1a KWG, § 80d Abs. 3 VAG, § 33 Abs. 1 S. 2 Nr. 3 WpHG.
1686 *Brouwer*, CCZ 2009, 161, 165.

Hauptaugenmerk soll dabei auf die Diskussionen um die Konzern-Compliance bei faktischer Konzernierung gelegt werden. Denn Wirtschaftsverbände in der Rechtsform des Gesamtvereins sind mit faktischen Konzernen im Sinne der §§ 311 ff. AktG vergleichbar, weil ihre selbständigen Untergliederungen zwar unselbständig für den Gesamtverein[1687] tätig sind, die Zweigvereine aber dennoch selbständig organisiert sind und eine eigene Rechtspersönlichkeit haben.[1688] Diese sind damit selbst Träger von Rechten- und (Compliance-)Pflichten und demzufolge für ihre Verbandstätigkeit selbst compliance-verantwortlich.[1689]

Zweigvereine werden nicht von den Organen des Hauptverbandes geleitet.[1690] Sie haben eigene Entscheidungsbefugnisse, da ihnen die Befugnis zur Regelung der eigenen Angelegenheiten zusteht (vgl. § 25 BGB).[1691] Ferner sind die Organe des Zweigvereins in der Regel nicht abhängig von Weisungen des Hauptverbandes.[1692] Die Zulässigkeit von Regelungen in der Satzung des Gesamtverbandes, die ihm Weisungsrechte und Zustimmungsvorbehalte bezüglich bestimmter Handlungen der Zweigvereine einräumen, ist begrenzt.[1693]

Vergleichbar ist die Lage im faktischen Konzern[1694], bei dem mehrere Unternehmen unter einheitlicher Leitung eines beherrschenden Unternehmens (vgl. § 18 Abs. 1 AktG) zusammengefasst sind, ohne dass ein Beherrschungsvertrag[1695] oder

---

1687 Zweigvereine müssen neben der unselbständigen Tätigkeit aber auch eigenständig Aufgaben wahrnehmen, um als Zweigvereine anerkannt zu werden (BGH, Urt. v. 2.7.2007, II ZR 111/05 = NJW 2008, 69, 74).

1688 *Brouwer*, CCZ 2009, 161, 165.

1689 *Brouwer*, CCZ 2009, 161, 165.

1690 *Reuter*, in: Münchener Kommentar zum BGB, Band 1, Vorb. zu § 21 BGB Rn. 146.

1691 Vgl. *Reichert*, Vereins- und Verbandsrecht, Rn. 5705.

1692 Vgl. *Reichert*, Vereins- und Verbandsrecht, Rn. 5706.

1693 *Reuter*, in: Münchener Kommentar zum BGB, Band 1, Vorb. zu § 21 BGB Rn. 152.

1694 Das Gegenstück zum faktischen Konzern ist der Vertragskonzern, bei dem die Gesellschaften durch einen Beherrschungsvertrag in den Konzern eingebunden sind. Der Beherrschungsvertrag bildet die rechtliche Grundlage für den Einfluss der Muttergesellschaft. Folge davon ist, dass der Vorstand der Muttergesellschaft nach Maßgabe des § 308 Abs. 2 AktG den – im Gegensatz zum faktischen Konzern – uneingeschränkten Durchgriff beim Aufbau einer effektiven Konzern-Compliance hat (*Mutter*, in: Bürkle, Compliance in Versicherungsunternehmen, § 3 Rn. 24). Ungeachtet dessen verbleibt aber eine eigene Compliance-Verantwortung der Geschäftsleiter der konzernierten Unternehmen (*Bürkle*, in: Hauschka, Corporate Compliance, § 8 Rn. 70).

1695 Nach Maßgabe des § 291 Abs. 1 S. 1, Alt. 1 AktG liegt ein Beherrschungsvertrag vor, wenn eine Aktiengesellschaft oder Kommanditgesellschaft auf Aktien die Leitung ihrer Gesellschaft einem anderen Unternehmen unterstellt. Besteht ein Beherrschungsvertrag, so ist das herrschende Unternehmen gem. § 308 Abs. 1 S. 1 AktG berechtigt, dem Vorstand der Gesellschaft hinsichtlich der Leitung der Gesellschaft Weisungen zu erteilen.

eine Eingliederung[1696] vorliegt.[1697] Im Falle faktischer Konzernierung ist die Konzerngesellschaft auf die ihr zustehenden Einflussnahmemöglichkeiten und Informationsrechte beschränkt.[1698] Der Vorstand einer Tochtergesellschaft leitet die Gesellschaft gem. § 76 Abs. 1 AktG unter eigener Verantwortung und trägt damit weiterhin eine eigene Compliance-Verantwortung. Er ist nicht gehalten, sein Verhalten an Weisungen oder Veranlassungen des herrschenden Unternehmens auszurichten.[1699] Sein Leitungsauftrag aus § 76 Abs. 1 AktG wird durch § 311 AktG nicht durchbrochen oder eingeschränkt.[1700]

Anknüpfend an das Vorbeschriebene ist als Zwischenergebnis festzustellen, dass das vergleichende Element zwischen faktischem Konzern und Gesamtverein die jeweils beschränkte Einflussmöglichkeit der übergeordneten juristischen Person auf die untergeordnete Einheit ist. Mit anderen Worten, die beschränkte Einflussmöglichkeit des Gesamtvereins auf seine Zweigvereine einerseits und die beschränkte Einflussmöglichkeit der Mutter- bzw. Obergesellschaft auf ihre Tochtergesellschaften im faktischen Konzern andererseits. Diese strukturelle Ähnlichkeit zwischen Gesamtverein und faktischem Konzern, die soweit ersichtlich erstmals von *Brouwer* analysiert wurde, führt dazu, dass die von der gesellschaftsrechtlichen Literatur aufgestellten Grundsätze zur Compliance-Verantwortung im aktienrechtlichen (faktischen) Konzern auf Wirtschaftsverbände in Form des Gesamtvereins angewendet werden können.[1701] Daher ist es im Rahmen dieser Arbeit zunächst erforderlich, diese (aktienrechtlichen) Grundsätze herauszuarbeiten.

aa) Compliance-Verantwortung im aktienrechtlichen Konzern

Die Problematik der konzerndimensionalen Compliance-Verantwortung von Geschäftsleitern aktienrechtlicher Konzerne[1702] stellt sich, weil heutzutage eine Vielzahl von Unternehmen innerhalb nationaler oder internationaler Konzerne agiert.[1703] Daher sollte innerhalb des Konzerns eine möglichst homogene Compliance-Organisation errichtet werden.[1704]

Im Folgenden wird zu untersuchen sein, ob Geschäftsleiter aktienrechtlicher Konzerne überhaupt eine konzernweite Compliance-Verantwortung tragen. Bejahte man dies, ist danach zu ermitteln, ob die Grundsätze des unternehmerischen

1696 Nach § 323 Abs. 1 S. 1 AktG ist die Hauptgesellschaft berechtigt, dem Vorstand der eingegliederten Gesellschaft hinsichtlich der Leitung der Gesellschaft Weisungen zu erteilen.
1697 *Müller*, in: Müller/Rödder, Beck'sches Handbuch der AG, § 8 Rn. 38.
1698 *Mutter*, in: Bürkle, Compliance in Versicherungsunternehmen, § 3 Rn. 25.
1699 *Fleischer*, in: Spindler/Stilz, Aktiengesetz, Band 1, § 76 AktG Rn. 102.
1700 *Fleischer*, in: Spindler/Stilz, Aktiengesetz, Band 1, § 76 AktG Rn. 102.
1701 *Brouwer*, CCZ 2009, 161, 165.
1702 Die Darstellung ist angelehnt an *Bürkle*, in: Hauschka, Corporate Compliance, § 8 Rn. 63 ff.
1703 *Bürkle*, in: Hauschka, Corporate Compliance, § 8 Rn. 63.
1704 *Bürkle*, in: Hauschka, Corporate Compliance, § 8 Rn. 63.

Ermessens i.S.d. § 93 Abs. 1 S. 2 AktG auf der Ebene der Entschließung und/oder auf der Ebene der inhaltlichen Ausgestaltung der Konzern-Compliance-Funktion gelten.

(1) Rechtspflicht für die Geschäftsleiter von Konzernobergesellschaften zur Konzern-Compliance?

Die Konzerndimensionalität der Compliance-Verantwortung von Geschäftsleitern aktienrechtlicher Konzerne wird vor allem auf Grundlage des Legalitätsprinzips diskutiert.[1705] Charakteristisch für das Legalitätsprinzip ist, dass Geschäftsleiter nicht nur die Pflicht haben, sich selbst rechts- und regelkonform zu verhalten (Legalitätspflicht), sondern darüber hinaus auch dafür Sorge tragen, dass sich andere, für die Gesellschaft Handelnde (nachgeordnete Mitarbeiter) rechtmäßig verhalten (Legalitätskontrollpflicht).[1706] Die Legalitätskontrollpflicht bezieht sich dabei sowohl auf die ex-post-Kontrolle und Aufklärung von Rechtsverstößen als auch auf deren Prävention.[1707]

Die Herleitung einer konzerndimensionalen Compliance-Verantwortung wird insbesondere auf Basis folgender Aspekte diskutiert: (1.) die konzerndimensionale Compliance-Verantwortung im Eigeninteresse der Obergesellschaft sowie (2.) die konzerndimensionale Compliance-Verantwortung in Erfüllung einer für die Obergesellschaft bestehenden Rechtspflicht.[1708]

(a) Konzerndimensionale Compliance-Verantwortung im Eigeninteresse der Obergesellschaft

Die Konzerndimensionalität der Compliance-Verantwortung ist bereits seit Längerem Diskussionsgegenstand in der aktienrechtlichen Literatur. Im Mittelpunkt steht dabei die Frage, ob der Vorstand einer herrschenden Aktiengesellschaft bzw. einer Mutter- oder Konzernmuttergesellschaft aufgrund seiner bestehenden Sorgfaltspflicht zur Implementierung und Durchführung einer Compliance-Organisation in Tochtergesellschaften verpflichtet ist.[1709] Diese Frage wird mittlerweile mit einem klaren Ja beantwortet – eine konzerndimensionale Compliance-Verantwortung der Obergesellschaft also befürwortet. Der Ursprung vorstehender Pflicht liegt nach allgemeiner Meinung vornehmlich im Innenverhältnis der Leitungsorgane zur Gesellschaft begründet. So wird die konzernweite Compliance-Verantwortung einerseits

1705 *Verse*, ZHR 175 (2011), 401, 407 ff.
1706 *Verse*, ZHR 175 (2011), 401, 403.
1707 *Verse*, ZHR 175 (2011), 401, 403.
1708 Die Darstellung ist angelehnt an *Verse*, ZHR 2011, 401, 407 ff. Ob Geschäftsleitern der Obergesellschaft im Innenverhältnis, unabhängig vom Eigeninteresse ihrer Gesellschaft, auch eine generelle Legalitätskontrollpflicht im Konzern zukommt, ist ebenfalls umstritten, wird im Ergebnis aber nach h.M. abgelehnt (dazu vertiefend *Verse*, ZHR 2011, 401, 411 ff.).
1709 *Karbaum*, Kartellrechtliche Compliance – Rechtsgrundlagen und Umsetzung, S. 254 .

aus dem konzernweiten Legalitätsprinzip der Leitungsorgane der Obergesellschaft als Teil ihrer organschaftlichen Leitungssorgfalt[1710] der §§ 76 Abs. 1, 93 Abs. 1 AktG abgeleitet. Zum anderen wird auch die Schadensabwendungspflicht als Begründung herangezogen[1711], weil die Legalitätskontrollpflicht zur Begründung einer konzerndimensionalen Compliance-Pflicht allein nicht ausreiche, denn Compliance bedeute nicht nur die Sicherung der Legalität, sondern sei weitgehend auf eine umfassende Schadensabwehr und wertorientierte Unternehmensführung gerichtet.[1712]

Als Zwischenergebnis kann bereits festgehalten werden, dass die Geschäftsleiter der Obergesellschaft durch Kontrollmaßnahmen dafür zu sorgen haben, dass es zu keinen unmittelbaren und mittelbaren Schädigungen ihrer Gesellschaft durch Rechtsverletzungen der Konzerngesellschaften kommt.[1713] Unmittelbare Schäden sind deshalb möglich, weil die Obergesellschaft in bestimmten Bereichen, beispielsweise im Kartellrecht, selbst für die von den Konzernunternehmen begangenen Verstöße in Haftung genommen wird und auch Ansehensverluste häufig unmittelbar auf die Obergesellschaft durchschlagen.[1714] Mittelbare Schäden drohen, da Bußgelder und andere Sanktionen gegen Konzerngesellschaften indirekt immer auch die Obergesellschaft treffen.[1715] Diese Verantwortung lässt sich – wie zureffend festgestellt wird – mit der konzernweit bestehenden Legalitätskontrollpflicht der Muttergesellschaft sowie der ihr obliegenden Schadensabwendungspflicht begründen. Dabei handelt es sich aber nur um eine Pflicht gegenüber der eigenen (Mutter-) Gesellschaft und nicht um eine solche gegenüber den einzelnen Tochtergesellschaften, was im Kern an der Funktion von Compliance festgemacht wird, nämlich dem Vermögens- und Imageschutz der Gesellschaft, der eine solche Pflicht obliegt.[1716] Gerade im Hinblick auf den Bereich des Kartellrechts ist eine konzerndimensionale

---

1710 U.a. *Dreher*, ZWeR 2004, 86, 101 ff.; *Fleischer*, CCZ 2008, 1, 5; *ders.*, DB 2005, 759, 763; *Kort*, NZG 2008, 81, 84; *Kremer/Klahold*, in: Krieger/U.H. Schneider, Handbuch Managerhaftung, § 21 Rn. 8ff.; *Krieger/Sailer*, in: Schmidt/Lutter, Aktiengesetz, Band I, § 93 AktG Rn. 8; *U.H. Schneider/S.H. Schneider*, AG 2005, 57, 58; *U.H. Schneider*, ZGR 1996, 225, 242ff.; *Brouwer*, CCZ 2009, 161, 165; *Karbaum*, Kartellrechtliche Compliance – Rechtsgrundlagen und Umsetzung, S. 254 ff.; *Huber*, Die Reichweite konzernbezogener Compliance-Pflichten des Mutter-Vorstands des AG-Konzerns, S. 178 ff; *Grundmeier*, Rechtspflicht zur Compliance im Konzern, S. 117; *U.H. Schneider/S.H. Schneider* nehmen dabei sogar eine generelle konzernweite Legalitätskontrollpflicht an, d.h. eine Pflicht, für rechtsmäßige Zustände in Konzerngesellschaften zu sorgen und zwar unabhängig vom Eigeninteresse ihrer Gesellschaft (*U.H. Schneider/S.H. Schneider*, ZIP 2007, 2061, 2064; näher dazu *Verse*, ZHR 175 (2011), 401, 411 ff.).

1711 *Grundmeier*, Rechtspflicht zur Compliance im Konzern, S. 118 f.; vgl. auch *Spindler*, WM 2008, 905, 915 f.

1712 *Grundmeier*, Rechtspflicht zur Compliance im Konzern, S. 118.

1713 *Verse*, ZHR 175 (2011), 401, 408.

1714 *Verse*, ZHR 175 (2011), 401, 408.

1715 *Verse*, ZHR 175 (2011), 401, 408.

1716 *Brouwer*, CCZ 2009, 161, 165.

Compliance-Verantwortung konsequent und folgerichtig, da bei einem Verstoß der Tochtergesellschaft und anschließender Bebußung dieser durch die Europäische Kommission die Muttergesellschaft als Gesamtschuldnerin mit in Haftung genommen wird, soweit diese eine „wirtschaftliche Einheit" bilden.[1717] Europarechtliche Praxis ist es also, einen Kartellverstoß einer Tochtergesellschaft der Muttergesellschaft zuzurechnen, was – wie erwähnt – zur Folge hat, dass der Muttergesellschaft die Haftung für die Zahlung der gegen ihre Tochtergesellschaft verhängten Geldbuße zugewiesen wird.[1718] Auf nationaler Ebene hat das Bundeskartellamt in seiner *Etex-Entscheidung* bereits festgestellt, dass für eine Holding GmbH die konzernweite Organisationspflicht zur Verhinderung von Kartellrechtsverstößen bestehe.[1719]

Um die konzernweite Compliance-Verantwortung auch inhaltlich auszufüllen wird gefordert, dass der Konzernvorstand dafür zu sorgen habe, einheitliche Konzernrichtlinien zu verabschieden, die die Grundlage für eine konzernweite Compliance-Ordnung bildeten.[1720] Überdies obliege dem Konzernvorstand auch die Bestellung eines Konzern-Compliance-Verantwortlichen als Führungspostenbesetzung.[1721] Die unmittelbare Umsetzung der konzernweiten Compliance-Vorgaben komme hingegen den einzelnen Konzernunternehmen zu, wobei beim Konzernvorstand wegen seiner nicht delegierbaren Oberleitung aber eine gewisse Organisations- und Überwachungsverantwortung verbleibe.[1722]

Die konzernweite Compliance-Verantwortung der Geschäftsleitung der Konzernobergesellschaft soll aber konzernrechtlichen Grenzen unterliegen.[1723] So hängen Grad und Umfang dieser Pflicht entscheidend von der Grundlage der Konzernierung, der Konzernstruktur, der Rechtsform der konzernierten Unternehmen und den daraus resultierenden gesellschaftsrechtlichen Einflussmöglichkeiten ab.[1724] Diese Einflussmöglichkeiten sind maßgeblich dafür, in welchem Umfang die Obergesellschaft im Bereich der Compliance ihren Willen konzernweit durchsetzen kann.[1725] Besonders im Falle faktischer Konzernierung gestaltet sich die Errichtung

---

1717 EuGH, Urt. v. 10.09.2009, Rs. C-97/08 P, Slg. 2009, I-8237– *Akzo Nobel u.a./Kommission* = WuW/E EU-R 1639 ff.; *Bürger*, WuW 2011, 131 f.; *van Vormizeele*, WuW 2010, 1008; *Karbaum*, Kartellrechtliche Compliance – Rechtsgrundlagen und Umsetzung, S. 257.

1718 EuGH, Urt. v. 10.9.2009, Rs. C-97/08 P, Slg. 2009, I-8237– *Akzo Nobel u.a./Kommission* = WuW/E EU-R 1639 ff.; *Kremer/Klahold*, ZGR 2010, 113, 122; *Hölters*, in: Hölters, Aktiengesetz, § 93 AktG Rn. 112.

1719 BKartA, Entsch. v. 9.2.2009, Az. B1–200/06 – *Etex Holding GmbH*; *Hölters*, in: Hölters, Aktiengesetz, § 93 AktG Rn. 112.

1720 *Fleischer*, in: Spindler/Stilz, Aktiengesetz, Band 1, § 91 AktG Rn. 70.

1721 *Fleischer*, CCZ 2008, 1, 5.

1722 *Fleischer*, in: Spindler/Stilz, Aktiengesetz, Band 1, § 91 AktG Rn. 72.

1723 U.a. *Grundmeier*, Rechtspflicht zur Compliance im Konzern, S. 120; *Karbaum*, Kartellrechtliche Compliance – Rechtsgrundlagen und Umsetzung, S. 270.

1724 *Bürkle*, in: Hauschka, Corporate Compliance, § 8 Rn. 65.

1725 *Bürkle*, in: Hauschka, Corporate Compliance, § 8 Rn. 65.

einer effektiven konzernweiten Compliance-Organisation schwieriger, da dem herrschenden Unternehmen hier kein Weisungsrecht gegenüber den abhängigen Gesellschaften zusteht.[1726] In faktischen Konzernen besteht daher nach allgemeiner Auffassung lediglich eine Bemühenspflicht der Muttergesellschaft, sich alle erforderlichen Compliance-Informationen bei den Konzernunternehmen zu beschaffen.[1727] Darüber hinaus bleiben eigene Maßnahmen der Muttergesellschaft zur Identifizierung der an den Tochterunternehmen drohenden Rechtsrisiken weiterhin bestehen.[1728] Reichen die Einwirkungsmöglichkeiten nicht aus, um für Rechtskonformität bei den nachgeordneten Unternehmen zu sorgen, muss die Geschäftsleitung der Konzernspitze als ultima ratio sogar eine Veräußerung der betroffenen Beteiligung prüfen.[1729]

Im Ergebnis legt die aktienrechtliche Literatur bei der Frage der konzernweiten Compliance-Verantwortung des Muttervorstands richtigerweise vorbeschriebenen Maßstab zugrunde, nämlich dass der Muttervorstand die dafür notwendigen rechtlichen Einflussmöglichkeiten haben muss und differenziert insoweit zwischen Vertragskonzern und faktischem Konzern. Während bei ersterem die rechtlichen Einflussmöglichkeiten durch § 308 Abs. 2 AktG abgesichert sind, gestaltet sich die Lage bei faktischer Konzernierung schwieriger, da hier die gesellschaftsrechtliche Einwirkungsmacht begrenzt ist, so dass dies zwangsläufig zu einer reduzierten Compliance-Verantwortung des Konzernvorstands führt.[1730] Dieses Ergebnis ist mit Blick auf Ziff. 4.1.3 DCGK auch konsequent, da dieser fordert, dass *„der Vorstand für die Einhaltung der gesetzlichen Bestimmungen und der unternehmensinternen Richtlinien zu sorgen [hat] und auf deren Beachtung durch die Konzernunternehmen hin[wirkt]“.*[1731] So deutet der verwendete Begriff des „Hinwirkens“ nämlich schon an, dass die Einwirkungsmacht der herrschenden Gesellschaft auf die abhängige Gesellschaft, wie beispielsweise im faktischen Konzern, begrenzt sein kann.[1732]

(b) Konzerndimensionale Compliance-Verantwortung in Erfüllung einer für die Obergesellschaft bestehenden Rechtspflicht?

Neben der konzerndimensionalen Compliance-Verantwortung im Eigeninteresse der Obergesellschaft könnte sich eine konzernweite Compliance-Pflicht auch aus der Erfüllung einer für die Obergesellschaft bestehenden Rechtspflicht ergeben. Eine solche Rechtspflicht besteht in jedem Fall dann, wenn Vorschriften existieren,

---

1726 U.a. *Verse*, ZHR 175 (2011), 401, 419.

1727 *Fleischer*, in: Spindler/Stilz, Aktiengesetz, Band 1, § 91 AktG Rn. 74; *ders.*, CCZ 2008, 1, 6.

1728 *Fleischer*, in: Spindler/Stilz, Aktiengesetz, Band 1, § 91 AktG Rn. 74.

1729 *Bürkle*, in: Hauschka, Corporate Compliance, § 8 Rn. 65.

1730 *Fleischer*, in: Spindler/Stilz, Aktiengesetz, Band 1, § 91 AktG Rn. 74.

1731 *Fleischer*, CCZ 2008, 1, 6.

1732 *Vetter*, in: Wecker/Ohl, Compliance in der Compliance in der Unternehmerpraxis, S. 9.

die diese Verpflichtung explizit anordnen.[1733] Derartige konzernweiten Legalitätskontrollpflichten sind im Aufsichtsrecht kodifiziert, etwa in § 25a Abs. 1a KWG, § 25g KWG und § 80d Abs. 3 VAG.[1734] Aus diesen Regelungen ergibt sich mithin für die Geschäftsleiter von Obergesellschaften im Außenverhältnis eine konzernweite Überwachungspflicht.

Darüber hinaus wird kontrovers diskutiert, ob der Obergesellschaft abseits vorgenannter Spezialregelungen eine Pflicht zu konzernweiter Rechtsmäßigkeitskontrolle obliegt.[1735] Dies ist vor allem mit Blick auf § 130 OWiG sehr umstritten. Dort steht zur Diskussion, ob die herrschende Gesellschaft Betriebs- oder Unternehmensinhaber der abhängigen Gesellschaft ist.[1736]

Die Rechtsprechung hat sich in dieser Frage noch nicht abschließend und eindeutig erklärt. Der BGH hat aber bereits angedeutet, dass die eigene Rechtspersönlichkeit der abhängigen Gesellschaft einer fremden Inhaberschaft entgegenstehen könnte.[1737]

In der Literatur gehen die Meinungen dazu weit auseinander. Eine Vielzahl von Autoren lehnt eine Übertragbarkeit des § 130 OWiG auf den Unternehmensverbund mit der Begründung ab, die herrschende Gesellschaft sei nicht Betriebs- oder Unternehmensinhaber der abhängigen Gesellschaft.[1738]

Eine starke Gegenauffassung bejaht eine tatsächliche Betriebsinhaberschaft der herrschenden Gesellschaft aufgrund einer faktischen Betrachtung.[1739] So sei etwa nach Auffassung *Rogalls* der Konzern zwar nicht formalrechtlich, jedoch faktisch wie ein Unternehmen organisiert, da die Konzernleitung kein rechtliches, sondern nur ein faktisches Durchgriffsrecht auf die Vorstände der abhängigen Unternehmen habe und damit die Geschäftspolitik dieser Unternehmen bestimmen könne.[1740] Die Tatsache, dass die einzelnen abhängigen Unternehmen rechtlich selbstständig bleiben und daher der Konzern nicht dem aktienrechtlichen Unternehmensbegriff unterfalle, dürfe im Bereich der Aufsichtspflichtverletzung außer Acht gelassen werden.[1741] Hier entscheide einzig die faktische Betrachtung.[1742]

1733 *Verse*, ZHR 175 (2011), 401, 409.

1734 *Verse*, ZHR 175 (2011), 401, 409.

1735 *Verse*, ZHR 175 (2011), 401, 409.

1736 Siehe zum Meinungsstand die prägnanten Zusammenfassungen von *Fleischer*, CCZ 2008, 1, 5 u. Koch, AG 2009, 564, 565 ff.

1737 BGH, Beschl. v. 1.12.1981, KRB 3/79 – *Transportbeton-Vertrieb I* = WuW/E BGH 1871, 1876; *Fleischer*, CCZ, 2008, 1, 5.

1738 *Gürtler*, in: Göhler, Ordnungswidrigkeitengesetz, § 130 OWiG Rn. 5a; *Spindler*, in: Fleischer, Handbuch des Vorstandsrechts, § 15 Rn. 127 f.; *Deselaers*, WuW 2006, 118, 122 f.; *Koch*, WM 2009, 1013, 1017 f.

1739 *Rogall*, in: Karlsruher Kommentar zum OWiG, § 130 OWiG Rn. 27; *Mansdörfer/Timmerbeil*, WM 2004, 362, 368 f.

1740 *Rogall*, in: Karlsruher Kommentar zum OWiG, § 130 OWiG Rn. 27.

1741 *Rogall*, in: Karlsruher Kommentar zum OWiG, § 130 OWiG Rn. 27.

1742 *Rogall*, in: Karlsruher Kommentar zum OWiG, § 130 OWiG Rn. 27.

Andere wiederum wollen § 130 OWiG nur in Fällen anwenden, in denen die Muttergesellschaft 100 % der Anteile an dem Tochterunternehmen hält oder durch besondere Umstände in eine Garantenstellung gerückt ist und aus dem Tochterunternehmen heraus eine rechtswidrige Handlung begangen wird.[1743]

Eine weitere Ansicht nimmt eine Aufsichtspflicht an, wenn die herrschende Gesellschaft tatsächlich eine konzerndimensionale Aufsicht einführt und den Verantwortlichen der Tochtergesellschaft damit ihre Aufsichtshoheit beschränkt.[1744]

Im Ergebnis kann aus § 130 OWiG schon deshalb keine originäre Aufsichtspflicht der Verantwortlichen der Konzernobergesellschaft hergeleitet werden, weil die Tochterunternehmen eigene Rechtspersönlichkeiten sind.[1745] Damit treffen diese selbst die Pflichten des Betriebsinhabers – mithin auch die Aufsichtspflicht.[1746] Die Annahme, dass die Konzernobergesellschaft der eigentliche Betriebsinhaber des Tochterunternehmens sei, würde nicht nur *„unüberschaubare Zurechnungskaskaden auf rechtlich ungesicherter Basis erfordern“*[1747], sondern wäre im Übrigen auch mit dem Normzweck des § 130 OWiG nicht zu vereinbaren. Dieser trägt dem Umstand Rechnung, dass ein Betriebsinhaber die Vielzahl von Pflichten, die sich in größeren Betrieben ergeben, zwangsläufig nicht allein erfüllen kann, sondern darauf angewiesen ist, diese auf Mitarbeiter zu übertragen.[1748] Um eine Sanktionslücke zu vermeiden – der Betriebsinhaber handelt nicht selbst und kann folglich über § 9 OWiG nicht zur Haftung herangezogen werden –, wird dieser durch § 130 OWiG bei Verletzung seiner Aufsichtspflichten in die Haftung zurückgeholt.[1749] Die Vorschrift setzt dabei voraus, dass die Aufsichtspflicht gerade aus der Delegation vorgeschalteter betriebsbezogener Pflichten entsteht.[1750] *Koch* stellt insoweit und mit Blick auf die aufgeworfene Problemstellung aber zu Recht Folgendes fest: *„Auch wenn man darüber streiten mag, ob die herrschende Gesellschaft generell Aufsichtspflichten treffen, so steht doch zumindest fest, dass diese nicht aus der Delegation betriebsbezogener Pflichten folgen. Adressat sämtlicher betriebsbezogener Pflichten ist vielmehr allein die abhängige Gesellschaft selbst“*.[1751]

Auch aus dem allgemeinen Zivilrecht werden teilweise konzernweite Kontrollpflichten der Obergesellschaft abgeleitet. Einige Autoren diskutieren insoweit, ob und unter welchen Voraussetzungen die Obergesellschaft für Gefahrenquellen verkehrssicherungspflichtig sein kann, die von Tochtergesellschaften betrieben

1743 *Tiedemann*, NJW 1979, 1849, 1852.
1744 *Klusmann*, in: Wiedemann, Handbuch des Kartellrechts, § 55 Rn. 41 f.; *Wirtz*, WuW 2001, 342, 348 f.
1745 *Gürtler*, in: Göhler, Ordnungswidrigkeitengesetz, § 130 OWiG Rn. 5a.
1746 *Gürtler*, in: Göhler, Ordnungswidrigkeitengesetz, § 130 OWiG Rn. 5a.
1747 *Gürtler*, in: Göhler, Ordnungswidrigkeitengesetz, § 130 OWiG Rn. 5a.
1748 *Koch*, WM 2009, 1013, 1018.
1749 *Koch*, WM 2009, 1013, 1018.
1750 *Koch*, WM 2009, 1013, 1018.
1751 *Koch*, WM 2009, 1013, 1018.

werden.[1752] Dabei geht es aber nicht um hier im Raum stehende Rechtsfragen, sondern nur um sachlich-räumliche Gefahren (z.B. Inverkehrbringen eines Produkts).[1753]

Damit kann als Fazit festgehalten werden, dass es mit Ausnahme der Vorschriften des Aufsichtsrechts (u.a. § 25a Abs. 1a KWG) keine Regelungen gibt, in denen eine konzernweite Überwachungspflicht der Obergesellschaft im Außenverhältnis kodifiziert ist.[1754]

(2) Geltung der Business Judgement Rule auf der Ebene des Entschließung („ob")

Die vorstehenden Ausführungen haben ergeben, dass Vorstände von Aktiengesellschaften grundsätzlich eine konzernweite Compliance-Verantwortung tragen. Wie bei Einzelgesellschaften gilt aber auch hier, dass keine starre Compliance-Organisationspflicht besteht.[1755] Daraus folgt, dass die Business Judgement Rule in der Frage, ob eine Konzern-Compliance-Funktion zu schaffen ist, grundsätzlich anwendbar ist (vgl. § 93 Abs. 1 S. 2 AktG).[1756] Das hat wiederum zur Folge, dass die Geschäftsleiter von Konzernobergesellschaften in einem ersten Schritt anhand einer Risikoanalyse prüfen müssen, ob ein konzernweites Compliance-System erforderlich ist.[1757] Insbesondere Kartellverstöße können erhebliche und mitunter existenzbedrohende Risiken für Gesellschaften begründen, so dass z.B. in der Vergangenheit vorgekommene Kartellverstöße im Unternehmen für die Errichtung eines kartellrechtlich geprägten Compliance-Programms sprechen.[1758] Nur wenn die Risikoanalyse ergibt, dass keine Erforderlichkeit zur Schaffung einer konzernweiten Compliance-Systems besteht, kann hiervon aufgrund des in dieser Frage vorhandenen Ermessens abgesehen werden.[1759] Dies dürfte aber faktisch ausgeschlossen sein.[1760] Wie auch bei größeren Einzelgesellschaften verdichtet sich das unternehmerische Ermessen bei Konzernen dergestalt, dass die Implementierung eines Compliance-Systems angezeigt ist.[1761]

1752 Näher dazu *Verse*, ZHR 175 (2011), 401, 410 f.

1753 *Koch*, WM 2009, 1013, 1016 f.; *Verse*, ZHR 175 (2011), 401, 410 f.

1754 *Verse*, ZHR 175 (2011), 401, 411.

1755 *Grundmeier*, Rechtspflicht zur Compliance im Konzern, S. 121.

1756 *Grundmeier*, Rechtspflicht zur Compliance im Konzern, S. 121 f.; *C.H. Müller*, Kartellrechtscompliance in Deutschland, S. 118.

1757 *Grundmeier*, Rechtspflicht zur Compliance im Konzern, S. 122; *Habersack*, AG 2014, 1, 3 f.

1758 *Kremer/Klahold*, ZGR 2010, 113, 121.

1759 *Grundmeier*, Rechtspflicht zur Compliance im Konzern, S. 122.

1760 *Grundmeier*, Rechtspflicht zur Compliance im Konzern, S. 122.

1761 *Grundmeier*, Rechtspflicht zur Compliance im Konzern, S. 122.

(3) Geltung der Business Judgement Rule auf der Ebene der inhaltlichen Ausgestaltung der Compliance-Organisation („wie“)

Hinsichtlich des „wie“, also der inhaltlichen Ausgestaltung der Konzern-Compliance-Organisation, steht dem Muttervorstand, soweit es sich allein um die Wahrung des Eigeninteresses der Obergesellschaft und nicht um die Erfüllung einer Rechtspflicht im Außenverhältnis geht, ein weiter Ermessensspielraum i.S.d. § 93 Abs. 1 S. 2 AktG zu.[1762] Dementsprechend kann er einerseits die Einrichtung eines selbständigen Compliance-Systems in Tochterunternehmen veranlassen und durch entsprechende Einflussnahme darauf hinwirken oder andererseits die Compliance-Organisation der Muttergesellschaft mit einer konzernweiten Compliance-Aufgabe betrauen.[1763] Trotz der Compliance-Verantwortung des herrschenden Unternehmens haben die Geschäftsleiter der konzernierten Unternehmen aber weiterhin eine eigene Compliance-Verantwortung.[1764] Die Geschäftsleiter der einzelnen Konzernunternehmen sind – freilich abhängig von der Konzernierungsform – verpflichtet, die Compliance-Vorgaben der Obergesellschaft umzusetzen.

Aufgrund des vorbeschriebenen Ausgestaltungsermessens werden *„nur mit Zurückhaltung und unter dem Vorbehalt der Umstände des Einzelfalls Leitlinien für eine pflichtgemäße konzernweite Legalitätskontrolle formulier[t]“*.[1765] So wird seitens der gesellschaftsrechtlichen Literatur in einem ersten Schritt die Einrichtung einer mit hinreichenden personellen und sachlichen Mitteln ausgestatteten Konzern-Compliance-Organisation befürwortet, um die Geschäftsleiter der Obergesellschaften bei der konzernweiten Compliance-Verantwortung zu unterstützen.[1766]

Des Weiteren werde der Vorstand die Einrichtung eines konzernweiten Berichtssystems (Compliance Reporting) zu Informationszwecken sicherstellen zu haben, um zu gewährleisten, dass die Geschäftsleiter der Obergesellschaft über compliancerelevante Sachverhalte und Risikobewertungen aus den Konzerngesellschaften ausreichend unterrichtet sind.[1767] Dazu gehören die turnusmäßige Compliance-Berichterstattung über festgestellte Verstöße, eingeleitete Gegenmaßnahmen und die allgemeine Einschätzung der konzerninternen Compliance-Risiken.[1768] Ferner wird die Compliance-Berichterstattung durch eine anlassbezogene Ad-hoc-Berichterstattung über Compliance-Verstöße von konzernweiter Bedeutung ergänzt.[1769]

1762 *Verse*, ZHR 175 (2011), 401, 415.

1763 *Verse*, ZHR 175 (2011), 401, 415 f.; *Karbaum*, Kartellrechtliche Compliance – Rechtsgrundlagen und Umsetzung, S. 269 f.

1764 *Bürkle*, in: Hauschka, Corporate Compliance, § 8 Rn. 70.

1765 *Verse*, ZHR 175 (2011), 401, 416.

1766 *Verse*, ZHR 175 (2011), 401, 416.

1767 *Fleischer*, CCZ 2008, 1, 6; *U.H. Schneider/S.H. Schneider*, ZIP 2007, 2061, 2065; *Verse*, ZHR 175 (2011), 401, 416.

1768 *Fleischer*, CCZ 2008, 1, 6.

1769 *Kremer/Klahold*, in: Krieger/U.H. Schneider, Handbuch Managerhaftung, § 21 Rn. 66; *Fleischer*, CCZ 2008, 1, 6; *Verse*, ZHR 175 (2011), 401, 417.

Neben der Schaffung einer Konzern-Compliance-Funktion und der Einrichtung eines konzernweiten Berichtssystems obliege den Vorstandsmitgliedern auch eine konzernweite Überwachungspflicht.[1770] So habe sich der Konzernvorstand durch geeignete Maßnahmen davon zu überzeugen, dass die konzerninternen Compliance-Vorgaben tatsächlich eingehalten werden.[1771] Dies könne in Abstimmung zwischen dem Konzern-Compliance-Beauftragten und den betroffenen Konzernunternehmen unangekündigte Stichprobenkontrollen in einzelnen Konzernbereichen einschließen.[1772]

bb) Anwendung der Grundsätze zur konzerndimensionalen Compliance-Verantwortung auf Gesamtverbände

Im Folgenden sollen vorstehende Grundsätze der konzerndimensionalen Compliance-Verantwortung auf Wirtschaftsverbände, die in Form des Gesamtvereins organisiert sind, angewendet werden. Dabei ist einem ersten Schritt zu ermitteln, ob die Verbandsleitung eines Hauptverbandes eine verbandsdimensionale Compliance-Verantwortung trägt und wenn ja, ob die Grundsätze des (Vereinsleiter-)Ermessens i.S.d. § 93 Abs. 1 S. 2 AktG auf der Ebene der Entschließung und/oder auf der Ebene der inhaltlichen Ausgestaltung der Verbands-Compliance-Funktion gelten.

(1) Verbandsdimensionalität der Compliance-Verantwortung

Ob Vorstände oder andere mit der Leitungsverantwortung betraute Verbandsorgane von Hauptverbänden eine verbandsdimensionale Compliance-Verantwortung tragen, ist wie erwähnt bislang nur von *Brouwer* aufgegriffen worden. Dies verwundert deshalb nicht, weil sich in den §§ 21 ff. BGB keine Hinweise auf eine verbandsdimensionale Compliance-Verantwortung von Gesamtvereinen finden lassen.[1773]

Auch die das Außenverhältnis betreffende Norm des § 130 OWiG kann – wie bereits für den aktienrechtlichen Unternehmensverbund aufgezeigt – nichts zur Lösung dieses Problems beitragen. Die Vorschrift setzt nämlich voraus, dass der Hauptverband Unternehmensinhaber seiner Untergliederungen ist. Ein Vergleich mit der konzerndimensionalen Aufsichtspflicht im Aktienrecht zeigt aber, dass das nicht der Fall ist. Dort wird mit Blick auf § 130 OWiG zwar diskutiert, ob die herrschende Gesellschaft Betriebs- oder Unternehmensinhaber der abhängigen Gesellschaft ist, dies im Ergebnis aber wegen der eigenen Rechtspersönlichkeit der abhängigen Gesellschaft zu Recht abgelehnt. Darauf bezugnehmend ergibt sich für Gesamtverbände im Hinblick auf ihre selbständigen Untergliederungen nichts Abweichendes. Wie auch die abhängigen Gesellschaften im Konzern, sind die selbständigen Untergliederungen des Hauptverbandes mit eigener Rechtspersönlichkeit

1770 *Verse*, ZHR 175 (2011), 401, 416 f.
1771 *Fleischer*, CCZ 2008, 1, 6.
1772 *Fleischer*, CCZ 2008, 1, 6.
1773 *Brouwer*, CCZ 2009, 161, 165.

ausgestattet. Damit kann, wie *Brouwer* bereits zutreffend festgestellt hat, eine alle Untergliederungen erfassende Compliance-Pflicht des Hauptverbandes nicht aus der Vorschrift des § 130 OWiG abgleitet werden – die eigene Rechtspersönlichkeit der Zweigvereine steht einer fremden Inhaberschaft entgegen.[1774]

Die Pflicht zur verbandsdimensionalen Compliance-Verantwortung („ob") lässt sich – in Anlehnung an die Grundsätze zur konzerndimensionalen Compliance-Verantwortung des Vorstands der Muttergesellschaft einer Aktiengesellschaft – für das Innenverhältnis aber aus der verbandsdimensionalen Legalitätskontrollpflicht und aus der Pflicht zum Erhalt des Vereinsvermögens (Schadensabwendungspflicht) der Leitungsorgane des Hauptverbandes als Teil ihrer allgemeinen Leitungsaufgabe des § 27 Abs. 3 BGB herleiten[1775]. Daraus folgt für den Vorstand eines Hauptverbandes schließlich die (Bemühens-)Pflicht, für eine Compliance-Organisation auch auf der Ebene seiner Landes- und Ortsverbände etc. zu sorgen.[1776] Vorstehende Pflicht besteht insbesondere aufgrund der erheblichen Gefahren, die von Zweigvereinen auf den Hauptverband ausgehen können. So ist es möglich, dass dieser für Kartellrechtsverstöße seiner Untergliederungen – diese nehmen schließlich seine satzungsmäßigen Aufgaben wahr – einstehen muss; dementsprechend drohen Kartellbußgelder gegen den Hauptverband (§ 840 BGB).[1777] Darüber hinaus existiert eine verbandsdimensionale Legalitätskontrollpflicht bereits in den Fällen, in denen die Mitarbeiter der Untergliederungen Angestellte des Hauptverbandes sind und diesem somit eine Aufsichtspflicht über seine Mitarbeiter zukommt.

Diese Haftungszurechnung gilt sowohl auf deutscher als auch auf europäischer Ebene. Wie eben beschrieben, ergibt sich nach Ansicht des BGH die Einstandspflicht des Hauptverbandes für Rechtsverstöße seiner Untergliederungen dadurch, dass ein Hauptverband seine satzungsmäßigen Aufgaben durch Zweigvereine und unselbständige Organisationseinheiten erledigt – dies führt zu seiner Passivlegitimation.[1778] Mit Blick auf die europäische Ebene gilt, dass die Europäische Kommission Tochter- und Mutterunternehmen für begangene Kartellrechtsverstöße von Tochtergesellschaften auf Grundlage des von ihr und der Rechtsprechung entwickelten Konzepts der „wirtschaftlichen Einheit", welches besagt, dass Mutter- und Tochtergesellschaft trotz unterschiedlicher Rechtspersönlichkeiten ein Unternehmen bilden, gesamtschuldnerisch in Haftung nimmt.[1779] Nach Ansicht des EuGH kommt es *„mehr auf die Einheit des Marktverhaltens von Tochtergesellschaft und Muttergesellschaft als auf die sich aus der Verschiedenheit der Rechtspersönlichkeit*

1774 *Brouwer*, CCZ 2009, 161, 165.
1775 *Brouwer*, CCZ 2009, 161, 165.
1776 *Brouwer*, CCZ 2009, 161, 165.
1777 Vgl. dazu BGH, Urt. v. 5.12.1983, II ZR 252/82 = BGHZ 89, 153, 156; *Brouwer*, CCZ 2009, 161, 165.
1778 BGH, Urt. v. 5.12.1983, II ZR 252/82 = BGHZ 89, 153, 156; *Brouwer*, CCZ 2009, 161 ff. (Fn. 40).
1779 *Karst*, WuW 2012, 150, 153.

ergebende formelle Trennung zwischen diesen Gesellschaften an".[1780] Maßgeblich für das Vorliegen einer wirtschaftlichen Einheit ist danach, dass *„die Tochtergesellschaft trotz eigener Rechtspersönlichkeit ihr Marktverhalten nicht autonom bestimmt, sondern im Wesentlichen die Weisungen der Muttergesellschaft befolgt, und zwar vor allem wegen der wirtschaftlichen, organisatorischen und rechtlichen Bindungen, die die beiden Rechtssubjekte verbinden".*[1781] Liegt eine derartige Konstellation vor, bilden Mutter- und Tochtergesellschaft eine wirtschaftliche Einheit.[1782]

An die europäische Verwaltungs- und Rechtspraxis anknüpfend wird man auch Hauptverbände und deren Zweigvereine unter den Begriff der „wirtschaftlichen Einheit" zu subsumieren haben, freilich ohne die im europäischen Recht entwickelte Rechtsfigur auch im deutschen Recht für anwendbar zu erklären, denn diese ist hierzulande (noch) nicht anerkannt und wird auch nicht praktiziert, obgleich im Rahmen der Umsetzung der Schadensersatzrichtlinie bereits eine intensive Diskussion darüber existiert, ob der Gesetzgeber diese Figur im Rahmen der 9. GWB-Novelle übernehmen sollte oder sogar übernehmen muss.[1783] Denn schon dem Begriff „Gesamtverband" ist immanent, dass dieser zusammen mit seinen Zweigvereinen *einen* Verband bildet. Des Weiteren wird die Einheit zwischen Hauptverband und seinen Untergliederungen dadurch indiziert, dass Hauptverbände ihre satzungsmäßigen Aufgaben durch Zweigvereine und unselbständige Organisationseinheiten erledigen[1784]. Daraus folgt aus Sicht des europäischen Rechts berechtigterweise auch, dass der Hauptverband für (Kartellrechts-)Verstöße seiner Untergliederungen einzustehen hat. Darüber hinaus stehen die Zweigvereine in einem gewissen Abhängigkeitsverhältnis zum Hauptverband. Diese Abhängigkeit wird häufig bereits durch die Ausgestaltung der Verbandssatzung und ferner dadurch sichergestellt, dass die Mitarbeiter der Untergliederungen häufig Angestellte des Hauptverbands sind.[1785] Daraus ergibt sich, dass der vom EuGH für das Merkmal der „wirtschaftlichen

---

1780 EuGH, Urt. v. 14.7.1972, Rs. 52/69, Slg. 1972, 787 – *J.R. Geigy AG/Kommission*; *Karst*, WuW 2012, 150, 153.

1781 EuGH, Urt. v. 20.1.2011, Rs. C-90/09 P, Slg. 2011, I-1, I-43, Rn. 37 – *General Química u.a./Kommission*; *Karst*, WuW 2012, 150, 153.

1782 *Karst*, WuW 2012, 150, 153.

1783 Für eine Anwendung der Figur der wirtschaftlichen Einheit im deutschen Bußgeldrecht und im deutschen Zivilrecht ist u.a. Kersting, der insbesondere mit dem primärrechtlichen Effektivitätsgrundsatz argumentiert (*Kersting*, WuW 2014, 1156, 1169 ff.) Gegen eine solche Übertragung sprechen sich u.a. *Thomas* und *Scheidtmann* aus und verweisen dabei auf das gesellschaftsrechtliche Trennungsprinzip (*Thomas*, in: Immenga/Mestmäcker, Wettbewerbsrecht: GWB, Band 2, § 36 GWB Rn. 807 ff.; *Scheidtmann*, WRP 2010, 499, 502, 505). Ebenfalls dagegen ist der BGH. Dieser hat im Fall *„Versicherungsfusion"* bereits klargestellt, dass es im deutschen Kartellordnungswidrigkeitenrecht keine „Konzernhaftung" nach europäischem Vorbild gibt (BGH, Beschl. v. 10.8.2011, KRB 55/10 – *„Versicherungsfusion"* = WuW/E DE-R 3455, 3459).

1784 Vgl. BGH, Urt. v. 5.12.1983, II ZR 252/82 = BGHZ 89, 153, 156.

1785 *Brouwer*, CCZ 2009, 161, 165.

Einheit" geforderte „bestimmende Einfluss" der Oberorganisation auf die nachgeordnete Einheit[1786] in der Konstellation Hauptverband-Zweigvereine vorliegen dürfte.

Aufgrund der vorbeschriebenen Haftungszurechnung ist die Leitung des Hauptverbandes verpflichtet, für effektive kartellrechtliche Compliance-Maßnahmen in den Zweigvereinen zu sorgen, um sich vor Vermögens- und Reputationsschäden zu schützen[1787] und so ihrer aktiven verbandsdimensionalen Organisationspflicht nachzukommen, die – anknüpfend an die Situation bei faktischer Konzernierung – ausschließlich im Verhältnis zum Hauptverband besteht und in dessen Interesse liegt[1788].

Die Pflicht zur verbandsdimensionalen Compliance-Verantwortung steht aber – wie auch bei faktischer Konzernierung – unter der Einschränkung der rechtlichen Einflussmöglichkeiten des Hauptverbandes auf seine Zweigvereine. Da die Einwirkungsmacht insoweit begrenzt ist, führt dies zwangsläufig zu einer nur eingeschränkten verbandsdimensionalen Compliance-Verantwortung des gesetzlichen Vorstands oder – je nach Ausgestaltung der Satzung – des nach der Verbandssatzung geschäftsführenden Organs.[1789] Denn auch im Vereinsrecht gilt, dass das Pflichtenprogramm des für Compliance zuständigen Organs nicht weiter reichen kann als die rechtlichen Einflussmöglichkeiten. Daher besteht für die Vorstände von Gesamtverbänden „lediglich" die Pflicht, sich alle compliance-relevanten Informationen bei den Zweigvereinen zu beschaffen und sich um eine entsprechende kartellrechtliche Compliance-Organisation in den Zweigvereinen zu bemühen.[1790]

Fraglich ist aber, welche Pflichten die Leitung des Hauptverbandes hat, wenn die Einwirkungsmöglichkeiten nicht ausreichen, um für Rechtskonformität bei den (nachgeordneten) Zweigvereinen zu sorgen. Mit anderen Worten: Bislang ist ungeklärt, ob und ggf. welche Maßnahmen ein Hauptverband ergreifen muss, wenn die Leitung eines Zweigvereins ihren Compliance-Pflichten nicht oder nur unzureichend nachkommt. Insoweit kommen die Abberufung des Vorstands des Zweigvereins, die Auflösung des Zweigvereins oder dessen Ausschluss in Betracht.

Die Frage der Abberufung des Vorstands eines Zweigvereins betreffend verneinte die Rechtsprechung[1791] in einem anderen Zusammenhang die Möglichkeit, dass die (Hauptverbands-)Satzung den Organen des Hauptverbandes gestattet, die

---

1786 EuGH, Urt. v. 10.9.2009, Rs. C-97/08 P, Slg. 2009, I-8237 – *Akzo Nobel u.a./Kommission* = WuW/E EU-R 1639 ff.

1787 *Brouwer*, CCZ 2009, 161, 165; zur Situation in aktienrechtlichen Konzernen siehe auch *U.H.Schneider/S.H. Schneider*, ZIP 2007, 2061, 2064.

1788 Siehe zur Organisationspflicht in aktienrechtlichen Konzernen *U.H.Schneider/S.H. Schneider*, ZIP 2007, 2061, 2063 f.

1789 Zur konzerndimensionalen Compliance-Verantwortung u.a. *Fleischer*, in: Spindler/Stilz, Aktiengesetz, Band 1, § 91 AktG Rn. 70 ff.; *Bürkle*, in: Hauschka, Corporate Compliance, § 8 Rn. 65.

1790 *Brouwer*, CCZ 2009, 161, 165.

1791 U.a. RG, Urt. v. 20.1.1910, VI. 660/08 = RGZ 73, 92, 97.

Bestellung und Abberufung des Vorstands eines Zweigvereins vorzunehmen.[1792] Das Schrifttum ist in dieser Hinsicht geteilter Ansicht.[1793] Die Mehrzahl der Autoren[1794] lehnt – wie die ältere Rechtsprechung – die vorbeschriebene Möglichkeit der Satzungsgestaltung aber zu Recht ab. Denn aus der Selbständigkeit der Untergliederung folgt, dass die personelle Besetzung der Vereinsleitung ausschließlich ihrem Kompetenzbereich unterfällt.[1795] Im Ergebnis stehen einem Hauptverband demzufolge keine (vereinsrechtlichen) Befugnisse zu, den Vorstand eines Zweigvereins wegen Verletzung von Compliance-Pflichten abzuberufen.

Andere Einwirkungsmöglichkeiten des Hauptverbandes auf seine Zweigvereine, diese im Hinblick auf ihre Compliance-Pflichten zu disziplinieren, bestehen möglicherweise in der Auflösung oder dem Ausschluss der jeweiligen Untergliederung. So kann in der Satzung des Gesamtverbandes, wie beispielsweise in § 16 PartG explizit geregelt, die Auflösung oder der Ausschluss von Zweigvereinen wegen schwerwiegender Verstöße ausdrücklich vorgesehen werden.[1796] Voraussetzung dafür ist neben einem Beschluss der Mitgliederversammlung auch, dass in der Satzung die Gründe für solche Maßnahmen aufgeführt sind.[1797] Darüber hinaus muss in der Satzung, zumindest bei Bestehen von Mittelstufen im Verband, festgelegt sein, welche der Mittelstufen berechtigt ist, diese Maßnahmen anzuordnen.[1798]

Es wurde bereits auf den konzernrechtlichen Grundsatz eingegangen, wonach der Muttervorstand zum Schutz der eigenen Gesellschaft nötigenfalls versuchen muss, vollständig oder zumindest anteilig seine Tochtergesellschaft zu veräußern, wenn die konzernrechtlichen Einwirkungsmöglichkeiten nicht ausreichen, um für Rechtskonformität bei den nachgeordneten Unternehmen zu sorgen.[1799] Überträgt man diesen Gedanken auf die (vereinsrechtliche) Konstellation, in der ein Zweigverein kartellrechtlich relevante Pflichten verletzt und sich durch den Hauptverband auch nicht disziplinieren lässt, ergibt sich, dass die Verbandsleitung des Hauptverbandes – eine Veräußerung des Zweigvereins scheidet freilich aus – dazu verpflichtet sein

1792 *Reuter*, in: Münchener Kommentar zum BGB, Band 1, Vorb. zu § 21 BGB Rn. 151; *Waldner/Wörle-Himmel*, in: Sauter/Schweyer/Waldner, Der eingetragene Verein, Rn. 329.

1793 Dafür wohl *Reichert*, Vereins- und Verbandsrecht, Rn. 5683 a.E.; dagegen *Arnold*, Münchener Kommentar zum BGB, Band 1, Vorb. zu § 21 BGB Rn. 151.

1794 *Reuter*, Münchener Kommentar zum BGB, Band 1, Vorb. zu § 21 BGB Rn. 151; *Waldner/Wörle-Himmel*, in: Sauter/Schweyer/Waldner, Der eingetragene Verein, Rn. 329.

1795 *Reuter*, in: Münchener Kommentar zum BGB, Band 1, Vorb. zu § 21 BGB Rn. 151.

1796 *Reichert*, Vereins- und Verbandsrecht, Rn. 5701.

1797 *Reichert*, Vereins- und Verbandsrecht, Rn. 5701; *Steinbeck*, in: Münchener Handbuch des Gesellschaftsrechts, Band V, § 5a Rn. 61.

1798 *Reichert*, Vereins- und Verbandsrecht, Rn. 5701.

1799 *Bürkle*, in: Hauschka, Corporate Compliance, § 8 Rn. 65; *Huber*, Die Reichweite konzernbezogener Compliance-Pflichten des Mutter-Vorstands des AG-Konzerns, S. 215.

kann, die Untergliederung aufzulösen oder zumindest auszuschließen, um die dem Hauptverband bei Kartellrechtsverletzungen drohenden unmittelbaren und mittelbaren Vermögensschäden zu verhindern. Die Auflösung ist, unter Berücksichtigung des Verhältnismäßigkeitsgrundsatzes, aber wohl lediglich als ultima ratio zulässig, so dass zunächst der Ausschluss des Zweigvereins aus dem Gesamtverband zu prüfen ist. Ein Verbandsausschluss kann – in Anlehnung an die von *Pischel/Kopp* entwickelten Grundsätze zu Reaktionensmöglichkeiten von Verbänden gegenüber ihren Mitgliedern auf Kartellrechtsverstöße – bereits bei erstmaliger Begehung einer schweren kartellrechtlichen Zuwiderhandlung durch Mitarbeiter der sich compliance-widrig verhaltenden Untergliederung in Betracht kommen.[1800]

(2) Geltung der Business Judgement Rule auf der Ebene der Entschließung („ob")

Die konzernrechtlichen Ausführungen zur Geltung der Business Judgement Rule auf der Ebene der Entschließung haben ergeben, dass Geschäftsleitern von Konzernobergesellschaften grundsätzlich ein Entschließungsermessen in der Frage zusteht, ob eine Konzern-Compliance-Funktion einzurichten ist. Es wurde aber auch festgestellt, dass sich das unternehmerische Ermessen bei Konzernen dahingehend verdichtet, dass die Implementierung eines Compliance-Systems angezeigt ist – die Feststellung der Nichterforderlichkeit eines solchen Systems ist faktisch ausgeschlossen. Überträgt man vorstehende konzernrechtliche Grundsätze auf das Verbandsrecht, so ergibt sich, dass auch der Verbandsleitung eines Hauptverbandes grundsätzlich ein Entschließungsermessen in der Frage der Schaffung einer verbandsdimensionalen Compliance-Organisation zusteht – die Business Judgement Rule ist folglich anwendbar. Dementsprechend hat die Verbandsleitung zunächst anhand einer Risikoanalyse zu prüfen, ob ein verbandsdimensionales, kartellrechtlich geprägtes Compliance-System erforderlich ist. Ergibt die Analyse, dass ein solches System nicht implementiert werden muss, kann die Verbandsleitung des Hauptverbandes auf Basis des ihr zustehenden Ermessens hiervon absehen. Dies dürfte wie auch bei Konzernen aber faktisch ausgeschlossen sein[1801], denn schon aufgrund der Größe, der Strukturen im Gesamtverein und der allgemeinen kartellrechtlichen Gefahrgeneigtheit von (Groß-)Verbänden verdichtet bzw. reduziert sich das (Vereinsleiter-)Ermessen dahingehend, dass die Implementierung eines institutionalisierten Compliance-Systems (zwingend) erforderlich ist.

(3) Geltung der Business Judgement Rule auf der Ebene der inhaltlichen Ausgestaltung der Compliance-Organisation („wie")

Bei der konkreten Ausgestaltung der Verbands-Compliance („wie") ist der Verbandsleitu1ng des Hauptverbandes ein weiter Ermessensspielraum zuzugestehen. Folglich

1800 Vgl. *Pischel/Kopp*, CCZ 2014, 198, 202.
1801 *Grundmeier*, Rechtspflicht zur Compliance im Konzern, S. 122.

ist die Business Judgement Rule in dieser Frage grundsätzlich anwendbar. Daher kann die Verbandsleitung insbesondere frei darüber entscheiden, ob die Untergliederungen ein eigenes Compliance-System unterhalten sollen oder in das zentrale Compliance-Programm des Gesamtvereins eingebunden sind.

Für die Ergreifung der konkret-individuellen Compliance-Maßnahmen sind folgende Kriterien in die Kartellrechtscompliance-Analyse einzustellen: die Verbandsgröße, der Verbandsgegenstand, die Verbandsstruktur, die einzuhaltenden Vorschriften, frühere Missstände und Unregelmäßigkeiten, die Anzahl der Zweigvereine sowie die Anzahl der Beschäftigten in den Zweigvereinen. Weitere Faktoren können die durch die Zweigvereine ausgeübten Tätigkeiten oder die finanzielle Bedeutung der Zweigvereine für den Gesamtverband sein.

Inhaltlich werden in der Regel folgende Maßnahmen zur Erfüllung der verbandsdimensionalen Compliance-Verantwortung zu besorgen sein: (1.) Schaffung einer mit hinreichenden personellen und sachlichen Mitteln ausgestatteten Verbands-Compliance-Funktion zur Unterstützung der Verbandsleitung des Hauptverbandes bei der verbandsdimensionalen Legalitätskontrolle, (2.) Sicherstellung, dass die Verbands-Compliance-Funktion und über sie die Leitungsorgane des Hauptverbandes über compliance-relevante Sachverhalte und Risikoeinschätzungen aus den Zweigvereinen ausreichend informiert sind, um über verbandsdimensionale Kontrollmaßnahmen entscheiden zu können sowie (3.) regelmäßige Überprüfung der Effizienz der eingerichteten verbandsdimensionalen Compliance-Organisation.[1802]

Unabhängig von Kartellrechtscompliance-Maßnahmen des Hauptverbandes verbleibt den Leitungsorganen von Zweigvereinen eine eigene Compliance-Verantwortung. Denn Zweigvereine sind – wie bereits dargestellt – selbst Träger von Rechten- und (Compliance-)Pflichten und somit auch für Compliance verantwortlich.[1803] Das gilt sowohl für den eingetragenen Verein, als auch für den nichtrechtsfähigen Verein i.S.d. § 54 BGB.[1804]

cc) Instrumente der verbandsdimensionalen Compliance

Es ist sinnvoll, die Untergliederungen – soweit wie möglich – in die Kartellrechtscompliance-Organisation des Hauptverbandes zu integrieren, um die Homogenität der Compliance-Aktivitäten sicherzustellen. Während dies bei unselbständigen Untergliederungen ohne Weiteres möglich ist, gestaltet sich die Lage bei Zweigvereinen schwieriger, da dem Hauptverband ihnen gegenüber in der Regel nur eingeschränkt Weisungsrechte zustehen. Welche Instrumente im Einzelfall genutzt werden können, um eine (möglichst) homogene Kartellrechtscompliance im Gesamtverband zu gewährleisten, hängt letztlich von den Umständen des Einzelfalls

1802 Diese Eckpunkte decken sich mit den Ausführungen von *Verse* zur inhaltlichen Konkretisierung der Legalitätskontrolle im Konzern (*Verse*, ZHR 175 (2011), 403, 416 f.).

1803 *Brouwer*, CCZ 2009, 161, 165.

1804 *Brouwer*, CCZ 2009, 161, 165.

ab. Folgende Instrumente der verbandsdimensionalen Compliance kommen dabei grundsätzlich in Betracht[1805]: (in der Regel beschränkte) Weisungsrechte des Hauptverbandes gegenüber den Zweigvereinen, Auskunfts- bzw. Informationsrechte, der Compliance-Officer, Prüfungshandlungen durch die Verbands-Compliance sowie das Setzen einheitlicher Verbands-Compliance-Standards.

(1) Beschränkte Weisungsrechte des Hauptverbandes gegenüber Zweigvereinen

Zwischen Gesamtverband und Zweigvereinen besteht keine mitgliedschaftliche Beziehung, so dass sich die Rechtsverhältnisse im Zweigverein grundsätzlich nach seiner Satzung richten.[1806] Da Zweigvereine auch die Befugnis zur Regelung ihrer eigenen Angelegenheiten haben (§ 25 BGB), muss der Gesamtverband die Autonomie der Zweigvereine beachten.[1807] Somit stehen dem Hauptverband nur eingeschränkt Weisungsrechte gegenüber Zweigvereinen zu. Konkret bedeutet das, dass dieser nur dann das Vereinsleben des Zweigvereins beeinflussen und Weisungen erteilen kann, wenn dies in der Satzung des Zweigvereins geregelt ist.[1808]

Um den begrenzten Weisungsrechten Rechnung zu tragen schlägt *Brouwer*, da die Mitarbeiter der Untergliederungen häufig Angestellte des Hauptverbandes sind, personelle Maßnahmen[1809] dergestalt vor, in diesen Fällen das Arbeitgeberrecht einzusetzen, um die Untergliederung in das eigene Compliance-Konzept mit einzubeziehen.[1810]

Eine weitere Möglichkeit im Rahmen personeller Maßnahmen und zur Durchsetzung der eigenen Compliance-Vorstellungen besteht in der Einräumung einer Zustimmungsbefugnis des Hauptverbandes zur Vorstandsbestellung in Zweigvereinen. Zwar haben Zweigvereine die satzungsrechtliche Befugnis, ihre Vorstandsmitglieder in Mitgliederversammlungen autonom zu wählen.[1811] Jedoch kann sich der Gesamtverband in seiner Satzung bei Vorliegen eines wichtigen Grundes die Befugnis einräumen lassen, den Gewählten im Amt zu bestätigen.[1812] Erst ab dieser

---

1805 Die Darstellung orientiert sich im Wesentlichen an den von Mutter aufgestellten Grundsätzen bei faktischer Konzernierung (*Mutter*, in: Bürkle, Compliance in Versicherungsunternehmen, § 3 Rn. 26 ff.).

1806 *Steinbeck*, in: Münchener Handbuch des Gesellschaftsrechts, Band V, § 5a Rn. 45.

1807 *Reichert*, Vereins- und Verbandsrecht, Rn. 5705.

1808 *Reichert*, Vereins- und Verbandsrecht, Rn. 5706; *Steinbeck*, in: Münchener Handbuch des Gesellschaftsrechts, Band V, § 5a Rn. 45.

1809 Siehe zu personellen Maßnahmen im faktischen Konzern *Bürkle*, in: Hauschka, Corporate Compliance, § 8 Rn. 67.

1810 *Brouwer*, CCZ 2009, 161, 165.

1811 *Reichert*, Vereins- und Verbandsrecht, Rn. 5695.

1812 *Reuter*, in: Münchener Kommentar zum BGB, Band 1, Vorb. zu § 21 BGB Rn. 151; *Reichert*, Vereins- und Verbandsrecht, Rn. 5695.

Bestätigung, die mit der Erfüllung von Compliance-Auflagen verbunden werden kann, darf der Gewählte die Vorstandsfunktion ausüben[1813].

Darüber hinaus lasse sich, so *Brouwer*, die Finanzhoheit des Hauptverbandes nutzen, indem die Mittelvergabe an die Untergliederung etwa an die Auflage geknüpft werde, ein geeignetes Compliance-Konzept zu etablieren.[1814]

(2) Auskunfts- bzw. Informationsrechte von Gesamtverbänden gegenüber Zweigvereinen

Kartellrechtscompliance setzt eine Vielzahl von Informationen über Abläufe im Verband voraus. Es ist aber schon problematisch, ob die Leitung des Zweigvereins überhaupt verpflichtet ist, die für Kartellrechtscompliance notwendigen Informationen über die Abläufe im Zweigverein an den Hauptverband herauszugeben, wenn satzungsrechtliche Bestimmungen nicht ausdrücklich eine solche Pflicht vorsehen. Einzig § 27 Abs. 3 BGB i.V.m. § 666 BGB sieht eine vereinsrechtliche Auskunfts- und Rechenschaftspflicht vor. Danach ist der Vorstand gegenüber der Mitgliederversammlung im Hinblick auf seine Geschäftsführung auskunfts- und rechenschaftspflichtig. Insoweit kann jedes Mitglied Auskunft über alle Angelegenheiten, die den Verband betreffen, verlangen, damit das Mitgliedschaftsrecht wahrgenommen werden kann.[1815] Die Auskunftspflicht des Vorstands dürfte sich damit auch auf etwaige Compliance-Aktivitäten erstrecken. Des Weiteren ist der Vorstand im Rahmen der Berichtspflicht gehalten, der Mitgliederversammlung die Informationen zur Verfügung zu stellen, die sie benötigt, um ihre Zuständigkeiten, insbesondere Bestellung, Abberufung, Entlastung des Vorstands, Erteilung von Weisungen, sachgerecht ausüben zu können.[1816] Dies erfasst vor allem Informationen über die Entwicklung des Vermögens und der Mitgliederzahl sowie über wichtige Aktivitäten.[1817] Die Mitgliederversammlung ist demzufolge auch über die Berichtspflicht berechtigt, Informationen zu möglichen kartellrechtlichen Compliance-Maßnahmen einzuholen, da dies ggf. Auswirkungen in den Bereichen Abberufung und Entlastung des Vorstands haben könnte. Die Vorschrift des § 666 BGB hilft aber mit Blick auf Auskunfts- bzw. Informationsrechte des Hauptverbandes gegenüber Zweigvereinen hinsichtlich ihrer Compliance-Aktivitäten nicht weiter. Denn die Leitung des Zweigvereins ist nur gegenüber der (eigenen) Mitgliederversammlung zur Herausgabe von Informationen verpflichtet. Damit scheidet eine Informationspflicht gegenüber dem Hauptverband aus. Wie bei faktischer Konzernierung kann der Leitung des Zweigvereins aber die Befugnis zugebilligt werden, dem Hauptverband die für eine ordnungsgemäße Leitung notwendigen Informationen zu übermitteln. Dazu

---

1813 *Reichert*, Vereins- und Verbandsrecht, Rn. 5695.

1814 *Brouwer*, CCZ 2009, 161, 165.

1815 *Reichert*, Vereins- und Verbandsrecht, Rn. 1465; *Arnold*, in: Münchener Kommentar zum BGB, Band 1, § 27 BGB Rn. 39.

1816 *Arnold*, in: Münchener Kommentar zum BGB, Band 1, § 27 BGB Rn. 39.

1817 *Arnold*, in: Münchener Kommentar zum BGB, Band 1, § 27 BGB Rn. 39.

ist sie nach pflichtgemäßem Ermessen berechtigt. Der Informationsfluss zwischen Hauptverband und Zweigverein kann mit Blick auf § 51a Abs. 2 S. 1 GmbHG aber Einschränkungen unterliegen. Danach darf der Vorstand die Auskunft verweigern, wenn die Gefahr besteht, dass die Informationen zu verbandsfremden Zwecken verwendet werden und zu besorgen ist, dass dadurch dem Verband ein nicht unerheblicher Nachteil zugefügt wird.[1818] Im Hinblick auf Informationen betreffend verbandsdimensionale Compliance-Aktivitäten dürften aber in der Regel keine Nachteile drohen.

(3) Compliance-Officer

Um den aufgezeigten Pflichten nachkommen zu können und eine verbandsdimensionale Koordination der Kartellrechtscompliance-Maßnahmen sicherzustellen, sollte – zumindest bei großen Wirtschaftsverbänden[1819] – ein sog. „Group Compliance-Officer" für den Gesamtverband sowie jeweils ein oder mehrere Compliance-Officer in den Zweigvereinen ernannt werden.[1820] Dabei stellt der Group Compliance Officer durch die Koordination der Compliance-Aktivitäten im Gesamtverband ein möglichst kohärentes Compliance-System und dessen Fortentwicklung sicher und wird hierbei von den Compliance-Beauftragten der Zweigvereine unterstützt.[1821] Ferner dient die Bestellung von Compliance-Beauftragten der Zuständigkeitsordnung innerhalb des Leitungsorgans sowie der Arbeitsentlastung der Verbandsleitung, wenn z.B. Compliance-Aufgaben auf hierfür Berufene delegiert werden.[1822]

(4) Prüfungshandlungen durch die Verbands-Compliance

Bei faktischer Konzernierung ist der Vorstand einer Tochtergesellschaft nicht verpflichtet, örtliche Prüfungshandlungen durch den Konzern-Compliance-Beauftragten in der Tochtergesellschaft zu dulden.[1823] Auf die Situation in Gesamtvereinen übertragen bedeutet das, dass auch Zweigvereine, sofern in der Satzung nichts Abweichendes geregelt ist, nicht dazu verpflichtet sind, Prüfungshandlungen durch den Compliance-Beauftragten des Hauptverbandes hinzunehmen. Die Leitung des Zweigvereins ist im Einzelfall nach pflichtgemäßem Ermessen aber berechtigt, derartige Prüfungshandlungen zuzulassen.

1818 *Reichert*, Vereins- und Verbandsrecht, Rn. 1473.

1819 *Brouwer*, CCZ 2009, 161, 164.

1820 *Bürkle*, in: Hauschka, Corporate Compliance, § 8 Rn. 69. Dieser spricht freilich von einem Group Compliance Officer in „[Konzern-]Obergesellschaften".

1821 Vgl. *Bürkle*, in: Hauschka, Corporate Compliance, § 8 Rn. 69.

1822 *Brouwer*, CCZ 2009, 161, 164.

1823 *Mutter*, in: Bürkle, Compliance in Versicherungsunternehmen, § 3 Rn. 32.

(5) Einheitliche Verbands-Compliance-Standards

Das aktive Setzen verbandsdimensionaler Compliance-Standards im Gesamtverband ist – wenn in der Satzung nicht ausdrücklich anderslautende Bestimmungen geregelt sind – problematisch, weil Zweigvereine selbst Träger von Rechten- und (Compliance-)Pflichten sind und sich dementsprechend für ihre Verbandstätigkeit selbst compliance-verantwortlich zeichnen[1824]. Es besteht aber im Vereinsrecht, wie auch im Konzernrecht[1825], die Möglichkeit, dass die Leitung eines Zweigvereins die Übernahme von Compliance-Standards beschließt. Des Weiteren wurde bereits die Option aufgezeigt, dass sich die Finanzhoheit des Hauptverbandes zielgerichtet nutzen lässt, indem die Mittelvergabe an Zweigvereine etwa an die Auflage geknüpft wird, ein geeignetes kartellrechtliches Compliance-Konzept zu implementieren. Darüber hinaus ist es trotz eigenständiger Leitung des Zweigvereins durch seinen Vorstand möglich, dass dieser seine Geschäftsführungsverantwortung im Hinblick auf den Aufbau einer Compliance-Organisation auf Basis entsprechender Vereinbarungen an die zentrale Verbands-Compliance delegiert, die diese Aufgaben dann verbandsgruppenweit und einheitlich ausübt.[1826] Die unmittelbare Umsetzung der verbandsdimensionalen Compliance-Vorgaben kommt dabei den einzelnen Zweigvereinen zu, wobei beim Hauptverband wegen seiner nicht delegierbaren Oberleitung jedoch eine gewisse Organisations- und Überwachungsverantwortung verbleibt.[1827]

b) Compliance-Verantwortung des Gesamtvereins gegenüber unselbständigen Untergliederungen

Die Frage der Reichweite der verbandsdimensionalen Compliance-Verantwortung gegenüber unselbständigen Untergliederungen lässt sich wie folgt beantworten: Da sich unselbständige Untergliederungen lediglich räumlich, nicht aber rechtlich vom Hauptverband unterscheiden, müssen sie entweder in das Compliance-System des Hauptverbandes eingebunden werden oder die Verbandsleitung des Hauptverbandes hat dafür Sorge zu tragen, dass sie über ein eigenes Compliance-Programm verfügen.[1828] Dies ist aufgrund der Geschäftsführungsbefugnis der Organe des Hauptverbandes in den Untergliederungen (vereins-)rechtlich ohne Weiteres zulässig.

1824 *Brouwer*, CCZ 2009, 161, 165.

1825 *Mutter*, in: Bürkle, Compliance in Versicherungsunternehmen, § 3 Rn. 33 ff.

1826 Zur Situation im faktischen Konzern *Mutter*, in: Bürkle, Compliance in Versicherungsunternehmen, § 3 Rn. 35.

1827 Zur konzerndimensionalen Compliance-Verantwortung *Fleischer*, in: Spindler/Stilz, Aktiengesetz, Band 1, § 91 AktG Rn. 70 ff.

1828 *Brouwer*, CCZ 2009, 161, 165.

3. Verantwortung des Gesamtverbandes zu Kartellrechtscompliance gegenüber seinen Mitgliedern

Neben der Frage, ob Gesamtverbände gegenüber ihren selbständigen und unselbständigen Untergliederungen eine (verbandsdimensionale) Compliance-Zuständigkeit trifft, stellt sich das Problem, inwieweit sie auch gegenüber ihren Mitgliedern complianceverantwortlich sind. *Brouwer* hat sich mit dieser Fragestellung bereits ausführlich auseinandergesetzt und differenziert dabei (zu Recht) zwischen verbandsunabhängigen Aktivitäten der Mitglieder, Verantwortungsüberschneidungen zwischen Verbands- und Mitgliedssphären sowie der Verschiebung der Verantwortungsbereiche nach Sphärengesichtspunkten.[1829] Seine Erkenntnisse sollen nachfolgend vorgestellt werden.

a) Keine Compliance-Verantwortung bei verbandsunabhängigen Aktivitäten der Mitglieder

Die Einflussmöglichkeit von Wirtschaftsverbänden auf ihre Mitglieder ist weitestgehend begrenzt.[1830] Da mangels Geschäftsführungsbefugnis eine aktive Einflussnahme durch Wirtschaftsverbände auf die Compliance-Aktivitäten ihrer Mitglieder ausscheide und diese auch nicht in die unternehmerische Organisation des Gesamtverbandes eingebunden seien, treffe einen Gesamtverband bei verbandsunabhängigen Aktivitäten seiner Mitglieder keine Compliance-Verantwortung.[1831]

b) „Doppelte" Compliance-Verantwortung bei Verantwortungsüberschneidungen zwischen Verbands- und Mitgliedssphären

Zwischen Wirtschaftsverbänden und ihren Mitgliedern kann es zu Verantwortungsüberschneidungen kommen.[1832] Das ist dann der Fall, wenn sich Verbands- und Mitgliedssphären vermischen, etwa bei gemeinsamen Verbandssitzungen.[1833] In dieser Konstellation haben nach zutreffender Auffassung *Brouwers* sowohl Verband als auch Mitgliedsunternehmen dafür Vorsorge zu treffen, dass keine kartellrechtswidrigen Informationen ausgetauscht oder Absprachen getroffen werden.[1834] So obliege es nach seiner Auffassung den Mitgliedsunternehmen, für eine hinreichende kartellrechtliche Sensibilisierung ihrer Unternehmensvertreter zu sorgen, insbesondere wenn ein Unternehmen den Ausschussvorsitzenden stelle.[1835] Gleiches gelte für den Verband hinsichtlich des Betreuers des Ausschusses, der in der Lage sein

1829 *Brouwer*, CCZ 2009, 161, 165 f.
1830 *Brouwer*, CCZ 2009, 161, 166.
1831 *Brouwer*, CCZ 2009, 161, 166.
1832 *Brouwer*, CCZ 2009, 161, 166.
1833 *Brouwer*, CCZ 2009, 161, 166.
1834 *Brouwer*, CCZ 2009, 161, 166.
1835 *Brouwer*, CCZ 2009, 161, 166.

müsse, auf die Einhaltung des Kartellrechts im Einzelfall hinzuwirken oder, sofern dies erforderlich sei, die Sitzung zu beenden.[1836]

Dem ist schon deshalb vollumfänglich zu folgen, weil in der Praxis häufig sowohl Unternehmen als auch Verbände gemeinsam für begangene Kartellrechtsverstöße verantwortlich sind[1837] oder dafür zumindest gemeinsam verantwortlich gemacht werden. Bei Verantwortungsüberschneidungen von Verbands- und Mitgliedssphären müssen daher der Verband auf der einen Seite sowie seine Mitgliedsunternehmen auf der anderen Seite im Vorfeld durch kartellrechtliche Schulungen und klare Verhaltensregeln für konkrete kartellrechtliche Risikolagen[1838] dafür sorgen, dass es zu keinen kartellrechtswidrigen Zuwiderhandlungen ihrer Mitarbeiter kommt. Da sowohl Verbände als auch ihre Mitgliedsunternehmen aufgrund ihrer eigenen Rechtspersönlichkeit selbst Träger von Rechten- und (Compliance-)Pflichten sind, ergibt sich sozusagen eine „doppelte" Compliance-Verantwortung bei Verantwortungsüberschneidungen zwischen Verbands- und Mitgliedssphären.

c) Verschiebung der Verantwortungsbereiche in Abhängigkeit von der Ebene der Aktivität

Richtigerweise geht *Brouwer* auch davon aus, dass, abhängig davon, ob die Aktivität auf mitgliedschaftlicher oder Verbandsebene erfolge, eine Verschiebung der Verantwortungsbereiche stattfinde.[1839] Gehe danach die Initiative vom Mitgliedsunternehmen aus, an der sich der Verband lediglich informativ beteilige, wie etwa bei der Gründung einer Einkaufsgemeinschaft, trage auch das führende Mitgliedsunternehmen die überwiegende Compliance-Verantwortung für das Projekt.[1840] Gleiches gelte, wenn der Verband seinen Mitgliedern lediglich die Räume für eine Sitzung zur Verfügung stelle und sich auf die Bewirtung beschränke.[1841] Umgekehrt treffe den Verband nach seiner Ansicht selbst dann die überwiegende Compliance-Verantwortung für seine Veranstaltung, wenn diese nicht im Verbandshaus, sondern in den Räumlichkeiten eines Mitgliedsunternehmens stattfinde.[1842] *Brouwer* schlägt eine Abgrenzung nach „Sphären" vor, um den Verantwortungsbereich zwischen Verband und Mitgliedsunternehmen konsequent voneinander trennen zu können.[1843] Der jeweilige Grad der Verbands- oder Mitgliedsverantwortlichkeit für die Einhaltung compliance-relevanter Vorgaben wirke sich danach auf die (Ausgleichs-)

1836 *Brouwer*, CCZ 2009, 161, 166.
1837 *Nowak*, in: Loewenheim/Meessen/Riesenkampff, Kartellrecht, Art. 23 VO 1/2003 Rn. 21.
1838 Vgl. *Pautke*, in: Schultze, Compliance-Handbuch Kartellrecht, Teil A Rn. 134.
1839 *Brouwer*, CCZ 2009, 161, 166.
1840 *Brouwer*, CCZ 2009, 161, 166.
1841 *Brouwer*, CCZ 2009, 161, 166.
1842 *Brouwer*, CCZ 2009, 161, 166.
1843 *Brouwer*, CCZ 2009, 161, 166.

Haftung für entstandene Compliance-Schäden im Verband aus.[1844] Die jeweilige Mitverschuldensquote sei eine Frage des Einzelfalls.[1845]

Brouwers Ansicht ist konsequent und folgerichtig, weil derjenige, in dessen Sphäre die Ursache für den Compliance-Verstoß gesetzt wurde, für seine Versäumnisse haften soll. Um von vornherein Kartellrechtsverstöße zu vermeiden, ist die Implementierung eines Kartellrechtscompliance-Systems für Wirtschaftsverbände und deren Mitglieder angezeigt.

III. Verantwortung zu Kartellrechtscompliance im Vereinsverband

Nachdem die Frage der Verpflichtung zu Kartellrechtscompliance in Gesamtverbänden geklärt worden ist, ist im Folgenden noch zu untersuchen, ob auch Wirtschaftsverbände, die in Form des Vereinsverbandes organisiert sind, die gleiche Verantwortung trifft. Dabei ist – wie auch bei Gesamtvereinen – zwischen der verbandsdimensionalen Compliance-Verantwortung und der Verantwortung gegenüber den Verbandsmitgliedern zu unterscheiden.

1. Keine verbandsdimensionale Verantwortung zu Kartellrechtscompliance

Eine verbandsdimensionale (kartellrechtliche) Compliance-Verantwortung von Vereinsverbänden scheidet von vornherein aus, da sie – im Gegensatz zu Gesamtvereinen – keine Untergliederungen bilden.

2. Verantwortung des Vereinsverbandes zu Kartellrechtscompliance gegenüber seinen Mitgliedern

Die Bestimmung der Reichweite der Compliance-Verantwortung des Vereinsverbandes gegenüber seinen Mitgliedern, den Fachverbänden, gestaltet sich nach den Grundsätzen, die für Gesamtverbände gegenüber ihren Mitgliedsunternehmen gelten.[1846] Damit gilt im Hinblick auf verbandsunabhängige Aktivitäten, dass Vereinsverbände keine Compliance-Verantwortung gegenüber ihren Mitgliedern tragen, da sie aufgrund fehlender Geschäftsführungsbefugnis in den Mitgliedsvereinen bzw. -verbänden sowie mangels Einbindung in die unternehmerische Organisation des Vereinsverbandes die Compliance-Aktivitäten ihrer Mitglieder nicht aktiv beeinflussen können.[1847]

Kommt es zu Verantwortungsüberschneidungen zwischen Verbands- und Mitgliedssphären haben sowohl der (Vereins-)Verband als auch dessen korporative

---

1844 *Brouwer*, CCZ 2009, 161, 166.
1845 *Brouwer*, CCZ 2009, 161, 166.
1846 *Brouwer*, CCZ 2009, 161, 165 f.
1847 *Brouwer*, CCZ 2009, 161, 166.

Mitglieder im Sinne einer „doppelten“ Compliance-Verantwortung dafür zu sorgen, dass keine Kartellrechtsverstöße begangen werden.[1848]

Abhängig davon, ob die Aktivität auf Ebene der korporativen Mitglieder oder der Ebene des Vereinsverbandes stattfindet, ergibt sich eine Verschiebung der Verantwortungsbereiche.[1849] In dieser Konstellation ist entscheidend, vom wem die Initiative für das Projekt ausging. Derjenige, der sich für das jeweilige Projekt verantwortlich zeichnet, trägt die überwiegende Compliance-Verantwortung.

C. Zusammenfassung

Die Verantwortung von Verbandsvorständen oder des mit der Geschäftsführung betrauten fakultativen Verbandsorgans zu Kartellrechtscompliance folgt bei entsprechendem Risikopotential des Verbandes aus der allgemeinen Sorgfaltspflicht eines ordentlichen Vereinsleiters sowie bei besonders gefahrgeneigten Verbänden aus § 130 OWiG[1850]; eine allgemeine Verpflichtung zur Errichtung einer kartellrechtlichen Compliance-Organisation, unabhängig von einer verbandsindividuellen Risikoexposition, existiert aber nicht. Neben dem eigenen regelkonformen Verhalten ist der Vorstand auch verantwortlich für die Kontrolle des Verhaltens nachrangiger Mitarbeiter auf deren Rechts- und Regelkonformität hin.[1851] Die Erfüllung der dem Vorstand obliegenden Pflichten, bestehend aus der Legalitäts- und Legalitätskontrollpflicht sowie der Pflicht zum Vereinsvermögenserhalt, können für die Verbandsleitung vor allem die Pflicht auslösen, geeignete und zumutbare Vorkehrungen zur Überwachung von nachgeordneten Verbandsangehörigen in Form einer wirksamen Kartellrechtscompliance-Organisation zu treffen. Dabei besteht hinsichtlich des „ob“ zwar grundsätzlich ein Beurteilungsspielraum des Vorstands – insoweit ist die Business Judgement Rule anwendbar. Jedoch ergibt sich bei entsprechendem Risikopotential eines Verbandes, das anhand bestimmter Kriterien (u.a. Größe, Tätigkeitsfeld etc.) bestimmt wird, für die Verbandsleitung aufgrund einer Ermessensreduzierung die zwingende Verpflichtung, eine kartellrechtliche Compliance-Organisation zu errichten. In diesen Fällen wird also die Ermessensentscheidung zu einer gebundenen. Die konkrete Ausgestaltung des kartellrechtlichen Compliance-Systems, also das „wie“, unterfällt fast uneingeschränkt dem Vereinsleiterermessen. Zu Beschneidungen des Ausgestaltungsermessens kann es lediglich in eng umrissenen Ausnahmefällen kommen, so u.a. bei früheren Kartellrechtsverstößen des Verbandes.[1852]

1848 Vgl. *Brouwer*, CCZ 2009, 161, 166.
1849 *Brouwer*, CCZ 2009, 161, 166.
1850 So auch *Brouwer*, CCZ 2009, 161, 162.
1851 *Huber*, Die Reichweite konzernbezogener Compliance-Pflichten des Mutter-Vorstands des AG-Konzerns, S. 91. Dieser bezieht sich indes auf Unternehmensvorstände.
1852 So zur unverbundenen AG *Huber*, Die Reichweite konzernbezogener Compliance-Pflichten des Mutter-Vorstands des AG-Konzerns, S. 92.

Eine vereinsrechtliche Besonderheit ergibt sich, wenn vorbeschriebene Compliance-Verantwortung des gesetzlichen Vorstands dadurch eingeschränkt wird, dass nach der Satzung nicht ihm, sondern einem fakultativen Verbandsorgan die Geschäftsführungsbefugnis (und Leitungsverantwortung) i.S.d. § 27 Abs. 3 BGB zukommt. Dann obliegt diesem bei entsprechendem Gefahrenpotential des Verbandes die Pflicht, eine kartellrechtliche Compliance-Organisation einzurichten.

In Wirtschaftsverbänden gibt es oftmals einen Aufsichtsrat, der als Kontrollorgan das das Handeln des Verbandsvorstandes überwacht. Der Aufsichtsrat hat dann in entsprechender Anwendung des § 111 AktG eine Überwachungs- und Informationspflicht im Hinblick auf Kartellrechtscompliance. Ist ein kartellrechtliches Compliance-System trotz entsprechender Risikoexposition des Verbandes durch seine Leitung nicht implementiert worden, so ergibt sich für den Aufsichtsrat die Pflicht, daraufhin hinzuwirken, dass die Verbandsleitung die notwendigen Compliance-Maßnahmen ergreift. Bei Verletzung dieser Pflicht drohen den Mitgliedern des Aufsichtsrates haftungsrechtliche Konsequenzen.

Kartellrechtscompliance-Programme stellen geeignete Maßnahmen zur Risikoreduzierung dar.[1853] Zu den Bestandteilen (Compliance-Instrumente) eines solchen Programms im Verband gehören die Analyse der verbandsspezifischen kartellrechtlichen Risikobereiche, das Bekenntnis zur Rechtstreue (Mission Statement), die (eigentliche) Compliance-Organisation, die sich aus einer Vielzahl von Elementen zusammensetzt, sowie die Dokumentation aller mit der Kartellrechtscompliance im Zusammenhang stehenden Vorgänge, die auch die im Verband angelegte Compliance-Struktur erfasst. Die Compliance-Funktion kann in die verbandsinterne Rechtsabteilung implementiert werden.

Auf Vorstandsebene kann Kartellrechtscompliance durch Ressortverteilung und/oder vom Vorstand bzw. dem geschäftsführenden Organ in vertikaler Delegation mit einem Compliance-Officer besetzt werden, der nicht nur für die Einrichtung und Fortentwicklung des Compliance-Systems zuständig ist, sondern auch für die Überwachung, Dokumentation und Beratung des Vorstands.[1854] Überdies ist er erster Ansprechpartner in allen kartellrechtlich relevanten Fragen.[1855]

Die Errichtung einer Kartellrechtscompliance-Organisation hat das Ziel, Compliance im Verband dauerhaft zu verankern, Schulungsinhalte zu erarbeiten und den Mitarbeitern sowie den Verbandsmitgliedern die kartellrechtlichen Verhaltensanforderungen zu vermitteln.[1856] Dazu bedarf es *„fortlaufender Anstrengungen im Rahmen eines Erziehungs- und Fortbildungsprozesses“*.[1857] Ausgangspunkt dafür

1853 *Lampert*, BB 2002, 2237, 2243.
1854 Vgl. *Huber*, Die Reichweite konzernbezogener Compliance-Pflichten des Mutter-Vorstands des AG-Konzerns, S. 74.
1855 Vgl. *Bürkle*, in: Hauschka, Corporate Compliance, § 8 Rn. 28.
1856 *Lampert*, BB 2002, 2237, 2243; *Huber*, Die Reichweite konzernbezogener Compliance-Pflichten des Mutter-Vorstands des AG-Konzerns, S. 74. Diese sprechen freilich von „Unternehmen“.
1857 *Lampert*, BB 2002, 2237, 2243.

ist die Risikoanalyse, durch die erste Anhaltspunkte für die notwendigen Compliance-Maßnahmen abgeleitet werden. Eine dem kartellrechtskonformen Verhalten verpflichtete Verbandskultur beginnt an der Verbandsspitze, muss aber sämtliche (Unter-)Gliederungen des Verbandes erfassen, um erfolgreich zu sein.[1858]

Die Verantwortung zur Einrichtung einer verbandsdimensionalen kartellrechtlichen Compliance-Funktion besteht nur für Wirtschaftsverbände, die in der Form eines Gesamtvereins organisiert sind, und lässt sich aus der verbandsdimensionalen Überwachungs- bzw. Legalitätskontrollpflicht sowie aus der Pflicht zum Erhalt des Vereinsvermögens (Schadensabwendungspflicht) der Leitung des Hauptverbandes als Teil ihrer allgemeinen Leitungsaufgabe herleiten. Dabei steht der Verbandsleitung in der Frage des „ob" grundsätzlich ein Ermessensspielraum zu. Dieses Ermessen reduziert sich aber bei entsprechender kartellrechtlicher Risikoexposition des Gesamtvereins, so dass dann die Schaffung einer kartellrechtlich geprägten, institutionalisierten Compliance-Organisation angezeigt ist. Wie in aktienrechtlichen Konzernen dürfte ein Entschließungsermessen in vorbeschriebener Frage auch bei Gesamtvereinen faktisch ausgeschlossen sein. Auf der Ebene der Ausgestaltung steht den Leitungsorganen des Hauptverbandes aber ein weiter Ermessensspielraum zu.

Die verbandsdimensionale Compliance-Verantwortung steht ferner unter der Einschränkung der rechtlichen Einflussmöglichkeiten des Hauptverbandes auf seine Zweigvereine. Daraus folgt – vergleichbar mit der Situation in faktischen Konzernen –, dass sich Gesamtvereine lediglich um eine Compliance-Organisation in den (selbständigen) Zweigvereinen bemühen müssen, während sie im Hinblick auf unselbständige Untergliederungen die volle Compliance-Verantwortung trifft. Verletzt ein Zweigverein kartellrechtlich relevante Pflichten und bleibt eine Disziplinierung durch den Hauptverband erfolglos, kann die Verbandsleitung des Hauptverbandes als ultima ratio sogar dazu verpflichtet sein, den Zweigverein aufzulösen.

Als mögliche Mittel zur Durchsetzung verbandsdimensionaler Compliance-Maßnahmen kommen, soweit es die Satzungsbestimmungen zulassen, Weisungsrechte des Hauptverbandes gegenüber seinen Zweigvereinen in Betracht. In anderen Fällen kann das Arbeitgeberrecht ein geeignetes Instrument sein, um einen Zweigverein in die verbandsdimensionale Compliance-Organisation einzubeziehen.[1859] Ferner kann sich der Hauptverband Zustimmungsbefugnisse hinsichtlich der Vorstandsbestellung in Zweigvereinen einräumen lassen. Überdies lässt sich die Finanzhoheit des Hauptverbandes dazu nutzen, die Mittelvergabe an (Compliance-)Auflagen zu knüpfen.[1860] Neben diesen Möglichkeiten können u.a. Auskunfts- bzw. Informationsrechte oder die Einsetzung von Compliance-Beauftragten zur Errichtung einer homogenen Compliance-Organisation im Gesamtverband beitragen.

1858 Vgl. *Lampert*, BB 2002, 2237, 2243.
1859 *Brouwer*, CCZ 2009, 161, 165.
1860 *Brouwer*, CCZ 2009, 161, 165.

Die Compliance-Verantwortung von Gesamt- und Vereinsverbänden gegenüber ihren Mitgliedern läuft parallel. So gilt bei verbandsunabhängigen Aktivitäten der Mitglieder, dass Gesamt- sowie Vereinsverbände gegenüber ihren Mitgliedern keine Compliance-Verantwortung zukommt, während sich bei Verantwortungsüberschneidungen zwischen Verbands- und Mitgliedssphären eine „doppelte" Compliance-Verantwortung ergibt: die der Verbände auf der einen Seite und die der Mitglieder auf der anderen Seite.[1861] Abhängig davon, ob eine Aktivität auf mitgliedschaftlicher oder Verbandsebene stattfindet, ergibt sich eine Verschiebung der Verantwortungsbereiche, wonach denjenigen die überwiegende Compliance-Verantwortung für ein Projekt trifft, von dem die Initiative dazu ausgeht.[1862]

1861 Vgl. *Brouwer*, CCZ 2009, 161, 166.
1862 *Brouwer*, CCZ 2009, 161, 166.

7. Kapitel: Fazit

A. Die wichtigsten Ergebnisse in Thesenform

1. Während Compliance früher nur in Unternehmen und Konzernen eine Rolle spielte, ist diese Thematik mittlerweile auch in Wirtschaftsverbänden angekommen. Dies wird u.a. durch die Vielzahl der sich seit einiger Zeit in Wirtschaftsverbänden im Umlauf befindlichen Compliance-Leitfäden belegt, die diese für ihre Mitarbeiter und Mitglieder entwickelt und zum Teil veröffentlicht haben. Daneben rückt die Verbands-Compliance nunmehr auch verstärkt in den Fokus der vereinsrechtlichen Literatur.
2. Wirtschaftsverbände unterfallen als „Unternehmensvereinigungen" dem Kartellrecht und geraten aufgrund der mit ihnen immer häufiger im Zusammenhang stehenden Kartellrechtsverstöße mehr und mehr in den Fokus der Kartellbehörden – es besteht ein Spannungsfeld zwischen der Arbeit von Verbänden und dem Kartellrecht. Kartellrechtsverstöße, an denen Verbandsvertreter nicht selten aktiv beteiligt sind, treten insbesondere dann auf, wenn Wirtschaftsverbände ihren angeschlossenen Mitgliedern Diskussionsplattformen in Form von Ausschusssitzungen, Arbeitskreisen oder sonstigen Verbandstreffen zur Verfügung stellen.
3. Aufgrund der immer stärkeren Fokussierung der Kartellbehörden auf die Arbeit von Wirtschaftsverbänden ist die Implementierung eines speziell auf das Kartellrecht gerichteten Compliance-Systems wirtschaftlich und rechtlich sinnvoll, um die Legalität eines Wirtschaftsverbandes zu gewährleisten. Damit können sowohl unmittelbare Haftungsrisiken für den Verband selbst als auch für dessen Leitungsorgane, Mitarbeiter und Mitgliedsunternehmen sowie mittelbare Schäden, etwa Imageverluste, vermieden werden.
4. Der Begriff „Compliance" beschreibt mit Blick auf Wirtschaftsverbände nicht nur das bloße Befolgen von Rechtsvorschriften, sondern umfasst darüber hinaus die Errichtung einer verbandsinternen Organisation, die auf dieses Ziel gerichtet ist. Das hat zur Folge, dass die Leitungsorgane von Wirtschaftsverbänden eine Legalitäts- und Legalitätskontrollpflicht sowie eine daraus entspringende Organisationsverantwortung tragen.
5. Eine Kartellrechtscompliance-Organisation ist speziell auf die Einhaltung kartellrechtlicher Vorschriften gerichtet und damit als Unterfall der allgemeinen Compliance zu verstehen, die für alle anzuwendenden Rechtsnormen gilt. Die Kartellrechtscompliance als Spezialisierung ist insbesondere vor dem Hintergrund der Reform des europäischen Kartellverfahrensrechts und den damit einhergegangenen Schwierigkeiten bei der Selbstveranlagung, der verstärkten Ermittlungstätigkeit der Kartellbehörden sowie den gestiegenen Haftungsrisiken für Verbände selbst auch als auch für deren Leitungsorgane und Mitarbeiter

notwendig geworden. Eine persönliche Geschäftsleiterhaftung i.S.d. § 33 Abs. 3 S. 1 i.V.m. § 33 Abs. 1 S. 1 GWB besteht für Verbandsorgane aber nicht.

6. Neben den bereits genannten Gründen (These 5) spricht für die Implementierung eines kartellrechtlichen Compliance-Systems in Wirtschaftsverbänden auch das Haftungsrisiko, das aufgrund der Vielzahl kartellrechtstypischer Problembereiche in der Verbandsarbeit besteht.
7. Zu den bedeutendsten potentiellen kartellrechtstypischen Risikobereichen der Verbandsarbeit (These 6) zählen die Durchführung von Marktinformationsverfahren und das Benchmarking, Lieferantenbewertungssysteme, die Koordination von Marktgesprächen, Verbandsempfehlungen, als Unterfall dazu insbesondere der Aufruf zum Boykott nach § 21 Abs. 1 GWB, der Aufnahmezwang gem. § 20 Abs. 5 GWB, das Aufstellen von Wettbewerbsregeln nach Maßgabe der §§ 24 ff. GWB, Normung und Standardisierung, Verbandsmessen, Selbstverpflichtungen, die (Rechts-)Beratung von Mitgliedsunternehmen sowie die Lobbyarbeit.
8. Eine Pflicht zur Errichtung einer kartellrechtlichen Compliance-Organisation in Verbänden kann weder aus einer Gesamtanalogie bereichsspezifischer Normen (u.a. § 25a Abs. 1 KWG, § 64a VAG, § 33 Abs. 1 S. 2 WpHG, § 52a Abs. 2 BImSchG sowie § 53 Abs. 2 KrW-/AbfG), noch aus Ziff. 4.1.3 DCGK abgeleitet werden.
9. Die bei der Geschäftsführungspflicht nach § 27 Abs. 3 BGB anzuwendende allgemeine Sorgfaltspflicht verlangt von dem geschäftsführenden Organ, das in Verbänden häufig der gesetzliche Vorstand i.S.d. § 26 BGB ist, neben der Legalitäts- und Legalitätskontrollpflicht auch die Pflicht zum Erhalt des Vereinsvermögens ab. Diese Pflichtenvielfalt führt bei entsprechender kartellrechtlicher Risikoexposition des Verbandes zu der Verantwortung, eine Kartellrechtscompliance-Organisation einzurichten.
10. Mit Blick auf die Einrichtung eines Kartellrechtscompliance-Systems in Wirtschaftsverbänden (These 9) ist zwischen einem Entschließungsermessen und einem Ausgestaltungsermessen zu differenzieren. Bezüglich der Frage, „ob" eine kartellrechtlich geprägte Compliance-Organisation zu implementieren ist, steht dem Verbandsvorstand – trotz der dem Grunde nach möglichen Anwendung des § 93 Abs. 1 S. 2 AktG auf der Ebene der Entschließung – bei entsprechendem Risikopotential eines Verbandes aufgrund einer Ermessensreduzierung kein Handlungsspielraum zu. In kleinen, gut überschaubaren Verbänden mit begrenztem Risikopotential ist die Business Judgement Rule aber ohne Einschränkungen anwendbar. In diesen Fällen bedarf es somit keiner kartellrechtlichen Compliance-Organisation, wobei dann aber die (Vorstands-)Pflicht zur Durchführung eines Minimums an Präventionsmaßnahmen verbleibt. Zur Bestimmung des jeweiligen Risikopotentials sind bestimmte Kriterien zu beachten. Hinsichtlich der Ausgestaltung des konkreten Compliance-Systems ist die Business Judgement Rule – von wenigen Einzelfällen abgesehen – dagegen fast uneingeschränkt anwendbar.

11. Zu den bestimmten Kriterien auf der Ebene der Entschließung und bei der konkret-individuellen inhaltlichen Ausgestaltung der Kartellrechtscompliance-Organisation (These 10) gehören die Verbandsgröße, das Tätigkeitsfeld des Verbandes und das der angeschlossenen Verbandsmitglieder, das aufgrund der Verbandsarbeit bestehende kartellrechtliche Gefahrenpotential, sowohl die Anzahl der Mitgliedsunternehmen als auch die Zahl der im Verband beschäftigten Mitarbeiter sowie ggf. bereits in der Vergangenheit vorgekommene Kartellrechtsverletzungen.
12. Neben der Norm des § 27 Abs. 3 BGB, die dem Innenverhältnis zwischen Vorstand und Verband zuzuordnen ist, kann sich für Verbandsvorstände auch aus der das Außenverhältnis betreffenden Vorschrift des § 130 OWiG eine (kartellrechtliche) Compliance-Verantwortung ergeben. Die Verpflichtung zur Errichtung einer kartellrechtlichen Compliance-Organisation besteht aber nur in besonders gefahrgeneigten Verbänden. Unabhängig davon erfordern die in § 130 OWiG genannten und von der Rechtsprechung konkretisierten Aufsichtsmaßnahmen aber zumindest ein bestimmtes Mindestmaß an Kartellrechtscompliance. Die Bestimmung der besonderen Gefahrgeneigtheit erfolgt nach den Kriterien, die bei der Risikoanalyse zur Ermittlung des verbandsindividuellen Risikopotentials im Rahmen des § 27 Abs. 3 BGB zum Tragen kommen (These 11).
13. Hinsichtlich der aus der Sorgfaltspflicht eines ordentlichen Vereinsleiters abgeleiteten (kartellrechtlichen) Compliance-Verantwortung gelten für den gesetzlichen Vorstand i.S.d. § 26 BGB dann Einschränkungen, wenn die Geschäftsführung ausnahmsweise einem anderen Verbandsorgan obliegt. Dann ist die Haftung des Vorstands für Compliance-Pflichtverletzungen beschränkt. Dennoch verbleiben wegen § 130 OWiG auch in dieser Konstellation einige Organisations- und Überwachungsaufgaben zwingend beim gesetzlichen Vorstand. Dazu gehört, dass die Vorstände von besonders gefahrgeneigten Verbänden weiterhin die Erfüllung ihrer Compliance-Pflicht aus § 130 OWiG trifft (These 12).
14. In Wirtschaftsverbänden stehen neben dem gesetzlichen Vorstand i.S.d. § 26 BGB häufig weitere Organe in Führungsverantwortung. Diese Organe, in der Praxis häufig das Präsidium, können wie der gesetzliche Vorstand eine Verantwortung zu Kartellrechtscompliance tragen. Das ist dann der Fall, wenn diese (weiteren) Organe für die Leitung des Verbandes verantwortlich sind, ihnen also die Geschäftsführungsverantwortung i.S.d. § 27 Abs. 3 BGB obliegt. Daraus folgt ihre Pflicht, für eine verbandsindividuelle, wirksame Kartellrechtscompliance-Organisation zu sorgen. Insoweit gilt das zu Verbandsvorständen Gesagte (Thesen 9–12).
15. Oft existiert in Wirtschaftsverbänden ein Kontrollorgan, das das Handeln des Verbandsvorstandes überwacht. Dieses Kontrollorgan wird häufig als Aufsichtsrat bezeichnet. Ein Aufsichtsrat hat in entsprechender Anwendung des § 111 AktG – wie sein aktienrechtliches Pendent – eine Überwachungs- und Informationspflicht im Hinblick auf Kartellrechtscompliance. Ist ein

kartellrechtliches Compliance-System im Verband nicht eingerichtet worden, obwohl dies geboten war, so ergibt sich für den Aufsichtsrat die Pflicht, daraufhin hinzuwirken, dass die Verbandsleitung die notwendigen Compliance-Maßnahmen ergreift. Bei Verletzung dieser Pflicht drohen den Mitgliedern des Aufsichtsrates haftungsrechtliche Konsequenzen.

16. Die wesentlichen Eckpfeiler einer Kartellrechtscompliance-Organisation in Verbänden sind die Analyse kartellrechtlicher Risikofelder, das „Mission Statement" der Verbandsleitung, die eigentliche Organisation der Kartellrechtscompliance, die sich aus einer Vielzahl weiterer Elemente zusammensetzt (u.a. Einbindung der Entscheidungsträger, Zuweisung von Aufgaben und Verantwortlichkeit, Mitarbeiterhandbuch oder Schulungsprogramme für Verbandsangehörige und Beschäftigte der Mitgliedsunternehmen), und die Dokumentation der durchgeführten Compliance-Aktivitäten. Insoweit ergeben sich keine Abweichungen zu den aktienrechtlichen Compliance-Instrumenten.
17. Wird ein Verband von einem Gesamtvorstand geleitet, so ergeben sich vor dem Hintergrund des *Siemens/Neubürger*-Urteils des LG München I mit Blick auf seine Verantwortlichkeit zur Schaffung einer Kartellrechtscompliance-Organisation eine Vielzahl von Pflichten, die auch Vorstände von Wirtschaftsverbänden beachten sollten:
    a) Der Gesamtvorstand hat die Pflicht zur Schaffung eines funktionierenden Kartellrechtscompliance-Systems und ist verantwortlich für dessen fortwährende Überwachung.
    b) Der Gesamtvorstand ist im Rahmen der Umsetzung von Kartellrechtscompliance verpflichtet, eine klare Regelung zu treffen, wer auf der Ebene des Gesamtvorstands die Hauptverantwortung für Kartellrechtscompliance zu tragen hat.
    c) Er hat sich über bekanntgewordene Kartellrechtsverstöße zu unterrichten und sich betreffend die Effizienz und Aktualität der Compliance-Organisation informiert zu halten.
    d) Darüber hinaus trifft jedes Vorstandsmitglied eine Hinwirkungspflicht dahingehend, ein wirksames Kartellrechtscompliance-System im Verband zu beschließen.
    e) Dringt ein Vorstandsmitglied mit seinen Vorschlägen zur Verbesserung des bestehenden Systems nicht durch, muss es sich ggf. mit dem – wenn vorhandenen – Aufsichtsrat oder einem anderen entsprechenden Kontrollgremium in Verbindung setzen.
18. Wirtschaftsverbände, die als Gesamtvereine organisiert sind, ähneln – wie die vereinsrechtliche Literatur bereits zutreffend herausgearbeitet hat – faktischen Konzernen. Der Grund dafür liegt in der strukturellen Vergleichbarkeit beider juristischen Personen. So hat ein Hauptverband auf seine Zweigvereine, sofern nichts Gegenteiliges in der Satzung geregelt ist, ebenso beschränkte Einflussmöglichkeiten und Informationsrechte wie auch eine Muttergesellschaft auf ihre Tochtergesellschaften bei faktischer Konzernierung. Denn Vorstände von Zweigvereinen können in der Regel ähnlich autonom handeln wie die

Vorstände von Tochtergesellschaften in faktischen Konzernen, die gem. § 76 Abs. 1 AktG die Gesellschaft unter eigener Verantwortung leiten und damit weiterhin eine eigene Compliance-Verantwortung tragen. Daher ist es grundsätzlich möglich, die von der gesellschaftsrechtlichen Literatur aufgestellten Grundsätze zur Compliance-Verantwortung im aktienrechtlichen (faktischen) Konzern auf Gesamtvereine anzuwenden.

19. Die Vorstände von Hauptverbänden trifft eine verbandsdimensionale Compliance-Verantwortung. Auch hier ist zwischen einem Entschließungsermessen und einem Ausgestaltungsermessen zu unterscheiden. Ein Entschließungsermessen in der Frage der verbandsdimensionalen Compliance dürfte jedoch wegen der Verdichtung des (Vereinsleiter-)Ermessens dahingehend, dass die Errichtung einer kartellrechtlichen Compliance-Organisation bei entsprechender Gefahrgeneigtheit des Verbandes erforderlich ist, faktisch ausgeschlossen sein. Daraus folgt dem Grunde nach, dass sie dafür zu sorgen haben, dass ihre selbständigen und unselbständigen Untergliederungen über ein eigenes kartellrechtliches Compliance-Programm verfügen oder in das Compliance-System des Hauptverbandes integriert sind. Diese Verantwortung besteht insbesondere aus zwei Gründen:

a) Zum einen kann der Vorstand eines Hauptverbandes nur durch die Schaffung einer verbandsdimensionalen kartellrechtlichen Compliance-Organisation seiner verbandsgruppenweiten Legalitätskontrollpflicht und der damit einhergehenden Organisationsverantwortung, die Teil ihrer allgemeinen Leitungsaufgabe ist, nachkommen. Die verbandsdimensionale Compliance-Verantwortung besteht im Verhältnis zum Hauptverband und liegt in seinem Interesse.

b) Zum anderen sind Gesamtverbände nur durch vorstehende Präventivmaßnahme in der Lage, sich vor unmittelbaren sowie mittelbaren Vermögens- und Reputationsschäden zu schützen, die von ihren Untergliederungen ausgehen können. So ist es möglich, dass Gesamtverbänden die Kartellrechtsverletzungen ihrer Untergliederungen – auch, wenn diese selbständig sind – zugerechnet werden und sie somit, z.B. für Bußgelder, haftbar gemacht werden können.

20. Bei der konkreten Ausgestaltung der verbandsdimensionalen Compliance-Organisation hat die Verbandsleitung des Hauptverbandes einen weiten Ermessensspielraum. Mit Blick auf verbandsweite Compliance-Maßnahmen sind folgende Kriterien im Rahmen der kartellrechtlichen Compliance-Analyse zu berücksichtigen: die Verbandsgröße, der Verbandsgegenstand, die Verbandsstruktur, die einzuhaltenden Vorschriften, frühere Missstände und Unregelmäßigkeiten, die Anzahl der Untergliederungen, die Anzahl der Beschäftigten in den Untergliederungen, die durch die Untergliederungen ausgeübten Tätigkeiten sowie die finanzielle Bedeutung der Untergliederungen für den Gesamtverband.

21. Die Verantwortung zu verbandsdimensionalen Kartellrechtscompliance-Maßnahmen (These 19) steht unter der Einschränkung der rechtlichen Einflussmöglichkeiten des Hauptverbandes auf seine Zweigvereine. Weil seine

Einwirkungsmacht gegenüber selbständigen Untergliederungen begrenzt ist, besteht für den Vorstand des Hauptverbandes lediglich die Pflicht, sich alle compliance-relevanten Informationen bei den Zweigvereinen zu beschaffen und sich um eine entsprechende kartellrechtliche Compliance-Organisation in den Zweigvereinen zu bemühen. Reichen die Einwirkungsmöglichkeiten nicht aus, um für Rechtskonformität bei den (nachgeordneten) Zweigvereinen zu sorgen, hat die Leitung des Hauptverbandes zwei Möglichkeiten: Bei Vorliegen bestimmter Kriterien kann sie zum einen den Zweigverein aus dem Gesamtverband ausschließen. Zum anderen kann sie die Auflösung des sich compliance-widrig verhaltenden Zweigvereins beschließen. Unter Berücksichtigung des Verhältnismäßigkeitsgrundsatzes ist die Auflösung einer selbständigen Untergliederung aber nur als ultima ratio zulässig.

22. Der Leitung eines Hauptverbandes steht – ähnlich wie bei faktischer Konzernierung – eine Vielzahl verbandsdimensionaler Compliance-Instrumente zur Verfügung, die eine homogene Kartellrechtscompliance-Organisation im Gesamtverband sicherstellen sollen. Dazu zählen (im Regelfall beschränkte) Weisungsrechte des Hauptverbandes gegenüber seinen Zweigvereinen, Auskunfts- bzw. Informationsrechte, die Schaffung der Position des Compliance-Officers, ggf. Prüfungshandlungen durch die Verbands-Compliance sowie evtl. das Setzen einheitlicher Verbands-Compliance-Standards.
23. Zweigvereine haben die Befugnis zur Regelung ihrer eigenen Angelegenheiten (vgl. § 25 BGB), so dass sie grundsätzlich autonom gegenüber dem Hauptverband agieren können.
    a) Daher können personelle Maßnahmen geeignet sein, eine homogene (Gesamt-)Verbands-Compliance einzurichten oder zu unterhalten (These 22). Zweigvereine können in das Compliance-Konzept des Hauptverbandes integriert werden, indem dieser das Arbeitsrecht nutzt, um seine Compliance-Interessen in den Zweigvereinen durchzusetzen. Denn die Mitarbeiter der Zweigvereine sind in der Regel Angestellte des Gesamtverbandes.
    b) Eine andere Möglichkeit für den Hauptverband besteht darin, sich eine Zustimmungsbefugnis zur Vorstandsbestellung in den Zweigvereinen einräumen zu lassen. Damit kann der Vorstand des Zweigvereins erst dann sein Amt ausüben, wenn der Hauptverband seine Bestellung bestätigt hat.
    c) Darüber hinaus lässt sich auch die Finanzhoheit des Hauptverbandes für die Durchsetzung einer verbandsdimensionalen, homogenen Kartellrechtscompliance-Organisation nutzen. Dabei wird die Mittelvergabe an die Untergliederung an die Bedingung geknüpft, ein wirksames und an den Standards des Hauptverbandes ausgerichtetes Compliance-System einzurichten.
24. Die Leitung eines Zweigvereins ist gegenüber dem Hauptverband nicht zur Herausgabe von Informationen betreffend die eigenen (kartellrechtlichen) Compliance-Aktivitäten (These 22) verpflichtet. Sie ist dazu aber nach pflichtgemäßem Ermessen berechtigt. Dem steht in der Regel auch nicht die im Vereinsrecht anwendbare Vorschrift des § 51a Abs. 2 S. 1 GmbHG entgegen, da bei

vorgenannten Compliance-Informationen nicht die Gefahr besteht, dass diese zu verbandsfremden Zwecken verwendet werden und dadurch ein erheblicher Nachteil droht.

25. Zweigvereine sind – soweit nichts Gegenteiliges in der Satzung geregelt ist – nicht dazu verpflichtet, Prüfungshandlungen durch den Compliance-Beauftragten des Hauptverbandes (These 22) zu dulden. Die Leitung des Zweigvereins kann im Rahmen ihres Ermessens aber derartige Prüfungshandlungen zulassen.
26. Das Setzen einheitlicher Compliance-Standards (These 22) im Gesamtverband ist dann möglich, wenn die Leitung des Zweigvereins die Übernahme solcher Standards beschließt oder ihre Geschäftsführungsverantwortung hinsichtlich des Aufbaus einer verbandsdimensionalen Compliance-Organisation delegiert. Darüber hinaus lässt sich (wiederum) die Finanzhoheit des Hauptverbandes dazu nutzen, ein geeignetes, kartellrechtliches Compliance-System in Zweigvereinen zu implementieren.
27. Gesamtverbände tragen in bestimmten Konstellationen auch gegenüber ihren Mitgliedern eine Verantwortung zu Kartellrechtscompliance. Das gilt insbesondere in Konstellationen, in denen sich die Verantwortungsbereiche von Verband und Mitgliedsunternehmen überschneiden oder die Initiative für ein Projekt vom Verband ausgeht.
28. Vorgenannte Verantwortung (These 27) gilt im Verhältnis von Verband zu Mitgliedern auch für Wirtschaftsverbände, die als Vereinsverbände organisiert sind. Da Vereinsverbände keine Untergliederungen bilden, scheidet bei ihnen – im Gegensatz zu Gesamtverbänden – eine verbandsdimensionale Compliance-Verantwortung von Anfang an aus.

B. Ausblick

Es ist aufgezeigt worden, dass die Kartellrechtscompliance auch abseits der „klassischen" Compliance-Gebiete des Aktien- oder GmbH-Rechts eine wichtige Rolle spielt. Bis dato befasst sich bereits die Mehrzahl der Wirtschaftsverbände mit dieser Thematik, was insbesondere durch die zahlreichen, im Internet veröffentlichten Compliance-Leitfäden belegt wird. Nicht nur deswegen ist es vorerst nicht erforderlich, Compliance-Pflichten für Leitungsorgane von Verbänden zu kodifizieren. Die bestehenden Vorschriften in Form des § 27 Abs. 3 BGB und des § 130 OWiG sowie die zu Compliance-Pflichten von Vorständen ergangene Rechtsprechung reichen aus, die Verhaltenspflichten von Verbandsvorständen (oder anderen geschäftsführenden Verbandsorganen) zu konkretisieren. Eine gesetzliche Fixierung von Compliance-Pflichten wäre auch mit Blick auf die stark abweichenden Compliance-Anforderungen, die sich aufgrund der Individualität der einzelnen Verbände und der damit im Zusammenhang stehenden zahlreichen vereinsrechtlichen Gestaltungsmöglichkeiten ergeben, nicht zielführend. Auch ohne gesetzliche Kodifizierung von Compliance-Pflichten ist – insbesondere vor dem Hintergrund des *Siemens/Neubürger*-Urteils – zu erwarten, dass nicht nur die Haftung der Vorstände von Aktiengesellschaften in Zukunft an Bedeutung gewinnen wird, sondern auch

Verbandsvorstände und die Mitglieder fakultativer Organe für Compliance-Pflichtverletzungen in Regress genommen werden.

Neben Maßnahmen im Bereich der Kartellrechtscompliance werden sich Wirtschaftsverbände zukünftig verstärkt auch mit anderen Bereichen wie dem Datenschutzrecht, dem Schutz von Unternehmensgeheimnissen und vor allem der Korruptionsprävention auseinandersetzen müssen. In dieser Hinsicht hat jüngst der Allgemeine Deutsche Automobil-Club e.V. (ADAC) für Schlagzeilen gesorgt. Dieser hatte nach dem Bekanntwerden diverser Missstände (so war u.a. nicht nur die Stimmzahl bei der Leserwahl zur Verleihung des ADAC Preises „Gelber Engel" falsch angegeben worden, sondern es ergaben sich im weiteren Verlauf der Ermittlungen auch eine Vielzahl weiterer Unregelmäßigkeitsvorwürfe mit potentiell strafrechtlicher Relevanz) die Überarbeitung seines Compliance-Systems beschlossen. Zu den ersten konkreten Reformen zur Erneuerung seiner internen Organisation gehörte u.a. die Einrichtung der Stelle eines Chief Compliance Officers. Beraten wurde der ADAC dabei von einer externen Rechtsanwaltskanzlei. Das ist nicht verwunderlich, hat sich hinter „Compliance" doch mittlerweile eine ganze Beratungsindustrie entwickelt, die mit Blick auf Wirtschaftsverbände und deren Tätigkeitsfelder auch in Zukunft in erheblichem Maße von dem nicht unberechtigten „Compliance-Boom" profitieren dürfte.

Literaturverzeichnis

Achenbach, Hans: Die Kappungsgrenze und die Folgen – Zweifelsfragen des § 81 Abs. 4 GWB; ZWeR 2009, S. 3

Auf'mkolk, Hendrik: Der reformierte Rechtsrahmen der EU-Kommission für Vereinbarungen über horizontale Zusammenarbeit; WuW 2011, S. 699

Bamberger, Heinz Georg; Roth, Herbert: Beck'scher Online-Kommentar, BGB; Edition: 37; Stand: 01.11.2015, München

Barth, Christoph; Budde, Stefanie: „Die Strafe soll nicht größer sein als die Schuld" – Zum Urteil des BGH in Sachen Grauzement und den neuen Leitlinien für die Bußgeldzumessung; NZKart 2013, S. 311

Baumbach, Adolf; Hueck, Alfred: GmbHG; 20. Auflage, München 2013

Bechtold, Rainer; Bosch, Wolfgang: GWB Kommentar; 8. Auflage, München 2015

Bechtold, Rainer; Buntscheck, Martin: Die 7. GWB-Novelle und die Entwicklung des deutschen Kartellrechts 2003 bis 2005; NJW 2005, S. 2966

Bechtold, Rainer; Bosch, Wolfgang; Brinker, Ingo: EU-Kartellrecht; 3. Auflage, München 2014

Bergmoser, Ulrich; Theusinger, Ingo; Gushurst, Klaus-Peter: Corporate Compliance – Grundlagen und Umsetzung; BB Spezial 5/2008, S. 1

Berndt, Thomas; Hoppler, Ivo: Whistleblowing – ein integraler Bestandteil effektiver Corporate Governance; BB 2005, S. 2623

Beulke, Werner; Moosmayer, Klaus: §§ 30, 130 OWiG – Plädoyer für ein modernes Unternehmenssanktionenrecht –; CCZ 2014, S. 146

Beuthin, Volker; Gummert, Hans: Münchener Handbuch des Gesellschaftsrechts; Band V; 3. Auflage, München 2009

Biermann, Jörg: Neubestimmung des deutschen und europäischen Kartellsanktionenrechts: Reformüberlegungen, Determinanten und Perspektiven einer Kriminalisierung von Verstößen gegen das Kartellrecht; ZWeR 2007, S. 1

Bohnert, Joachim: OWiG, Kommentar zum Ordnungswidrigkeitengesetz; 3. Auflage, München 2010

Bornkamm, Joachim; Montag, Frank; Säcker, Franz Jürgen: Münchener Kommentar zum Europäischen und Deutschen Wettbewerbsrecht (Kartellrecht); Band 2; 2. Auflage, München 2015

Bosch, Wolfgang; Colbus, Birgit; Harbusch, Antonia: Berücksichtigung von Compliance-Programmen in Kartellbußgeldverfahren; WuW 2009, S. 740

Breitling, Rupert, in: Wirtschaftsverbände und ihre Funktion (*Hrsg. Blümle, Ernst-Bernd; Schwarz, Peter*): Die Zentralen Begriffe der Verbandsforschung, S. 32; Darmstadt 1985

Brouwer, Tobias: Compliance im Wirtschaftsverband; CCZ 2009, S. 161

Bundeskartellamt (Hrsg.): Erfolgreiche Kartellverfolgung – Nutzen für Wirtschaft und Verbraucher; http://www.bundeskartellamt.de/SharedDocs/Publikation/DE/Broschueren/Informationsbroschüre%20-%20Erfolgreiche%20Kartellverfolgung.html (Stand: 06.02.2016)

Bundeskartellamt (Hrsg.): Jahresbericht 2013; http://www.bundeskartellamt.de/SharedDocs/Publikation/DE/Jahresbericht/Jahresbericht_2013.pdf?__blob=publicationFile&v=3 (Stand: 06.02.2016)

Bundesverband der pharmazeutischen Industrie e.V. (Hrsg.): Kartellrechtlicher Leitfaden des Bundesverbands der pharmazeutischen Industrie e.V.; http://testing.bpiservice.netrixx.de/fileadmin/media/bpi/Downloads/Internet/Geschaeftsfelder/Mitgliederbetreuung/20100317%20Kartellrechtlicher%20Leitfaden%20des%20BPI.pdf (Stand: 06.02.2016)

Bundesverband Deutscher Industrie e.V. (Hrsg.): Leitfaden Kartellrecht; http://www.vilf.de/fileadmin/user_upload/PDF/BDI_Leitfaden-Kartellrecht.pdf

Bundesvereinigung der Deutschen Ernährungsindustrie e.V. (Hrsg.): Hinweise für kartell-rechtskonformes Verhalten in der BVE (Compliance Programm); http://www.bve-online.de/presse/infothek/publikationen-jahresbericht/bve-compliance-broschuere (Stand: 06.02.2016)

Bunte, Hermann-Josef: Kartellrecht; 2. Auflage, München 2008

Bunte, Hermann-Josef: Zehn Jahre AGB-Gesetz – Rückblick und Ausblick; NJW 1987, S. 921.

Bürger, Christian: Die Haftung der Konzernmutter für Kartellrechtsverstöße ihrer Tochter nach deutschem Recht; WuW 2011, S. 130

Bürgers, Tobias; Körber, Torsten: Aktiengesetz; 3. Auflage 2014, Heidelberg 2014

Bürkle, Jürgen: Compliance in Versicherungsunternehmen – Rechtliche Anforderungen und praktische Umsetzung; 2. Auflage, München 2015

Bürkle, Jürgen: Corporate Compliance – Pflicht oder Kür für den Vorstand der AG?; BB 2005, S. 565

Bürkle, Jürgen: Corporate Compliance als Standard guter Unternehmensführung des Deutschen Corporate Governance Kodex; BB 2007, S. 1797

Bürkle, Jürgen: Compliance in Versicherungsunternehmen: Ja, aber wie? – Es kommt auf die Effektivität des Systems an; VW 2004, S. 830

Bussmann, Kai-D.; Matschke, Sebastian: Die Zukunft der unternehmerischen Haftung bei Compliance-Verstößen; CCZ 2009, S. 132

Campos Nave, José A.; Zeller, Jan: Corporate Compliance in mittelständischen Unternehmen; BB 2012, S. 131

Campos Nave, José A.; Saskia Bonenberger: Korruptionsaffären, Corporate Compliance und Sofortmaßnahmen für den Krisenfall; BB 2008, S. 734

Dannecker, Gerhard: Die Sanktionierung von Verstößen gegen das gemeinschaftsrechtliche Kartellrecht nach der Verordnung (EG) Nr. 1/2003 in der Europäischen Union (Verordnung (EG) Nr. 1/2003); wistra 2004, S. 361

Deselaers, Wolfgang: Uferlose Geldbußen bei Kartellverstößen nach der neuen 10% Umsatzregel des § 81 Abs. 4 GWB? – Zugleich Vorschläge für Leitlinien des Bundeskartellamtes zur Bemessung der Geldbuße; WuW 2006, S. 118

Deutsche Gesellschaft für Verbandsmanagement e.V. (Hrsg.): Kleines ABC der Verbände; http://www.verbaende.com/media/dvf/ABCderVerbaende.pdf (Stand: 06.02.2016)

Dreher, Meinrad: Kartellrechtscompliance; ZWeR 2004, S. 75

Dreher, Meinrad: Kartellrechtscompliance in der Versicherungswirtschaft; VersR 2004, S. 1

Dreher, Meinrad: Die persönliche Außenhaftung von Geschäftsleitern auf Schadenersatz bei Kartellrechtsverstößen; WuW 2009, S. 133

Dreher, Meinrad in: Festschrift für Horst Konzen zum siebzigsten Geburtstag; Die kartellrechtliche Bußgeldverantwortlichkeit von Vorstandsmitgliedern – Vorstandshandeln zwischen aktienrechtlichem Legalitätsprinzip und kartellrechtlicher Unsicherheit; Tübingen 2006

Dreher, Meinrad; Hoffmann, Jens: Kartellrechtsverstöße durch Informationsaustausch? – Die neue kartellrechtliche Praxis und Rechtsprechung zum Informationsaustausch; WuW 2011, S. 1181

Dreher, Meinrad: Wider die Kriminalisierung des Kartellrechts; WuW 2011, S. 232

Dreier, Horst: Grundgesetz Kommentar, Band I; 3. Auflage, Tübingen 2013

Eden, Eike: Haften Geschäftsführer persönlich gegenüber Kartellgeschädigten auf Schadensersatz?; WuW 2014, S. 792

Emmerich, Volker: Kartellrecht; 12. Auflage, München 2012 (zit: *Emmerich*, Kartellrecht, 12. Auflage)

Emmerich, Volker: Kartellrecht; 13. Auflage, München 2014

Epping, Volker; Hillgruber, Christian: Beck'scher Online-Kommentar; GG; Edition: 27; Stand: 1.12.2015, München

Europäische Kommission (Hrsg.): Wettbewerbliche Compliance – Was Unternehmen tun können, um die EU-Wettbewerbsvorschriften besser einzuhalten; http://www.bookshop.europa.eu/is-bin/INTERSHOP.enfinity/WFS/EU-Bookshop-Site/en_GB/-/EUR/ViewPublication-Start?PublicationKey=KD3211985 (Stand: 06.02.2016)

Europäische Kommission (Hrsg.): Cartel Statistics; http://ec.europa.eu/competition/cartels/statistics/statistics.pdf (Stand: 06.02.2016)

Feldkamp, Hans-Martin: Statistische Marktinformationsverfahren (MIV) und das europäische Kartellrecht; EuZW 1991, S. 617

Fissenewert, Peter: Compliance für den Mittelstand; München 2013

Fleischer, Holger: Handbuch des Vorstandsrechts; München 2006

Fleischer, Holger: Corporate Compliance im aktienrechtlichen Unternehmensverbund; CCZ 2008, S. 1

Fleischer, Holger: Kartellrechtsverstöße und Vorstandsrecht; BB 2008, S. 1070

Fleischer, Holger: Konzernleitung und Leitungssorgfalt der Vorstandsmitglieder im Unternehmensverbund; DB 2005, S. 759

Fleischer, Holger: Aktienrechtliche Compliance-Pflichten im Praxistest: Das Siemens/Neubürger-Urteil des LG München I; NZG 2014, S. 321

Fleischer, Holger: Aktuelle Entwicklungen der Managerhaftung; NJW 2009, S. 2337

Geiser, Martina: Leitungspflichten des Vorstandes in der AG – Grenzziehung zwischen der Business Judgment Rule und den notwendigen Anforderungen an eine Compliance-Organisation; Hamburg 2010 (Dissertation)

Gelhausen, Hans Friedrich; Wermelt, Andreas: Haftungsrechtliche Bedeutung des IDW EPS 980: Grundsätze ordnungsmäßiger Prüfung von Compliance-Management-Systemen; CCZ 2010, S. 208

Gesamtverband der Deutschen Versicherungswirtschaft e.V.: Kartellrecht und Verbandsarbeit; 3. Auflage, Berlin 2011; http://www.gdv.de/2011/07/kartellrecht-und-verbandsarbeit (Stand: 06.02.2016)

Gildhoff, Nils; Zumdick, Jennifer: Strafrechtliche Risiken für Unternehmen und deren Rechtsanwälte bei Mock Dawn Raids; BB 2012, S. 1178

Glöckner, Jochen; Müller-Tautphaeus, Ken: Rückgriffshaftung von Organmitgliedern bei Kartellrechtsverstößen; AG 2001, S. 344

Goette, Wulf; Habersack, Mathias: Münchener Kommentar zum Aktiengesetz; Band 2; 3. Auflage, München 2008 (zit: *Verfasser*, in: Münchener Kommentar zum Aktiengesetz; Band 2; 3. Auflage)

Goette, Wulf; Habersack, Mathias: Münchener Kommentar zum Aktiengesetz; Band 2; 4. Auflage, München 2014

Goette, Wulf: Organisationspflichten in Kapitalgesellschaften zwischen Rechtspflicht und Opportunität; ZHR 175 (2011), S. 388

Göhler, Erich; Gürtler, Franz; Seitz, Helmut: Gesetz über Ordnungswidrigkeiten; 16. Auflage; München, 2012

Görner, André: Die Anspruchsberechtigung der Marktbeteiligten nach § 33 GWB; Köln, 2007 (Dissertation)

Gößwein, Georg; Hohmann, Olaf: Modelle der Compliance-Organisation in Unternehmen – Wider den Chief Compliance Officer als „Überoberverantwortungsnehmer"; BB 2011, S. 963

Grabitz, Eberhard; Meinhard Hilf; Nettesheim, Martin: Das Recht der Europäischen Union; Band 2; 57. Ergänzungslieferung; Stand: August 2015, München

Grundmeier, Charlotte Elisabeth: Rechtspflicht zur Compliance im Konzern; Köln 2011 (Dissertation)

Gruson, Michael; Kubicek, Matthias: Der Serbanes-Oxley Act, Corporate Governance und das deutsche Aktienrecht (Teil II); AG 2003, S. 393

Grützner, Thomas; Jakob, Alexander: Compliance von A-Z; 2. Auflage, München 2015

Habersack, Mathias: Grund und Grenzen der Compliance-Verantwortung des Aufsichtsrats der AG; AG 2014, S. 1

Handelsverband Heimwerken, Bauen und Garten e.V. (Hrsg.): BHB Compliance; http://www.bhb.org/fileadmin/website/Der_BHB/Der_Verband/BHB_Compliance_Versand.pdf (Stand: 06.02.2016)

Hasselbach, Kai: Der Verzicht auf Schadensersatzansprüche gegen Organmitglieder; DB 2010, S. 2037

Hasselbach, Kai; Seibel, Markus: Die Freistellung von Vorstandsmitgliedern und leitenden Angestellten von der Haftung für Kartellrechtsverstöße; AG 2008, S. 770

Hauschka, Christoph E.: Corporate Compliance, Handbuch der Haftungsvermeidung im Unternehmen; 2. Auflage, München 2010

Hauschka, Christoph E.: Compliance, Compliance-Manager, Compliance-Programme: Eine geeignete Reaktion auf gestiegene Haftungsrisiken für Unternehmen und Management?; NJW 2004, S. 257

Hauschka, Christoph E.: Compliance am Beispiel der Korruptionsbekämpfung – Eine Erwiderung aus der Praxis auf Uwe H. Schneiders Vorschläge, ZIP 2003, 645; ZIP 2004, S. 877

Hauschka, Christoph E.: Der Compliance-Beauftragte im Kartellrecht – Absicherungsstrategien für mittelständische Unternehmen und deren Organe; BB 2004, S. 1178

Hauschka, Christoph E.: Corporate Compliance – Unternehmensorganisatorische Ansätze zur Erfüllung der Pflichten von Vorständen und Geschäftsführern; AG 2004, S. 461

Hauschka, Christoph E.; Greeve, Gina: Compliance in der Korruptionsprävention – was müssen, was sollen, was können die Unternehmen tun?; BB 2007, S. 165

Hein, Olver: Verbandsstrafgesetzbuch (VerbStrG-E) – Bietet der Entwurf Anreize zur Vermeidung von Wirtschaftskriminalität in Unternehmen?; CCZ 2014, S. 75

Held, Franz: Die Garantenpflicht des Compliance Officers und die D&O-Versicherung als „Allheilmittel"; CCZ 2009, S. 231

Henssler, Martin; Strohn, Lutz: Gesellschaftsrecht; 2. Auflage, München 2014

Hölters, Wolfgang: Aktiengesetz; 2. Auflage, München 2014

Horn, Norbert: Die Haftung des Vorstands der AG nach § 93 AktG und die Pflichten des Aufsichtsrats; ZIP 1997, S. 1129

Hossenfelder, Silke; Lutz, Martin: Die neue Durchführungsverordnung zu den Artikeln 81 und 82 EG-Vertrag; WuW 2003, S. 118

Hoven, Elisa: Der nordrhein-westfälische Entwurf eines Verbandsstrafgesetzbuchs – Eine kritische Betrachtung von Begründungsmodell und Voraussetzungen der Straftatbestände; ZIS 2014, S. 19

Huber, Nikolaus: Die Reichweite konzernbezogener Compliance-Pflichten des Mutter-Vorstands des AG-Konzerns; Berlin 2013 (Dissertation)

Hüffer, Uwe: Aktiengesetz; 11. Auflage, München 2014

Immenga, Frank A.: Neues aus den USA: Kartellrechtliche Fallstricke bei der Standardsetzung!; GRUR 2007, S. 302

Immenga, Ulrich; Mestmäcker, Ernst-Joachim: Wettbewerbsrecht,

Band 1. EU/Teile 1 und 2; Kommentar zum Europäischen Kartellrecht; 5. Auflage, München 2012

Band 2. GWB; Kommentar zum Deutschen Kartellrecht; 4. Auflage, München 2007 (zit: *Verfasser*, in: Immenga/Mestmäcker, Wettbewerbsrecht: GWB, 4. Auflage)

Band 2. GWB/Teil 1; Kommentar zum Deutschen Kartellrecht; 5. Auflage, München 2014

Itzen, Uta: Richtungswechsel, Bestandsaufnahme, Prävention: Das Gerüst einer erfolgreichen Compliance-Strategie; BB Spezial 5/2008, S. 12

Jaeger, Wolfgang; Pohlmann, Petra; Schroeder, Dirk: Frankfurter Kommentar zum Kartellrecht, Bände II, V und VI, 85. Ergänzungslieferung; Stand: November 2015, Köln

Jarass, Hand D.; Pieroth, Bodo: Grundgesetz Kommentar; 13. Auflage, München 2014

Jauernig, Othmar: Bürgerliches Gesetzbuch; 16. Auflage, München 2015

Jungermann, Sebastian: Kommentar – Weltweit erste Auslieferung an die USA wegen Kartellverstoß – aus Deutschland!; WuW 2014, S. 563

Kapp, Thomas; Hummel, Karin: Kartellrechts-Compliance in der Verbandsarbeit; CCZ 2013, S. 240

Kapp, Thomas; Gärtner, Daniel: Die Haftung von Vorstand und Aufsichtsrat bei Verstößen gegen das Kartellrecht; CCZ 2009, S. 168

Karbaum, Christian: Kartellrechtliche Compliance – Rechtsgrundlagen und Umsetzung; Frankfurt am Main 2010 (Dissertation)

Karenfort, Jörg: Der Informationsaustausch zwischen Wettbewerbern – kompetitiv oder konspirativ?; WuW 2008, S. 1154

Karst, Alexander: Kartellrechtscompliance im Konzern; WuW 2012, S. 150

Kersting, Christian: Die Rechtsprechung des EuGH zur Bußgeldhaftung in der wirtschaftlichen Einheit; WuW 2014, S. 1156

Kiethe, Kurt: Vermeidung der Haftung von geschäftsführenden Organen durch Corporate Compliance; GmbHR 2007, S. 393

Klees, Andreas: Europäisches Kartellverfahrensrecht; Berlin, München 2005

Klindt, Thomas: Nicht-börsliches Compliance-Management als zukünftige Aufgabe der Inhouse-Juristen; NJW 2006, S. 3399

Kling, Michael; Thomas, Stefan: Kartellrecht; 2. Auflage, München 2016

Koch, Jens: Compliance-Pflichten im Unternehmensverbund?; WM 2009, S. 1013

Koch, Jens: Die Konzernobergesellschaft als Unternehmensinhaber i.S.d. § 130 OWiG?; AG 2009, S. 564

Koenig, Christian; Neumann, Andreas: Standardisierung – ein Tatbestand des Kartellrechts?; WuW 2009, S. 382

Köhler, Helmut: Verbandstätigkeit und Kartellrecht; WuW 2009, S. 258

Körber, Torsten: Missbräuchliche Patentunterlassungsklagen vor dem Aus?; NZKart 2013, S. 239

Körber, Torsten: Kartellrecht in der Krise; WuW 2009, S. 873

Kort, Michael: Verhaltensstandardisierung durch Corporate Compliance; NZG 2008, S. 81

Krause, Daniel M.: Die zivilrechtliche Haftung des Strafverteidigers; NStZ 2000, S. 225

Kremer, Thomas; Klahold, Christoph: Compliance-Programme in Industriekonzernen; ZGR 2010, S. 113

Krieger, Gerd; Schneider, Uwe H.: Handbuch Managerhaftung; 2. Auflage, Köln 2010

Kroes, Neelie: Delivering on the crackdown: recent developments in the European Commission's campaign against cartels; SPEECH 06/595 v. 13.10.2006; http://www.europa.eu/rapid/press-release_SPEECH-06-595_en.htm?locale=en (Stand: 06.02.2016)

Lampert, Thomas: Gestiegenes Unternehmensrisiko Kartellrecht – Risikoreduzierung durch Competition-Compliance-Programme; BB 2002, S. 2237

Lampert, Thomas; Niejahr, Nina; Kübler, Johanna; Weidenbach, Georg: EG-KartellVO; Heidelberg 2004

Lampert, Thomas; Götting, Susanne: Startschuss für eine Kriminalisierung des Kartellrechts? – Anmerkungen zu dem Urteil des BGH vom 11.7.2001 „Flughafen München"; WuW 2002, S. 1069

Langen, Eugen; Bunte, Hermann-Josef: Kartellrecht Kommentar,

Band 1, Deutsches Kartellrecht; 12. Auflage, Köln 2014;

Band 2, Europäisches Kartellrecht; 12. Auflage, Köln 2014

Langen, Eugen; Bunte, Hermann-Josef: Kommentar zum deutschen und europäischen Kartellrecht, Band 1, Deutsches Kartellrecht; 11. Auflage, Köln 2011 (zit: *Verfasser,* in: Langen/Bunte, Kartellrecht, Band 1, 11. Auflage)

Leßmann, Herbert: Die öffentlichen Aufgaben und Funktionen privatrechtlicher Wirtschaftsverbände – Sozialer Befund, rechtliche Einordnung und Kontrolle; Berlin 1976 (Habilitation)

Liebscher, Christoph; Flohr, Eckhard; Petsche, Alexander: Handbuch der EU-Gruppenfreistellungsverordnungen; 2. Auflage, München, Wien 2012

Lietzau, Wolfgang/Zitzmann, Thomas: Was sind Verbände?; http://www.verbaende.com/media/dvf/WassindVerbaende.pdf (Stand: 06.02.2016)

Loewenheim, Ulrich; Meessen, Karl M.; Riesenkampff, Alexander: Kartellrecht Kommentar; 2. Auflage, München 2009

Lösler, Thomas: Das moderne Verständnis von Compliance im Finanzmarktrecht; NZG 2005, S. 104

Lösler, Thomas: Compliance im Wertpapierdienstleistungskonzern; Berlin 2003

Lotze, Andreas in: FIW Schriftenreihe; Kartellrechtliche Restriktionen der Verbandstätigkeit; Heft 201 (Enforcement – Die Durchsetzung des Wettbewerbsrechts, Referate des XXXVII. FIW-Symposions, erweitert durch Referate des XXXI. FIW-Seminars), Köln, Berlin, München 2005

Lutter, Marcus: Die Business Judgment Rule und ihre praktische Anwendung; ZIP 2007, S. 841

Mäger, Thorsten: Europäisches Kartellrecht; 2. Auflage, Baden-Baden 2011

Mansdörfer, Marco; Timmerbeil, Sven: Zurechnung und Haftungsdurchgriff im Konzern – Eine rechtsgebietsübergreifende Betrachtung –;WM 2004, S. 362

Martinek, Michael; Semler, Franz-Jörg; Habermeier, Stefan; Flohr, Eckard: Handbuch des Vertriebsrechts; 3. Auflage, München 2010

Maunz, Theodor; Dürig, Günter: Grundgesetz Kommentar; 75. Ergänzungslieferung, München 2015

Meier-Greve, Daniel: Vorstandshaftung wegen mangelhafter Corporate Compliance; BB 2009, S. 2555

Mengel, Anja; Hagemeister, Volker: Compliance und arbeitsrechtliche Implementierung im Unternehmen – Fortsetzung des Beitrags „Compliance und Arbeitsrecht"; BB 2006, S. 2466 –; BB 2007, S. 1386

Menzel, Tobias: Dopingsperren durch Sportverbände als Missbrauch einer marktbeherrschenden Stellung; WRP 2002, S. 810

Mestmäcker, Ernst-Joachim; Schweitzer, Heike: Europäisches Wettbewerbsrecht; 3. Auflage, München 2014

Möhlenkamp, Andreas: Verbandskartellrecht – trittfeste Pfade in unsicherem Gelände; WuW 2008, S. 428

Moosmayer, Klaus: Compliance; 3. Auflage, München 2015

Möschel, Wernhard: Behördliche oder privatrechtliche Durchsetzung des Kartellrechts?; WuW 2007, S. 483

Müller, Christian H.: Kartellrechtscompliance in Deutschland – Rechtspflicht, Gründe und Auswirkungen; Frankfurt am Main 2011 (Dissertation)

Müller, Welf; Rödder, Thomas: Beck'sches Handbuch der AG; 2. Auflage, München 2009

Mundt, Andreas: Die Bußgeldleitlinien des Bundeskartellamtes; WuW 2007, S. 458

Office of Fair Trading (Hrsg.): Drivers of Compliance and Non-compliance with Competition Law – An OFT report; http://www.oft.gov.uk/shared_oft/reports/comp_policy/oft1227.pdf (Stand: 06.02.2016)

Pampel, Gunnar: Die Bedeutung von Compliance-Programmen im Kartellordnungswidrigkeitenrecht; BB 2007, S. 1636

Pape, Jonas: Corporate Compliance – Rechtspflichten zur Verhaltenssteuerung von Unternehmensangehörigen in Deutschland und den USA; Berlin 2011 (Dissertation)

Park, Tido: Kapitalmarktstrafrecht; 3. Auflage, Baden-Baden 2013

Philipp, Otmar: Kartellrecht: Verabschiedung der Schadensersatzrichtlinie; EuZW 2014, S. 403

Pischel, Gerhard; Kopp, Reinhold: Reaktionen von Verbänden gegenüber ihren Mitgliedern auf Kartellrechtsverstöße; CCZ 2014, S. 198

Rauh, Jens Ole: Versicherungsverbände und Kartellrecht; Karlsruhe 2013 (Dissertation)

Reichert, Bernhard: Vereins- und Verbandsrecht; 9. Auflage, Neuwied, München 2003 (zit: *Reichert*, Vereins- und Verbandsrecht, 9. Auflage)

Reichert, Jochem; Ott, Nicolas: Non Compliance in der AG – Vorstandspflichten im Zusammenhang mit der Vermeidung, Aufklärung und Sanktionierung von Rechtsverstößen; ZIP 2009, S. 2173

Rieder, Markus S.; Jerg, Marcus: Anforderungen an die Überprüfung von Compliance-Programmen – Zugleich kritische Anmerkungen zum Entwurf eines IDW Prüfungsstandards: Grundsätze ordnungsmäßiger Prüfung von Compliance-Management-Systemen (IDW EPS 980); CCZ 2010, S. 201

Ringleb, Henrik-Michael; Kremer, Thomas; Lutter, Marcus; v. Werder, Axel: Deutscher Corporate Governance Kodex; 5. Auflage, München 2014

Rodewald, Jörg; Unger, Ulrike: Kommunikation und Krisenmanagement im Gefüge der Corporate Compliance-Organisation; BB 2007, S. 1629

Roth, Hans-Peter: Neue EU-Richtlinie erleichtert künftig Schadenersatzklagen bei Verstößen gegen das Kartellrecht; GWR 2015, S. 73

Sachs, Michael: Grundgesetz Kommentar; 7. Auflage, München 2014

Sack, Rolf: Lauterer und leistungsgerechter Wettbewerb durch Wettbewerbsregeln von Verbänden, §§ 24 ff. GWB; WRP 2001, S. 595

Säcker, Franz Jürgen; Rixecker, Roland: Münchener Kommentar zum Bürgerlichen Gesetzbuch; Band 1; 7. Auflage, München 2015

Säcker, Franz Jürgen: Kronzeugenregelung – weiter so „pragmatisch“ wie bisher?; WuW 2009, S. 3

Saenger, Ingo: Gesellschaftsrecht; 2. Auflage, München 2013

Salvenmoser, Steffen; Hauschka, Christoph E.: Korruption, Datenschutz und Compliance; NJW 2010, S. 331

Sauter, Eugen; Schweyer, Gerhard; Waldner, Wolfram: Der eingetragene Verein; 19. Auflage, München 2010

Schaefer, Hans; Baumann, Diethelm: Compliance-Organisation und Sanktionen bei Verstößen; NJW 2011, S. 3601

Scheidtmann, André*:* Schadensersatzansprüche gegen eine Muttergesellschaft wegen Verstößen einer Tochtergesellschaft gegen Europäisches Kartellrecht?; WRP 2010, S. 499

Schimansky, Herbert; Bunte, Hermann-Josef; Lwowski, Hans-Jürgen: Bankrechts-Handbuch; Band II; 4. Auflage, München 2011

Schimke, Martin; Dauerheim, Jörg: Reichert, Handbuch Vereins- und Verbandsrecht; 13. Auflage, Köln 2016 (zit: *Reichert*, Vereins- und Verbandsrecht)

Schmidt, Bernd: Vertrauen ist gut, Compliance ist besser! – Anforderungen an die Datenverarbeitung im Rahmen der Compliance-Überwachung –; BB 2009, S. 1295

Schmidt, Karsten: Gesellschaftsrecht; 4. Auflage, Köln, Berlin, Bonn 2002

Schmidt, Karsten: Umdenken im Kartellverfahrensrecht! – Gedanken zur Europäischen VO Nr. 1/2003; BB 2003, S. 1237

Schmidt, Karsten; Lutter, Marcus: Aktiengesetz Kommentar; Band 1; 3. Auflage, Köln 2015

Schneider, Uwe H.: Compliance im Konzern; NZG 2009, S. 1321

Schneider, Uwe H.: Compliance als Aufgabe der Unternehmensleitung; ZIP 2003, S. 645

Schneider, Uwe H.: Die Überlagerung des Konzernrechts durch öffentlich-rechtliche Strukturnormen und Organisationspflichten – Vorüberlegungen zu „Compliance im Konzern“ –; ZGR 1996, S. 225

Schneider, Uwe H.; Sven. H. Schneider: Konzern-Compliance als Aufgabe der Konzernleitung; ZIP 2007, S. 2061

Schneider, Uwe H.; Sven. H. Schneider: Vorstandshaftung im Konzern; AG 2005, S. 57

Schroeder, Dirk: Informationsaustausch zwischen Wettbewerbern; WuW 2009, S. 718

Schulte, Josef; Just, Christoph: Kartellrecht: GWB, Kartellvergaberecht, EU-Kartellrecht; 2. Auflage, Köln 2016

Schultze, Jörg-Martin: Compliance-Handbuch Kartellrecht; Frankfurt am Main 2014

Schulz, Martin; Muth, Thomas: Erfolgsfaktor Compliance-Kultur – Grundlagen und Hinweise zur Gestaltung durch die Unternehmensleitung –; CB 2014, S. 265

Schünemann, Bernd: Die aktuelle Forderung eines Verbandsstrafrechts – Ein kriminalpolitischer Zombie; ZIS 2014, S. 1

Schürrle, Thomas; Olbers, Lucie Anne Mary: Compliance-Verantwortung in der AG – Praktische Empfehlungen zur Haftungsbegrenzung an Vorstände und Aufsichtsräte; CCZ 2010, S. 102

Senge, Lothar: Karlsruher Kommentar zum Gesetz über Ordnungswidrigkeiten; 4. Auflage, München 2014

Soergel, Hans Theodor; Siebert, Wolfgang: Bürgerliches Gesetzbuch mit Einführungsgesetz und Nebengesetzen; Band 1; 12. Auflage, Stuttgart 1988

Spindler, Gerald; Stilz, Eberhard: Kommentar zum Aktiengesetz; Band 1; 2. Auflage, München 2010 (zit: *Spindler/Stilz:* Aktiengesetz, Band 1; 2. Auflage)

Spindler, Gerald; Stilz, Eberhard: Kommentar zum Aktiengesetz; Band 1; 3. Auflage, München 2015

Spindler, Gerald: Compliance in der multinationalen Bankengruppe; WM 2008, S. 905

Stancke, Fabian: Marktinformation, Benchmarking und Statistiken – Neue Anforderungen an Kartellrechts-Compliance; BB 2009, S. 912

Stöber, Kurt; Otto, Dirk-Ulrich: Handbuch zum Vereinsrecht; 11. Auflage, Köln 2016

Strothmeyer, Uta: Compliance – Risikobegrenzung und Imagevorteil; Jena 2010 (Dissertation)

Tiedemann, Klaus: Strafrechtliche Grundprobleme im Kartellrecht; NJW 1979, S. 1849

Tugendreich, Bettina: Die kartellrechtliche Zulässigkeit von Marktinformationsverfahren – Eine juristische und ökonomische Untersuchung zum deutschen und europäischen Kartellrecht unter Berücksichtigung der US-amerikanischen Rechtspraxis; Baden-Baden, 2004 (Dissertation)

van Vormizeele, Philipp Voet: Die EG-kartellrechtliche Haftungszurechnung im Konzern im Widerstreit zu den nationalen Gesellschaftsrechtsordnungen; WuW 2010, S. 1008

van Vormizeele, Philipp Voet: Kartellrechtliche Compliance-Programme im Rahmen der Bußgeldbemessung de lege lata und de lege ferenda; CCZ 2009, S. 41

Verband der Automobilindustrie e.V. (Hrsg.): Leitfaden Kartellrecht im VDA; http://www.vda.de/files/abt_recht/VDA_Leitfaden_Kartellrecht_2009.pdf (Stand: 06.02.2016)

Verband der Chemischen Industrie e.V. (Hrsg.): VCI Compliance-Leitfaden; https://www.vci.de/vci/downloads-vci/publikation/vci-compliance-leitfaden.pdf (Stand: 06.02.2016)

Verse, Dirk A.: Compliance im Konzern – Zur Legalitätskontrollpflicht der Geschäftsleiter einer Konzernobergesellschaft; ZHR 175 (2011), S. 401

Vollmer, Christof: Die Bußgeldleitlinien des Bundeskartellamts; ZWeR 2007, S. 168

von Alemann, Ulrich: Interessenverbände in Deutschland; http://www.verbaende.com/hintergruende/verbaendeforschung.php (Stand: 06.02.2016)

v. Staudinger, Julius: Kommentar zum Bürgerlichen Gesetzbuch mit Einführungsgesetz und Nebengesetzen;

Buch 2; Recht der Schuldverhältnisse §§ 249 – 254 BGB; 13. Auflage, Berlin 1998 (zit: *Verfasser*, in: Staudinger, BGB, 13. Auflage, 1998)

Allgemeiner Teil 2; Neubearbeitung 2005; Berlin 2005

Wagner-von Papp, Florian: Kriminalisierung von Kartellen; WuW 2010, S. 268

Wagner-von Papp, Florian: Kartellstrafrecht in den USA, dem Vereinigten Königreich und Deutschland; WuW 2009, S. 1236

Wagner-von Papp, Florian: Wie „identifizierend" dürfen Marktinformations-verfahren sein?; WuW 2004, S. 732

Walther Michael; Baumgartner, Ulrich: Standardisierungs-Kooperationen und Kartellrecht – Eine Betrachtung aus europäischer und U.S.-amerikanischer Sicht; WuW 2008, S. 158

Weber, Max: Wirtschaft und Gesellschaft – Grundriss der verstehenden Soziologie; 5. revidierte Auflage, Tübingen 2009

Weber-Rey, Daniela: Whistleblowing zwischen Corporate Governance und Better Regulation; AG 2006, S. 406

Weck, Thomas: Schutzrechte und Standards aus Sicht des Kartellrechts; NJOZ 2009, S. 1177

Wecker, Gregor, Ohl, Bastian: Compliance in der Unternehmerpraxis – Grundlagen, Organisation und Umsetzung; 3. Auflage, Wiesbaden 2013

Wegener, Carsten: Die Auswirkungen fehlerhafter Organisationsstrukturen auf die Zumessung der Unternehmensgeldbuße; wistra 2000, 361

Weidenbach, Georg; Saller, Michael: Das Weißbuch der Europäischen Kommission zu kartellrechtlichen Schadensersatzklagen; BB 2008, S. 1020

Weitbrecht, Andreas; Mühle, Jan: Europäisches Kartellrecht 2003 – 2008; EuZW 2008, S. 551

Weitbrecht, Andreas; Mühle, Jan: Zur Verfassungsmäßigkeit der Bußgelddrohung gegen Unternehmen nach der 7. GWB-Novelle; WuW 2006, S. 1106

Westermann, Peter; Grunewald, Barbara; Maier-Reimer, Georg: Erman BGB; Band I; 14. Auflage, Köln 2014

Wiederholt, Norbert; Walter, Andreas: Compliance – Anforderungen an die Unternehmensorganisationspflichten; BB 2011, S. 968

Wiedemann, Gerhard: Handbuch des Kartellrechts; 2. Auflage, München 2008

Winter, Johannes: Vorstandsorganisation und Compliance; Frankfurt am Main 2011 (Dissertation)

Wirtz, Markus M.: Die Aufsichtspflichten des Vorstandes nach OWiG und KonTraG; WuW 2001, S. 342

Wissmann, Martin; Dreyer, Jan Joachim; Witting, Jörg: Kartell- und regulierungsbehördliche Ermittlungen im Unternehmen und Risikomanagement; Köln, 2008

Witt, Dieter; Seufert, Gernot; Emberger, Hannes: Typologisierung und Eigenarten von Verbänden; ZögU 1996, S. 414

Wolf, Klaus: Corporate Compliance – ein neues Schlagwort? Ansatzpunkte zur Umsetzung der Compliance in der Finanzberichterstattung; DStR 2006, S. 1995

Wrase, Silvelyn; Fabritius, Christoph: Prämien für Hinweisgeber bei Kartellverstößen?; CCZ 2011, S. 69

Wybitul, Tim: Strafbarkeitsrisiken für Compliance-Verantwortliche; BB 2009, S. 2590

Zieschang, Frank: Das VerbandsstrafgesetzbuchKritische Anmerkungen zu dem Entwurf eines Gesetzes zur Einführung der strafrechtlichen Verantwortlichkeit von Unternehmen und sonstigen Verbänden; GA 2014, S. 91

Zimmermann, Martin: Kartellrechtliche Bußgelder gegen Aktiengesellschaft und Vorstand: Rückgriffsmöglichkeiten, Schadensumfang und Verjährung; WM 2008, S. 433

Zwicker, Dieter G.: Kartellrechtliche Beschränkungen der Verbandsautonomie der Wirtschaftsverbände in Deutschland und in den Vereinigten Staaten von Amerika; Frankfurt am Main 1984 (Dissertation)

Göttinger Schriften zum Wirtschaftsrecht

Herausgegeben von Olaf Deinert, Torsten Körber, Rüdiger Krause,
Gerald Spindler und Andreas Wiebe

Die Schriftenreihe *Göttinger Schriften zum Wirtschaftsrecht* bietet ein Forum für herausragende Dissertationen, Monographien und Sammelbände. Inhaltlich deckt die Reihe das zivile deutsche und internationale Wirtschaftsrecht in seiner ganzen Bandbreite ab. Neben dem klassischen Handels- und Gesellschaftsrecht ist Raum für Versicherungs- und Kapitalmarktrecht sowie – den Schwerpunkten der Göttinger Fakultät entsprechend – insbesondere für medien-, wettbewerbs- und arbeitsrechtliche Thematiken.

Die Reihe richtet sich an Wissenschaftler und Praktiker in Anwaltschaft, Behörden, Verbänden und Unternehmen.

Band 1 Andreas Reißmann: Äußerungsrechtliche Schutzpflichten. Der Schutz vor herabsetzenden, unwahren und indiskreten Äußerungen im Vertragsrecht durch § 241 Abs. 2 BGB. 2012.

Band 2 Kathrin Brandt: Gleichstellungsquote im Aufsichtsrat der Aktiengesellschaft. 2012.

Band 3 Julius Raapke: Die Regulierung der Vergütung von Organmitgliedern und Angestellten im Aktien- und Kapitalmarktrecht. 2012.

Band 4 Henning Hilke: Risiko und Bankenaufsicht. Eine rechtsvergleichende Analyse der präventiven Begrenzung bankbetrieblicher und systemischer Risiken. 2014.

Band 5 Patrick Alexander Andrä: Bilanzierung von Immaterialgüterrechten nach HGB und IFRS. 2014.

Band 6 Mohamed Bou Sleiman: Contingent Convertible Bonds. Zweck, Ausgestaltung und rechtliche Rahmenbedingungen. 2015.

Band 7 Florian Krack: Möglichkeiten individueller Aufsichtsratsvergütungen in der deutschen Aktiengesellschaft. 2015.

Band 8 Sara Tancredi: Die Regulierung von Hedge-Fonds und Private Equity in Europa und den USA. Eine rechtsvergleichende Untersuchung der AIFM-Richtlinie und des Dodd-Frank-Act unter ergänzender Einbeziehung des AIFM-Umsetzungsgesetzes und der EuVECA-VO. 2016.

Band 9 Alexandra Gabriela Botez: Kontrolle von privatrechtlichen Wasserpreisen und öffentlich-rechtlichen Wassergebühren nach der 8. GWB-Novelle. 2016.

Band 10 Christian Kiel: Kartellrechtscompliance in Wirtschaftsverbänden. 2016.

www.peterlang.com